语教译境

教学、翻译与语言学的交汇

戴运财　陈维娟　主编

Linguistics
Language
Teaching
Translation

中国国际广播出版社

目 录

外语教学

深度教学视域下"高级英语"5C课堂创新实践……… 卢睿蓉　李煜煊（003）

同伴互评在大学英语课堂口头报告活动中的应用………………… 汪晓琪（017）

智慧教室环境下大学英语常态化教学实践与反思………………… 张　颖（034）

"以测辅学"在大学英语词汇教学中的应用……………………… 孙名斐（044）

5W传播学视角下的非洲孔子学院文化传播研究………………… 施　瑞（055）

基于产出导向法的大学英语课堂教学设计与实践

  ——以《新视野大学英语读写教程4》中 Speaking Chinese in

   America 为例……………………………………………… 范　菲（070）

大学英语翻译教学中词汇语用意识的培养……………………… 陈　逸（081）

"互联网+"背景下大学英语翻转课堂的研究与实践…………… 夏　晨（094）

转被动为主动

  ——大学英语课程思政教学模式探索与实践…………… 茅　慧（106）

基于文化自信的第二外语韩语教学课程思政建设路径探析

 ……………………………………………………………… 申芳芳（121）

通用学术英语课程建设的研究与实践…………………………… 薛阿三（134）

文化对外传播视域下的大学英语课程思政实践与思考………… 张景京（148）

学术英语能力内涵及量表研发展望……………………………… 贾　娟（159）

新文科背景下大学英语教学跨学科改革路向
　　——以浙江传媒学院为例……………………………… 马　妮（177）
师生互动下大学英语智慧课堂教学模式效果评价研究………… 金　敏（194）
网络教学环境下综合汉语课课内操练的优化设计……………… 周　婧（206）
浅析需求分析理论对传媒类院校大学英语教学的启示………… 赵梓岑（227）

文学文化交流

熟练度与习语类型对英语习语认知的影响研究………………… 范　冰（243）
谷崎润一郎《秦淮之夜》与芥川龙之介《南京的基督》中的视点
　……………………………………………………………… 傅玉娟（261）
汤亭亭和谭恩美作品中的吃喝与玩乐…………………………… 黄　盛（272）
《看不见的人》中的黑人发声困境与"不可听性"主题………… 王绵绵（284）
从叙事看爱伦·坡作品中的人性观及命运观…………………… 佟　倩（296）
保守主义的摇篮：美国早期学校教科书中的道德教育………… 王　恒（309）
论修辞策略与人类命运共同体的构建…………………………… 陈　慧（324）
美国智库关于"一带一路"倡议的话语分析研究……………… 崔国强（337）

翻译理论与实践

机构译者变译策略选择背后的主观能动性分析
　　——以习近平著述英译为例……………………… 卢卫中　闻谱超（349）
国家翻译能力视域下的"全人译者"能力体系重构
　………………………………………………………陈维娟　谢文静（370）
对外汉语教材生词英文翻译问题研究
　　——以《发展汉语》初级系列教材为例…………………… 张幕校（387）

基于变译理论的《苹果木桌子及其他简记》汉译研究
.... 韩　彬　郑建宁（402）
英汉数量概念"一"的认知语义分析................ 高嘉诚　张　颖（418）
中国古典散文英译中的显化现象
　　——以《滕王阁序》罗经国译本为例................ 张灿灿（436）

外语教学

深度教学视域下"高级英语"
5C课堂创新实践*

卢睿蓉　李煜煊**

摘要： 深度教学理念是20世纪的研究成果，但仍然是当今英语教学改革中非常重要的理念之一。建构于深度教学理念的5C教学模式在多年"高级英语"课程教学中产生了良好的实践效果，5C即教学有五个层次的目标和实践——认知（cognize）、理解（comprehend）、批评（criticize）、对照（contrast）、创造（create），层层推进，不断加深，将语言学习与文化学习、知识掌握与智识开发、能力培养与心灵启迪结合起来，获得深度学习成效。

关键词： 深度教学；"高级英语"；5C模式

---

*　本文系浙江省级课程思政教学研究项目"基于共同体理念的英语文化类课程'1+1'思政教学探索与实践"（浙教函〔2022〕51号、项目序号177）的阶段性成果。

**　卢睿蓉，文学博士，浙江传媒学院国际文化传播学院副教授，硕士生导师，研究方向：国际汉学、外语教学、英美文学。
李煜煊，浙江传媒学院国际中文教育研究生。

引　言

回顾数十年的外语教学改革，无论理念、模式，还是内容、领域，无一不在突破与尝新之路上奔走，相关的教学实践及研究成果层出不穷，不胜枚举。尤其随着课程思政、"双一流"（专业、课程）建设、金课建设、新文科建设的逐步推进，我国外语教育改革重拳出击，百舸争流。这些改革措施的目的都是摆脱多年来以"工具性"为主要特征的中国外语教育，培养兼具语言能力、文化素养、思辨能力、传播能力的复合型、创新型新时代国际传播人才。这样的教育目标，势必需要更深层次的教学过程才能得以实现。因此，无论采纳何种教育理念，采取何种改革手段，外语教学必将实现深度教学，完成教育的最初使命。

笔者在30年的外语教学过程中教授了10余门专业课程，也亲历了各种教改课改手段。但综其成效，都需基于深度教学的开展。因此，笔者以英语专业"高级英语"教学为例，总结讨论深度教学理念在其教学创新中的作用，并进一步探索深度教学视域下英语教学改革的发展。

一、深度学习、深度教学与外语教学改革

深度学习、深度教学起源于美国心理学家、教育家本杰明·布鲁姆（Benjamin Bloom）的研究。1956年，布鲁姆在其《教育目标的分类系统》中提出"总体目标、教育目标和教学目标"3个层级的目标，并提出了4类知识（事实性、概念性、程序性、认知性）和6个认知维度——记忆（remember）、理解（understand）、应用（apply）、分析（analyze）、评价（evaluate）、创造（create）（安德森，2009：23-25）。在前三个维度上，他强调了对知识的基础记忆，对知识意义的把握，以及应用知识解决问题；

而在后三个维度上，注重区别、组织和归因，能基于标准进行判断，能重新计划、组织、生成新的东西。布鲁姆的分类，虽然没有提出明确的深度教学概念，但无论目标、知识还是认知分类，都是由不断加深的层次所构成；他将知识和认知分类后进行组合，提出根据不同的教育目标进行教学。这一点为后来的深度学习和深度教学概念的提出奠定了基础。

郭元祥的研究认为：真正开启深度学习理念研究的是1976年马顿（Ference Marton）和萨尔约（Roger Saljo）的文章《论学习的本质区别：结果和过程》，其中明确了"表层学习"和"深层学习"的概念。此后，拉姆斯登（Ramsden，1988）、英推施黛（Entwistle，1997）及比格斯（Biggs，1999）等人发展了浅层学习和深度学习的相关理论（郭元祥，2017：3）。20世纪以后，教育界继续从事深度学习的探索；与此同时，在计算机领域，计算机认知及人工智能进一步证实了深度学习的存在及效果，扩大了深度学习的影响。2013年4月，《麻省理工学院技术评论》（*MIT Technology Review*）杂志将深度学习列为2013年十大突破性技术之首（郭元祥，2017：2）。深度学习从心理学、教育学研究开始，在计算机科学研究领域获得突破，这个概念展现了它自身鲜明的学科交叉融合特征。

"深度学习"这一概念更多的指向学习者，但对于教育过程及教育工作者而言，要实现学生的深度学习，教师就要采取深度教学。在美国及加拿大等学者的研究下，深度学习及深度教学突破了技术辅助、抽象概念的阶段，取得了关于教育观、学习观、知识观等方面的新认识，并基于这些观念展开新的教改实践。

深度学习和深度教学理念到2005年才开始逐渐进入我国，2005年何玲、黎加厚介绍了国外的深度学习研究成果（郭元祥，2017：3），随后以郭元祥为代表的研究团队逐渐将该理念带入基础教育实践和研究中，这也是深度学习及深度教学在中小学外语教学改革中尝试颇多，但在高校外语教学研究中涉及较少的原因。另一个原因可能是外语专业人才培养的惯性，早期侧重语言基本功的培养；改革开放后，应用英语专业取得大力发展，工具性特征越发凸显。而深度学习和深度教学在过去的外语教学中虽有实践，但缺乏更多的专题研究。

　　在新时代的英语教育背景下，深度教学势必成为英语教学改革的主要方向。首先，它符合新文科建设的特征，从在计算机行业取得革命性的进展到借用信息技术辅助教育取得成效，深度教学本身就体现了新文科的特征——"问题导向、交叉融合、新技术应用和创新性发展"（胡开宝，2020：15）。它也符合人文英语教育观。孙有中多次提到外语教育要在思辨能力培养上实现根本突破，而在深度教学中，学生通过理解所学形成批评方法，这与培养思辨能力的目标十分契合。从课程思政的层面来看，深度教学也是实现课程思政目标的最佳途径。在以往的工具性教学中，知识本身所包含的思想与智慧往往被忽略，英语学习变成"词汇+语法"的机械重复课。但通过深度教学，师生可以最大限度地理解言外之意、文中之韵，可以从课文中获得人文精神文明的精华，体会人类命运共同体的奥妙，通过英语学习，智识的开发、德行的培养、意义的探索都将导向精神的成长和人格的完善，实现教育成效最大化。

　　深度学习和深度教学理念对教学成效的影响已经过多年的检验，但在高校英语专业教学中尚无太多的实践，亦没有成熟的模式。笔者在多年的教学实践中，在以实现深度教学为目标的基础上开展英语专业课程教学，经过不断探索和修正，最终形成了自己的5C教学模式。

二、深度教学理念下的5C教学模式构建

　　相比起英语专业的其他核心课程，"高级英语"教改实践相对较少，但作为英语专业高年级的核心课程，"高级英语"在英语本科学习阶段起到的重要作用是毋庸置疑的，通过课程学习，学生的语言学习、文化鉴赏、社

会批评等能力会有较大提升。因此,笔者选取《高级英语》为深度教学实践的解释样本。

基于深度教学的目标,笔者在高英教学中设计了5C教学法,即教学有五个层次的目标和实践——认知(cognize)、理解(comprehend)、批评(criticize)、对照(contrast)、创造(create),将语言学习与文化学习、知识掌握与智识开发、能力培养与心灵启迪的教学目标环环相扣、层层推进。

表1 5C教学模式

	5C	内涵	关键
1	cognize	教学内容认知,了解所学的内容及背景,把握学习的意义	掌握基本知识面
2	comprehend	理解教学内容,领会文化思想内涵	理解难点,掌握重点 突出亮点,抓住特点
3	criticize	评判教学内容,从语言文化思想切入赏析和批评	掌握批评方法并进行实践
4	contrast	教学内容衔接,不同文章对比,赏析进一步深入	对比、关联,知识的迁移运用
5	create	教学内容转化,评论性文章、多种体裁写作探索	评论、模仿、改写及原创

在第一层次的教学中,学生首先对所教内容产生初步的认知。这个阶段,教师首先考虑的是如何选取所学课文,如何最大化地发掘现有教材的优势。以张汉熙主编的《高级英语》(第三版)教材为例,该教材在20世纪80年代就开始作为英语专业的教材,重材料选取,但轻材料安排,文章安排缺乏主题性和系统性。如果按照教材安排的顺序进行授课,在语言文化内容上可以保证效果,但就整个课程而言,缺乏促进学生有意义地学习(meaningful learning)的元素。因此,在备课环节中,教师首先打乱单元次序,将内容"主题化""问题化",加深了教学内容的"整体化",进而实现课文学习的"意义化"。例如,教师选取第7课《外婆的日用家当》

(*Everyday Use*)、第9课和第10课《一个更完美的联邦》(*A More Perfect Union*)、第11课《雨山之路》(*The Way to Rainy Mountain*)、第12课《沙漠之舟》(*Ships in the Desert*)、第14课《关于希特勒入侵苏联的讲话》(*Speech on Hitler's Invasion of the U.S.S.R*)为一学期主要阅读材料,并将顺序改为7—11—9&10—14—12。在开堂课时,教师让学生通过对文章标题的理解和揣测,了解了6篇课文的大致内容,并总结其相似点,讨论如此安排的原因。经过引导和讨论,学生对本学期学习有了整体认识,教师在布置后续的学习任务时学生也有较为清晰的认知和思考,在认领学习任务过程中提高了主动性和积极性。

在第二层次的教学中,学生自主学习与教师指导兼而有之。课前,学生负责阅读、发现及解释课文中的四点——重点、难点、亮点、特点,课上按小组汇报,并将四点中无法解决的问题在课堂上呈现,由同学当场帮助其解答,最后教师释疑、补充、强化。在这一阶段,教师的作用就是突出重点、亮点,解决难点,并在此基础上引导学生进行超越语言点的学习,即发掘语言文字背后的内容。例如,在上述6篇文字后,提炼出核心关键词crisis,并就文中的crisis及其严重性、应对解决之道、对人类与人生的影响力等展开深入讨论,从而理解作者及作品内核。

第三层次是教学由浅入深的第一个验收环节,从此开始,学生不能只停留在认知和理解层面,还要进行优劣评判、意义总结等工作,学生的学习活动进一步扩大,学习主体性也进一步放大。在师生授课、讨论环节,教师会刻意提炼并提醒学生可以使用的阐释方法、评判标准,甚至研究方法。在充分的知识学习后,教师有意用各类问题促使学生对课文进行评判;此外,学生还以小组为单位对其他同学的作业进行批评赏析。例如,教师在授课中用stylistic feature的几个方面进行文章分析,在学习第12课和第14课时,学生就使用这个方法剖析文章的写作特征,并比较其优劣,阐释自己的观点。

第四层次是5C模式中非常重要的环节。在思辨能力培养中，比较和对照是基本功，能帮助学生理解和判断事务间的相互关系，寻找规律性及创新突破点。更重要的是，借用contrast环节将教学内容环环相扣，将已知与未知形成关联，将课本知识与社会文化现象相关联，拓展了知识的广度和深度，增加了知识的实用性。这一层次的学习，除了课文内容中能引申出来的用于比较与对照的实例，教师也能进行横纵向比较，将所学内容串联起来。例如《高级英语》第一册中前四课都是记叙文，在教学设计环节就针对4篇不同特色的记叙文展开横向对比。第1课结束后，经过课堂讨论总结了该课文的写作特色；在讲第2篇课文的时候，教师在导入部分就针对第1课的特色提出了第2课的学习关注点。在第2课的讲解中，有意引导学生思考该课文的方法和特色，结束后，以两篇课文的比较作为课后作业，学生撰写评论性文章，比较两课的异同。作业点评时，教师再一次回顾总结写作特色，帮助学生进一步加深认识。在学习第3课、第4课时，又与前两课形成对比。通过这些对比，旧知识不断得到复习和巩固。为了增加理解和欣赏的深度，也增加了课文与课外补充阅读内容的对比，如将第4课《爱丑之欲》(*The Libido for Ugliness*)和王尔德的《美国印象》(*Impression of America*)进行对比。同样写美国印象，美英两国的辩才基于不同的心理写了风格迥异的文章，学生在阅读之后进行批评性比较，既要求同寻异，也辨妍蚩好恶。此外，教师也通过中英两种语言现象及其文化折射的比较，将课程思政完成到位。

学习的目的是实践，所有的认知、理解与判断都是为了提高学习能力、思辨能力和实践能力。creating是最后一关，也是课堂教学的延续和反馈。通常教师会根据课文内容、主题思想、文体特征等布置不同的作业，如直接布置两节课的比较作文，要求学生根据所学内容及方法进行比较并撰写成文，进行复习巩固；或者抓住文中的主题思想，展开进一步讨论。例如*Everyday Use*这课，通过小论文*Who should get the quilts*?让学生自由评说，打破原文所限，挖掘文中最大含量的意蕴，结合社会现实，抒发学生对文化遗产的观点。其他的课后作业，教师都因材设问、因材深挖，让学生因材进行创作实践。由于不同的课文涉及不同的元素，第5个层次的教学实践从课堂教学环节上起到闭环的作用，但它同时体现了内容的多样性、学科的交叉性、思维的开放性及学习的发展性。而最后一点正是深度学习的重要特征。

三、5C模式的课堂教学实践

5C模式的确立源于课堂教学实践，在实践中又经过不断检验和修正，具有深度教学发展性特征。要真正达到深度教学目的，整个教学设计更具有挑战性，教师备课所花心思更甚以往。

以《震惊世界的审判》(*The Trial That Rocked the World*)一课为例。文章讲述了1925年美国戴顿（Dayton）小镇上发生的一场审判，一位教师因课堂上教授进化论而受到审判，引起了广泛关注，几十年后该审判以"神学与科学"的论战主题在美国重新受到关注，影响巨大。课文文字浅显，叙事传统，亮点在于对该审判的再现。在设计课堂教学时，教师首先抓住课文的意义，设计好知识教学目标和思政教学目标，然后考虑如何引导学生逐步认识并获得深度理解，形成自己的评判。

表2 教学案例：*The Trial That Rocked the World*

案例	教学目标	教学任务	思政目标
《震惊世界的审判》	cognize	课前学生以小组为单位阅读《创世纪》、课文，完成课文预习作业，准备问题；要求了解内容，找出重点、难点、亮点、特点	《圣经》之惑；《圣经》之恶；宗教与人
	comprehend & criticize	课堂讨论《创世纪》，各小组代表汇报阅读中找到的问题，提出难点或疑点；教师解释难点、总结要点，引出关键词Fundamentalism，讲现象，引导学生讨论	

续表

案例	教学目标	教学任务	思政目标
《震惊世界的审判》	cognize	教师梳理事件背景、不同阶段影响及事件重新被关注的原因，让学生形成对事件文化影响、社会影响的初步印象	麦卡锡主义；宗教与西方文化；中西文化比较；宗教与科学；教育与人
	comprehend & criticize	学生分组汇报预习成果：课文中的重点、难点、亮点和特点；教师补充、强化、释疑；最后进行课文评价，总结修辞手法、写作技巧等	
	contrast	教师回归事件的真实背景，重讲审判故事，组织学生比较课文内容与真相，寻找关联，然后比较审判故事的跨媒介叙事，总结一个故事的多种写法	
	create	结合记叙文不同类型的写法，以"审判"为主线，以新闻稿、导游词、回忆录、传记等文体进行写作	

首先，教师设计了两段式3C教学——cognize、comprehend、criticize。前一段是对背景知识的掌握，第二段是对课文内容的理解。上课前，学生按要求阅读《圣经》中的《创世纪》，小组讨论，给《创世纪》"挑刺"，从中找出不合常识、不合逻辑、不合伦理道德的内容，然后在课堂上汇报各组发现。教师在听取各组汇报后和学生一起梳理了《圣经》之惑和《圣经》之恶，请学生基于自己阅读所得对《圣经》进行评判。此处完成第一组思政教学任务，并引出重要关键词"基要主义"，串联出"震惊世界的审判"。

第二段3C教学基于课文背景和内容展开。此处教师故意避重就轻，没有按照惯例追根溯源，阐述该审判的实际情况，而是梳理了此案件在美国20世纪五六十年代、八九十年代经多媒介传播而盛行的背景。尤其在20世纪50年代，时值麦卡锡时代对人们思想的禁锢，该案件被改成舞台剧、拍成电影《承受清风》(Inherit the Wind)，该电影获得多项奥斯卡提名，影响巨大。这个背景与课文中所展示的文风、思想基调十分吻合，因此在整篇学习中，学生所关注的是为了思想解放而展开的辩论，对事件文化影响、社会影响产生了初步印象。随即学生开始根据老师的四点要求分组汇报预习成果，阐述课文中的重点、难点、亮点和特点，教师在学生汇报的基础上，对四点内容中学生讲述有所不足的地方进行补充、强化和释疑。在讲解过程中，为了保证学生能够深度理解，教师自己或请学生对文中出现的语言点和文化点进行大量的融合讲解或者延伸拓展。例如，在讲述猴子案细节时，用串联的方式拓宽宗教、法律、文化等相关表达；在讲陪审团组成时，从12人陪审团讲到宗教对西方社会文化的影响、中美英司法体制的差异等。老师也根据文中细节拓展中外文化内容，如课文中两次提到布莱恩手持palm fan（芭蕉扇），老师抓住这个细节，让学生思考palm fan的作用，目的是激活学生所学知识中与中国文化相关的内容。学生列举了很多扇子，如古代书生的纸扇、诸葛亮等人物的羽扇、电视中新娘遮脸的扇子等，还有《西游记》中的芭蕉扇。扇子种类很多，不能一一解读，教师抓住《西游记》中的芭蕉扇提出问题：两把扇子背景不同，都与风火相关，《西游记》中的芭蕉扇既能煽风点火，又能扇风灭火，而此处的芭蕉扇意欲何为？学生回顾了文章中的扇子犹如sword，布莱恩持着扇子大步流星走向辩论台。接着，教师讲述了"棕榈主日"（Palm Sunday）的背景知识，这一节日是庆祝耶稣进入耶路撒冷，棕榈叶被抛在路边以示庆贺（潘红，2005：311），现如今在西方文化中，棕榈枝就有胜利的含义。最后，教师引导学生思考：身为基要主义分子的布莱恩，palm fan对他而言，是战斗的利剑，宗教信仰给予他取得这场争辩胜利的勇气。尽管布莱恩手持palm fan，但庭辩并没有取得他所预想的效果，这又象征着什么？课文学习到此，知识和思政教学任务基本完成，教师趁热打铁，将课文内容收尾，然后带学生重新梳理语言点和主题思想，让学生评价课文，总结修辞特点与写作手法，从而完成了第二段3C目标的教学。

经过3C教学之后，文章的主体教学已经完成，语言点、思政点的基本面学生已经掌握。这时教师带领学生复习课文，重新审视部分细节后，教师开始谈论该审判的真实背景和经历。虽然是一次科学与宗教的论战，但猴子审判之所以开始并产生如此大的影响，在很大程度上出于各方的利益诉求。作为发起者的煤炭商人需要刺激经济，美国公民自由联盟有政治诉求，参与的那些大佬有的想促进宗教影响，有的想争取公民思想自由，而蜂拥而至的媒体人就是为了流量。作者Scope作为主角，为这段经历做了正传；30多年后拍的电影由于特殊的目的也以正剧方式打开，事件的意义得到更深的阐发。但在实际的案件中，Scope是个被挑选来的"被告"，若他提前一天放假回家，整个故事就不是他的故事了。此时教师回归事件的真实背景，重讲审判故事，组织学生比较课文内容与真相，寻找关联，然后列举审判故事的电影、舞台剧、历史传记等多种叙事版本，比较其影响，最后推出下一个教学点——一个故事的多种写法。

在这个教学点上，有两个contrast设计：一个是不同叙事方式下的审判故事比较，一个是与前面所说的三篇记叙文进行比较，引导学生找到叙事方式的异同。在此基础上，教师总结记叙文的类型与主要特征，让学生以审判故事为蓝本，通过不同的视角改写这个故事，如记者的新闻稿、旅游局宣传稿、几个立场不同的重要人物的回忆录等。最后教师再批阅、反馈，整个教学完成闭环。

在课文讲解中，思想文化作为核心元素贯穿始终。学生在学习的过程中，小组预习、讨论、汇报与老师点评、答疑和补充、强化，都保证了学生的学习主体性及教师的引导性。在课文的预习、讲解和复习过程中，理解是基本要求，而思辨是主要活动，学生从对《圣经》"挑刺"到对基要主义的批判，甚至对课文中所呈现的美国司法体制也进行了评论。而课文中双方的辩战，给学生提供了很好的议论或者争辩点。审判的最终结果是"a victorious defeat"（一次胜利的失败）（张汉熙，2017），科学与神学的交锋看似一时失利，但最后的影响深远。教师利用课文最后的内容做本课的陈词，强化了审判故事的影响。而最后的写作，则是让他们进一步思考，形成自己的观点，践行所学知识。到最后一步，深度教学实践才得以完成。

结　语

"高级英语"之所以"高级"，是因为其课程本身的综合性和复杂性及教学目标的多样性，这决定了教学内容不能流于表层、方法不能过于单一、学生的参与体验不能缺失，唯有实现深度教学，才能实现真正的教学目标。当然，要明确的是，深度教学不是因为《高级英语》课本内容的难度，而是避免教学中的表层化处理。这样的教学对教师提出了极高的要求，教师本身就要进入沉浸式全方位备课中，既要有全局观，能整体性把握教材特征；也要有创新性，求实求变求新，创造性地利用教材；更重要的是，要培养学生的思辨能力，教师自己也需要认真思考和探索，将教学和研究紧密结合，将教学置于更广泛深入的阅读与思考之中，这样在深度教学中才能做到游刃有余。

通过5C教学法的实践，可以看到深度教学目标对英语课程的重要性。要破除"工具性"习惯，英语教学不能单以沟通交流（communication）和运用（application）为目标，也不能满足于课堂上的"互动"或"活跃"，需要更深层次的理解、批判和创造。在深度教学目标指引下，教师才会更重视激发学生的学习主体性，更注重引导学生进行批判式阅读，抓重难点，发掘亮点、特点，将新旧知识融会贯通，实现深度学习目标。在深度教学下，除了获得更良好的学习成效，学生在这类教学活动中进一步培养了学习责任感、团队合作精神、社会关怀和历史人文意识，师生的互动也不局限于知识点的传递，而是彼此思想和情感的交流，而这些也促成了课程思政在教学中更深、更广、更真地实践，真正实现立德树人之目标。

参考文献

［1］安德森，2009.布卢姆教育目标分类学：分类学视野下的学与教及其测评［M］.修订版.北京：外语教学与研究出版社：23-25.

［2］郭元祥，2017.论深度教学：源起、基础与理念［J］.教育研究与实验（3）：1-11.

［3］胡开宝，2020.新文科视域下外语学科的建设与发展：理念与路径［J］.中国外语，17（3）：14-19.

［4］潘红，2005.英汉国俗词语例话［M］.上海：上海外语教育出版社.

［5］RICHARDS J C，RODGERS T S，2014. Approaches and Methods in Language Teaching［M］. Cambridge：Cambridge University of Press.

［6］孙有中，2015.外语教育与思辨能力培养［J］.中国外语，12（2）：1，23.

［7］张汉熙，2016. 高级英语［M］.3版.北京：外语教学与研究出版社.

Innovative Practice of 5C Model for "Advanced English" from the Perspective of In-depth Teaching

LU Ruirong, LI Yuxuan (Communication University of Zhejiang, Hangzhou, 310018)

The concept of in-depth teaching was proposed in the last century, but today it is still important to Chinese English teaching reformation. The 5C teaching model, based on the concept of in-depth teaching, has been well-tried in "Advanced English" for many years. 5C teaching has five levels of goals, namely cognition, comprehension, criticism, contrast, and creation. It intends to combine language learning with cultural learning, knowledge mastery with intellectual development, ability cultivation with spiritual enlightenment, so as to achieve the effect of in-depth learning.

同伴互评在大学英语课堂口头报告活动中的应用

汪晓琪[*]

摘要： 本研究探讨了同伴互评在大学英语课堂口头报告活动中的应用可行性。通过问卷与焦点小组访谈，收集学生对互评的态度和看法。数据分析结果表明，大多数学生支持互评，认为这一过程有助于理解评分标准，促进互学。尽管如此，学生也表达了对同伴评价准确性和公正性的担忧，指出同伴评价可能因缺乏必要的评价素养而不足以代替教师评分。笔者认为，通过强化对学生评价技能的培训，可以提升他们对互评过程的信任，并减轻评价过程中的焦虑。

关键词： 同伴互评；口头报告；评价素养；形成性评价

一、研究背景

口头报告（oral presentation）能锻炼学生的语言表达能力、内容提炼

---

[*] 汪晓琪，文学博士，浙江传媒学院国际文化传播学院讲师，研究方向：外语教学、语言测试与评估。

能力、逻辑梳理能力和临场反应能力，是大学英语教学中一种常见的课堂活动。但是，一些学生只是把口头报告看作一项必须完成的作业，他们的参与度不高，不关心报告的具体内容，也不了解教师的评分标准。因此，课堂上的口头报告常常成为报告人的"独角戏"（段茜惠，2017），用于组织该活动的课堂时间没有被有效地利用起来。

同伴互评（peer assessment）也被称为同伴反馈（peer feedback）或同伴评估（peer review），指学习个体从数量、等级、价值、意义、质量或成功与否等方面评价同伴的学习成果（Topping 1998）。它符合Vygotsky的最近发展区域（the zone of proximal development）和支架式教学（scaffolding）理论（Vygotsky，1978）。在互评过程中，学习者之间有大量的互动机会，无论是通过口头的交流还是书面的反馈，这些交流和互动为学习的发生提供可能。

将同伴互评应用于口头报告活动似乎能够解决学生参与度低的问题。Magin和Helmore（2001）认为学生作为报告的对象能够判断报告人是否成功地传达了信息，在口头报告中，也许同伴互评比教师评价更有效。互评能使学生更积极地参与到评估活动中（Matsuno，2009）；报告人也能同时得到来自教师和同伴的反馈（Edwards，2013）。此外，报告人在意识到自己将被同伴评价时也更有动力去准备报告（Mitchell et al.，1995）。

但是，以中国英语学习者为对象的同伴互评研究主要集中在写作活动上，对口头报告的研究很少。学生是否能够接受在口头报告活动中评价同伴或被同伴评价？如果是，学生对同伴互评有哪些疑虑或担忧？这些问题还需要大量的探索。本研究以"大学英语"课程为依托，调查在口头报告中使用同伴互评的可行性，重点关注学生对同伴互评的态度，具体研究问题如下：

1）学生能否接受在口头报告中使用同伴互评？

2）学生对口头报告中的同伴互评是否有疑虑或担忧，如果有，这些疑虑或担忧是什么？

二、文献回顾

（一）同伴互评的促学效果

同伴互评的促学效果主要体现在以下四个方面。第一，学生在互评过程中有机会了解教师的评分标准（Hughes et al., 1993; Mitchell et al., 1995; Murillo-Zamorano et al., 2018），并以此来指导自己的表现。Langan 等人（2005）认为同伴互评过程促进了学生的自我评估和自我反思，让他们对所学内容有更深刻的理解。第二，互评有利于学生高层次推理和认知能力的发展，构建以学生为中心的课堂氛围（Cheng et al., 2005）。第三，在社会交往方面，互评能促进学生间的合作学习，增强学生的观众意识（Edwards, 2013）。第四，学生得到的反馈在数量和种类上都更丰富了，相似的反馈可以加深学生对同一类评价的印象，不同的反馈帮助学生更全面地了解自己（Edwards, 2013）。此外，评价同伴在职业生涯早期就会出现（Hughes et al., 1993）。能够批判性地、客观地判断同伴的表现是学生进入任何职业时都应该具备的技能（Kwan et al., 1996）。

（二）同伴互评的影响因素

同伴互评的结果主要受到两类因素的影响。第一类是学生的个人因素，如性别、语言水平、受欢迎程度及文化背景。刘建达（2002）发现语言水平高学习者的评价更接近教师的评价，而语言水平低的学习者倾向于高估同伴或自己的表现。Langan 等人（2005）和 Langan 等人（2008）发现学生的性别、所属学校，甚至报告前睡眠时间的长短都影响报告的表现及自评和互评的结果。Aryadoust（2016，2017）使用多层面 RASCH 模型评估了学生的互评表现，他发现学生给异性的打分更高，给相同专业的同伴打分更低。一些研究（Chen，2008；Leach，2000；Matsuno，2009）发现学生对同伴和自己的评价与文化背景相关。比如，Esfandiari 和 Myford（2013）发现他们在伊朗高校做的互评研究的结果与在中国（Chen，2008）和日本（Matsuno，2009）的不同，因为伊朗文化中并不强调"谦虚"。McGarr 和 Clifford（2013）发现本科生和研究生对互评有不同的关注点，本科生更关注打分的准确性和公平性，而研究生则更关注同伴反馈的价值。他认为这种不同是两个群体所处的不同评估文化导致的，研究生由于有更丰富的学习和工作经历，不像本科生那么在乎评价的结果，他们更在乎自身的成长。

第二类影响互评结果的因素是与评价流程相关的外部因素，如评价前的培训、讨论和评分表的设计等。Saito（2008）发现学生经过培训后给出的反馈在质量和数量上都更优。Patri（2002）发现经过小组讨论的互评结果与教师评价的相关性更高。评分表的不同设计对互评结果的影响还存在争议。Falchikov 和 Goldfinch（2000）认为整体评分（holistic judgement）比分项评分（analytical judgement）更准确，因为后者所包含的更复杂的评分维度将带来更多的评分误差。Jonsson 和 Svingby（2007）认为分项评分在评价表现（performance）时能提高打分信度。Edwards（2013）认为在同伴互评时设计具体、细致和清晰的评分标准非常重要。但是，以上关于评分表的研究缺乏实证数据，评分表的设计对互评的影响还有待进一步研究。

（三）学习者对同伴互评的态度

大多数研究采用问卷和访谈的方式来调查学生对同伴互评在课堂活动中应用的态度。学生大多支持使用同伴互评（De Grez et al.，2012；Dickson et al.，2019；McGarr et al.，2013；Saito et al.，2004；白丽茹，2013），并表示互评让他们更了解自己的表现、评价的标准及有更多与同伴相互学习的机会（Ashenafi，2017；Dickson et al.，2019；Mulder et al.，2014）。但是，学生也表现出了对互评的担忧，主要包括对自己及同伴语言水平的不自信、对缺乏评估经验及对专业知识的担心。Cheng和Warren（2005）发现有些学生在评价同伴的语言水平时感到别扭，这种感受源于他们不清楚语言水平到底指什么，他们觉得自己本就不高的语言水平没有资格评价同伴，正是由于有这种担心，他们对自己在语言标准上的打分是否公正合理也感到不确定，而对于不涉及语言能力的评价，如口语的流利度，他们打分时更自信。Nelson和Carson（2006）及Yang等人（2006）的研究也都提到出于对自己和同伴英语水平的考虑，学生更愿意信任教师的评价。Mulder等人（2014）的研究访问了学生对同伴反馈的看法，几乎所有受访者都表示教师的反馈更有价值，一些受访者表现出对同伴缺乏评估专业知识的担忧。在Planas Lladó等人（2014）的研究中，学生表达了对互评的焦虑，这种焦虑源于他们对自己和同伴评价知识和能力的不信任。在Ballantyne等人（2002）调查的734名学生中，31%的学生表示他们对同伴及他们自己的打分能力表示担心。

三、研究方法

（一）受试

本研究有两组受试人员参加。第一组是学生，笔者邀请到140名中国东南沿海某高校的大一学生（15名男性和125名女性），他们分布在各个专业，根据高考英语成绩被划分到四个"大学英语"课平行班级。第二组受试人员是教师，共一名，有四年教学经验，在本研究数据搜集期间是以上学生"大学英语"课的任课教师。

（二）数据搜集工具

1. 口头报告

本研究以"大学英语"课为依托。该课程要求学生五至六人为一组，根据教材要求完成一项调查并在课堂上汇报调查结果。口头报告就是小组调查结果的汇报。每个小组指定一名组员在课堂上完成汇报，时间控制在10至12分钟。

2. 互评师评调查问卷

本研究使用基于李克特量表设计的问卷来调查学生对同伴互评的态度。问卷的语言为中文，共包含两个部分，第一部分调查学生对同伴互评的态度，第二部分调查学生对教师评价的态度。问卷共包含20个陈述句，学生需判断对陈述句所描述内容的赞同程度，分为五个等级：1代表"完全不同意"，2代表"不同意"，3代表"不确定"，4代表"同意"，5代表"完全同意"。以下为一个例子：

我能接受同伴评价我的展示。完全不同意 不同意 不确定 同意 完全同意
　　　　　　　　　　　　　　 1　　　　 2　　　 3　　　 4　　　 5

表1　问卷中陈述句的内容

同伴互评	教师评价	陈述句内容
2	12	我能接受同伴/教师评价我的表现
3	14	同伴/教师能客观公正地评价我的表现
4	15	同伴/教师能根据评分标准对我的表现做出准确的判断
5	16	同伴/教师能针对我的表现给出有效反馈
6	17	我会仔细阅读同伴/教师的反馈
7	18	我会采纳同伴/教师的建议
8	19	同伴/教师的反馈促使我对自己的表现有所反思
9	20	同伴/教师的建议对我以后做报告有帮助

*前两列的数字表示问卷中陈述句的编号。

在问卷中，互评和师评两个部分的陈述句内容是相互对应的，如表1所示。表1中列出了互评和师评相互对应的16个陈述句，另外四句分别为"我愿意评价同伴的表现"、"同伴的评价是对教师评价的有效补充"、"课堂活动中应更多地融入同伴间的相互评价"和"我的表现只能由教师来评价"。

3. 焦点小组访谈

为了更深入地了解学生对同伴互评的态度，本研究组织了两次焦点小组访谈，共11名学生自愿参加访谈，他们既评价过同伴，也被同伴评价过。访谈全程用中文交流，笔者在访谈过程中主要围绕以下两个方面内容提问：①学生能否接受同伴互评？②学生在同伴互评过程中遇到过什么问题？两次访谈的时间均为30分钟左右，全程录音。

（三）数据搜集过程和分析方法

本研究的数据按以下步骤搜集。首先，在学期初，笔者对参与实验的学生和教师进行同伴互评培训，说明研究目的并解释同伴互评的操作流程，尤其是评分标准。接着，组织学生和教师对两个口头报告录像样本进行试打分，并对照笔者提供的打分结果进行讨论，在讨论的过程中，笔者负责解答所有疑问，直至所有人表示已了解同伴互评的整个流程。在接下来的课程中，学生陆续在大学英语课上完成课程要求的口头报告和同伴互评。在所有口头报告都完成后，笔者在课堂上下发并回收调查问卷。最后，根据自愿原则邀请学生完成焦点小组访谈。

笔者采用描述性统计方法和独立样本T检验来分析问卷数据。对于访谈数据，首先将所有录音转写为文字，接着根据研究问题对访谈文本做内容分析。

四、研究结果

（一）问卷调查结果

调查问卷的第13句是"我的表现只能由教师评价"，该陈述句主要是为了检测所回收数据是否为无效数据。这句话的语义与问卷的其他句子相反，若学生在该句上的判断与其他陈述句相似，则说明该生的问卷结果不可信，不能用于数据分析。在数据清理后，共133份问卷有效。表2显示，在去除第13句的数据后，问卷整体的信度系数为0.918，说明问卷可靠。

表2 问卷的Cronbach's Alpha检验结果

问卷总数	题目总数	Cronbach's Alpha	Cronbach's Alpha（去除第13个陈述句）
133	20	0.902	0.918

从表3的平均值列可以看出，学生对所有陈述句的打分都高于3.5，其中，对近一半的句子打分高于4。均值差和P值两列显示了学生对互评和师评的不同态度。可以看出，学生对师评的打分均显著高于互评，说明在评估方式的接受度、评估的公正性和准确性、对评估反馈的接受度及评估反馈的效果四个方面学生都更支持教师评价。

表3 问卷独立样本T检验结果

	评价类型	总人数	平均值	均值差	P值（双尾）
S2vs.S12	互评	133	4.2782	−.18045	.026
	师评	133	4.4586		
S3vs.S14	互评	133	3.9023	−.33835	.000
	师评	133	4.2406		

续表

	评价类型	总人数	平均值	均值差	P值（双尾）
S4vs.S15	互评	133	3.6617	-.63158	.000
	师评	133	4.2932		
S5vs.S16	互评	133	3.7895	-.63158	.000
	师评	133	4.4211		
S6vs.S17	互评	133	4.3308	-.23308	.001
	师评	133	4.5639		
S7vs.S18	互评	133	3.8647	-.33083	.000
	师评	133	4.1955		
S8vs.S19	互评	133	4.3083	-.18797	.012
	师评	133	4.4962		
S9vs.S20	互评	133	4.2932	-.17293	.022
	师评	133	4.4662		
S1	互评	133	4.1729	/	/
S10	互评	133	4.0677	/	/
S11	互评	133	3.8872	/	/

*表格中的S表示问卷中的陈述句，如S2表示第二个陈述句。

（二）访谈结果

在访谈中，所有学生都表示能够接受被同伴评价，也提到了同伴互评的好处。

第一，互评让他们更加了解自己的表现。一些学生提到，即使没有互评他们也会在做完报告后去询问同学的反馈。

第二，互评可以激励报告人和评分人都参与到口头报告活动中。对于评分人而言，因为他们需要评价别人，所以必须认真听。对于报告人而言，知道所有的同学都会认真观察自己的表现，在准备的时候会更认真。比如有学生提到，"他在讲的时候我会记，最后再统一将反馈写在评分表上"，

"而且我觉得如果不评价，可能其他人根本就不会听"。

第三，互评是一个相互学习的过程。一名学生表示，"这也是一个学习的过程，如这个组展示的时候，这些方面有亮点，下次轮到自己的时候也会想做一个"。

第四，同伴互评还有助于学生对评分标准的理解。很多学生表示在同伴互评后才开始了解教师之前如何评价他们，他们在准备报告时会更关注评分标准上提及的要点。

在被问及是否会采纳同学和教师的反馈时，学生表示两种反馈都会重视，但觉得教师的意见更中肯，如果自己不认同同学的反馈就不会采纳。学生认为教师的打分更专业，更具权威性，更客观和准确。当被问及原因时，他们提到了以下几点。

第一，学生担心语言水平不足的同伴难以准确地打分，一名学生提到，"有些同学自身的水平不是很好，所以你也不知道他能不能看出好或不好的地方"。

第二，大多数学生缺乏评价经验和专业知识，所以可能会以不同的方式来解读评分标准。比如有学生提到，"我觉得可能每个人的想法差异有点大"，"同学也不一定能做到绝对客观公正，因为每个人的标准都不一样"。

第三，学生的评价可能受到人际关系的影响。一名学生提到，"如果关系很好的话，我给她的分数不会太低"。

第四，一些学生没有认真对待互评。比如有学生提到，"我看他们的评价，有可能这个人这样说，另一个人完全反过来说"，"我想有些同学可能没仔细听，有可能是随便写的，而老师肯定会听的"。

五、讨论

在本研究中，问卷和访谈结果均显示学生对在口头报告中使用同伴互评普遍持支持态度，这与前人的研究结果基本一致（De Grez et al., 2012; McGarr et al., 2013; Planas Lladó et al., 2014; Saito et al., 2004）。此外，本研究也发现了前人研究中提及的同伴互评的促学效果（Ashenafi, 2017; Dickson et al., 2019; Mulder et al., 2014）。学生认为同伴互评能帮助他们全面地认识自己的真实表现，也能进一步了解评分标准和评估过程。作为评价人和被评价人，学生更积极地准备和参与口头报告活动。互评为他们提供了一个相互学习的机会。这些研究结果表明，同伴互评确实能够解决学生在口头报告活动中参与度低的问题，口头报告不再是报告人的"独角戏"，评价人的身份赋予学生责任感去观察别人的表现，报告人也有更强的动机把报告内容转达给听众，这个过程提高了学生的参与度，增加了学生之间的互动。

学生对互评普遍持支持态度并不意味着他们对互评是全盘接受的，仍有不少学生表现出疑虑和担忧。将学生对互评和师评的态度比较后发现，学生认为师评更权威、客观和准确。学生认为教师的反馈更中肯，会采纳教师的建议，而对于学生的反馈，尽管也会仔细阅读，但如果自己不认可，就不会采纳。一方面，中国学生对教师有着"天然的信任"（Zhao, 2014）。教师在中国学习者心目中的权威形象影响了他们对互评和师评的态度。另一方面，学生对同伴打分的严谨程度和客观程度、对同伴的语言能力和评价能力都表示怀疑。Cheng 和 Warren（2005）与 Dickson 等人（2019）在研究中都提到学生认为自己没有资格评价同伴，或对评价过程感到不适，这背后其实包含了学生对语言能力的不自信和困惑（Cheng et al., 2005），以及对缺少评价经验和专业知识的焦虑（Dickson et al., 2019; Mulder et al., 2014）。这种焦虑感会随着互评经验的增加而降低，学生的自信也会逐渐增强（Dickson et al., 2019）。此外，在互评前加强对学生的培训也能在一定程度上减少学生的疑虑和担心。在培训中，除了对评分标准的讲解，教师可以找到处于评分表不同等级的素材让学生试评，多次评价不仅可以增加评价经验，也可以加深对评分标准的理解。教师也可以向学生展示试评的结果，如教师评分和学生评分的关系，让学生相信自己和同伴有能力做出可靠的评价。

结　语

本研究考查了同伴互评在大学英语口头报告活动中的应用。研究发现学习者普遍对在口头报告活动中使用同伴互评持支持态度，但对同伴是否有能力进行客观和准确的评价表示怀疑。教师在课堂上使用同伴互评时应加强对学生评分的培训以增加学生的评价经验，强化互评带来的正面效果。本研究只搜集了四个教学班的数据，未来的研究可在更大范围上搜集数据以得到更可靠的结论。

参考文献

［1］ARYADOUST V，2016. Gender and academic major bias in peer assessment of oral presentations［J］. Language assessment quarterly，13（1）：1-24.

［2］ARYADOUST V，2017. Understanding the role of likeability in the peer assessments of university students' oral presentation skills：a latent variable approach［J］. Language assessment quarterly，14（4）：398-419.

［3］ASHENAFI M M，2017. Peer-assessment in higher education–twenty-first century practices，challenges and the way forward［J］. Assessment & evaluation in higher education，42（2）：226-251.

［4］白丽茹，2013. 基础英语写作同伴互评反馈模式的可行性及有效性检验［J］. 解放军外国语学院学报，36（1）：51-56，127-128.

[5] BALLANTYNE R, HUGHES K, MYLONAS A, 2002. Developing procedures for implementing peer assessment in large classes using an action research process [J]. Assessment & evaluation in higher education, 27（5）: 427-441.

[6] CHEN Y-M, 2008. Learning to self-assess oral performance in English: a longitudinal case study [J]. Language teaching research, 12（2）: 235-262.

[7] CHENG W, WARREN M, 2005. Peer assessment of language proficiency [J]. Language testing, 22（1）: 93-121.

[8] DE GREZ L, VALCKE M, ROOZEN I, 2012. How effective are self-and peer assessment of oral presentation skills compared with teachers' assessments? [J]. Active learning in higher education, 13（2）: 129-142.

[9] DICKSON H, HARVEY J, BLACKWOOD N, 2019. Feedback, feedforward: evaluating the effectiveness of an oral peer review exercise amongst postgraduate students [J]. Assessment & evaluation in higher education, 44（5）: 692-704.

[10] 段茜惠, 2017. 对大学生英语课堂口头展示的现状调查研究[D]. 武汉: 湖北工业大学.

[11] EDWARDS J H, 2013. Peer assessment in the classroom [C] // KUNNAN A J. The companion to language assessment. Hoboken, New Jersey: Wiley-Blackwell: 730-750.

[12] ESFANDIARI R, MYFORD C M, 2013. Severity differences among self-assessors, peer-assessors, and teacher assessors rating EFL essays [J]. Assessing Writing, 18（2）: 111-131.

[13] FALCHIKOV N, GOLDFINCH J, 2000. Student peer assessment in higher education: a meta-analysis comparing peer and teacher marks [J].

Review of educational research, 70（3）: 287-322.

［14］HUGHES I E, LARGE B J, 1993. Staff and peer-group assessment of oral communication skills［J］. Studies in higher education, 18（3）: 379-385.

［15］JONSSON A, SVINGBY G, 2007. The use of scoring rubrics: reliability, validity and educational consequences［J］. Educational research review, 2（2）: 130-144.

［16］KWAN K P, LEUNG R W, 1996. Tutor versus peer group assessment of student performance in a simulation training exercise［J］. Assessment & evaluation in higher education, 21（3）: 205-214.

［17］LANGAN A M, SHUKER D M, CULLEN W R, et al., 2008. Relationships between student characteristics and self-, peer and tutor evaluations of oral presentations［J］. Assessment & evaluation in higher education, 33（2）: 179-190.

［18］LANGAN A M, WHEATER C P, SHAW E M, et al., 2005. Peer assessment of oral presentations: effects of student gender, university affiliation and participation in the development of assessment criteria［J］. Assessment & evaluation in higher education, 30（1）: 21-34.

［19］LEACH L, 2000. Self-directed learning: theory and practice［D］. Sydney: University of Technology Sydney.

［20］刘建达, 2002. 学生英文写作能力的自我评估［J］. 现代外语（3）: 241-249.

［21］MAGIN D, HELMORE P, 2001. Peer and teacher assessments of oral presentation skills: how reliable are they?［J］. Studies in higher education, 26（3）: 287-298.

［22］MATSUNO S, 2009. Self-, peer-, and teacher-assessments in

Japanese university EFL writing classrooms [J].Language testing, 26(1): 075-100.

[23] MCGARR O, CLIFFORD A M, 2013. "Just enough to make you take it seriously": Exploring students' attitudes towards peer assessment [J]. Higher education, 65(6): 677-693.

[24] MITCHELL V-W, BAKEWELL C, 1995. Learning without doing: enhancing oral presentation skills through peer review [J]. Management learning, 26(3): 353-366.

[25] MULDER R, BAIK C, NAYLOR R, et al., 2014. How does student peer review influence perceptions, engagement and academic outcomes? a case study [J]. Assessment & evaluation in higher education, 39(6): 657-677.

[26] MURILLO-ZAMORANO L R, MONTANERO M, 2018. Oral presentations in higher education: a comparison of the impact of peer and teacher feedback [J]. Assessment & evaluation in higher education, 43(1): 138-150.

[27] NELSON G, CARSON J, 2006. Cultural issues in peer response: revisiting "culture" [C]//HYLAND K, HYLAND F. Feedback in second language writing: contexts and issues. Cambridge: Cambridge University Press: 42-59.

[28] PATRI M, 2002. The influence of peer feedback on self- and peer-assessment of oral skills [J]. Language testing, 19(2): 109-131.

[29] PLANAS LLADÓ A, SOLEY L F, FRAGUELL SANSBELLÓ R M, et al., 2014. Student perceptions of peer assessment: an interdisciplinary study [J]. Assessment & evaluation in higher education, 39(5): 592-610.

[30] SAITO H, 2008. EFL classroom peer assessment: training effects

on rating and commenting [J]. Language testing, 25 (4): 553-581.

[31] SAITO H, FUJITA T, 2004. Characteristics and user acceptance of peer rating in EFL writing classrooms [J]. Language teaching research, 8 (1): 31-54.

[32] TOPPING K, 1998. Peer assessment between students in colleges and universities [J]. Review of educational research, 68 (3): 249-276.

[33] VYGOTSKY L S, 1978. Mind in society: development of higher psychological processes [M]. Cambridge, MA: Harvard University Press.

[34] YANG M, BADGER R, YU Z, 2006. A comparative study of peer and teacher feedback in a Chinese EFL writing class [J]. Journal of second language writing, 15 (3): 179-200.

[35] ZHAO H, 2014. Investigating teacher-supported peer assessment for EFL writing [J]. Elt journal, 68 (2): 155-168.

Conducting Peer Assessment in Oral Presentations of EFL Classes

Wang Xiaoqi (Communication University of Zhejiang, Hangzhou, 310018)

This study explores the feasibility of implementing peer assessment in college English oral presentations. Through questionnaires and focus group interviews, data was collected on students' attitudes and perceptions toward peer assessment. The findings reveal that most students endorsed peer assessment, recognizing its value in deepening their understanding of assessment criteria and fostering mutual learning. However, students expressed reservations about the accuracy and fairness of peer evaluation, highlighting that peers' limited assessment literacy might make their evaluations less reliable than instructor grading. The author suggests that enhancing students' evaluation skills through targeted training could boost their confidence in peer assessment and alleviate assessment-related anxiety.

智慧教室环境下大学英语常态化教学实践与反思

张 颖[*]

摘要：在教育信息化背景下，随着高校校园硬件环境不断升级，越来越多的课程有机会在智慧教室进行日常授课。本文通过对四位长期在智慧教室授课的大学英语教师进行访谈，并对参与教学的学生进行问卷调查，探究在实际操作层面智慧教室对教学过程的影响和作用机制。研究发现，智慧教室对提升大学英语课堂的参与度有积极效果，但预期中的智慧性在实际教学中表现并不明显。本文对此进行了原因分析。

关键词：智慧教室；大学英语；访谈；问卷

一、缘起及背景

智慧教室是在教育信息化背景下，依靠近年来被迅速推广应用的云计算、大数据、移动技术、物联网、社交网络、多屏显示等技术构建的一种

---

[*] 张颖，硕士，浙江传媒学院国际文化传播学院讲师，研究方向：二语习得、跨文化传播。

新型的智能化学习环境，以"共享、融合、交互"为特征。智慧教室的技术配置鼓励教师、学生在课堂内使用移动设备接入校园网、互联网和教室中的多媒体教学设备，如大屏幕触控电脑、学生屏等，方便获取学习资源。教师可以随时查看学生的学习情况，促进师生、生生间的实时讨论与协作。

教育部早在2012年3月正式颁布的《教育信息化十年发展规划（2011—2020年）》中就提出"推进信息技术与教学融合，建设智能化教学环境"。随着教育部《教育信息化2.0行动计划》和"新高教40条"的颁布，信息技术如何真正赋能教学，成为高校信息化建设的核心内容。在此工作重心下，智慧教室逐渐由概念到实体，并成规模地迅速在高校铺开。以我校为例，自2016年投入改建首批7个智慧教室以来，目前两个校区已共建成并投入使用智慧教室30余间，且每年仍不断投入资金加大建设。教室面向全校各学科专业开放，由任课教师在各学院进行新一学期课程排课时提交申请，全校统一调配使用。越来越多的课程有机会在智慧教室进行日常授课。

随着大学英语教学改革的深入，过去饱受诟病的超大班教学、课堂模式单一、授课内容单调的状况正逐步被打破。在传统的通用英语以外，出现了拓展课、分层教学、专业定制课等新模式，班级规模逐步缩小，教学重点突出，互动需求进一步提升；U校园、iTEST等大学英语专门的数字平台在课程中也已经得到了广泛的运用，教师对信息技术的运用能力已日臻完善。为了更有效地实现教学质量的提高，大学英语课程有可能、有需求，也有动力来借助学校所提供的先进教学设施顺势而为。在这样的背景下，自2017年首批智慧教室建成伊始，我校部分英语课程就开始使用智慧教室进行教学探索，并延续至今。本研究旨在探究在实际操作层面，智慧教室在提升大学英语教学效果方面的影响和作用机制。

二、研究重点

信息时代的学习本质表现出三个方面的转变：一是学习者在学习过程中的地位由被动转变为主动；二是学习过程由以记忆为主的知识掌握转变为以发现为主的知识建构；三是知识的习得由个人的、机械的记忆转变为社会的、互动的、体验的过程。在这样的背景下我们不难发现，尽管近年来大学英语教学改革呈现出越来越立体化、多样化的趋势，但是"以学生为主体、以教师为主导"已成为大家的共识。然而，要想在课堂教学中真正落实这一"主体""主导"关系，实现从传统的以教为本的课堂向以学为本进行转变，对教学双方来说难度都不小。信息技术与教育教学的深度融合或许可以提供新的路径。

智慧教室的架构具有智能性、高互动性的特点，我们期望通过教学环境的重构，真正改变传统课堂以教师为中心的格局，提升教学互动中学生的课堂参与程度和问题解决能力，支撑以学习者为中心的个性化学习、自主学习、探究性和协作性学习的开展，优化教与学。但不得不承认的是，借助智慧教室进行课堂教学实践具有很强的探索性质。作为全新的技术手段，学科任课教师普遍缺乏相关的信息理论背景，最初的实践也缺乏案例的参照。在这样的情况下，长期的实际教学的经验积累就相当宝贵。我们希望从中找出：①借助智慧教室的功能开展教学是否真的实现了上述以学生为中心的课堂教学改革目标？②如果确实产生了积极的教学改革效果，这种效果具体又是如何实现的？

如果能确认智慧教室的使用对于课堂教学改革的正向作用，并能明确具体的作用机制，这无疑将有助于我们更高效地建立"以学生为主体、以教师为主导"的课堂关系，实现从传统的以教为本的课堂向以学为本的课堂的转变，在更广泛意义上对大学英语教学改革产生积极意义。

为此，我们对本校四位长期在智慧教室授课的大学英语教师进行深度访谈，寻找在智慧教室这同一结构性社会性力量影响下，不同个体经历中隐藏着的普遍性模式意义。这四位教师均从2017年本校智慧教室建成开始使用智慧教室开展常态化课堂教学。在此，常态化指的是班级整个学期使用智慧教室进行课程教学。这些课程涵盖听、说、读、写各个类别，课程长度分为一至四个学期不等，但授课对象都是非英语专业学生，有自然班，也有汇聚各专业的混合班。学生都有过在本校使用普通多媒体教室上英语课的经历。截至受访时，四位教师都曾连续使用智慧教室授课三个学期以上。同时，我们也向参与教学的学生发放问卷，请他们对比在普通多媒体教室和在智慧教室进行英语课各项课堂活动的感受。研究共回收学生问卷75份。

三、反馈与反思

在访谈中，我们请受访教师描述了日常使用智慧教室进行一次课堂教学的全过程，并统计了智慧教室内各软硬件的使用频率，请教师回忆了使用智慧教室进行教学前的预期，记录了教学中实际遇到的问题等。通过分析梳理他们的访谈内容，对比学生问卷结果，我们得到了智慧教室中常态化的大学英语课堂表现出的共性，归纳为以下四点。

1. 小组活动参与度更高

我校大部分智慧教室采用了单人活动桌椅，以每六个人围一圈的方式散布在教室中，学生可以自由移动组合。教师认为这样的座席可以"让学生真正地交流起来"，"比起在传统教室，学生更容易加入讨论中来"，"原本很难组成小组，学生沉闷，缺乏交流"。这样的桌椅设置是部分教师选择智慧教室授课的初衷，经过实践认为"确实好用，氛围很好，是普通教室所达不到的"。来自学生的调查也印证了这种积极感受，相对于约24%的学生认为与传统教室比差别不大，约67%的学生认为在智慧教室中小组互动更多，72%的学生认为在智慧教室的英语课堂活动更丰富。

2. 师生关系更平等、密切

智慧教室中没有独立的讲台"拴住"教师，师生使用一样的桌椅，学生时常围坐在教师周围。小组信息岛设计，即围成小圈的桌椅摆放方式除了方便小组内学生交流，也使得教师可以很方便地走到每一个学生身旁。学生问卷表明，相比普通教室，80%的学生认为在智慧教室中教师的课堂走动更频繁。同时，色彩明快的桌椅和教室现代化的装修风格营造了轻松愉悦的氛围，有助于课堂师生关系更融洽。

3. 智慧感不明显

尽管有68%的学生认为在智慧教室获取信息的途径更多，便捷程度更高，然而从教师的表述来看，日常课堂中对互联网及智慧技术的使用与普通教室没有明显差别。以屏幕使用为例，智慧教室前后各配备大屏幕触控电脑，直接接入互联网，教室左右两边还各配多块展示屏。所有屏幕师生都可以通过手机投屏的功能接入，理论上可以实现实时展示学习成果、促进交流讨论的作用。但实际授课中，四位教师都反映课堂上基本只用教室前端的触控屏，并且完全由教师控制，这与普通教室的大屏幕投影并无本质差别。两位教师偶尔使用投屏功能，另外两位教师从不使用。四位教师都认为智慧教室中的普通手写白板是必须保留的，使用率很高。而对于作为替代的电子触屏白板软件，教师认为书写体验不如传统的实体白板。

另外，当被问及"智慧教室的智慧还反映在哪里？"时，教师无法说出除活动桌椅和投屏功能以外的功能，两位教师提到了软件、教学资源，但无法做出明确表述。

4. 受师生欢迎

78.7%的学生认为，相比普通教室，更喜欢在智慧教室上英语课。在开放式的理由陈述中，17人表示智慧教室"更舒服""环境好""宽敞明亮"；14人喜欢"小组座椅"，认为"组员距离近，便于交流"；8人认为教室的"设备智能程度高"，另外提到的理由包括"互动多""学习氛围好""便于教师管理""提供Wi-Fi"等。尽管教师认为自己在授课中"与传统教室差别不大""没有很智慧"，教室只是"增强版多媒体教室"，但还是一致认为智慧教室的教学效果好于普通教室。

总结以上我们得出，在智慧教室进行大学英语授课对提升学习者的专注度和参与度是有帮助的，课堂氛围更好，师生关系更融洽，对教学效果提升有积极意义。但是应当看到，这些积极效果主要来自教师配合教室的座位摆放而增加的互动教学环节设计和明亮现代的装修所带来的环境新鲜感，并非主要来自对信息技术的使用。事实上，被认为传统的教学手段，如在白板上手写板书，仍被教师认为是不可取代的教学手段。

为什么智慧教室的智慧技术在实际的常态教学中没有得到充分体现呢？我们分析有以下几个原因。

1. 各种软硬件对接不如预想中便利

以投屏功能为例，理论上所有师生手机都可以接入教室内的各个屏幕，但实际上安卓手机还需要安装专门的软件，并且由于智慧教室的屏幕选用了单一信道，部分安卓手机即使加装软件也无法投屏。

投屏时需要先接入教室专用的Wi-Fi，再对手机和屏幕进行相应操作，虽然过程不算复杂，但如果不经常使用很容易忘记步骤。连接过程需要耗费一些时间，多个学生同时投屏时经常谁也投不上，这些都会造成课堂教学的中断，令使用者望而却步。

2. 因设备兼容性较低，教师倾向选择通用性、稳定性

由于信息技术迭代快，新老智慧教室的建成可能前后相差不过两三年，但在技术层面已经全然不同。由于已建成的智慧教室中的硬件设备无法支持新功能，而教师不可能只使用一个智慧教室，因此教师倾向在日常的课堂设计时只进行一些基本操作，避免因一个智慧教室的课堂活动设计无法迁移到另一个智慧教室，而打乱教学进程。比如原本打算设计学生分屏讨论展示，但由于一个班的教室有分屏功能，而另一个班没有这样的屏幕调度功能，那么只能舍弃这个设计，换用更传统的方式。

此外智慧教室设备繁多，维护难度大，出错概率也大。受访教师都曾遇到过软硬件故障，导致教室门禁系统无法刷卡开门，教室主机开机联网耗时长，不同厂家建设的教室软件版本不同导致出现课件格式改变、音频视频运行不畅等问题，很容易让教师产生"多一事不如少一事"的想法，降低探索的意愿。

3. 培训内容过于基础，教师缺乏创造应用场景的能力

四位教师在使用智慧教室前都接受了相关培训，学习了各设备的开关和使用方式，但这解决的只是如何在智慧教室实现普通教室的教学功能，除了被特别介绍的投屏功能，教师并不清楚智慧教室还有什么特殊功能。虽然厂方提供的教学视频中有几个教学案例，但场景都是中小学。智慧教室不是专为某个课程而建，它的建设理念必然是适用于大部分课程，强调的是空间改变方便灵活，只需几分钟就可以转换为另一种教学场景，可适配授课、考试等多种教学场景。但是在没有理论和技术支持也没有实例借鉴启发的情况下，要求学科教师能创造性地将本学科和智慧教室的技术有机结合，创设出更有产出的应用场景太难。

4. 钉钉、在线授课平台的崛起，替代了智慧教室的部分功能

钉钉、超星等远程交流、在线授课平台迅速崛起，不仅功能不断完善，而且在师生群体中业已形成了使用习惯。部分原本要借助智慧教室实现的功能，如课前教师提前上传讲义，给学生分享课程资源；课下任务管理，教师布置任务给学生，收集提交的答案；课中快速收集学生观点，小组协作分享；互动答题直接给出答题反馈等，都可以通过手机上已有的软件实现。从这个层面来讲，课堂的实际智慧程度提升了，并形成了新的日常。师生对于"智慧感"的阈值提升了，事实上也不再需要智慧教室中功能重

复的软件了。

5.非可替代功能缺乏配套软件支持

理论上智慧教室可以通过数据挖掘和智能分析软件实现更深层的互动，如智慧教室通过每一个学生接入主机的手持设备记录答题等互动轨迹，自动分析后及时发现学生的困难和问题，有针对性地推送教学资源；分组活动也可以依据学生各项表现的数据综合测算出最合理的方式，将不同特点的学生智能组合。但目前这些非可替代功能，我们的智慧教室中还未配备。

6.教师工作量大，使用技术较为被动

从学科教师的角度来说，完成授课任务时首要考虑的是知识点如何呈现最恰当，最容易被学生理解。技术是用来为教学提供便利的，顺手实用是第一位的，这也是在智慧教室中教师依然离不开普通手写白板的原因。但是，在尚未有完备、成熟的模式可借鉴的情况下，面对作为教学工具的智慧教室，如果教师追求的依然是顺手实用，那么实际的智慧教学只停留在表面，教学"没有很智慧"的情况就很难避免。探索和挖掘智慧教室与课堂教学的创意结合，势必需要大量的时间投入，这会导致工作量剧增，我们应当正视这一点，而在现有评价体制下，教师的此类付出难以得到认可。在技术变得更简单、易用前，我们需要更多的鼓励机制来推动教师成为更主动的技术使用者。

小 结

智慧教室环境下的大学英语课堂小组活动参与度更高，师生关系更平等密切，师生都喜欢这样的课堂。值得注意的是，调查显示教学效果的提升在很大程度上源自智慧教室不同于传统教室的空间布局。但是从技术角度来说，实际课堂中的智慧感不明显，改变现状既需要软硬件设施的进一步发展来提升用户体验，也离不开授课教师主动挖掘智慧潜力。智慧教室

功能强大，不是信息技术和设备的简单堆砌，但因其设计之初对各门课程普适性的追求，当它被使用于某一门具体课程，如大学英语课堂上时，要想更大限度地发挥其辅助提升教学效果的作用，就离不开任课教师结合具体教学内容的深度挖掘。学校应当有配套的鼓励机制来推动教师积极学习，提升自身的信息素养，成为技术的主动使用者。此外，任课教师也应当与信息技术人员加强交流，以便为未来智慧教室的设计提出建设性意见。

参考文献

［1］胡钦太，郑凯，林南晖，2014.教育信息化的发展转型：从"数字校园"到"智慧校园"［J］.中国电化教育（1）：35-39.

［2］黄荣怀，张振虹，陈庚，等，2007.网上学习：学习真的发生了吗？——跨文化背景下中英网上学习的比较研究［J］.开放教育研究（6）：12-24.

［3］塞德曼，2009.质性研究中的访谈：教育与社会科学研究者指南［M］.周海涛，译.3版.重庆：重庆大学出版社.

Practice and Reflection on Teaching College English in a Smart Classroom on a Regular Basis

ZHANG Ying(Communication University of Zhejiang, Hangzhou, 310018)

Information technology has long changed the realm of education. With the support of policy and government fund, an increasing number of colleges around China have been equipped with Smart Classroom, an EdTech-upgraded classroom that enhances the teaching and learning process for both the teachers and students by integrating learning technology, such as computers, specialized software, audience response technology, etc. Consequently, more and more courses are delivered in Smart Classrooms on a daily basis. In this paper, four college English teachers who have been teaching in Smart Classrooms for long periods were interviewed, and the students who participated were surveyed, to explore the influence and mechanism of Smart Classrooms on the teaching process in practice. It is found that the Smart Classroom has a positive effect on the participation of college English classes, but the expected wisdom is not obvious in the actual teaching. This paper analyzes the reasons for this.

"以测辅学"在大学英语词汇教学中的应用*

孙名斐**

摘要："以测辅学"是智慧教育境域中精准教学的核心机制。本文将测量、记录和决策三大精准教学要素融入大学英语词汇教学中，厘清三要素在教学过程中的相互关系；以词汇语音教学和strong verbs教学为例，借助精准教学中常用的记录工具变速图记录学生的学习表现；通过分析学生的学习情况来调整教学策略，制定个性化的教学决策，从而探究"以测辅学"在大学英语词汇教学中的适用性和实施效果，使大学英语词汇教学从粗放走向精准，提高大学英语教学效率。

关键词：大学英语；精准教学；词汇教学；"以测辅学"

---

* 本文是2020年省级线上线下混合式一流课程"大学英语3"（新闻传播方向）研究成果。

** 孙名斐，翻译硕士，浙江传媒学院国际文化传播学院讲师，研究方向：大学英语教学、混合式教学。

引 言

"以测辅学"是智慧教育境域中精准教学的核心机制,主要包含测量、记录和决策等三大要素(彭红超等,2017)。精准教学是美国心理学家Lindsley根据Skinner的行为主义学习理论提出的,即通过对学生的日常学习行为连续追踪收集,使用标准变速图表记录数据并对数据结果进行评估,做出基于数据的决策来加速行为改变和学习成果(姜倩等,2020)。

测量旨在使用测量工具及时测量学生的学习表现;记录旨在将学生的学习表现以可视化图表呈现;决策旨在通过观测图表上学生的学习表现进行教学决策。"以测辅学"作为精准教学的重要手段,能够规避传统教学中教师凭主观经验调整教学方式的弊病,实现以具体的学情数据为依据合理地调整教学方案,使课堂教学具有更强的针对性。笔者基于大学英语词汇教学内容,通过分析各阶段测试所得数据发现不同学生对学习内容掌握的差异性,针对不同学生实施精准辅导,探究"以测辅学"在大学英语词汇教学中的适用性和实施效果。

一、"以测辅学"机制下的英语词汇教学模式

英语教学过程中大多数时间是学生、教师、教材三者之间的互动。在传统的教学模式中,教师通常基于自己对教材的解读展开教学设计,往往容易忽略学生与教材这两者之间的互动在教学决策中的重要作用。精准教学的精髓在于通过测量来追踪学生的学习表现并提供数据决策支持,更好地形成学生、教师、教材三者的互通(付达杰等,2017)。

本文在教师在开展教学活动之前,增设学前检测以获取数据,通过数据分析精准地把握学生与教材之间存在的问题,从而确定教学的重难点,以便

做到课堂教学更有针对性。教学活动结束后,再次通过课后检测环节反馈学情,进一步检验课堂教学效果。整个教学过程从测量着手,分为学前检测、教学干预、学后检测和个体评析四个环节。学前检测目的是把握学情,确定教学重难点;学后检测是为了判断学习效果,便于开展进一步的有针对性的辅导。

(一)"以测辅学"在英语词汇语音教学中的应用

在英语词汇教学中,教师往往容易忽略词汇的发音教学,且课堂中的发音教学具有即时性,学生容易遗忘。因此,本文在词汇教学前加入课文朗读检测环节,运用网上学习平台U校园,进行了学前朗读检测,精准把握学情,并进行数据统计。统计发现258位学生中有8处单词发音错误极高(见表1和图1)。

表1 学前检测中单词发音错误情况

发音错误的单词	学生的错误发音	人数
hop	/hoʊp/	121
receipt	/rɪˈsept/	84
debt	/debt/	192
suite	/sut/	205
unwind	/ʌnˈwɪnd/	188
beach	/bɪtʃ/	102
clothes	/kləʊðiz/	123
athlete	/ˈæθleːt/	145

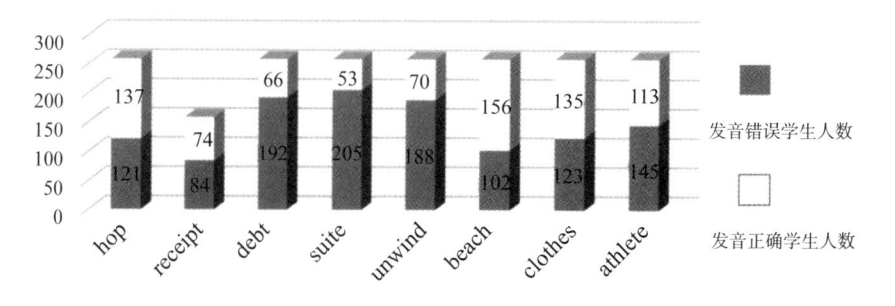

图1 学前检测中单词发音错误与正确统计情况

数据统计后，教师可开展有针对性的教学。课前，教师准备单词和单词例句的标准发音音频。课堂教学中，教师引导学生分析错误原因。比如，"hop"一词的发音错误是因为学生将该词与"hope"一词的发音混淆了；"receipt"和"debt"当中的p和b应该不发音；"suite"一词和"suit"混淆了；"unwind"一词当中"wind"部分受到了"wind"（风）这个单词发音的影响等。随后教师在课堂进行现场纠音。考虑到现场纠音有即时性，课后，教师将课前准备好的单词和单词例句音频发给学生，让学生在课后反复跟读，进行影子训练。在下次课前进行二次检测，检测发现单词发音错误的现象大幅减少。教师可将仍存在发音问题的学生组织起来，进行个体评析。

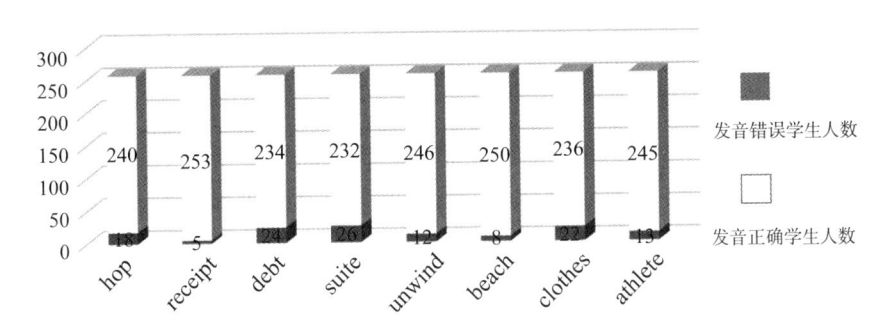

图2 学后检测中单词发音错误与正确人数

大学生已经具备一定的词汇语音基础，同时紧张的课时使得课堂教学各个环节分得的时间并不多。以上两个方面因素突出了精准教学的必要性。在学前检测中，教师在授课前精准找到学生存在的问题，进行教学内容决策；课堂上在有限的单位时间里进行精准干预；课后学后检测检查学习效果。"以测辅学"适用于有一定基础学生的英语词汇语音教学。

（二）"以测辅学"在英语词汇词义教学中的应用

1.学前学情分析

对258名大二非英语专业学生大一时期上传至学习平台的写作和翻译

作业进行搜集、查看并分析样本文本。教师发现文本中学生使用了大量的weak verbs，即比较笼统、缺乏具体性和生动性的动词。而使用具体、生动甚至能给人带来画面感的动词（strong verbs）是英语的语言特点之一。据此，教师采用Excel的相同词统计功能，发现样本中出现了大量的weak verbs，即词义较为概括笼统的动词，并进行了统计。统计结果如表2所示。

表2 学生作业中weak verbs情况

weak verbs	数量	可代替的strong verbs
eat	186	devour, munch, bite, gulp, nibble, slurp, snack
drink	103	sip, toast, shot, booze
sleep	182	doze off, nap, nod off
run	163	dash, dart, flood to, jog, hustle, gallop, trek
walk	109	stride, doddle, stroll, limp, trek, wander, linger
sing	92	chant, chirp, babble, chirrup, purr, chorus
cry	45	weep, sob, blubber, whimper, snivel, crow
go to	185	head for, embark on/for, check out, frequent

2.决策

根据统计结果，教师认为应该进行strong verbs的词汇教学，提高学生英语输出时用词准确度，从而增强文字的可读性。教学目标确定后，教师结合教材——《新视野大学英语读写教程3》进行教学内容的精准设定。教师发现该教材第二单元Text A中，作者使用了大量strong verbs进行描写记叙。该文非常适合作为实现教学目标的教学材料。由此，结合学情分析、数据统计、教材内容分析，教师确定了教学目标、教学材料和教学时机。

二、实施"以测辅学"

此外，教师按词义将动词进行分组，给学生提供词汇卡片，结合语境进行词义学习，每组的学习周期为10天。教师每天在学习平台上发布10分钟词汇测试，测试要求学生在10分钟内尽可能多地进行strong verbs的正确使用。学生在移动端或PC端完成每日测试。平台统计每个学生当日测试成绩与全班平均成绩，采用变速图进行测量记录，同时以10天为周期绘制变速图，进行观察，根据不同班级和不同学生的学习趋势进行学习干预并做出相应的教学决策。

图3呈现的是甲班学生第一组strong verbs学习情况和趋势。从图中可看出，该班学习几乎一直高于目标值，尤其是在第2天至第5天，正确频率明显提高。经观察和采访发现，该班学生大多数会利用碎片化时间来进行词汇的巩固记忆，一天多次重复学习卡片词汇。

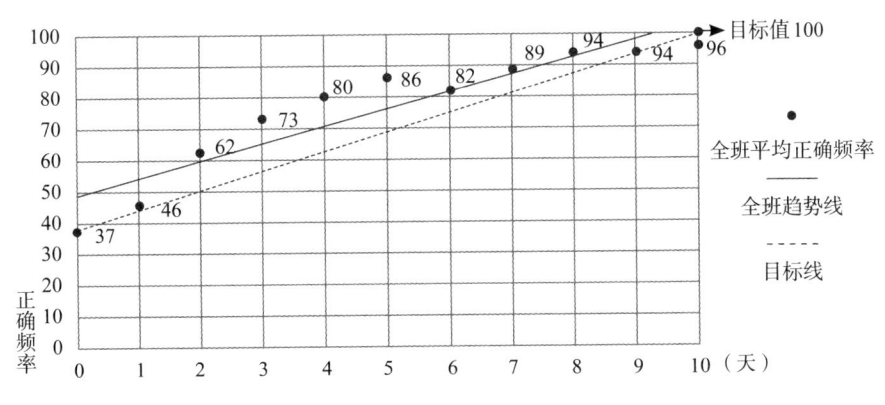

图3 甲班学生第一组strong verbs学习情况变速图

乙班前5天的正确频率明显低于目标值，且在第3天出现了退步的情况，教师在此时及时进行提醒，对正确频率较低的同学进行答疑，传授高效的学习方法（见图4）。在第6天至第10天，全班平均正确频率明显提高，并且不断接近目标线。在第二组strong verbs学习中，从图5中可以看出乙班同学的学习效率有显著提高。

在教学过程中，变速图还可应用于观察每一位学生的学习情况。比如，图6中，学生甲在第一组strong verbs的学习过程中正确频率趋势线斜率大于目标线，说明该学生的学习效果好，学习速度快。

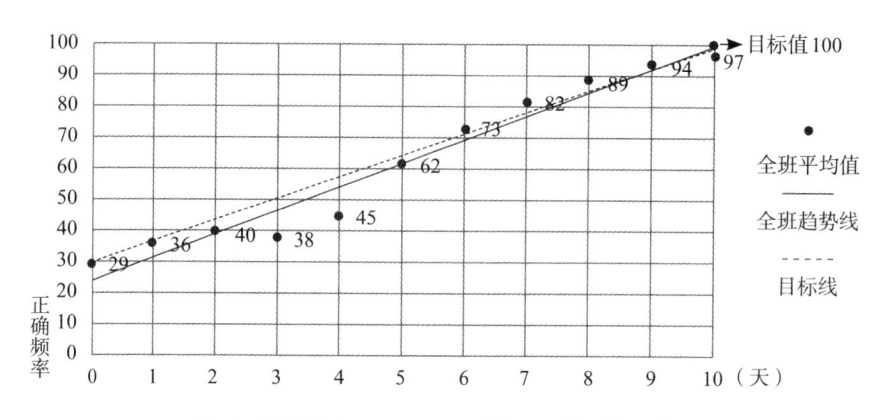

图4　乙班学生strong verbs第一组学习情况变速图

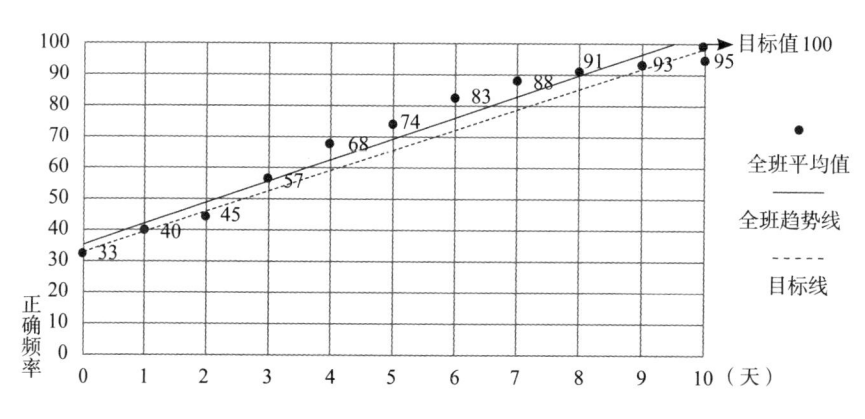

图5　乙班学生strong verbs第二组学习情况变速图

学生乙则呈现出趋势线斜率明显小于目标线的情况（见图7），教师则需要针对该生的实际情况进行有针对性的指导，向学生介绍行之有效的词汇记忆方法。在课后教师组织甲类学生与乙类学生进行学习交流。

在第二组strong verbs的学习时，从图8中可以看到，学生乙的学习效果有了明显提高。在第4天至第9天的正确频率超过了目标值，且学习效率趋势向好。

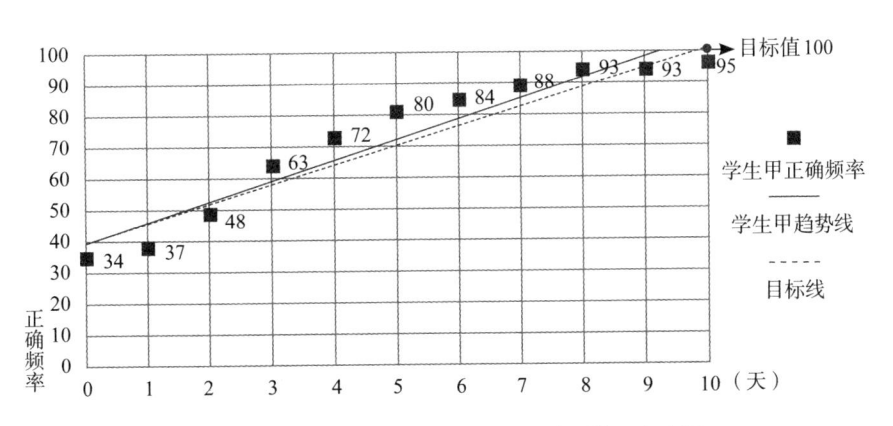

图6 学生甲 strong verbs 第一组学习情况变速图

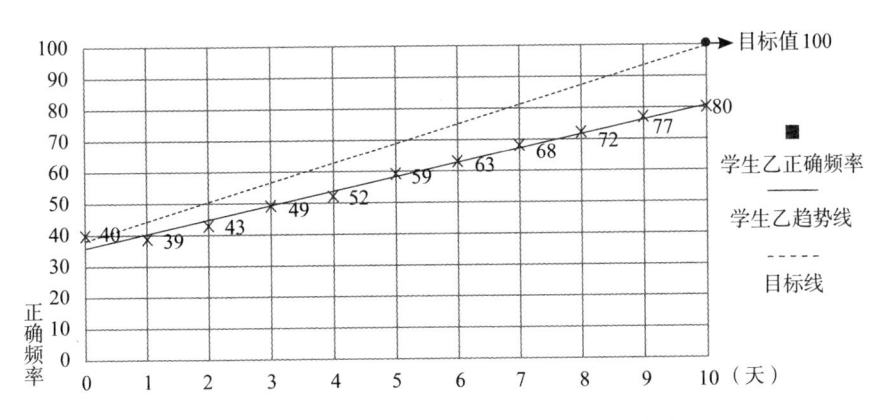

图7 学生乙 strong verbs 第一组学习情况变速图

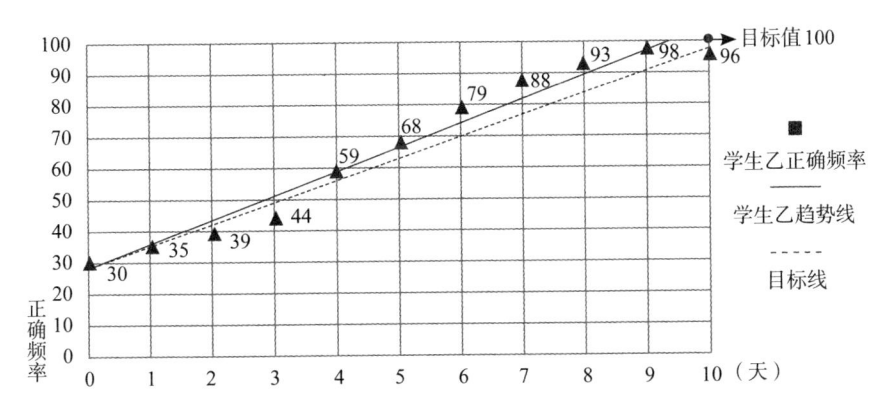

图8 学生乙 strong verbs 第二组学习情况变速图

三、学后检测

在完成多组词汇教学后,教师进行写作测试和翻译测试,对测试中学生词汇使用情况进行统计。从图9中可发现在学生的文本中出现了大量使用准确且恰当的strong verbs,大大提高了文本的可读性。

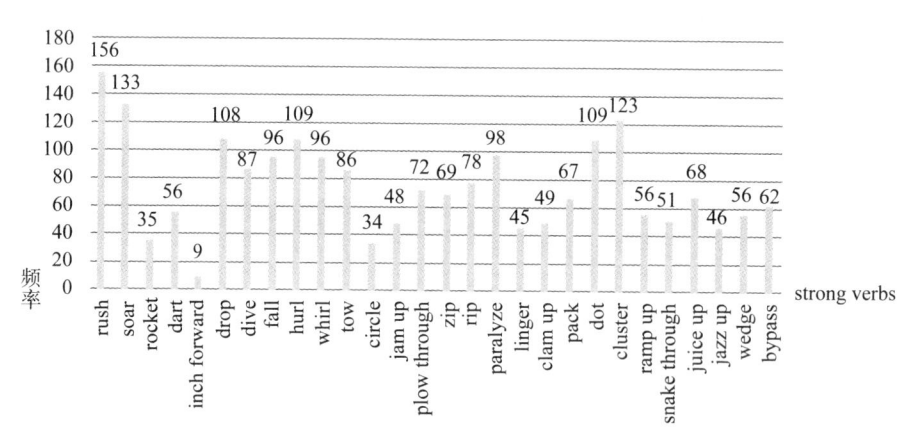

图9 学后检测中学生文本中出现的strong verbs及其出现频率

结 语

作为精准教学的核心机制,"以测辅学"摒弃了传统教学中教师凭主观经验调整教学内容的方式,转而强调以学生的实时表现为依据,诊断学生在学习过程中碰到的问题与难点,并将学生需求反馈到教学决策中。彭红超和祝智庭(2016)认为问题精准才是精准教学的核心,干预精准才是精准教学的灵魂。在实际的英语词汇教学中,在一个单元的教学周期里每个教师通常需要要求学生掌握50至80个英文单词。教师往往无法做到面面俱到。因此,教师可借助测量的方式来把握学生学习词汇的效率,及时进行精准干预。从问题出发,让教师的"教"更加贴近学生的"学",这一教学方法值得在大学英语词汇教学中大力推广。

参考文献

［1］付达杰，唐琳，2017.基于大数据的精准教学模式探究［J］.现代教育技术，27(7)：12-18.

［2］姜倩，李艳，钱圣凡，2020.基于大数据的高校精准教学模式构建研究［J］.高教探索（11）：31-35.

［3］彭红超，祝智庭，2017.以测辅学：智慧教育境域中精准教学的核心机制［J］.电化教育研究，38(3)：94-103.

［4］彭红超，祝智庭，2016.面向智慧学习的精准教学活动生成性设计［J］.电化教育研究，37(8)：53-62.

The Application of "Measurement-assisted Learning" in College English Vocabulary Teaching

Sun Mingfei(Communication University of Zhejiang, Hangzhou, 310018)

The mechanism of "measurement-assisted learning" of precision instruction is a core mechanism of precision instruction within the domain of Smart Education. This paper integrates the three key elements of precision instruction—measurement, recording, and decision-making—into college English vocabulary instruction, clarifying their interrelationships in the teaching process. Taking vocabulary phonetic teaching and strong verbs instruction as examples, the paper utilizes a common recording tool in precision teaching to visualize learning via drawing, so as to track students' learning performance. By analyzing students' learning progress, teachers adjust teaching strategies and make personalized instructional decisions. This exploration aims to investigate the applicability and effectiveness of "measurement-assisted learning" in college English vocabulary teaching, leading the instruction from a scattered to a precise approach, thereby enhancing the efficiency of college English teaching.

5W传播学视角下的非洲孔子学院文化传播研究

施 瑞[*]

摘要：本文以5W视角分别从传播主体、传播内容、传播媒介、传播受众和传播效果出发，对非洲孔子学院文化传播的现状和问题进行分析得出：文化传播者缺乏专业文化素养；缺乏本土的文化传播者；过于偏重对中国传统文化的传播；中方院长缺乏跨文化管理经验；缺乏全面利用网络媒介的土壤；部分非洲民众对中国文化在非洲的传播有戒备心。本文对非洲孔子学院在对外文化传播中存在的问题提出合理化策略：着重培养和发展知华、友华、爱华的本土师资；加强中方院长的传播管理能力建设；拓展文化传播的渠道；进行受众分析，根据不同层次受众的不同需求，分层传播、因材施传；在非洲孔子学院设立专业的文化传播效果的追踪制度和评估部门。

关键词：5W；非洲孔子学院；现状与问题；策略

---

[*] 施瑞，教育学硕士，教育学博士在读，浙江传媒学院国际文化传播学院讲师，研究方向：比较高等教育、对外文化传播等。

前　言

（一）孔子学院的发展背景

自2004年全球的第一所孔子学院在韩国成立至今，孔子学院作为中国文化"走出去"的重要载体，已经在全球五大洲、四大洋建立了逾548个孔子学院和1193个孔子课堂。虽然孔子学院从成立开始便一直处在快速发展中，但由于意识形态不同等因素，孔子学院在欧美经历了"遇冷"的局面，甚至出现了大面积的关停现象。而与之形成鲜明对比的是，在"一带一路"共建国家及在非洲国家的孔子学院在近年迅速扩展，并呈现出良好的发展势头。

教授中国语言与传授中华文化一直是孔子学院的两大主要职能。虽然近几年来，在很多发达资本主义国家的孔子学院，因为意识形态不同等因素，逐渐呈现以教授中国语言为主、传播中华文化为辅的趋势；但是对于非洲地区的孔子学院而言，在中非合作论坛机制下，随着中非联系的日益紧密，非洲孔子学院的文化传播功能在服务中国国家战略、促进中非文化和外交发展及塑造积极的中国国家形象方面均具有重要作用。

本文从5W传播学的视角出发分析非洲孔子学院文化传播的现状，并对非洲孔子学院在对外文化传播中存在的问题提出合理化策略，希望对孔子学院在非文化传播的提质增效方面起到促进作用。

（二）5W传播学理论

传播学四大奠基人之一的美国学者哈罗德·拉斯韦尔于1948年在《传播在社会中的结构与功能》一文中首次提出了构成传播过程的五种基本要素，并按照一定结构顺序将它们排列，形成了后来被人们称为"5W模式"或"拉斯韦尔程式"的过程模式。5W模式界定了传播学的研究范围和基本内容,这五个W分别是英语中五个疑问代词的第一个字母,即:Who(谁)、Says What(说了什么)、In Which Channel(通过什么渠道)、To Whom(向谁说)、With What Effect(有什么效果),也就是对传播活动进行传播者分析、内容分析、媒介分析、受众分析和效果分析。5W模式为人们理解传播过程的结构和特性提供了具体的出发点。(Lasswell,2015)

一、非洲孔子学院文化传播的现状与问题研究

笔者以5W传播学模式为理论依据,对非洲孔子学院文化传播的传播者、传播内容、传播媒介、受众及传播效果进行分析,来研究非洲孔子学院文化传播的现状及现阶段存在的问题。

(一)传播者现状和存在问题分析

传播者指的是传播行为的发起人,是借助某种手段或工具、通过发出信息主动作用于他人的人。孔子学院文化传播的传播者主要是中方的师资队伍,由中方院长、外派教师和志愿者教师队伍构成。孔子学院总部于2012年至2013年开始组建专职教师队伍,至2017年,全国专职教师储备院校总数达到25所。因公派教师、专职教师的服务期一般为2年至4年,志愿者为1年至2年,且鉴于非洲环境因素,加上对非洲认知存在一定的偏误,因此非洲的孔子学院存在着教师流动性较高的问题。目前,全球孔子学院的生师比平均高达35:1,而在非洲地区生师比则更高。另外,对于非洲的孔子学院来说,高校教师尤其是高级职称以上人才去非洲孔子学院任职人数偏少。目前非洲孔子学院的师资以志愿者为主体,具有中、高级以上职称的教师比例分别不超过10%和5%。同时,许多志愿者教师是国际汉语教育或相关专业的硕士研究生,他们在服务期满后基本都选择回国继

续学业。以喀麦隆雅温得第二大学孔子学院(简称雅温得二大孔子学院)2014—2015学年为例,孔子学院共有教师36名,其中副教授1名,讲师2名,博士1名,硕士5名,硕士在读25名,本科生2名。

目前,非洲孔子学院的文化传播者在文化教学与文化推广活动中主要存在以下问题。

第一,大多数的文化传播者缺乏专业文化素养,导致他们的文化传播能力偏弱。目前,非洲孔子学院的师资结构状况在很大程度上仅能满足基础性教学,而中国文化传播、教学层次的不断升级对师资的专业文化背景和学术水平均提出了更高要求,传播者的中国文化传播能力与实际需求和内涵式发展之间的矛盾越来越突出。正如前文所提到,一方面,大多数的非洲孔子学院的老师以国际汉语教育专业的硕士研究生为主,他们在文化教学与推广中并不具备专业的文化素养。而中华武术、中华艺术等文化传播需要有相关专业文化背景的师资来教授和推广,才能更好地实现该文化的传播。另一方面,一些具备相关专业素养的文化人才,又因为外语能力不达标或对非洲存在认知偏误,所以没有来非洲传播中华文化。

第二,从文化传播者的构成来看,非洲孔子学院缺乏本土的文化传播者。在文化的向外传播过程中,为了能让文化更好地受到当地民众的认可和接纳,通常会融合当地的风土人情,让文化传播得以本土化。然而,由于教师收入低及本土教师的入职门槛较高,非洲大部分国家的孔子学院面临着一个问题:本土汉语人才不愿或难以从事教育行业。这一状况严重影响了本土师资队伍的发展壮大,以致目前近一半的非洲孔子学院没有本土教师。

第三,多数中方院长缺乏跨文化管理经验。高效的跨文化传播管理是孔子学院提质增效的重要保障。孔子学院跨文化传播管理包含传媒经营管理、跨文化传播流程管理等方面。从宏观上讲,孔子学院实行理事会领导下的双院长负责制。孔子学院管理涉及总部及中外双方承办院校,但是针对孔子学院组织目标的具体实施,中方院长的跨文化管理能力成为影响业务发展的关键因素。孔子学院的中方院长由中国高校选派。中方院长通常具有高级职称,专业素养过硬,但并不一定具备丰富的管理经验,好多非洲孔子学院的院长是持有中国高校高级职称的专业教师。随着非洲孔子学院办学体量的迅速增长和职能的多元化发展,中方院长面临内部环境和外部环境的多重挑战。(徐永亮 等,2021)目前,非洲孔子学院跨文化传播管理还存在着以下不足:一是品牌知名度有待提升和形象塑造创新性不够,形式单一,部分孔子学院社区市场拓展能力弱;二是文化展示能力创新不足,文化活动开展存在单一性、重复性、外向度不高等问题。

(二)传播内容现状和存在问题分析

通过对在非洲的几大主要孔子学院的调查分析,目前在非洲孔子学院开展的文化传播活动可概括为以下八类:联谊交流、文体演出、比赛竞技、仪式/典礼、展览/讲座、纪念日活动、媒体及社区宣传及访问/接待。联谊交流类活动主要是与非洲在地高校及中小学的合作交流或与在非中资企业的合作交流;文体演出和比赛竞技类主要涵盖了中华武术、中华艺术(中国书法、中国画、民族舞蹈、传统器乐、诗歌)、中国传统手工艺等中华传统才艺;仪式/典礼类主要是孔子学院及下设的教学点的开学典礼、毕业典礼或周年庆典类的活动;展览/讲座类活动主要是对中国传统思想文化、节日民俗文化及孔子学院发展历程等主题式的巡讲、巡展;纪念日活动主要是针对每年特殊的节日所开展的大型系列活动;媒体及社区宣传主要是利用在地高校或中小学在节日、校庆或其他特殊时段开展活动的机会,以采取"你搭台、我唱戏"的方式加大对孔子学院及中国文化的宣传;访问/接待主要是接待国内及非洲国家或地区的相关领导,访问在非洲有影响力的人物等。

对中国文化内容的分析一般从物质文化、行为文化和精神文化这三个维度进行考量。通过阅读有关孔子学院文化传播的文献发现，目前非洲孔子学院的文化传播多以物质文化和行为文化为主，主要包括书法、太极拳、剪纸、脸谱等内容。从传播内容的形式来看，传播的内容比较浅显，缺乏更深层次的中国价值观等精神文化的传播。杨薇等学者在《非洲孔子学院的语言文化传播效果研究》一文中对非洲孔子学院近年来文化活动和文化教学调查发现，在文化推广和教学中对传统物质文化的简单介绍和重复展示仍占主流，很难真正满足当地全面、深入了解中国文化的认知需求。文化活动和文化教学是语言本体教学以外的重要办学内容，其意义不言而喻。以展示剪纸、书法、器乐、舞蹈及饮食为主要内容的文化推广形式亟须改观。现代文化产业的发展并没有跟上语言文化传播的步伐，以至于很多教师自己都在不断反问：还有什么能够展现中国文化的高雅、深厚、博大而精致的底蕴呢？（杨薇 等，2018）孔子学院的汉语国际教育与推广的重要价值不仅在于满足汉语学习需求、培养精通汉语的人才，更在于培养对中国文化、社会、思维方式和价值观具有深刻认识和积极态度的人才，促进当地对中国语言文化、价值观的认同和对中国哲学、美学的深层次理解。

另外，目前还存在的一个问题是，目前非洲孔子学院传播的中国文化内容，基本是古代的、传统的中国优秀文化，如中国的传统节日民俗、中国传统武术、艺术及中国传统的思想。然而，这样过于偏重对传统文化的传播，向非洲反映的只能是不全面的中国文化。处在全球化时代的今天，要想中国文化"走出去"，扩大中国在非洲乃至全球的文化影响力，除了让中华优秀的传统文化走出去，也应该鼓励中国当代文化"走出去"，让非洲人了解一个全面的、现代的中国。

（三）传播媒介分析

传播媒介是文化活动得以推广的物质手段。目前主要的媒介有印刷媒介、电视媒介、广播媒介和网络媒介等。非洲的孔子学院包括下设的教学点,从创立至今,一直积极地寻求与当地的主流报纸、电视和广播等传统媒体开展合作,借其对社会公众的影响力吸引当地民众的关注和参与,开展对中国文化的推广和传播活动,扩大中国文化的影响力;同时,孔子学院还自主设计文化刊物《孔院周年活动刊》并在各地发行。以喀麦隆雅温得二大孔子学院为例,2014年9月庆祝孔子学院成立十周年暨首个全球"孔子学院日",整场庆典吸引了近30家当地媒体,其中包括喀麦隆国家电视台在内的主流媒体前来采访和报道此次活动;2016年4月雅温得二大孔子学院在第19届喀麦隆大学生运动会上举办了中国文化宣传周活动,当地的主流媒体《喀麦隆论坛报》进行了持续、深入的报道。这种利用非洲本土传统媒介的平台来传播中国文化的方式,即"非洲搭台、我们唱戏",把我们的文化由他们来进行一些本土化处理的"中国故事国际表达"方式,是现阶段非洲孔子学院用得最多的一种具体传播方式。

在网络媒介方面,虽然非洲孔子学院利用非洲在地高校的官方网站、中国新华社驻非洲分社等官方网络平台,以及通过开通孔子学院Facebook、微博等方式来介绍非洲孔子学院和传播中国文化,但是由于非洲网络不发达,通信设备落后,非洲孔子学院存在不能很好利用新媒体和融媒体来推广文化的问题。整体的非洲由于经济贫穷、信息技术落后、缺乏完整的现代化信息设施、网络覆盖面不全,因此缺乏可以全面利用网络媒介来宣传中国文化的土壤。

(四)受众分析

受众分析也就是对文化活动传播对象的分析,非洲孔子学院的传播受众主体主要由非洲孔子学院和下设教学点的学生、非洲各大高校及非洲政府和社会名流、各大公益组织组成。(刘权 等,2017)

首先,活动的受众主体是在非各大孔子学院及下设教学点学习汉语的学生。他们因为热爱汉语、喜爱中国文化及出于把汉语作为工具的目的而成为孔子学院的学生。他们不仅是文化活动的听众和观众，还是非洲孔子学院活动的参与者和组织者，充分发挥了中国文化人际传播的作用。

其次，活动的宣传对象也包含了非洲的各大高校。孔子学院经常与非洲各大高校开展合作活动。例如，通过在各大高校内摆设精心布置的宣传展台，将中国书法、剪纸、中国结、京剧脸谱等传统文化技艺以直观的方式展现出来，起到了文化展示及交流的作用。除了文化展示，还有文化体验环节。例如，每次书法体验都大受欢迎，学生对用毛笔写出自己的中文名字非常感兴趣，除了学习汉语的学生，还吸引了大量的高校非汉语专业学生参与，充分体现了中国文化的独特魅力。

再次，文化活动还成功地吸引了非洲政府、社会名流及公益组织的注意。例如，2015年雅温得二大孔子学院为喀麦隆文化部长精心设计了为期三个月的中国太极拳课程，受到喀文化部长的高度赞许；2015年喀麦隆足球巨星罗杰·米拉作为喀麦隆社会名流代表与孔子学院洽谈并建立了罗杰·米拉基金会，由雅温得二大孔子学院负责为球队开设汉语和中国文化的相关课程；同年元宵节，孔子学院还组织了扶贫助力捐赠活动，对喀麦隆公益组织"希望之路"进行帮扶捐赠，对希望小学学生进行汉语和中国文化方面的培训。

最后，由于受众身份背景各异、学习中国文化的需求多样化，存在文化传播并不能让所有受众接受的问题。从受众的组成和文化水平来看，主要的孔子学院文化传播受众是各大孔子学院的学生。他们来自不同的阶层，有可能是普通的在校中小学生和大学生，也有可能是出于工作需要来学习汉语的工人。他们作为受众，对孔子学院所传播的中国文化基本接受度比较高。然而，对于其他受众，尤其对于非洲的各大高校和政府的领导这些精英阶层来说，一方面，由于西方对非洲的殖民统治，他们痛恨历史上西方殖民者的劣行；另一方面，由于西方文化在非洲有着长期广泛的影响，英语、法语、德语等在非洲大陆具有政治上和文化上的传统优势，绝大多数非洲国家的上层人士均有西方教育背景，能讲英语、法语等西方语言已经成为精英阶层的主要标志之一，他们已经非常习惯于接受西方的思维方式和文化传统，包括以基督教为代表的宗教信仰和价值观。因此，他们的思维方式和认知方式比较西式。

（五）传播效果分析

传播效果是指传播者通过媒介发出的信息，即传播内容传至受众，从而引起受众思想观念、行为方式等的变化。孔子学院的办学目的在于通过汉语的传播传递中国文化。

总体来说，作为"传播中国语言、弘扬中华优秀文化、推动中华文化走向世界、树立我国良好国际形象的基础工程"的孔子学院，自2005年在肯尼亚内罗毕大学建立第一所至今，在非洲体量增长迅速，办学特色日益明显，通过教授汉语和传播中华文化，促进了非洲学习者转变并形成对中国文化和社会的总体良好印象和积极态度，也减少了因为不了解而造成的刻板印象。以喀麦隆雅温得二大孔子学院为例，雅温得二大孔子学院通过举办一系列的中国文化传播活动，引发了受众对中国文化的喜爱，激发了受众学习汉语的兴趣。该孔子学院从成立之初的200名学生发展壮大到目前在雅温得、杜阿拉、马鲁阿等25个教学点的1万多名学生；2012年，汉语教学已被纳入喀麦隆的国民教育体系。另外，雅温得二大孔子学院所开展的文化活动为喀麦隆人民认识中国、了解中国、感知中国提供了一扇窗口，改变了他们对中国的认知和印象，塑造了中国良好的国家形象。与此同时，文化活动的开展也促进了受众行为方式的改变，大部分学生在体验了中国文化活动之后会进一步发挥人际传播的作用，向朋友、家人、同学介绍中国文化，为进一步学习中国语言、加强中喀交流奠定了基础。

但是，值得注意的问题是，整体的正面态度伴随着显著的个体差异，仍有部分非洲民众对孔子学院在非洲进行文化传播有怀疑和担心甚至戒备心理。对于非洲民众来说，由于非洲在历史上曾遭受殖民统治，民族自尊心非常强烈，个别学生对于汉语教学和中国文化传播存在着不同程度的负面情绪，尤其对于汉语在当地日益增强的影响力持有强烈的怀疑和担忧。（杨薇 等，2018）

二、非洲孔子学院文化传播的策略研究

前文通过5W的传播理论分析了孔子学院在非洲文化传播的现状和问题。为了扩大非洲孔子学院的文化传播影响力，最终提升中国的国家形象，根据5W的传播理论，笔者提出了非洲孔子学院在未来的文化推广和传播中的一些可行策略。

（一）从传播者出发的策略

一方面，要建立和健全孔子学院的国际汉语专业培养体系和奖学金制度，着重培养和发展知华、友华、爱华的非洲本土师资。

非洲的孔子学院可以加大与非洲当地各大高校教育的合作和交流机制，设立和开发更多的国际汉语课程和专业。同时，开拓更多的奖学金制度和交换交流机制，选派更多优秀的非洲学生来中国高校访学和留学，把他们培养成知华、友华、爱华的学生；同时，建立和健全相关培养体系，让出国留学的学生能够在学成之后再回到非洲孔子学院，成为当地孔子学院的本土师资。发挥本土师资，大力推动本土汉语教师加入中国文化的传播者的行列，有利于非洲孔子学院的可持续性发展。

另一方面，拓展中方院长的选拔渠道，加强中方院长的传播管理能力建设。

跨文化传播管理的主要目的是通过对孔子学院传媒和传播流程的有效管理来提升汉语和中华文化的社会影响力，以促进当地社会对中国形成正

确认知并产生亲近感。由此可见，中方院长在跨文化管理上扮演着举足轻重的角色。孔子学院总部可以进一步完善中方院长的选拔制度，把院长的管理能力作为一项重要的指标放到对非洲孔子学院中方院长的选拔上。另外，可以定期组织加强对院长跨文化管理能力建设的相关培训，采用以线上和线下相结合的方式，对中方院长进行任前和任期内的定期培训。

（二）从传播内容出发的策略

需要将中国文化的形式和内涵有机结合，加强传播中国思想文化。

目前，由于中国文化的推广在非洲尚处在起步阶段，各大非洲孔子学院的文化活动大多还停留在物质文化或行为文化层面，如以展示剪纸、书法、器乐、舞蹈及饮食为主要内容的较为浅显的文化，而缺乏在思想层面的文化传播。建议非洲孔子学院在文化传播时能由浅入深、循序渐进，逐步将文化活动的形式和文化内涵结合起来，将中国文化和非洲本土文化有机融合，通过当代文化产业的发展提升中国文化传播的效果。

文化商品贸易已经成为全球化的重要组成部分，而通过电影、电视剧、流行音乐、视觉艺术和饮食风尚等渲染的文化模式迅速影响着世界各地的青年人。语言文化的传播需要有与时代发展同步的载体，需要以文化创意产业为支撑，把传统文化的美学价值和当代社会生活有机结合，而文化产业的发展又能反过来极大地促进和提升语言文化传播的效果。

2017年7月，达累斯萨拉姆大学孔子学院与中国驻桑给巴尔总领事馆、桑给巴尔国际电影节、浙江师范大学非洲研究院和浙江师范大学文化创意与传播学院联合主办了第二届中非影视合作论坛，举办了《我从非洲来》大型纪录片的首映式，就非洲孔子学院利用自身优势提供中非影视合作平台进行了探讨，提出在节目制作、播出方面密切合作。（杨薇 等，2018）

由此可见，在文化创意产业蓬勃兴起的今天，非洲孔子学院可以加大与非洲当地政府、高校在图书音像出版、电影电视剧版权、语言测试、翻译服务、留学及经济贸易信息咨询、艺术展览、文艺演出、创意文化产品、旅游纪念品等方面的开发和投入。非洲孔子学院，需要文化创意的产品作为精神文化的基础，同时能为当代文化创意产业提供开拓和发展平台，可谓多赢。

（三）从传播媒介出发的策略

一方面，与当地的中国企业开展合作，利用媒介融合和新媒体在非开设《中国故事》专栏，拓展文化传播的渠道。非洲的孔子学院应该与在非的大型中国企业开展技术交流与合作，加大对非洲当地信息技术支持的投入，通过援建电力或通信等基础设施，以及为非洲当地提供信息技术人才的软性援助，发展非洲的新媒体；利用融媒体和网络媒介等新媒体，多渠道深度开展与当地官方和民间的媒体合作。例如，在融媒体设立专门非洲孔子学院实名认证的公众号，或在网络媒体上开设《中国故事》文化专栏，对中国文化和非洲孔子学院进行更翔实和密集的推广。（张春燕，2014）

另一方面，加大对非洲华语电视媒体的投资。中国政府可以加大华语广播电视节目的投资力度，建立针对年轻人的覆盖面更广的网站，让中国的声音在非洲传播得更加响亮。

（四）从传播受众出发的策略

一方面，进行受众分析，根据不同层次受众的不同需求分层传播、因材施传。

"受众对于学习汉语和中国文化的需求度，受众对语言与文化、传统文化与现代文化的传播顺序的态度差别，受众对学习语言或文化的期望值，受众从语言或文化传播中获得的满足感，最后再按照受众各种需求的排序，来决定文化传播的路径和内容。"因此，非洲孔子学院在进行中华文化传播时应该做好受众分析，根据不同的受众情况和受众需求分层传播、因材施传。

对于大多数非洲孔子学院学生和其他受众来说，他们对中国文化的认知和理解还停留在比较浅层次的阶段。针对这类受众的中国文化推广活动，可以包括包饺子、打太极拳等浅显却生动有趣的文化活动。对于一些中上阶层或精英分子受众（如高校知识界、汉学家、政府官员等）来说，文化活动的推广可以以更深层的文化对话、合作研究为主。例如，开展更深层次的中国文化研讨会、文化讲座等，同时传播内容上可以对中国文化蕴含的思想和精神内涵进行深入探讨和挖掘。

另一方面，全面分析受众，遵循"求同存异"的原则，将"一般性"和"独特性"统一起来。

朱芳瑜（2011）在其硕士论文《中华文化对外传播现状和策略研究——以哈罗德·拉斯韦尔"5W"模式为视角》一文中指出，文化传播不是单向度的传播，受众在传播过程中体现了一定的主体性，如果不考虑受众对信息的接受心理、价值观念，就难以实现成功的传播。"求同"是指寻求全球性或区域性的共同话题，谋求在思想情感上的共同点，拉近彼此距离。"求异"是指传播中体现一种营销思维，对文化传播的受众进行市场细分，以受众为导向，不同民族不同对待，不同个体不同对待，尊重受众的差异性。

因为非洲民族众多，且非洲孔子学院的受众层次丰富，个体差异较大，因此遵循"求同存异"的原则，既能体现受众的一定主体性，又能体现对受众的尊重，有助于受众更好地接受中华文化的传播。

（五）从传播效果出发的策略

在非洲孔子学院设立专业的文化传播效果评估部门，完善文化活动效果的追踪和反馈机制。传播效果是传播行为产生的有效结果，因此传播效果是传播的出发点和目的。传播者只有根据传播效果及时调整传播内容、传播手段、传播途径，才能满足传播者的需求，从而实现成功传播。

一直以来，非洲的文化传播缺乏一套系统的效果跟踪和反馈机制，非洲孔子学院缺乏一个真正独立的、专业的文化对外传播的评估部门，对于文化传播的研究缺乏完整的过程。因此，在非洲孔子学院设立专业的文化传播效果追踪和评估部门，在该部门建立文化活动档案等，记录从文化活动的备案到文化传播的内容是否符合受众口味、传播手段是否能促进传播效率的达成及传播受众有怎样的评价等，有助于及时跟踪非洲文化传播的每一个环节，及时对非洲文化传播效果做出及时反馈，从而找到文化传播中需要调整的地方，促进文化传播的效果提升。

参考文献

［1］拉斯韦尔，2015.社会传播的结构与功能［M］.何道宽，译.中文版.北京：中国传媒大学出版社.

［2］刘权，吴修奎，2017.非洲孔子学院中国文化推广活动的调查分析：以喀麦隆雅温得第二大学孔子学院为例［J］.楚雄师范学院学报，32（2）：113-118.

［3］徐永亮，徐丽华，包亮，2021.非洲孔子学院发展现状、问题与趋势［J］.现代交际（2）：10-13.

［4］杨薇，翟风杰，郭红，等，2018.非洲孔子学院的语言文化传播效果研究［J］.西亚非洲（3）：140-160.

［5］张春燕，2014.中华文化海外传播的路径和内容选择［J］.云南师范大学学报（对外汉语教学与研究版），12（1）：5-9.

［6］朱芳瑜，2011.中华文化对外传播现状和策略研究：以哈罗德·拉斯韦尔"5W"模式为视角［D］.南京：南京师范大学.

Research on Cultural Communication of Confucius Institutes in Africa from the Perspective of 5W Communication

SHI Rui (Communication University of Zhejiang, Hangzhou, 310018)

This paper analyzes the current situation and problems of cultural communication in Confucius Institutes in Africa from the perspectives of communication subject, content, media, audience, and effect using the 5W framework. It finds issues such as a lack of professional cultural literacy among communicators, a shortage of local cultural communicators, an overemphasis on traditional Chinese culture, a lack of cross-cultural management experience among Chinese directors, inadequate utilization of online media, and wariness among some Africans towards Chinese cultural dissemination. The paper proposes strategies to address these issues, including cultivating local teachers who understand, appreciate, and love China, strengthening the communication management capabilities of Chinese directors, expanding cultural communication channels, conducting audience analysis to tailor dissemination, and establishing a professional tracking and evaluation system for cultural communication effectiveness in African Confucius Institutes.

基于产出导向法的大学英语课堂教学设计与实践

——以《新视野大学英语读写教程4》中 Speaking Chinese in America 为例

范 菲[*]

摘要：产出导向法是文秋芳教授及其科研团队构建的一套外语学习的全新教学理论，强调"学用一体"和"以人为本"的理念，有助于激发学生语言学习的动机，提高学生的学习效率和语言综合运用能力。产出导向法教学理念可以帮助学生通过实践更好地理解和应对不同文化背景下的交流需求，提升学生的跨文化交流能力。笔者将该理论引入大学英语教学中，并结合传媒类院校学生特点和专业特色，展示了基于这一教学理论体系的大学英语课堂教学设计，以及笔者的教学实践和对实践过程的反思。

关键词：产出导向法；大学英语；教学设计与实践

---

[*] 范菲，比较教育学硕士学位，浙江传媒学院国际文化传播学院讲师，研究方向：英语教学、ESP广告英语和比较教育学。

引　言

产出导向法（production-oriented approach，简称POA）是文秋芳教授及其科研团队构建的一套扎根于中国本土、针对我国成人外语学习的全新教学理论，是既有中国特色又具有国际视野的中国外语教学理论体系。POA旨在克服中国英语教学中普遍存在的"学用分离"弊端，强调"学用一体"和"以人为本"的理念，将该理念引入大学英语教学中，有助于提高学生的学习效果和语言实际应用能力，从而提高外语课堂教学效率和学生语言综合运用能力并促进人格素养的全面发展。

学以致用是人类学习知识和追求进步的动力之一。多年以来，基础英语定位作为我国大学英语教学目标，造成的直接后果是使大学英语教学成为应试教学，课堂效率"费时、低效"，导致英语学习内容重复和学生学到的语言知识的效用性缺位和缺失，无法有效地运用语言导致学生的学习状态懈怠和积极性缺乏，相应地也影响到教师的教学状态。2020年，新出版的《大学英语教学指南》进一步明确大学英语教学目标是英语应用能力、跨文化交际意识、交际能力和自主学习能力的培养和学生文化素养的提升。为此，如何在语言教学中将理解性的"输入"活动对接产出性的"输出"活动，如何将语言之"用"与语言之"学"串联，学以致用、用以促学，就显得尤为值得关注和探索。POA理念在大学英语教学中的应用能够培养学生的学习主动性和兴趣，优化课程设置，促进教师的角色转变，强调学生的主动参与和实际表现，这对于提高大学英语教学质量具有较大的推动作用。

一、POA理论内涵

依据现代教学理论的"知行果"三段式构建体系，POA理论亦是由教学理念、教学假设和教学流程三个部分构筑成一个系统实施体系。在这一个体系中，教学理念为"知"，处于核心指导思想的位置，为教学得以实施之核心根因；教学假设则是"行"，上延教育理念之内涵，下则为教学流程的理论支撑；教学流程则是"果"，承载教学理念的贯彻和教学假设的实现，用以执行、观测，进而反馈、反哺"知"和"行"。

POA教学理念主要假说有三种——学习中心说、学用一体说和全人教育说，三者各有侧重点和关注内涵：学习中心说主张课堂教学服务于有效学习的发生，教学活动需围绕有效学习开展；学用一体说主张学用一体推进，课堂教学需紧密结合语言教学和语言运用，相互协调共同推进；全人教育说主张课堂教学不仅要关注知识本身，更要关注知识承载的人文和文化层面的拓展，用以在更高层面实现外语教学的核心目的。由此而知，在学习中心说中，有限的课堂教学时间能否高效聚焦于学生的有效学习，是教学设计的核心环节和任务，教学话语权的归属则为第二顺位需要关注的；在学用一体说中，课堂教学的"学"能否有效融于"用"被视为教学设计的核心，学生被动的"学"与主动的"用"相生相依，由此学习的惰性转变，学为用而用以学；在全人教育说中，知识能否更好促进培养学生的人文修养则是关注核心，一切教学设计的任务话题、教学活动的组织不仅提升语言能力，而且提升对语言背后文化土壤的有效认识。

输出驱动、输入促成和选择性学习则是POA常用的教学假设。输出驱动假设聚焦需求倒逼机制，教学受众（学生）在产出过程中所遇到的困难会倒逼学习的更多输入需求，由此产生更强的学习欲望、更主动的学习行为、更多的学习需求。输入驱动假设聚焦输入的乘数效应，主张教学中教学者（教师）适时适地地给予更多额外有效知识输入，会促进受众更有效地拓展现有知识和语言体系，产生复合性作用。选择性学习假设则聚焦因地制宜的效能评估，主张根据受众的需要来有效地筛选和处理输入性资料，个性化引导学生有侧重地学习，优化学习成效。

POA教学流程包括驱动、促成和评价三个环节，在各个环节中教师起到建构师、引导师、评估师等的链接作用。例如，在驱动环节，教师建构交际场景，让学生在场景中进行学习成果效能展现，引导学生认识自身不足，进而增强学习自发性。在促成环节，教师需要把握提供引导师作用的程度，适时有效地引导和评估接入，不仅能够提升受众的学习效率，而且还能进一步启迪拓展需求，激发学生自主性。在评价环节，有效利用课堂的即时评价和课后的延时评价，能够帮助教师有效调整，校正自身中介主体作用的发挥，在教学节奏、教学进度、教学效果三个方面做出更好呼应。

二、基于POA的大学英语课堂实践

笔者所在院校是一所传媒类本科院校，根据学校的人才培养方案，笔者认为POA教学理念以学生为中心，通过引导学生完成具有实际意义的任务，激发学生对英语学习的兴趣和动力，尤其对于传媒类专业的学生来说，英语学习的兴趣和实际应用显得尤为重要。强调学习过程中实际运用能力的培养，这与传媒类学生的职业需求非常契合。因为在媒体领域，学生需要具备强大的实际操作能力和创新思维，才能应对不断变化的行业环境。传媒英语涉及广泛的跨文化交流，POA教学理念可以帮助学生通过实践更好地理解和应对不同文化背景下的交流需求，提升学生的跨文化交流能力。在POA教学理念指导下，教学过程中通常会采用小组合作的形式进行学习，这有助于学生在合作学习中互相学习、互相帮助，提升团队协作能力。同时，在学习过程中，学生需要自主探索和总结语言知识及技能，培养自学能力和解决问题的能力，这是他们未来职业生涯中不可或缺的一项技能。

笔者以《新视野大学英语读写教程4》中第五单元为例，基于POA理论设计了该单元的教学方案，尝试如何将该理论融入驱动、促成和评价的教学流程之中，旨在培养学生的团队合作能力和批判性思维，提高学生的英语语言综合应用能力，拓宽学生的国际视野，提升学生的跨文化交际能力。

（一）教学主题

该单元的主题是"cultural difference"（文化差异），突显了人文性和国际性。笔者选取了"餐桌礼仪文化冲突"这一教学主题，基于两个原因选取以餐桌礼仪为交际背景、以文化冲突作为教学线索，一是餐桌这一情景契合学生的日常生活，二是跨文化交际主题符合《大学英语课程要求》中提出的"语言综合运用能力"与"跨文化交际能力"的双重目标。语言是文化的载体，文化差异反映在日常语言表达和生活习惯中，通过学习文化差异，学生可以更深入地理解语言的内涵和了解世界各地的文化习俗，更好地适应不同文化背景的人际交往，避免文化冲突，提高沟通效率。随着全球化的不断推进，具有全球视野的人才更受欢迎。在未来的职业生涯中，学生可能会遇到来自不同文化背景的人，对文化差异的学习可以让学生为未来职业发展做好准备。

（二）教学目标

该单元的产出任务设定为学生在英语角和留学生交流本国餐桌礼仪，该产出任务既是学习的驱动力，又是学习的目标。教学目标包括知识目标，即通过对课文和补充材料的选择性学习，掌握与餐桌礼仪相关的词汇和句型；交际技能目标，即通过与留学生进行全英文沟通，提高学生的英语综合运用能力和有效沟通能力，掌握跨文化交流的基本技巧和礼仪，培养跨文化交际意识；认知目标，即通过了解各国餐桌礼仪差异，理解各国传统文化和思想的差异，分析解释文化冲突背后的原因，培养学生的批判性思维和独立思考能力，使其能够从多个角度看待问题。

（三）教学过程

课堂教学过程遵循POA的三个基本流程，即驱动、促成和评价。教师在这三个阶段的中介作用表现为设计、引领和支架作用。

1. 驱动

POA将产出任务作为教学起点，教师向学生明确呈现出他们在校园学习和生活中会遇到的交际场景和话题，使学生真实感受到这种情景对语言和认知的挑战性，提高学生的学习兴趣和动力，使其更加积极地参与课堂活动。笔者在课堂中呈现交际场景，即学生在英语角和留学生交流本国餐桌礼仪，本校英语角设立在校园内的咖啡馆，学生围坐在咖啡桌旁进行交流，同时引导学生思考并表达自己的观点。在该任务的完成过程中，学生能够根据交际双方的关系和交际场所，选择合适的沟通语气和言语功能，培养学生的语言输出能力和应用能力，使其能够更加自如地运用英语进行交流和表达；学生尝试在完成产出任务之后，意识到自身语言能力的不足和跨文化素养的欠缺，这就是教师有意为学生制造的"饥饿状态"；随后，教师说明教学目标和产出任务。基于此，本单元驱动环节的教学设计如表1所示。

表1 大学英语驱动环节教学设计（以《新视野大学英语读写教程4》中第五单元为例）

序号	教学步骤	教学要求
1	教师呈现交际场景：学生在英语角和留学生交流本国餐桌礼仪	场景具有交际性，话题既熟悉又有挑战性
2	学生以小组为单位尝试完成交际任务	让学生产生学习紧迫感，激发学习热情和积极性
3	教师说明教学目标和产出任务	（1）使学生明确本单元的三个学习目标： 知识：掌握与餐桌礼仪相关的词汇和句型 技能：全英文沟通，提高英语综合运用能力，培养跨文化就交际意识 认知：通过了解各国餐桌礼仪差异，分析解释文化冲突背后的原因 （2）使学生明确产出任务：学生在英语角和留学生交流本国餐桌礼仪

2.促成

学生因在上个环节产生了"饥饿状态"从而产生了强烈的学习欲望。此刻,学生会根据产出任务主动查阅输出所需要的语言资料和文化背景资源。同时,在促成环节,笔者为学生提供了内容和语言两个方面的输入材料。请班级一组学生在课前将第五单元课文 Speaking Chinese in America（《在美国说中文》)中的第1段至第9段用情景剧的形式拍摄成视频,并在课堂中播放,随后播放电影《喜福会》片段（韦弗力带着外国男友里奇去母亲家吃饭时发生了一系列啼笑皆非的行为),两则视频作为内容促成输入材料使学生初步了解中西方餐桌礼仪的差异,同时要求学生在课前以小组为单位收集中国餐桌礼仪及其折射的文化内涵。由于本校大学英语课程采用线上线下相结合的授课模式,笔者在课前通过线上学习平台发布了与餐桌礼仪相关的词汇和句型,作为语言促成输入材料供学生自主学习,帮助学生积累语言知识和文化背景,为输出提供支持和引导。在课堂中,笔者安排线上测试,掌握学生自主学习情况,针对学生中出现的共性问题进行集中讲解,随后结合课堂中观看的视频和课文学习,总结相关常用词汇和句型,让学生在之后的产出任务中进行输出尝试。通过明确学生的学习目标和预期成果,教师可以更好地指导学生掌握实用的英语技能。如上所述,笔者在预测任务难度和复杂度之后,将产出任务分解为两个子任务,通过完成子任务,学生不仅储备了相关语言知识及话语结构,而且更加深了对本国餐桌礼仪文化的理解,有利于中国文化的传播。

子任务1:辨识视频中的餐桌礼仪差异,了解差异背后的深层原因。在课堂中,这一子任务作为内容输入的起点,教师要求学生在观看视频之后,口头表述餐桌礼仪冲突点,引导学生分组讨论这些冲突点背后的深层原因。中西方有着不同的文化传统,包括饮食文化。在中国的传统文化中,民以食为天,饮食是非常重要的,餐桌礼仪也十分讲究。而在西方,饮食文化相对简单,强调个人主义和自由。讨论和了解这些原因有助于学生更好地理解和尊重不同文化背景下的餐桌礼仪。同时，建议学生以电影《喜福会》片段中的外国男友为例，作为餐桌礼仪差异的当事人，就如何跨越跨文化交际中的障碍进行探讨，让学生充分认识到具备必要的跨文化知识、恰当的交际技巧和积极的处世态度是跨越交际障碍的主要因素。

子任务2：介绍并解释本国餐桌礼仪，传播本国餐桌文化。要在英语角和留学生探讨本国餐桌礼仪，学生不仅需要了解本国的餐桌礼仪，而且需要理解该礼仪所反映的中国传统文化。通过《喜福会》电影片段，学生需要选择性学习输入材料，用外国人能够理解的方式来介绍中国餐桌礼仪文化是中国文化的主要组成部分，它深刻地反映了中国文化中的价值观和道德观。例如，在餐桌上，客人和主人在就餐时要注意谦让和等待，不能争抢食物，这种尊重和谦逊的态度体现了中国传统文化中"仁"和"礼"的价值观。这些价值观不仅在餐桌上得以体现，而且贯穿人们日常生活中的方方面面。因此，了解和传承中国餐桌礼仪文化，对于学生更好地了传播中国文化和提高文化自信具有重要意义。

3.评价

笔者采用POA的延时评价，即学生根据教师要求，经过课外练习后，再将练习的成果提交给教师评价。该评价体系更注重学生的实际应用能力和综合素养，而非仅仅注重考试成绩。由于课堂教学时间有限，产出任务以小组为单位，通过两种形式呈现。一是学生在英语角和留学生交流的录音。小组成员根据教师提供的评价清单，通过反复听现场录音，对小组成员进行互评。鼓励学生自觉主动发现问题并解决问题，有助于让学生了解自己的学习情况和进步程度。二是提交小组学习反思报告。从学生提交的反思报告中可以发现，相当一部分学生认可交际场景导向的产出任务，并愿意接受挑战，同时有助于提高自身的自主学习意识，感受到完成产出任务的成就感。

结　语

基于POA的大学英语教学实践需要一线教师根据学生英语水平和专业特色因地制宜、因材施教，在教学设计上贯彻"学用一体"的原则。笔者的教学设计和课堂教学中有很多细节需要不断改进，但在教学实践过程中，笔者总结了这一具有中国特色外语教学理论体系对教师提出的挑战。首先，教师必须设计出既具有教学价值又具有潜在交际价值的产出任务，激发学生尝试输出的学习欲望。真实的产出任务比空洞的课文讲解更能激发学生的积极性。其次，在整个教学流程中，教师需要把握如何做好"脚手架"作用，教师的"脚手架"作用是否可以逐渐降低，高水平学生是否可以发挥"脚手架"作用。这些问题的合理解决将有助于转变学生的学习观念、提高学生的学习兴趣和使学习成效最大化。最后，教师必须通过教学实践让学生接受POA理念，这样学生才能克服长久以来对英语学习模式的思维定式和实践惰性，提高学习自主性，从而使大学英语教学效果有新的突破。

参考文献

［1］蔡基刚，2010.关于我国大学英语教学重新定位的思考［J］.外语教学与研究，42（4）：306-308.

［2］王燕，2022.基于"产出导向法（POA）"的大学英语课程改革：以重庆师范大学《大学英语》课程为例［J］.中国多媒体与网络教学学报（上旬刊）（5）：45-48.

［3］文秋芳，2015.构建"产出导向法"理论体系［J］.外语教学与研究，47（4）：547-558，640.

［4］文秋芳，2017."产出导向法"的中国特色［J］.现代外语，40

（3）：348-358，438.

［5］张伶俐，2017."产出导向法"的教学有效性研究［J］.现代外语，40（3）：369-376，438.

［6］张文娟，2016.基于"产出导向法"的大学英语课堂教学实践［J］.外语与外语教学（2）：106-114，147.

［7］张文娟，2017."产出导向法"对大学英语写作影响的实验研究［J］.现代外语，40（3）：377-385，438-439.

［8］章心怡，武卫，2022.基于"产出导向法"的地方文化融入大学英语课程思政的路径探究［J］.渤海大学学报（哲学社会科学版），44（2）：85-91.

Teaching Design and Practices of College English Based on POA

—Taking *Speaking Chinese in America* of *New Horizon College English 4* for example

FAN Fei (Communication University of Zhejiang, Hangzhou, 310018)

The theory of production-oriented approach is a new one established by Professor Wen qiufang and her research team, which focuses on the integration of learning and application and people-oriented notion. POA can stimulate students' learning motivation, increase learning effiiciency and improve learning efficiency. The teaching philosophy of POA can help students to understand and promote cross-cultural communications through practices, which can enhance their intercultural communication competence. The writer combined this theory with College English teaching, considering professional features of communication universities. This article focuses on the teaching design and practice of College English course based on POA and the reflection on teaching practices.

大学英语翻译教学中词汇语用意识的培养

陈 逸[*]

摘要：词汇语用学试图对与词汇语义不明确问题相关的语用现象做出系统性解释说明，通过认知语境补缺和词汇语用充实，特定语境下的词汇呈现多样而动态的意义，激活了篇章语用功能，构成特定的语用意义。因此，在翻译教学中培养学生的词汇语用意识有助于词汇意义的建构，帮助学生更好地理解翻译实践中的原语信息，并用译语实现信息的有效传达。本文试图探讨如何在大学英语翻译教学中培养学生的词汇语用意识，旨在为提升学生的翻译技能和跨文化交际能力提供一些思路。

关键词：翻译教学；认知语境；词汇语用充实

引 言

全球化的发展带来了世界各国交流和贸易的繁荣，在各个国家相互往来之际，对翻译人才和翻译服务的需求日益增加，这对专业译员和拥有基

---

[*] 陈逸，英语语言文学硕士，浙江传媒学院国际文化传播学院讲师，研究方向：二语习得、英语教学。

本英汉互译能力的非专业人才都是一个巨大的挑战。同时，作为文化桥梁的新时代大学生如何帮助站在国际舞台中央的祖国推广中国文化、化解误会，讲好中国故事、发扬中国风格，是时代赋予他们的任务和使命。再者，自从2013年改版以来，大学英语等级考试的翻译题型由英译句子变为英译段落，不仅考查学生运用英语的综合表达能力，还考验了他们对汉英两种语言之间差异的感知，硕士研究生招生初试的英语科目中段落句子汉译题也是很多学生考研之路的拦路虎。因此，笔者认为在大学英语翻译教学中通过培养学生的词汇语用意识来引导学生了解词汇的动态语义和汉英之间相异的思维方式，对于提高学生的翻译水平具有非常现实的意义，这关系到他们能否从语用语言、社交语用和认知语用等角度完成交际中对词汇的理解和运用，也决定了他们是否能用符合译语思维的表达方式地道地译出原语所蕴藏的意义，这正是新时代大学生讲好中国故事、传播中华文化的基础。

词汇语用学是语言学研究的一个重要分支，通过与相邻学科的交叉融合，衍生出跨文化语用学、语际语用学、社会语用学、认知语用学等多个领域的研究，为研究分析交际中的语用语言现象贡献了特别的思路。大学英语等级考试的翻译题型改版后，丰富的翻译对象涉及中国历史、文化、经济、社会、民生和科技发展诸多内容，要求学生在正确理解上下文逻辑关系的基础上合理分切意群，用合适的词汇、短语和语法进行准确、完整且通顺的翻译。通观历年考卷，学生经常在词汇和句型的选用及表达地道性上出现失误。而在硕士研究生招生英语考试中，除了结构复杂的长难句易造成干扰，英汉思维的转换也对学生的翻译能力提出了挑战，这些都与词汇语用的理解、选择和表达脱不开关系。本文试图从翻译教学中词汇语用意识培养的角度剖析如何解决学生在英汉互译题型上出现的词汇理解偏差和词汇误用的问题。

一、翻译教学和词汇语用理论

不同于将翻译作为语言教学的方法与手段的教学翻译，翻译教学除了通过翻译实践帮助学生学习句型语法，扩大词汇量，还培养学生利用语义知觉调整不对称语言形式的能力。徐莉娜、罗选民（2006）提出，作为翻译教学初级阶段的教学翻译主要负责语言知识和经验的积累，而在翻译教学的中级阶段，学生在语法和词汇知识的基础上获得语义知觉和逻辑思维支持，进而在高级阶段掌握语用、修辞、文体和语域等相关知识，最终实现第二语言翻译能力由量到质的变化。

词汇语用学的系统研究始于20世纪90年代Blutner教授的一系列个案调查，Blutner（1998b）对该学科进行了初步界定：作为语用学的一个分支，词汇语用学试图解决从真值角度对词汇语义做静态研究的词汇语义学中难以解决的一系列问题，它试图对与词汇的语义不明确问题密切联系的语用现象做出系统的、解释性的说明。基于会话含意机制的词汇语用学认为词项的表征具有语义不明确性，理解语义不明确的词汇需要结合语境和百科知识进行必要的语用充实；而借鉴了关联理论（Sperber et al.，1986）的词汇语用学则主要研究词汇字面意思在使用时的调整过程，涉及收窄、近似、喻化等，这些认知过程基于最佳关联假定，通过调整语境和提取相关百科信息而获得预期理解（陈新仁，2005）。曾衍桃（2005）认为，词汇项目除了本身的词汇意义，还因语用条件因素赋予的特定篇章语用功能，激活了特定的语用意义和用法。同时，冉永平（2005）认为，词语与结构的使用和理解是一个以语境为基础的语用-认知问题，而不单是语义问题。词语的使用受制于特定的语境，表现为词语的语境语用化现象，话语理解中词语可起到语用触发语的功能，引导人们进行以语境为基础的语用收缩与语用扩充，词义及其所指范围的扩大、延伸或缩小都涉及寻找最佳关联信息的语用充实,而不是静态的原型意义或语码信息的直接再现。

词汇是语言学习的基础和核心,基于对词汇的理解和运用,篇章理解和翻译表达才得以构建。传统的词汇教学立足于词汇语义学,偏向静态的、不变的词典意义,这导致学生在具体语境中经常无法完全把握词汇相对动态而多变的意义。词汇语用意识的培养对于教授学生如何掌握词汇的动态意义至关重要,尤其是特定语境中所涉及的语用收缩和语用扩充,在此基础上,学生能根据不同语用条件灵活理解和运用词汇,从而达到预期的交流目的。

二、翻译教学中词汇语用意识的培养

(一)结合具体语境和词汇动态意义,激活语义知觉

语义学所涉及的词汇的词典意义,包括概念意义、结构意义、文体意义、情感意义、联想意义及语义关系(同义、反义、上下位义)等,可以通过原型范畴的描述确定,但语用学的研究对象是在具体应用中才得以实现的动态意义,不可预测但可理解,虽千变万化亦可通过推理逐见真章(宁静 等,2015)。因此,若要分析语义不明确的词汇语用现象,这就离不开对具体语境的把握和推理。例如,《新视野大学英语读写教程2》第二单元Text A中有这么一句:From the beginning of time, this inner aspect of our being, this drive that can be constructive or destructive, has captured our imagination。其中this inner aspect特指前文所提及的inner drive,从整个句子中其他内容表露的信息来看,capture不可能是"捕获、采集、俘获、武力攻占"等词典意义;若要理解其动态意义,则应从其具体语境入手进行推理探究:这种人类内在的驱动力以一种方式占据了我们的想象,所以此刻capture与catch一样,意为"引起想象或注意",因此该句可以译为"从

一开始，人类这股可以是建设性也可以是毁灭性的内在驱动力，就令我们心驰神往"。

又如，学生曾对以下翻译练习中 preoccupation 所表达的具体意义感到不解：It can feel a lot easier when our love was unrequited. Our primary preoccupation was a thrilling dread that the admired person hadn't even noticed us（译文：不求回报的爱感觉简单多了。我们主要的担忧在于紧张害怕我们所仰慕的人根本从来没有注意到我们的存在）。从词典意义来看，该词可以表示长久或频繁思考的事情，如 His current preoccupation is the appointment of the new manager；该词也可以指代心事重重、忧心忡忡或全神贯注的状态，如 She spoke slowly, in a state of preoccupation。学生在理解该词时，应充分考虑受语境制约着的语言单位意义的表达和理解，这是一种让人既兴奋又恐惧的感觉，它占据了我们的心神，所以此处该词的动态意义就是"引起担忧的内容或情绪"。

冉永平（2008b）提出，词汇语用信息具有临时性，使用中的词汇信息是动态的、临时的，意义产生与理解具有语境依赖性，作为交际主体的听话人需根据语境条件对目标话语进行不同程度的语用加工，这一过程被称为"语用充实"。笔者尝试通过讲解不同语境中该词所指示的具体意义，引导学生理解词汇语用学研究的作用和指导意义。比如：

（1）The record leaves no doubt that Chile was not a major preoccupation of the American government after Allende was installed as president.

译文：这段历史记载使人毫不怀疑，在阿连德就任总统以后，智利并非当时的美国政府关心的主要问题。

（2）His chief preoccupation seems to be to avoid shaking the conservative French consensus, and even that unambitious objective has been missed.

译文：他的首要任务似乎是避免那些激动而又保守的法国人的舆

论抨击，但即使是这样不费功夫的目标也没有实现。

（3）This, he writes, is due to a heritage of Germanic, Nordic and British superstitions and a strong preoccupation with history.

译文：他写道，这是日耳曼、北欧和英国的迷信传统及对历史的强烈关注导致产生的。

在例句（1）和（2）中，通过语用充实，preoccupation 可被理解为主要关切之事，根据具体语境分别译为"所关心的问题"和"首要任务"，而在例句（3）中，该词所指代的内容已偏离其词典意义，可以理解为一种对历史的关注或着迷，与前半句对迷信传统的继承一样，导致某一现象产生。由此可见，词汇语义的动态变化建立在真实语境基础之上，在教学过程中，教师应当结合具体语境和词汇的动态意义，帮助学生理解除了词典意义，词汇还有可能因多样的真实语境而产生动态意义，从而激活学生的语义知觉，提升他们在脱离语言环境的情况下反思语言各种形式的抽象思维能力。

（二）理解词汇语用充实的具体方式，培养语用加工习惯

赵彦春（2001）认为，翻译不是静态的代码转换，而是以关联为准绳，以顺应为手段，以意图为归宿，尽量使译文向原文趋同的动态行为。因此，学生应当明白，翻译不是语码转换的简单对应，而是要在充分理解原语信息的基础上进行推理，选用最具相关性的词汇，最大限度地还原原文所表达的含义，否则日常生活中如"小心地滑（slip carefully）"这样的错误翻译将层出不穷，让人啼笑皆非。2023年3月四级英语考试中某道翻译题中有这样一句：有些游客还参与采摘瓜果等活动，亲身感受收获的喜悦。此处"瓜果采摘活动"应译为 fruit-picking activity，但颇多学生将"瓜果"译为 melons and fruits，殊不知瓜类本身就是水果的一种，如此不考虑词汇上下义关系直接进行一一对应的译法，只会造成一定的交际障碍。

外语教学

冉永平（2006）提出，翻译涉及语用维度，因而需要对信息空缺、信息断点等进行语境补缺及语用充实。根据Sperber和Wilson（1986）的认知语境观，语境是交际互动中为了正确理解话语而形成的心理构建体，是一系列存在于人们大脑中的假设，翻译就是认知语境假设的参与过程，因此需要对原语进行以语境为参照的信息补缺，获取交际信息。由于汉英双语之间的语码和文化差异可能导致原语和译语之间出现不对等或不存在的词汇结构，在面对某些形式或文化上的信息空缺时，译者需要进行以语境为基础的推理假设和语境补缺，实现原语和译语的认知语境假设趋同。比如在2023年3月四级英语考试中，考生需翻译以下内容："越来越多的年轻人喜爱各种形式的自助旅游"，"自助旅游"区别于由旅行社和导游安排行程的跟团游，此处的"自助"不是automatic teller machine中的"自动"之意，也不是live an independent life中"独立自主"的含义，如果译为self-helping仍不够贴切，因为这不是随意取用食物的自助餐（buffet / cafeteria）或接受自助收银的加油服务（self-helping gas station），学生应当根据合理贴切的认知语境假设完成语境补缺，将其理解成"需要游客自行制定路线并安排所有行程的旅行方式"，从而译为self-service travel或self-guided tours。冉永平（2006）提出，除了对信息空缺和断点进行语境补缺，还要对译语进行以读者为基础的语用充实与顺应，选择得体的译语形式，即寻找原语和译语之间的最佳关联，以求最大限度地实现语用等效。以同一篇四级英语考试翻译真题为例，学生在翻译"游客在旅行中拥抱自然、欣赏美景"时，简单地将hug与"拥抱"对等，造成了负面的语用效应，原语中的"拥抱自然"不是搂抱、缠紧某人或某物，而是欣然接受并亲近之意，译为embrace更为达意，才能达到有效的交际预期。

在汉英互译中，很多词汇所表达的意思不局限于其字面意义，而是通过语用语言信息充实和社交语用信息充实的方式实现特定语境中临时而动态的意义，而语用充实的方式，包括语用收缩和语用扩充。词义语用收缩是指交际中某一词语编码意义在特定语境中的特定所指，是其意义在语境中所指范围或含义的缩小；而语用扩充则是原型意义或常规意义的语用弱化、延伸（冉永平，2005）。因此，在对意义多样的词汇结构进行语用加工时，学生应当尽量顺应其语境，寻找认知语境假设下的最佳语义关联，完成特定语境下的语用充实。例如：

（4）The accountant was charged with cooking the books and put in jail.

译文：会计因被指控伪造账目而坐牢了。

（5）He managed to worm his way into her life.

译文：他设法骗取信任进入了她的生活。

（6）Some believe that AI is negatively impacting on the marketer's role by reducing creativity and removing jobs, but they are aware that it is a way of reducing costs and creating new information.

译文：有的人认为人工智能会降低创造性、减少工作岗位，从而对营销者的形象造成负面影响，但他们也知道，人工智能是降低成本和催生新信息的一种途径。

例句（4）中的 book 不是一般的书本，根据认知语境假设的推理可知，此处该词专指与会计职业密不可分的工作对象——账本，是词义语用收缩的典型案例，cook 除了"烹饪"之意，也有"密谋、秘密策划"之意，所以此处 cook 意为"捏造、篡改"，可以将 cook the books 译为"做假账"（change facts or figures dishonestly or illegally）。例句（5）中 worm one's way 以蠕虫（worm）为比喻，通过喻化的手段进行语义语用扩充，意为"像蠕虫一样曲折行进"，代入最佳关联的认知语境假设，可将其译为"潜入、混进某物内，获取信任并借机利用"。例句（6）出自 2023 年考研英语中的翻译题，句中 remove 的意义偏离了"移除、开除、脱衣物、排

088

除、解除"等含义，与置于连词and之前的动宾搭配短语reduce creativity形成并列，阐述人工智能造成负面影响的两种方式，因此remove jobs应当译为"减少工作岗位"。词汇的语用充实其实是对认知语境假设进行推理的动态加工过程，包括词义的收缩和扩充，很多经过扩充加工后的含义正是词义在特定语境下的具体反映，如因近似、隐喻、夸张、反语、借代等用法而产生的语用扩充意义，它们不以抽象孤立的形式存在，只在特定语境下才体现，具有一定的临时性和不确定性。因此，在翻译实践中，对原语的理解就是一个基于认知语境假设进行合理而有效的推理，并在关联理论指导下找到最佳关联假定的词汇语用充实过程。

（三）加强文化知识学习，拓宽词汇语用充实的途径

翻译的过程不仅涉及语码转换，还是传递跨文化信息的一种语用行为，因此，在汉英互译的翻译实践中，学生应当加强对两种语言文化中文化习俗、社交规约等的了解和学习，化解翻译过程中原语文化和译语文化间的语用冲突。比如《新视野大学英语读写教程3》中第五单元的课后练习要求学生翻译以下内容："无论是文人墨客生活中的'琴棋书画诗酒茶'，还是平民百姓生活中的'柴米油盐酱醋茶'，茶都是必备品。"（译文：In both the Chinese scholars' seven daily necessities, namely music, chess, calligraphy, painting, poetry, wine and tea and common people's seven daily ones, namely firewood, rice, oil, salt, soy sauce, vinegar and tea, tea is listed as one of the necessities.）无论是"柴米油盐酱醋茶"还是"琴棋书画诗酒茶"，英语中并不存在相似的对标物，根据汉语谚语"开门七件事——柴米油盐酱醋茶"所传达的信息，译者增译了seven daily necessities，并将其置于具体内容之前，消除了因译语文化中对应概念缺失导致的隔阂感。同理，如果学生缺乏足够的文化背景和知识输入，可能就不太理解以下句子：With the increasing popularity of electric cars, it's in the cards that gas-powered vehicles will eventually be phased out.（译文：随着电动汽车越来越受欢迎，油车未来可能会被淘汰。）英语习语 in the cards 意指某件事情"有可能发生"或"即将发生"，因为此处 cards 特指用于占卜的卡牌，如果某种事情"在卡牌中"（in the cards），就意味着它可能发生，而 hold all the cards 则意为"掌控全局，处于优势地位"。由此可见，无论是英译还是汉译实践，学生都应当尽可能了解不同地域文化传统中的独特之处和差异性，以便达到社交语用等效的目的。

考虑到词汇信息的松散性，冉永平（2008a）提出，对不同语境中某一词语或结构的理解是多样化的，存在的多个待选项则构成了不同的语用集合，即该词汇结构在特定语境下引起的、接近语义原型或语义组合的近似信息，因此在话语理解时，听话人等交际主体需要参照百科知识、逻辑知识、语言语境信息、情景信息及理解过程所形成的认知语境假设等，进行语境制约下的判定与选择。对于新时代大学生来说，浩瀚的网络资源极大地弥补了以往学习生活中文化知识断层导致的缺憾，学生应当合理利用资源加强学习，透过词汇的语言表层属性了解其深层的文化内涵，理解汉英思维模式的差异，这对提升文化素养和增强汉英互译能力将起到不可小觑的推进作用。

结　语

在大学英语课程的日常翻译教学中，帮助学生培养词汇语用意识有助于他们了解原语词汇语用信息的临时性，理解词汇词义可以由特定语境激活而产生动态化的意义，具有临时性和不确定性；学生通过了解和学习词汇语用充实的各种手段，将其与翻译学习和实践相结合，在关联理论的指导下对认知语境进行假设和推理，实现对原语信息的充分理解，完成译语信息的圆满传达，从而综合提升跨文化交际能力。

参考文献

[1] BLUTNER R, 1998a. Lexical pragmatics [J]. Journal of semantics, (15): 115-162.

[2] BLUTNER R, 1998b. Lexical underspecification and pragmatics [C]// LUDEWIG P, GEURTS J. Lexikalische semantik aus kognitiver sicht. Tübingen: Gunter Narr Verlag: 141-171.

[3] 陈新仁, 2005. 国外词汇语用学研究述评 [J]. 外语研究 (5): 5-9, 80.

[4] 宁静, 罗永胜, 2015. 词汇语用学学科问题探究 [J]. 外国语言文学, 32(3): 185-189.

[5] 冉永平, 2005. 词汇语用学及语用充实 [J]. 外语教学与研究 (5): 343-350.

[6] 冉永平, 2006. 翻译中的信息空缺、语境补缺及语用充实 [J]. 外国语 (上海外国语大学学报) (6): 58-65.

[7] 冉永平, 2008a. 论词汇信息的松散性及其语用充实 [J]. 外语研究 (1): 1-9, 112.

[8] 冉永平, 2008b. 词汇语用信息的临时性及语境构建 [J]. 外语教学 (6): 1-6.

[9] 冉永平, 2009. 词汇语用信息的语境依赖与词汇释义之缺陷 [J]. 中国外语, 6(2): 32-39.

[10] SPERBER D, WILSON D, 1986. Relevance: communication and cognition [M]. Oxford: Blackwell.

[11] 徐莉娜, 罗选民, 2006. 从语义知觉看教学翻译与翻译教学的关系 [J]. 清华大学教育研究 (5): 112-118.

［12］余姿，2007.关联视角下词汇语用收缩与扩充的探索［J］.浙江师范大学学报（社会科学版）（3）：74-76.

［13］赵彦春，2001."不可译"的辩证法及翻译的本质问题：兼与穆诗雄先生商榷［J］.外语与翻译（3）：29-35.

［14］曾衍桃，2005.词汇语用学概观［J］.山东外语教学（4）：3-10.

Developing Lexical Pragmatic Awareness in College English Translation Teaching

CHEN Yi (Communication University of Zhejiang, Hangzhou, 310018)

　　Lexical pragmatics is a research which aims to give a systematic explanation and description of pragmatic phenomena that are relevant to semantic underspecification of lexical items. By taking advantage of some techniques like contextual compensation and lexical pragmatic enrichment, various lexical units under certain contexts can denote diverse and dynamic meanings, activating special textual pragmatic functions and forming specific pragmatic meanings. Therefore, helping students foster such lexical pragmatic awareness is beneficial for the construction of lexical meanings during translation teaching. In this way, students can better understand the detailed and specific meanings conveyed by the source language and then can translate them into the target language effectively. This essay tries to explore some of the practicable procedures that can help students foster lexical pragmatic awareness during college English translation teaching, so as to provide some ideas and thoughts for improving students' translation skills, as well as enhance their cross-cultural communication abilities.

"互联网+"背景下大学英语翻转课堂的研究与实践

夏 晨[*]

摘要：利用现代信息技术，翻转课堂模式为学生提供了丰富的语言学习资源，使他们能够自主地获取知识，进而为课堂上的互动与讨论创造更多可能性。这种教学方式在提高大学英语教育效果方面显示出巨大潜力。然而，如何有效地设计和实施大学英语的翻转课堂教学仍旧处于积极探索的过程中。本研究探讨了一项大学英语翻转课堂的设计与实践。根据问卷调查和访谈反馈，此种教学模式受到了学生的广泛认可。翻转课堂不仅使学习资源得到了更有效的利用，提升了学习成效，还促进了学生学习态度的正面转变，加强了认知与情感的互动，并且促进了学生自主学习能力的发展。同时，本文也对在实践过程中遇到的挑战进行了探讨和反思。

关键词："互联网+"；翻转课堂；大学英语

---

[*] 夏晨，语言学硕士，浙江传媒学院国际文化传播学院讲师，研究方向：二语习得与教学。

引　言

网络已经成为公共信息的重要媒介，同时也是人们拓展认知的重要渠道。它不仅有效地拓展了学习资源的广度和深度，而且以其传播速度之快和影响范围之广，远远超越了其他通信媒体。"互联网+"为教育领域注入了新的发展动力，构建了新的生态系统。现代信息技术，特别是以网络为代表的技术，对教育领域发起了一场颠覆性的信息革命。

一、"互联网+"时代的大学英语课堂

互联网为英语教育带来了更加广阔且丰富的生态环境和资源。大学英语课堂是一个微观环境，由教师、学生和课堂环境三个要素构成，通过合作与共生相互作用，大学英语课堂成为一个不可分割的整体。课堂内部的和谐与外部世界的互动循环密不可分。唯有开放的环境才能实现内外能量和信息的交流，从而实现生存与发展。这需要突破课堂教学时空的限制，将学生的学习融入开放的、宏观的互联网系统中，将课堂拓展至社会范畴，以强化学习与实际应用之间的联系。

（一）英语教学的新模式——翻转课堂

当代信息技术在英语教学领域的应用有助于突破传统英语教学中信息来源单一、信息传递单向的局限，促进大学英语自主学习模式的迅速建立。教师不再是唯一传授知识的渠道，学生得以扮演教学的参与者。"互联网+教育"的兴起重构了传统的师生关系，具备学习能力和信息素养的学生也扮演了信息传递的重要角色。

随着科技信息的进步，网络教学资源日益充沛。近年来，翻转课堂已

逐渐成为教育界的一个焦点。国内外许多学者纷纷对翻转课堂在学校课程中应用予以关注。国内教育界也积极探索了翻转课堂，钟晓流、宋述强、焦丽珍（2013）和祝智庭、雷云鹤（2016）对其进行了深入介绍和评述；徐艳梅、李晓东（2014）及张苇、陶友兰（2017）在翻转课堂的教学实践方面也取得了一定的成果；吴玲娟（2015）认为，翻转课堂绝非纯视频教学或完全自主学习。课堂活动作为翻转课堂的不可或缺的组成部分，需要教师根据具体的教学目标、学生的认知负担等进行精心设计、组织、引导和监督。李京南、伍忠杰（2015）认为，翻转课堂颠覆了传统的学习过程，学生在课前通过教学视频等在线资源自主学习基础知识要点和难点，教师不再利用课堂时间讲解知识概念，而是通过组织各种任务型活动来促进学生的知识内化。胡杰辉、伍忠杰（2014）认为，在翻转课堂模式下，学生对教师教学设计的满意度显著高于对自己学习情况的满意度，这种教学模式得到了学生的高度认可。

翻转课堂是一种融合了混合式学习和探究性学习的教学模式，同时也是一种注重个性化学习的方法。经过翻转后的传统英语课堂，学生有机会通过展示、辩论、讨论和交流等方式来提升自己的思辨能力和表达能力。在"互联网+"时代的英语课堂中，教学注重基于真实生活的项目，使学生能够在接近实际情境的环境中进行交流和合作。典型的做法是教师布置特定话题的任务，学生以小组形式展开分工合作，在课前利用互联网筛选整理信息并制作幻灯片，然后在课堂上向师生做展示（presentation），分享他们的创新见解，从而激发师生之间的讨论和思考。在展示环节中，其他同学作为观众也积极参与活动，接受汇报学生和教师的提问，同时汇报的学生也需要接受来自教师和其他同学的提问和评价。

（二）"互联网+"时代教育的重要媒介：微信

微信作为中国当前最受欢迎的通信和社交移动应用，同时也被广泛视为碎片化学习的有益工具。在各个年龄段中，大学生对于新技术的接受和应用程度尤为突出，成为微信活跃用户的主要群体。在进行翻转课堂前，研究者对所教班级的学生进行了微信使用情况的调查，结果显示，学生的微信使用率高达100%。具体而言，88%的学生每天在微信上花费3个小时以上；81%的学生将微信视为学习工具；超过70%的学生已养成了通过微信学习英语的习惯，包括定期阅读英语学习公众号的推文、收听英语新闻音频或观看视频。因此，翻转课堂可以充分利用微信的资源分享和发布功能，协助学生完成课前和课后的自主学习任务，实现线上（课下）与线下（课堂）学习的紧密衔接和有机融合。

通过在微信上建立英语课程的专用群组，教师和学生得以分享微信推送的消息，这一举措为促进教学提供了一个新的途径。教师能够及时为学生提供个性化的指导和解答，无论是一对一的形式还是一对多的形式。此外，利用微信群的特性，教师可以将志趣相投的学生聚集在一起，组成小组进行实时互动和资源分享。教师和课代表可以通过微信群发布课程通知、监督学习进度并解答疑问，进一步提高教学的效率和质量。作为一个社交系统，微信为移动学习提供了高效的渠道。其不仅支持文字输入，还支持图片、视频及语音等多种交流方式，这使得师生之间的沟通更为灵活和多样化。微信群和朋友圈等功能的引入，不仅实现了课堂教学的转型，还推动了移动学习、协作学习及混合式学习模式的发展。

二、大学英语教学的翻转课堂实践

本研究以大学英语课程为研究对象，旨在探究翻转课堂模式在该领域中的应用效果。研究样本来自本校2019级两个平行班级的学生，其中A班采用以微信平台为载体的翻转课堂教学模式作为试验组，而B班则采用传统的课堂教学模式作为对照组。

（一）课前"吸收"、课上"内化"和课后"强化"

在课前，教师会在试验班微信群中发布与当前单元主题相关的学习资源，包括但不限于音频、视频、文本资料，并提出相关问题以引导学生自主学习和消化相关知识。在此阶段，学生将自主进行学习，并接受教师的监督和答疑解惑。在接下来的课堂中，负责汇报的学生小组需展开分工协作，搜集资料并制作幻灯片，以便于在课堂进行展示。在此过程中，教师将通过小组微信群跟踪指导，并提供必要的修改建议。教师还会鼓励学生选择来自权威媒体的文字、图片、音频和视频资料，如CCTV News（央视新闻）、*China Daily*（《中国日报》）、网易公开课、BBC（英国广播公司）及Discovery（美国探索频道）介绍中国的纪录片等。这一系列举措旨在营造以学生为中心的学习环境，鼓励学生相互交流、团结合作，并积极地进行研究和探索，以提出富有创意的见解。

在课堂上，由负责汇报的学生小组进行presentation，并接受教师和其他同学的提问；随后，教师和其他同学对该小组的表现进行评价。教师进一步引导全体学生进行与该单元主题相关的深入讨论，以促进学生对相关知识的内化。在翻转课堂实践中，一种新型的评价机制被引入。学生的学习过程不仅受到教师的监督和指导，也包含来自同学的监督和指导，即包括教师评估、学生自我评估及同学互评三个方面。这三个方面按照合适的比例组成学生的最终学习成绩。评估过程贯穿整个学年，将形成性评估和结果性评估有机结合起来。学生从参与者向评估者转变，能够清晰地理解评估的规则，从而更能激发自己的学习主动性。

在课程结束后，负责汇报的学生小组会共同制作推送材料，教师则会提供一定的指导并审核这些材料；其他学生则会学习这些推送材料。学生制作和学习这些材料的过程也是巩固本单元知识的过程。

表1 大学英语翻转课堂的生态体系

生态要素		平台 微信	指导者和监督者 教师	自主学习者 汇报小组学生	其他学生
时间	课前	群聊 私聊	1.发布学习资料（音频、视频、文本等） 2.监督学生学习进度，答疑解惑 3.布置任务，指导汇报小组完成课前准备工作	1.自主学习 2.吸收知识 3.分工合作、搜集资料、制作PPT	1.自主学习 2.吸收知识
	课中	群聊	1.创设交流情境 2.提问、评论和总结 3.引导学生进行拓展性讨论	1.课堂展示 2.回答师生提问 3.内化知识	1.观看和学习课堂展示 2.提问 3.内化知识
	课后	群内推送	指导学生修改完善presentation内容，审核推送成品	1.小组合作完善推送 2.强化知识	1.学习推送 2.强化知识
评估：形成性评估+结果性评估			对基于汇报小组的准备过程和展示成果进行评估	自我评估、同伴评估	评估

（二）翻转课堂的实施结果

1.测试成绩对比

在进行了一年的翻转课堂实践后，教师对两个班级的学生进行了测试。两个班级的测试形式和内容完全一致。测试结果表明，采用了翻转课堂模式实验班（A班）学生的成绩明显优于采用传统课堂模式的对照班（B班）学生的成绩。图1、表2和图2、表3是两个班级成绩对比的具体结果。

由两组图表可见，A班学生测试成绩的优秀率、良好率和中等率都高于B班，不及格率则约为B班的一半。此外，A班学生测试成绩的平均分是73.84，B班学生测试成绩的平均分是65.18，A班学生测试成绩比B班的高13.29%。

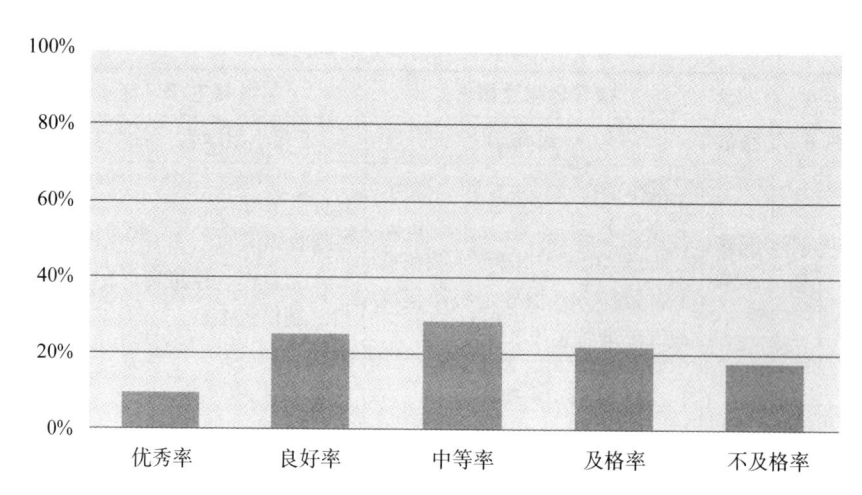

图1　A班学生测试成绩

表2　A班学生测试成绩

人数	优秀人数 (90—100)	5	良好人数 (80—89)	13	中等人数 (70—79)	15	及格人数 (60—69)	11	不及格人数 (0—59)	9
成绩所占 比例	优秀率	9.43%	良好率	24.53%	中等率	28.30%	及格率	20.75%	不及格率	16.98%

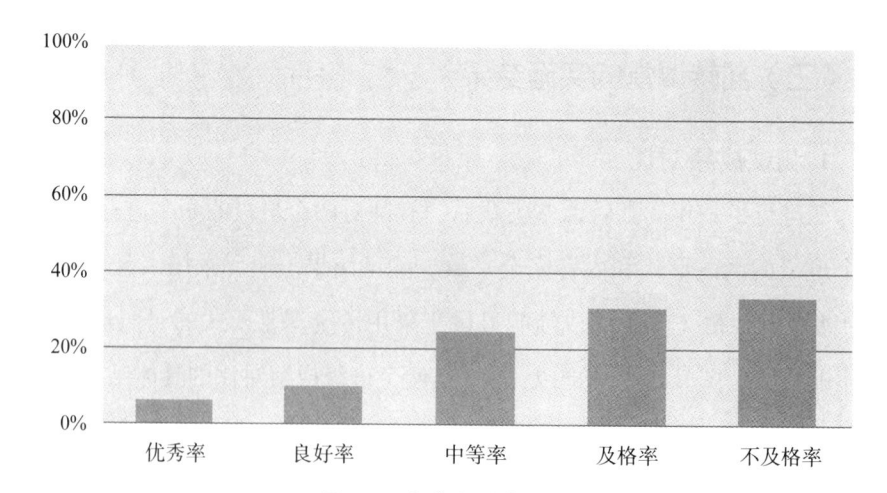

图2　B班学生测试成绩

表3　B班学生测试成绩

人数	优秀人数 (90—100)	3	良好人数 (80—89)	5	中等人数 (70—79)	13	及格人数 (60—69)	17	不及格人数 (0—59)	19
成绩所占 比例	优秀率	5.26%	良好率	8.77%	中等率	22.81%	及格率	29.82%	不及格率	33.33%

2.学生主观感受的反馈

学生主观感受的反馈主要来源于两个面——随机访谈和调查问卷。

在日常的教学实践中，教师采用随机访谈的方式分别对A班学生和B班学生进行追踪调查，以了解他们对基于微信的翻转课堂和传统课堂教学的反馈。教师对试验班学生进行了随机访谈，共访谈了20名学生。这些学生一致表示，翻转课堂模式激发了他们的学习兴趣，促使他们在课前进行更有针对性和充分的预习，在课堂上更积极地参与教学活动，并在课后更便利地与同组成员和教师进行沟通交流。他们的自主学习能力和团队协作能力都得到了显著提升。尽管学生需要在英语课外和课内完成各种任务，如自主学习、汇报展示和讨论等，但多数学生表示："我们不再像在传统课堂上一样一味被动接收知识"，"我们在英语课上有实际任务可执行，有问题需要解决"，"课堂汇报培养了我们严谨的语言表达能力和写作习惯，并且学到了新的技能"。相比之下，B班学生认为在传统课堂教学模式下，学生处于被动地位，学习主动性和内在动力都未得到有效激发，课堂参与度较低。

另外，在学期结束时，教师采用调查问卷的形式收集A班学生对该项目的整体满意度反馈。教师发放了31份问卷，收回了30份有效问卷。这些问卷调查了学生在整个学期中对翻转课堂的反馈情况，采用了五级评价选项，依次为"非常有必要"、"比较有必要"、"一般"、"可有可无"和"完全没有必要"，在进行SPSS统计时分别被赋值为1、2、3、4、5。

调查结果表明，针对以下几个问题——"学习中国文化和国情的英文表达是否必要？"、"在汇报小组内开展同伴互评是否必要？"，以及"是否需要老师适时指导（包括结构和语言方面）？"，学生们的平均得分在1.71至1.85之间，表明学生普遍认可这些做法的重要性。研究者以每两个课时80分钟的课堂为单位，对学生在传统课堂和翻转课堂两个学期中的课前、课堂和课后学习时间进行了调查和比较，具体数据如表4所示。

表 4　两种教学模式下学生学习时间对比

时长	第一学期（传统课堂）	第二学期（翻转课堂）	增长率
课前学习时间	约 10 分钟	约 30 分钟	200%
课堂专注时间（2课时=80分钟）	40—50 分钟	55—65 分钟	30%—38%
课后学习时间	约 20 分钟	约 40 分钟	100%
总时长	70—80 分钟	125—135 分钟	69%—79%

在翻转课堂模式下，学生在课堂和课外都明确了任务和目标，因此他们的学习时间更长。相较于前一学期，本学期学生的课前学习时间增长最多（200%），而课后学习时间也增加了一倍。此外，在课堂上，学生表现出更高的专注度和积极性，其专注时间占课时（80分钟）的比例在69%至81%之间。翻转教学模式使得学生的学习投入明显增加，然而正如王聿良、吴美玉（2017）所指出的，"不能完全依赖个体自主性，须辅以相应的外部教学管理手段"。

随机访谈和调查问卷的结果显示，学生对翻转课堂的满意度较高。在完成翻转课堂所规定的一系列学习任务的过程中，学生实际上进行了知识的建构和检验。这个过程培养了学生的自主学习能力、信息交流能力及团队合作意识。此外，课堂上的汇报展示使学生获得了学习成就感和自我实现感。这些积极的学习情感体验能够激发他们对使用英语进行实践的热情。让学生成为知识传播的重要环节，符合翻转课堂"以人为本"和"终身教育"的目标，有助于建立和谐、共生、可持续发展的学习生态环境。在"互联网+"时代，大学生不仅需要提高自身的信息检索技能和计算机应用能力，更需要增强信息敏感度，并主动运用信息，解决与互联网相关的工作、学习和生活等方面的问题，以努力向复合型人才转变。

3.翻转课堂实践的启示

在翻转课堂模式下，学生被视为学习的主体和执行者，同时也是学习活动的管理者和决策者。他们需要自主设定学习目标、实施自我监督、掌控学习速度和进度，并培养扩展学习范围的能力（李晓东 等，2017）。通过积极参与翻转式学习实践，学生可以培养自主性和问题解决能力。此外，翻转式学习要求学生具备运用科技的智能化能力。这些能力是实现终身学习的基本条件。建设终身学习型社会需要搭建良好的学习环境，并培养学生的自主学习能力。

翻转课堂对教师提出了更高的要求。尽管与传统课堂相比，翻转课堂中教师的授课时间大幅缩减，但是这也意味着教师需要具备更高水平的信息素养、灵活应变能力、总结评价能力和批判性思维能力等方面的素养。显然，翻转课堂模式增强了教师与学生及学生与学生之间的互动频率，促使彼此之间的联系更加密切。通过微信和翻转课堂，教师能够更全面地了解每个学生的情况，从而调整相应的教学策略和方法，实现个性化教学。因此，教师需要不断更新自己的知识储备，将英语课堂打造成一个跨文化交流的平台，引导学生扮演不同的角色，在交流中实现语言和文化的习得。

结　语

在通信技术的快速发展背景下，大学生已经适应了移动互联网学习环境，普遍使用手机和平板电脑。基于微信的学习是一种便捷、有效且具有创新性的移动学习方式，微信成为翻转课堂的有效准备和展示平台。翻转课堂的实践，能够激发学生的自我管理潜能，使他们学会自主学习和合作学习，满足其对成就感等高层次需求的追求。在"互联网+"时代，教师需要与时俱进，成为时代的引领者。教育已不再仅仅是传授知识，更重要的是让学生亲身体验科学探索的过程。

大学英语的培养目标是塑造具有中国情怀、国际视野和跨文化沟通能力的个体。在中国经济结构优化升级的"新常态"下，教育行业拥有巨大的"互联网+"潜能，可以实现"1+1>2"的效果。英语教师可以通过翻转课堂，有目的地对大学生进行双语和双文化的比较教育，为社会培养复合型人才，构建与时代发展相适应的终身学习型社会。

参考文献

[1] 胡杰辉，伍忠杰，2014.基于MOOC的大学英语翻转课堂教学模式研究[J].外语电化教学（6）：40-45.

[2] 李京南，伍忠杰，2015.大学英语翻转课堂的实践与反思[J].中国外语，12(6)：4-9.

[3] 李晓东，王保云，2017.基于情境感知的大学英语翻转课堂模式研究[J].外语电化教学（6）：71-77.

[4] 王聿良，吴美玉，2017.翻转课堂模式下学生学习行为影响因素分析：基于大学英语教学的实证研究[J].外语电化教学（5）：29-34，45.

[5] 吴玲娟，2015.基于TED-Ed的通用学术英语听说翻转课堂研究[J].电化教育研究，36(11)：81-87.

[6] 徐艳梅，李晓东，2014.基于电子学档的项目式翻转课堂教学方法研究：以《新大学英语》课堂教学为例[J].中国外语，11(5)：81-87.

[7] 张苇，陶友兰，2017.基于SPOC英语专业翻译课程的翻转课堂教学研究[J].外语电化教学（2）：27-32，39.

[8] 钟晓流，宋述强，焦丽珍，2013.信息化环境中基于翻转课堂理念的教学设计研究[J].开放教育研究，19(1)：58-64.

[9] 祝智庭，雷云鹤，2016.翻转课堂2.0：走向创造驱动的智慧学习[J].电化教育研究，37(3)：5-12.

Research and Practice of the Flipped Classroom in College English under the Background of "Internet+"

XIA Chen (Communication University of Zhejiang, Hangzhou, 310018)

Leveraging modern information technology, the flipped classroom model provides students with abundant language learning resources, enabling them to acquire knowledge autonomously and thereby creating more opportunities for interaction and discussion in the classroom. This teaching approach has demonstrated significant potential in enhancing the effectiveness of College English education. However, the effective design and implementation of flipped classrooms in College English remain an area of active exploration. This study investigates the design and practice of a flipped classroom in College English. According to questionnaires and interview feedback, this teaching mode has been widely recognized by students. The flipped classroom not only enables more effective utilization of learning resources and improves learning outcomes, but it also fosters positive changes in students' learning attitudes, strengthens cognitive and emotional interactions, and promotes the development of students' autonomous learning abilities. Meanwhile, this paper also discusses and reflects on the challenges encountered in the practical process.

转被动为主动

——大学英语课程思政教学模式探索与实践[*]

茅 慧[**]

摘要：大学英语课程思政是大学教育立德育人的重要抓手。作为受众面广泛的公共基础课，大学英语可以有效引导低年级段大学生树立正确的世界观、人生观和价值观。国内不少学者已经对大学英语课程思政提出了建设性建议。基于前人的探索，本研究主要围绕目标、内容、过程和评价四个层面，重点探讨如何通过任务型教学法将学生被动思政学习转变为主动思政教育。

关键词：大学英语；课程思政；故事；转变

引 言

2020年5月28日发布的《高等学校课程思政建设指导纲要》(简称《纲

---

[*] 本项目为2019年浙江传媒学院校级线下一流课程"大学英语三"的结题成果。
[**] 茅慧，文学硕士，浙江传媒学院国际文化传播学院讲师，研究方向：二语教学、翻译理论与教学。

要》）中提出了公共基础课程的课程思政目标：重点建设一批提高大学生思想道德修养、人文素质、科学精神、宪法法治意识、国家安全意识和认知能力的课程，注重在潜移默化中坚定学生理想信念、厚植爱国主义情怀、加强品德修养、增长知识见识、培养奋斗精神、提升学生综合素质。同年发布的最新版《大学英语教学指南》（简称《指南》）中明确了社会主义核心价值观应有机融入大学英语教学内容，要充分挖掘大学英语课程丰富的人文内涵。综上所述，大学英语课程思政与立德树人息息相关。做好课程思政，要以立德树人为根本，以学生成长为中心，建设师德高尚、业务精湛、充满活力的大学英语教师队伍，满足国家社会学校和个人发展的需求，帮助学生塑造正确的价值观，致力于培养具有爱国情怀的新青年、具有批判性思维能力的大学生、具有国际视野的跨文化交际人才、讲好中国故事的对外传播人才。

然而，作为高校学生受众广泛的公共必修课程，大学英语课程还未能充分发挥其在课程思政上的作用。大学英语课程在多数院校涵盖大一至大二两个学年，这个阶段的大学生正处于求知欲最为强烈但三观尚未成熟的阶段。一方面，学生在大学英语教材中接触到大量以英美文化为背景的文章，了解西方国家的历史、政治、文化、风俗等内容，教材大多缺乏中国文化历史、哲学经济等方面的内容。另一方面，学生在学习大学英语课程的过程中与西方政治、文化、思想等的交流碰撞最为激烈，易受外来思潮和文化的影响。另外，教师和学生在思政教育过程中都较为被动。大学英语教师在授课时习惯于按照传统的教学大纲和教学设计授课，未能充分发挥大学英语的思政功能，且存在填鸭式授课的倾向。学生兴趣不大，觉得自己与课程思政毫无关联，认识不到思政教学与自身发展的密切联系。

"教师是大学外语课程思政的主导者、设计者和实践者。"（文秋芳，2021：49）因此，高校英语教师在传授外语知识的同时理应主动承担思政教育的责任，对课程思政内容进行拓展深化，将传授知识和思政教育相结合，重构教学内容，重新设计教学方案，在现有教材基础上适当增加关于中国文化历史、哲学、经济等方面的内容，做到中西文化并重，利用中西方价值观的共性和差异开展课程思政教育，在潜移默化中培养学生的社会主义核心价值观，增强文化自信和民族自信，守好大学英语课程思政这个重要阵地。学生也应该转变观念，认识到外语学习就是课程思政的过程，课程思政与自身发展是息息相关的。因此，探索如何进行有效的大学英语课程思政教学，并且提升其趣味性和可操作性，具有十分积极的研究价值。

一、研究现状和思路

黄国文、肖琼（2021：10）提出了外语课程思政建设的六要素，在第三要素"谁来做"中，提到了三类主要参加者：①外语教育家和应用语言学研究者；②外语教学管理者和外语教师；③学生。他们提出，从某种意义上说，课程思政建设的成效取决于第二类和第三类人员。而对课堂上的外语教师来说，最重要的问题是第六要素"怎样做"，因此肖琼、黄国文（2020：12）认为，"教师是课程思政建设的主力军"，要做好外语课程思政建设，就必须拥有"一支能够理解课程思政意义和其重要性并有能力在实践中实施课程思政的外语教师队伍"。可以预测，在今后很长一段时间内，讨论的热点问题应该还是"是什么"和"怎样做"，但重心会逐渐向"怎样做"倾斜，因为外语课程思政本质上就是"一种教育教学理念"（肖琼 等，2020：10）。"课程思政既是教育理念，又是教学方法；既是一种促进各学科课程内涵式发展的新课程观，又是构建'全课程育人、全过程育人、全方位育人、全要素育人'新格局的课程教学体系；既是全面贯彻党的教育方针的战略要求，又是新时代落实立德树人根本任务的关键抓手。"（张敬源 等，2020：15）

《中国外语》于2021年3月推出了外语课程思政专刊，共包含4篇文章，从不同角度讨论这一领域的理论研究和实践探索，提供了研究和实践的思路。其中文秋芳（2021）从教师视角设计了由纵向和横向两个维度构成的课程思政理论框架，纵向维度可分为思政范围、主要任务和关键策略；横向维度可细分为4条思政链，简称内容链、管理链、评价链和教师言行链。每条链均由三部分组成：范围、任务、策略。文秋芳（2021：48）将外语课程思政的内涵解读为"以外语教师为主导，通过外语教学内容、课堂管理、评价制度、教师言行等方面，将立德树人的理念有机融入外语课堂教学各个环节，致力于为塑造学生正确的世界观、人生观、价值观发挥积极作用"。这一定义包含了四个要素：思政执行者、思政覆盖范围、思政方法和思政功能。该文能够为一线教师实施外语课程思政提供积极策略，其所讨论的课堂管理和教师言行维度不在本研究考虑范围。

胡杰辉（2021）从教育政策、课程学理和外语学科理论三个视角探讨了外语课程思政的内涵，提出教学设计的四项原则，即教学目标的精准性、内容组织的体系性、流程设计的渐进性和评价反馈的整合性。特别可贵的是，他借用外语课程思政教学大赛的案例，阐述了实施四项原则时须解决的典型问题：①外语思政目标设定脱离文本；②思政内容和语言教学内容互相独立；③将教师提炼出的思政元素直接灌输给学生；④缺乏对具有价值导向内容的有效评价。该文指出的外语教学设计中存在的问题具有普遍性，如目标、内容"两张皮"，对外语课程思政具有积极的指导作用。因此，胡杰辉（2021）提出教学设计必须解决四个核心问题，即应该达到哪些目标（教学目标）、提供哪些教育经验（教学内容）、如何有效地组织这些经验（组织流程）、如何确定这些目标正在得到实现（效果评价），四个维度有机协调，互为一体（Tyler，1949；盛群力 2010）。这与刘建达（2020）的观点不谋而合，结合我国大学外语课程的特点，刘建达从背景、课程内容、教学过程、教学评价四个方面对外语课程如何实施课程思政提出了一些建议并建立了模型。

针对胡杰辉提到的四个典型问题，基于刘建达的思政模型，本研究主要从教师教学角度聚焦文秋芳提到的内容和评价两个维度，解决以下三个任务：①目标与内容融合；②将直接灌输转变为主动输出；③有效评价，并围绕目标、内容、过程和评价四个层面分解思政教学，建立课程思政模型（见图1）。从目标到评价，大学英语课程思政教学任务互相观照，形成一个闭环。"无论选取何种路径，都要确保'课程思政'全过程化，并形成一个教育教学的闭环，切实提升外语'课程思政'育人成效。"（张敬源 等，2020：19）

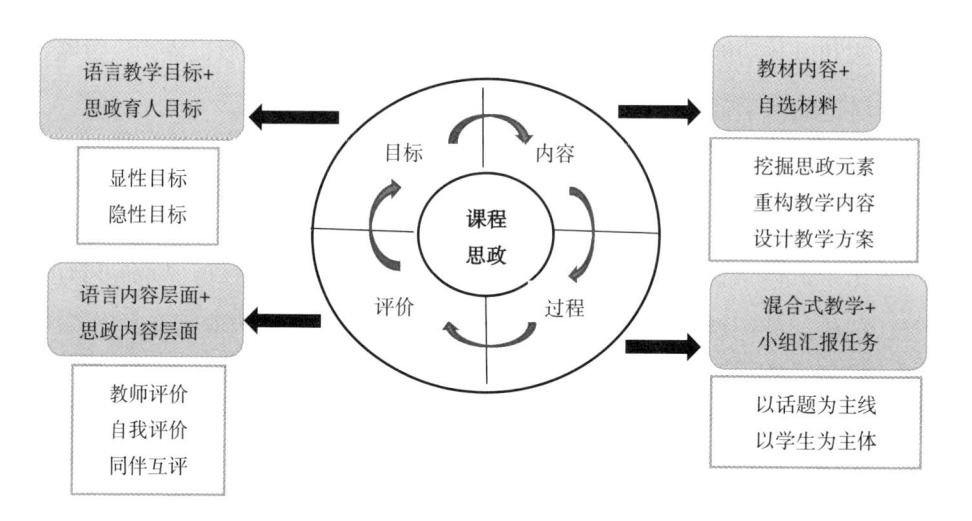

图1　大学英语课程思政模型构建

二、研究内容

课程思政并不是纯粹的思政教学，教师需要更多地采用隐性教育而不是显性教育，将思政教学内容有机融合于课堂教学，对学生进行知识的传递和价值导向的引领。以往研究多从宏观角度进行大学外语思政教学的思考，微观操作层面的研究并不多。本研究主要讨论如何从教学内容中提炼思政元素，并采取三个故事课堂展示的任务型教学法来有效融合思政教学。在分解和细化育人目标的基础上，学生以小组为单位，结合课文主题，选择"成长故事"、"家乡故事"或"中国故事"进行展示和分享，完成从被动接受到主动输出的大学英语课程思政教学任务。本研究主要解决的问题如下：

（1）如何结合已有教材提取思政元素，重构教学内容，进行课程思政教学设计？

（2）如何引导学生有效完成三个故事的输出任务，并完成有效评价？

（一）明确育人目标，融入课程思政

潘海英、袁月（2021：57）发现："大学外语教师虽然能在一定程度上进行课程思政教育，但其具体目标尚不清晰，融入内容也具有主观随意性。"教学目标可分为语言目标和育人目标（见图1），前者为显性目标，后者为隐性目标，本研究将任务式教学法与语言目标和育人目标结合进行实施。

《纲要》中特别提出课程思政建设内容要紧紧围绕坚定学生理想信念，以爱党、爱国、爱社会主义、爱人民、爱集体为主线，围绕政治认同、家国情怀、文化素养、宪法法治意识、道德修养等重点优化课程思政内容供给，系统进行中国特色社会主义和中国梦教育、社会主义核心价值观教育、法治教育、劳动教育、心理健康教育、中华优秀传统文化教育。结合2020版《指南》的培养目标，"培养学生的英语应用能力，增强跨文化交际意识和交际能力，同时发展自主学习能力，提高综合文化素养，培养人文精神和思辨能力，使学生在学习、生活和未来工作中能够恰当有效地使用英语，满足国家、社会、学校和个人发展的需要"，培养学生"树立正确的世界观、人生观、价值观"。胡杰辉（2021：56）提出，要"精准设定教学目标"，即思政教学目标要基于语言素材的深度挖掘提炼而成，思政育人目标和语言目标应该做到有机衔接，不能毫无干系，完全"两张皮"，"外语课程思政目标设定必须基于文本，高于文本"。学科内容和思政内容不能完全独立、前后割裂，也不能顾此失彼，要做到相互融合、显性引导、隐性植入。

通过将大学英语课程思政的育人目标进行分解，可以从大到小细化为国家层面、社会层面和个人层面的课程思政目标，投射到具体的教学任务中转换成帮助学生讲好"中国故事"、"家乡故事"和"成长故事"。通过将三个目标分解落实到具体的教学任务中，引导让学生主动参与思政教育，并在评价环节给予反馈，帮助他们认识到自己的获得与成长，实现语言目标和育人目标的结合。

（二）挖掘思政元素，重构教学内容

在文秋芳提出的四条思政链中，"内容链是核心"（文秋芳，2021：49），是课程思政工作的主要抓手。外语教学内容的来源大致分为两类：外语教材和教师自选材料。文秋芳（2021：49）指出，育人元素一定要来自教学内容本身，而不是教师生硬贴上去的。近年来也有出版社在积极补充纸质或电子版的思政板块（如外研社的"新视野大学英语"系列）或推出专用教材（如高等教育出版社的"新时代明德大学英语综合教程"系列）。张敬源等（2020）也指出，课程思政不是将思政教育强加于课程进行碎片或生硬植入，也不是独立游离于外语课程外，另外增加思政教育的内容，而是有机融入外语课程之中，自然融合、内在联通、一体发展。

"外语教材是外语教学的根本依托，应为外语课程思政提供融于语言材料之中的思政原料，设计贯穿于语言习得之中的思政体验。"（孙有中，2020：51）目前多数高校使用的大学英语教材话题广泛且主题独立，涵盖生活学习、家庭故事、社会问题、文化现象等各类主题，教师能够很好地捕捉和提取大学英语课程中的思政元素，进行课程思政教学设计，以外研社的"新视野大学英语"第二册第一单元"language in mission"为例。文章讲述了学习英语语法和词汇的重要性，教师可以引入对汉语或汉字的介绍，对比中外语言和文化，指出随着我国国力的发展和国际地位的提高，世界上已经发生了从"英语热"到"汉语热"的转变，中国学生英语学习的目的早已从20世纪八九十年代的"了解世界，跟上世界"转变成如今的"向世界介绍中国，讲好中国故事"，以增强学生的文化自信和民族自信。

通过梳理"新视野大学英语"教材的课文主题，教师可以很好地挖掘思政元素，以话题为主线，以学生为主体，帮助和指导学生结合课文主题展开思政故事，以"新视野大学英语"第三版第一册的主题为例（见表1）。

表1 "新视野大学英语"第三版第一册中的思政元素提炼和故事挖掘

Units	话题	建议故事类型	思政育人目标
1 Fresh Start	新的人生阶段	成长故事：学生对大学的期望和规划 中国故事：中西教育对比和古代先贤对教与学的阐述	引导和帮助学生建立正确的世界观和价值观，帮助学生了解教育的意义和读大学的价值
2 Loving Parents, Loving Children	亲子关系	成长故事：学生与父母之间的故事 中国故事：中国古代对孝道的阐述	引导和帮助了解和思考亲子关系，学会更好地理解父母，获得与父母高效沟通的技巧，了解中国传统文化中的孝道
3 Digital Campus	数字时代	中国故事：信息技术发展对生活的影响	帮助学生了解中国科技发展带来的变化，梳理信息技术发展对生活的影响，建立民族自信
4 Heroes of Our Time	当代英雄	中国故事：心目中英雄的故事 成长故事：发生在我身上的故事	通过了解和学习各类英雄的故事，建立学生的家国情怀，树立英雄引领和榜样作用

续表

Units	话题	建议故事类型	思政育人目标
5 Winning is Not Everything	胜利不是全部	成长故事：学生参加比赛的经历 家乡故事：杭州亚运会相关的故事 中国故事：中国体育运动员的故事	通过对体育或其他竞技类比赛的故事分享，了解体育精神和团队精神，获得克服困难的勇气和不断拼搏进取的精神

在自选补充教材上，教师为学生介绍"英语点津"网站、中国日报网"双语新闻"等公众号，鼓励学生从中学习各类思政和时事的相关表达方式，阅读双语时事新闻、政策文件、重要领导人讲话，获得丰富的双语思政素材；推荐学生下载"学习强国"APP，关注双语资源，利用课下大量碎片化时间进行线上学习。教师通过这种课内课外资源优势互补，帮助学生了解我国的基本国情，培养学生的爱国主义意识、大局意识，打造学生心中的中国梦。

（三）设计教学方案，创新教学手段

"做好外语课程思政的时间抓手就是教学设计。"（胡杰辉，2021：55）外语课程思政设计应当重视在语言学习中为学习者的人格发展和价值养成创设独特的学习体验，使其在润物无声的语言学习中感受思政教学目标的浸润，实现显性外语学习和隐性思政教育的相统一。《指南》指出，大学英语课程教学可以采用任务式、合作式、项目式、探究式等教学方法，贯彻以学生为中心的教育理念，使教学活动实现由"教"向"学"的转变；引导和帮助学生掌握学习策略，学会学习、学会反思；鼓励学生参与和体验英语学习团队活动；鼓励学生结合英语学习内容关注社会热点问题、社会发展趋势及国家发展战略。潘海英等（2021）通过问卷和访谈发现，在课程思政的教学方式上，教师更倾向于使用讨论式教学和情境式教学，而较少尝试讲授式教学和主题式教学，这个倾向性与《指南》中提出的教学方法理念不谋而合。许多被访教师表示，希望丰富思政教学的途径和手段、方式和方法并关注学生对课程思政的接受度，以实现既有效又有趣的大学外语课程思政教学。因此，课程思政应以学生为中心，让学生成为课程思政的主体，变被动为主动，从提升课程思政的接受度上进行教学手段的创新。

首先，教师结合课文话题内容挖掘思政元素，重构教学内容，做到中西文化并重，采用线上线下相结合的教学形式，选用可以培养学生价值取向、政治信仰、社会责任的题材与内容，融入社会主义核心价值观，引导学生正确做人和做事。其次，教师通过"故事"展示的任务型教学法，帮助学生从对课程内容的理解上升到对自我认知和价值的提升，再升华到对民族和国家的身份认同感，增强民族自信和文化自信，引导学生讲好中国故事，做好跨文化交际的桥梁，成为对外文化传播的使者。最后，教师通过课后线上布置反思任务和与思政内容相关的练习，分享相关思政素材，帮助学生培养思辨能力，提升思政素养和能力。

在教学过程中，教师所发挥的主要作用是主题引领，引导学生就课文话题进行由浅入深的学习和讨论，学生结合课文话题，讨论社会平等、人格平等、性别平等、文化平等、公平公正等核心德育元素；学生进行故事分享与讨论，显性教育与隐性教育相结合；教师通过与学生正能量案例的讲解和分享，帮助学生培养敬业、诚信和友善的品格，通过润物细无声、滴水穿石的方式，帮助学生在未来成为一个热爱工作、诚实守信、团结友爱的社会人。教师在教学过程做到课前、课中、课后有效衔接，线上线下相结合（见图2）。

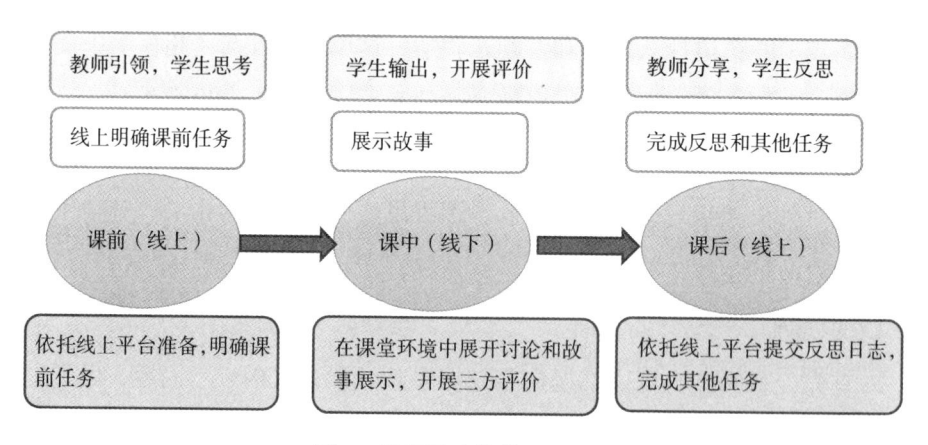

```
教师引领，学生思考        学生输出，开展评价        教师分享，学生反思
线上明确课前任务          展示故事                 完成反思和其他任务

      课前（线上）    →    课中（线下）    →    课后（线上）

依托线上平台准备,明确课    在课堂环境中展开讨论和故    依托线上平台提交反思日志,
前任务                    事展示,开展三方评价        完成其他任务
```

图2　课程思政教学实践过程

（四）明确评价内容，丰富评价形式

评价对于促进外语课程思政非常重要，评价要做到与教学目标保持一致，同时涵盖语言内容层面和思政内容层面两个方面。《指南》指出，评价涵盖课程体系的各个环节，教学管理者、专家、教师和学生都应积极参与评价活动，综合运用各种评价方法与手段，实现评价对课程发展的推动作用。但是，由于课程思政的特殊性，评价方式和内容与以往的外语课程有所不同，不仅要注重学生语言交际和运用能力的发展，还需从多个方面评价课程对学生的思想品德、价值观等涉及思政的积极影响（刘建达，2020）。因此，课程思政评价设计既要考虑评价形式，也要注重评价内容。胡杰辉（2021）从首届全国高等学校外语课程思政教学比赛中发现，外语教师的评价意识提升较大，但是还没有转化为有效的评价设计能力。他建议"从评价过程的维度，我们可以采用形成性评价与终结性评价；从评价主体的角度，我们可以采用教师评价、同伴互评、自我评价；从数据采集的角度，我们可以采用量化评价和质性评价；从技术支持的角度，我们可以利用信息技术、智能批改技术等开展及时的评价反馈"。（胡杰辉，2021：58）

故事展示任务主要从教师评价、自我评价、同伴互评三个方面展开评价：教师指出问题、提出建议，同伴进行评定和评价，学生进行自我反思。

首先，教师结合主题和学生的展示进行口头评价并进行ABC等级评定，然后利用线上投票工具要求其他学生进行等级评定并做口头建议，最后展示组学生完成300字以内的自我反思日志。从线上投票的结果来看，学生对故事展示都持有肯定的态度，大多数学生都取得了B等级及以上的成绩。通过提炼各小组学生的反思日志的关键词可以发现，"成长""故事""中国""思考""进步"等词汇位居榜首。文秋芳（2021）提到了评价链的作用，在评价学生学习时使蕴藏在评价体系中的思政功能显性化。三种评价模式的结合使学生产生获得感，也使隐性思政得到了显性化体现，帮助学生梳理收获和进步。这些评价手段结合了量化和质化，利用了信息技术，有效成为形成性评价的依据。显性评价体现了隐性育人目标，使课程思政形成闭环。

结 语

本研究基于课程思政的目标确定并提取思政元素，设置教学任务，善用任务式教学法将学生的被动思政教育转换成主动学习和思考。学生通过讲述成长故事、家乡故事或中国故事，从对课文主题和内容的思考过渡到对自我的认知、对国家和民族的认同。同时，教学通过线上和线下的有机结合，课前、课中、课后的顺利衔接，利用有效的课程评价使隐性的课程思政目标显性化，达到课程思政从目标到评价的有效闭环。

课程思政既需要教师的主动规划和设计，更需要学生的主动参与和思考。课程思政应该做到"以教师为主导，以学生为主体"，通过有效激发学生的主动参与性，将课堂中心从教师转移到学生身上，让学生从被动接受思政内容到主动结合自身进行思政学习和价值培养，感受到思政教学与自身发展息息相关，认同课程思政的意义，达到课程思政的育人目标。大学英语课程思政任重道远但大有可为，还需要深入探索不断实践。

参考文献

［1］胡杰辉，2021.外语课程思政视角下的教学设计研究［J］.中国外语，18（2）：53-59.

［2］黄国文，肖琼，2021.外语课程思政建设六要素［J］.中国外语，18（2）：1，10-16.

［3］教育部关于印发《高等学校课程思政建设指导纲要》的通知［EB/OL］.（2020-05-28）［2024-03-05］.https://www.gov.cn/zhengce/zhengceku/2020-06/06/content_5517606.htm.

［4］教育部高等学校大学外语教学指导委员会，2020.大学英语教学指南（2020版）［M］.北京：高等教育出版社.

［5］刘建达，2020.课程思政背景下的大学外语课程改革［J］.外语电化教学（6）：38-42.

［6］毛伟，盛群力，2016.聚焦教学设计：深化我国大学英语教学改革的关键［J］.外语学刊（1）：106-109.

［7］潘海英，袁月，2021.大学外语课程思政实践探索中的问题分析与改进对策［J］.山东外语教学，42（3）：53-62.

［8］盛群力，2010.现代教育设计论［M］.杭州：浙江教育出版社.

［9］孙有中，2020.课程思政视角下的高校外语教材设计［J］.外语电化教学（6）：46-51.

［10］TYLER R W，1949. Basic principles of curriculum and instruction［M］.Chicago：University of Chicago Press.

［11］文秋芳，2021.大学外语课程思政的内涵和实施框架［J］.中国外语，18（2）：47-52.

［12］肖琼，黄国文，2020.关于外语课程思政建设的思考［J］.中国外

语，17（5）：1，10-14.

［13］张敬源，王娜，2020.外语"课程思政"建设：内涵、原则与路径探析［J］.中国外语，17（5）：15-20，29.

［14］郑树棠，2015.新视野大学英语［M］.3版.北京：外语教学与研究出版社.

A Transfer from Passive Acceptance to Active Involvement

—Exploration and Practice of Ideological and Political Education in College English Course

MAO Hui (Communication University of Zhejiang, Hangzhou, 310018)

College English courses play a vital role in students' ideological and political education. As a public required course with wide influence, college English course can effectively guide junior college students to establish correct values and outlook on life and world. Many domestic scholars have put forward constructive suggestions on the ideological and political education of college English courses. Based on previous explorations, this research mainly focuses on the four levels of goal, content, process and evaluation, exploring the effective ways to transfer students from passive acceptance into active involvement through task-based teaching methods.

基于文化自信的第二外语韩语教学课程思政建设路径探析*

申芳芳**

摘要：进入新时代，中国同世界各国之间的交流越发频繁，文化思想的交融日趋多元丰富。这一发展趋势急需一大批高水平人才坚定文化自信，讲述中国故事，传播中国声音，让更多外国人了解中国的观点和态度。第二外语韩语课程思政建设只有蕴含思政元素和德育功能，厚植文化自信，寓价值观引导于知识传授和能力培养之中，才能培养出站稳中国立场、具有家国情怀和国际视野的优秀外语人才。因此，基于本课程的思政教育教学改革理念和目标，通过对思政元素的挖掘和教学内容案例的研究，探讨第二外语韩语课程思政建设的实践路径。

关键词：课程思政；文化自信；第二外语韩语

---

* 本文系浙江传媒学院2021年度青年教师科研提升计划项目（ZC21XJ003）研究成果。

** 申芳芳，文学博士，浙江传媒学院国际文化传播学院讲师，研究方向：中韩文学翻译、韩国语教学与研究、中华文化在海外的传播。

引　言

　　课程思政建设是我国高校落实立德树人根本任务的主要渠道和路径，是形成与时俱进的"大思政"育人格局的创新举措。2020年5月，教育部印发的《高等学校课程思政建设指导纲要》明确指出，课程思政建设要紧紧围绕"培养什么人、怎么样培养人、为谁培养人"这一教育根本问题展开。高校要把思政工作贯穿人才培养体系始终，寓价值观引导于知识传授和能力培养之中，真正发挥好每一门课程的育人作用。课程思政建设由此成为包括第二外语在内的高校外语课程改革的主要方向，如何把课程思政元素巧妙地融入课堂教学，有待多方位的探索与尝试。进入21世纪以来，我国对外语人才的要求不断提高，探索外语复合型人才的话题在外语教育界成为持续关注的焦点。作为面向人类命运共同体的新时代外语教育，其宗旨是培养具有家国情怀、国际视野和跨文化沟通能力的外语复合型人才（蒋洪新，2019）。2020年由教育部高等学校外国语言文学类专业教学指导委员会研制的《普通高等学校本科外国语言文学类专业教学指南》中为包括非通用语在内的外语教育改革创新提供了新的人才培养理念，其中明确规定高等学校应该培养具有国际视野、中国情怀、创新精神的高素质外语专业人才和复合型外语人才。语言是文化的一个组成部分，是传递文化的载体。学生在学习一门语言的同时，也会学习这种语言所属国家的文化。当代大学生虽已成年，但心智发育仍未成熟，在了解学习外国语言时，很容易受到他国通过各种文化形态和途径输入的世界观、价值观、意识形态等的影响，从而导致文化不自信。外语教学课程思政的根本任务在于立德树人，教师通过对课堂教学各个环节的组织和引导，帮助学生塑造正确的世界观、人生观、价值观（文秋芳，2021）。高校课程思政的教育理念在实现知识传授、专业技能培养与提升的过程中，更加强调大学生对本民族文化的积极肯定和尊崇，对本民族文化的认同感和自豪感。这种"软实力"也是大学生在未来步入社会之后一种不可或缺的精神力量。因此，我们有必要通过外语教学过程的课程思政，增强大学生的文化认同感与向心力，使其实现由文化认同到民族认同、国家认同，从而实现具有中国情怀、国际视野的高素质外语人才的总体培养目标。

一、外语人才素养和外语课程思政建设

（一）外语复合型人才需求和综合素养要求

近几年，随着经济全球化的深入发展，中国在国际格局和世界秩序塑造中不断扮演越来越重要的角色，引领世界发展前进的方向。在人类命运共同体理念的指引下，新时代的中国同世界各国之间的政治、经济、文化、科技交流越发频繁，科技成果的融合越发普遍，文化思想的交融日趋多元丰富。这一发展趋势急需一大批高水平人才来讲中国故事、传播中国声音，向世界展示真实、立体的中国。新时代的课程思政建设，有助于增强中国的国际传播能力，培养在跨文化交际中通晓国际规则、参与国际事务、维护国家利益、呈现大国风貌的优秀国际传播人才。

与此同时，新时代的发展对外语人才的专业能力和综合素质提出了更新的要求。单纯掌握一门外语的人才已经不再是市场的"宠儿"，而掌握两门甚至多门外语的复语型复合型外语人才正成为求职单位的"新贵"（蒋洪新，2019）。中国急需一批具有国际视野和家国情怀的国际化外语人才在国际舞台上用外语熟练地介绍中国和维护国家利益（彭小飞，2022）。因此，在非通用语专业教学中，教师要通过全面育人、全程育人的理念提升大学生的文化自信和思辨能力，引导他们传播中国声音，贡献中国智慧，使其成为新时代中国的"民间大使"（王烁，2022）。这就要求高校对包括非通用语在内的外语人才的培养理念、教学方式等进行改革创新，第二外语课程的教学思路有待改变和突破。当今时代正经历百年未有之大变局，对于外语教育的人才培养来说，必须解决好主流意识形态价值观引导和文化自信树立的问题（杨金才，2020），那么如何以文化自信为基点，将第二外语专业知识体系中所蕴含的思想价值和精神内涵以润物细无声地方式嵌入课程教学，培养学生的家国情怀和国际视野，成为一个亟待解决的问题。

（二）第二外语课程思政建设探索和存在的问题

近年来，为了应对外语课程在教学上专业知识和思想价值有效融合的问题，许多高校进行了形式多样的人才培养模式改革探索，外语课程思政建设是这一系列改革的重要组成部分。目前已进行外语课程思政建设理论阐释层面的探讨（姜锋 等，2020；杨晓春 等，2022；彭小飞，2022）、外语课程思政元素的挖掘（黄国文，2022；何莲珍，2022）、将理论阐释与第二外语课程思政实践路径相结合（尤芳舟，2021；薛婧，2021）等探索性尝试。总的来说，外语课程思政建设已取得实质性进展，但仍存在一些突出性问题。外语课程思政建设偏重英语类课程思政建设，针对第二外语课程的理论介绍及实践路径阐释稍显泛化。解决这些问题亟须通过明确教学目标、优化教学方式和教学内容等手段，积极有效地开展第二外语课程思政建设，将思政教育融入教学课程中，提升第二外语课程思政建设的育人实效性，深化第二外语课程思政教育教学中立德树人的根本任务和目标。

（三）第二外语课程思政建设的重要切入点

构建有效的外语课程思政育人大格局的关键在于找准思政元素的切入点。当前时期，我们急需一大批扎根中国大地、具有全球视野与世界眼光的国际化人才，"为民族谋复兴、为人民谋幸福、为世界谋大同"（姜锋 等，2020）。外语专业的宗旨在于培养具有中国情怀、国际视野和跨文化沟通交际能力的复合型人才（蒋洪新，2019）。作为培养复合型、应用型人才的重要环节，第二外语课程思政需重视培养学生面向世界讲好中国故事、传播中国传统文化的能力和成为拥有强大民族自豪感和文化自信的新时代外语人才的意识（薛婧，2021）。外语专业处于国外意识形态和主流对话的最前沿，新时代高等外语教育只有更加注重塑造学生的价值观，增强学生的家国情怀，用外语讲好中国故事，传播中国文化，树立文化自信（彭小飞，2022），才能培养更多站稳中国立场的优秀外语人才。面对不同的文化差异、不同价值观碰撞，我们既要克服文化自卑、文化自惭，也要防止文化自大、文化自负，只有这样才能实现中华民族的文化自觉和文化自强，才能在包容开放中坚定文化自信，积极与世界多元文明进行交流对话，传播中国价值观。学习第二外语课程的学生处于身心发生剧变时期，思维深度不够，对中国文化精神的认识和理解不足，文化辨别能力较差，极易受到国外不良文化思潮的侵蚀，极易导致价值观塑造与专业教学"两张皮"现象出现（张来霞，2022）。因此，引导大学生深刻认识中国文化精神、增强文化自觉、坚定文化自信应成为第二外语课程思政建设的出发点和落脚点。党的十八大以来，习近平总书记高度重视文化自信，指出"文化自信，是更基础、更广泛、更深厚的自信，是更基本、更深沉、更持久的力量"。新时代的中国青年正处在一元文化与多元文化思潮相互激荡、中国本土文化与世界外来文化相互碰撞、优秀传统文化与先进现代文化相互交融的复杂文化环境中，亟须坚定文化自信为其成长与发展提供持续动力、坚定正确方向（胡守敏 等，2019）。人们只有对自己国家和民族的文化充满自信，才能更好地传承和弘扬中华文化，推动中华文化走向世界，让世界了解中国、聆听中国声音。

二、第二外语韩语教学课程思政建设实现路径

有效推进第二外语韩语教学课程思政建设，实现育人目标，可从优化

调整教学目标、改革教学方法、立体化教学内容、构建多元化考核机制等几方面出发，做好教学设计，深入探索课程思政建设实现路径，润物细无声地实践立德树人。

（一）优化调整教学目标

培养具有家国情怀和国际视野、服务国家战略和经济社会发展的高素质人才，首先需要修订课程教学大纲，把德育融入外语教学目标，践行知识传授、价值塑造和能力培养于一体的教学教育理念。当前国际环境极其复杂，世界各种文化交流愈加紧密。推动中华文化"走出去"战略，是增强中国文化国际影响力的重要途径。因此，第二外语韩语教学目标应该注重培养认同中国文化、坚定文化自信、具有跨文化交际能力和国际视野、能用韩语讲述中国故事传播中国声音的外语人才。作为一门语言类课程，第二外语教学不仅要从知识和能力方面锻炼学生的语言适应能力，还需要进一步丰富课程教育教学中价值塑造的内容，从而帮助学生构建文化自信，培养德才兼备的高素质人才。在课堂教学中，根据教学目标设计的要求，需充分发挥教师的主导作用。教师自身要切实增强课程思政意识，提高课程思政育人自觉性，承担学生成长指导者和领路人的责任，把中国文化精髓融合在韩语教学的各个环节。坚持言传与身教相结合，不断提高自身的文化底蕴，才能润物细无声地寓价值观引导于知识传授和能力培养中，引导学生树立正确的世界观、人生观和价值观。

（二）探索改革教学方法

课堂教学是实施课程思政教育的主渠道。提高课堂教学质量，关键在于优化课堂教学设计，遵循以学生为中心的教学设计理念，有效挖掘学生的多元潜能，将学生的学习和发展作为所有课堂教学的重点与中心，推动课堂教学模式从以教师为中心向以学生为中心转变。教师在课堂上可以采用灵活多变的教学策略方法，如课堂讲授法、课堂讨论法、演示法等，探索思政元素有效融入课程的路径。善于运用数字化技术推动教学方式的变革。教师采用线上线下混合式教学、翻转课堂等方法，不仅提高了学生课堂的参与积极性，还充分调动了学生独立学习思考的自主性。如课前学生通过微课学习相关的单词和语法，课中通过课堂互动活动加深对专业知识的记忆和理解，课后通过作业实践进一步巩固拓展所学知识。教师在这三个阶段都可以融入思政元素，尤其是课前的微课学习活动。教师可以根据某个单词深入挖掘思政元素，引导学生树立正确的理想信念。另外，可以针对某个与中国文化相关联的主题鼓励学生搜集相关参考文献，深挖其文化根源，通过课堂小组讨论激发学生情感，引起情感共鸣，让学生在思想碰撞中坚定文化自信，同时对相应中国文化主题形成系统性思考，积累中国文化知识的韩语表达方式，为用外语讲好中国故事打下坚实的基础。

（三）重构立体化教学内容

板块一，随机融入中国元素。第二外语韩语教学注重显性教育与隐性教育在课程思政建设中的有机融合，课程采用线上线下相结合的方式将中国优秀传统文化融入课堂教学，进一步增强学生的文化自信。根据学期初学生填写的调查问卷内容，深入分析学生的心理特点和求知特征，利用超星学习通、中国大学MOOCs和雨课堂等在线教学平台发布课前自学微课、课后作业实践等课程资源。在不同的教学环节融入语言文字、历史文化、社会现象、中韩经贸往来状况、科学技术方面的思政元素，使学生通过中韩比较的视野认识韩国，既加深他们对韩国语言文化的认识，又提升自身的文化自信。例如，在语言文字方面，教师通过课前自学微课的方式向学生阐释汉语对韩语文字的产生及发展引发的深远影响。历史上朝鲜半岛曾长期把汉语言文字作为书面用语使用，由于他们对中国文化的狂热崇拜，即使在1446年世宗大王创制了本民族文字"训民正音"直至19世纪末期，汉语言文字在朝鲜半岛官方语言上一直占据主导地位。教师通过对汉语在朝鲜半岛传播过程的分析，培养学生对中国传统文化的文化自信，使其深刻认识中国汉语言文字在韩国所起的主导性作用，以及这种根深蒂固的影响力是如何体现在韩国文学作品、影视作品，乃至现代日常生活中。又如教师在讲解儒家文化对韩国的影响时，适时融入能够反映儒家文化的根源及历代变迁多模态资料，立体化教学内容，从而发挥母语文化在外语教学中的正迁移现象，让学生感受到中华传统文化的魅力，提高学生的文化自信。除了课堂上中华文化元素教学或者自学微课，教师要结合时代性、热点性材料，提升课堂上学生的代入感，让学生切实感受到文化自信并不仅仅是对中华优秀文化保持自信，而是一种更基础、更广泛、更深厚的自信，换句话说，是对中国式现代化的高度自信。例如，在讲解韩语数字时，笔者使用了来自中国海关的一组2015年至2023年1月中国与韩国贸易差额数据作为课堂练习材料。2022年1月中国与韩国贸易差额为-477 874.69万美元，2023年1月中国与韩国贸易差额为45 037.58万美元。随着中国制造力的高速发展，中国对韩国贸易上逐渐扭转了"以廉取胜"和"以量取胜"的局面，转向"以质取胜"，不断扩大在韩国的市场份额，使中韩贸易出现了贸易顺差。学生置身在现代社会大背景中，见证或亲历了中国经济的高速发展，容易引发情感共鸣，激发学习热情和爱国热情，同时感受到现代社会中国传统产业改造升级、数字经济发展推进中国式现代化进程的真实面貌。

板块二，组织专题活动进行情景案例分析。在教学过程中，充分挖掘各类资源，广泛收集与本课程相关的素材，将其与课程教学相结合，融入韩语教学内容和思政元素，通过深层次的加工整理设置相关情境和问题，形成课堂教学案例。以"我是亚运会志愿者"为例，课程内容教学和思政元素融入的具体实施步骤有如下环节：学生以分组合作的方式学习，分析杭州举办亚运会有哪些优势及举办亚运会所带来的经济效益。再由组内成员选取一个情景探讨分析作为一名志愿者如何与外国人用韩语对话，注重引导学生如何向外国人推介杭州，树立杭州的国际形象。小组成员以情景模拟角色扮演的方式完成情景剧表演。教师启发学生多元化思考，进行讨论活动，查找其中的语法错误，并引导组内成员和不同的组间成员共同探讨深入挖掘其中的思政元素，尝试以亚运会志愿者的角色推及分析生活中每个人所应该遵守的道德规范和行为准则，为提升杭州的国际城市形象贡献力量。在整个案例教学过程中，教师要引导学生多维度、多层次地探究问题，促进专业知识和课程思政的有机融合，充分调动学生在课堂上的积极性和合作探究问题的综合能力。

板块三，课后作业实践。课后作业实践应该注重专业知识和应用实践相结合，将课堂教学内容转化为有意义的知识拓展。因此，课后作业实践是学生消化和巩固课堂所学知识不可或缺的环节之一。为了突出结果导向，第二外语韩语课程需要融合地方特色，主动适应社会需求，对接地方经济发展。例如，在学习了旅游相关的内容后，学生用韩语向外国人推介杭州的著名旅游景点、历史名人，以小组协作的形式完成课后实践报告，并把各小组的成果视频发布在学习平台上。挑选任务完成优秀的小组进行成果分享，并由教师对其进行总结和拓展。

（四）构建多元化考核机制

在第二外语韩语课程思政建设实践中，单一的课程评价体系不能有效检验课程思政与课堂教学融合的发展成效。因此，充分发挥课程思政建设教学考核评价体系的效力，需要从多方面考虑和衡量。针对这一问题，本课程考核坚持以课程思政建设为导向，按照教育教学展开的实际内容进行，打造课程思政建设闭环，优化教育教学考核评价方法和体系，建立综合、多元的评价机制。教师不仅要判断学生在本门课程中的最终学习成果，还要实时监测每一位学生的成长轨迹，从结果和过程两个维度来评价学生的真实学情。本课程考核从过程性评价和终结性评价两个方面展开。第二外语韩语过程性评价的内容包括：课前的微课学习和课前测试，课堂教学过程中的情景案例分析，课堂汇报展示，课后完成作业实践等四个板块，通过学生互评和教师评价的方式完成每个板块的过程性评价。过程性评价根据学生在教学过程中的个人表现，不仅判断学生的专业技能，同时考查学生的专业综合素养。终结性评价主要考查学生对课程专业知识的掌握情况，主要以笔试的方式进行。终结性评价是对第二外语韩语课程教学结果的总结性体现。本课程由于增加了过程性评价在总成绩中的占比，在某种程度上缓解了对期末"死记硬背"考试形式的焦虑。同时，学生们对在课堂上引入课程思政德育教学方式给予积极评价。

结　语

外语课程思政建设是高校教师"守好一段渠、种好责任田"的重要组成部分，是高校教师"传道、授业、解惑"的责任担当。当前世界多极化深入发展、文化多元化持续推进，外语教育教学不仅要提高学生的语言知识和语用能力，还要注重提升学生的文化自信，培养学生利用对象国的语言讲好中国故事，传播中国声音，让更多外国人了解中国的观点和态度。第二外语课程思政建设进行了一系列有益的教学改革尝试，使授课教师在专注于知识传授和能力培养的同时，以厚植学生的文化自信为切入点，注重对课程思政元素的挖掘，关注学生的思想动态、行为规范和品德修养提升，积极发挥课堂育人的主阵地作用，构建同向同行的课程思政协同育人体系。尽管如此，以后的教学中教师还需要不断尝试，进一步丰富每个教学环节的内容，多种手段并用推进课程思政建设，推动课堂教学创新，切实提高第二外语课堂教学育人实效性。同时，高校应落实好教学保障机制，在师资队伍建设、科研考核等方面全面深化改革，不断提升高校课程思政建设水平，使人才培养工作更好地服务于国家战略和地方经济发展的现实需求。

参考文献

［1］何莲珍，2022.从教材入手落实大学外语课程思政［J］.外语教育研究前沿，5（2）：18-22，90.

［2］胡守敏，王习明，2019.青年是坚定文化自信的关键主体［J］.红旗文稿（16）：30-31.

［3］黄国文，2022.挖掘外语课程思政元素的切入点与原则［J］.外语教育研究前沿，5（2）：10-17，90.

［4］蒋洪新，2019.新时代外语专业复合型人才培养的思考［J］.中国外语，16（1）：1，11-14.

［5］姜锋，李岩松，2020."立德树人"目标下外语教育的新定位与全球治理人才培养模式创新［J］.外语电化教学（6）：27-31.

［6］教育部关于印发《高等学校课程思政建设指导纲要》的通知［EB/OL］.［2024-02-21］.http://www.moe.gov.cn/srcsite/A08/s7056/202006/t20200603_462437.html.

［7］彭小飞，2022.外语课程思政建设的内涵、意义与实践路径探析［J］.外语电化教学（4）：29-33，113.

［8］王烁，2022.非通用语专业课程思政教学模式的探索与实践：以"芬兰文化"课程为例［J］.天津师范大学学报（社会科学版）（6）：55-61.

［9］文秋芳，2021.大学外语课程思政的内涵和实施框架［J］.中国外语，18（2）：47-52.

［10］薛婧，2021.二外德语教学"课程思政"有效策略研究［J］.大学

（48）：95-97.

［11］杨金才，2020.新时代外语教育课程思政建设的几点思考［J］.外语教学，41（6）：11-14.

［12］杨晓春，张子石，2022.数字化转型背景下大学外语课程思政的内涵、问题与实践路径［J］.中国电化教育（11）：75-81.

［13］尤芳舟，2021.新文科背景下日语课程思政建设的思考［J］.外语学刊（6）：78-82.

［14］张来霞，2022.基于混合式教学模式下的第二外语朝鲜语"课程思政"教学研究初探［J］.韩国语教学与研究（1）：101-105.

An Analysis of Integrating Moral Education Paths of Second Foreign Language Korean Courses Based on Cultural Self-Confidence

SHEN Fangfang (Communication University of Zhejiang, Hangzhou, 310018)

  Recently exchanges between China and other countries have become more frequent, and the integration of cultural ideas has become increasingly diverse and rich. This development urgently requires a large number of high-level talents to strengthen cultural confidence, tell Chinese stories, spread Chinese voices, and let more foreigners understand China's views and attitudes. The ideological and political construction of the second foreign language Korean courses must contain ideological and political elements and moral education functions, and cultivate cultural self-confidence, so as to cultivate outstanding foreign language talents with Chinese stand, national feelings and international vision when the values are guided by knowledge imparting and ability training. Therefore, based on the concept and goal of ideological and political education teaching reform of this course, the practical path of ideological and political construction in Korean as a second foreign language courses are explored through the excavation of ideological and political elements and the study of teaching content cases.

通用学术英语课程建设的研究与实践*

薛阿三**

摘要：大学英语教学从通用英语向专门用途英语转向逐渐成为外语教学界的共识。通用学术英语作为一门专门用途英语课程在高校英语教学中日益受到关注。通用学术英语旨在全面提升学生在典型学术英语场景中的学术听力、学术口语、学术阅读、学术写作和学生批判能力。课程研究团队在专门用途英语教学理念的指导下开展研究与教学实践，分析校情学情，选择合适教材，开发与建设线上线下课程，进行混合式教学。经过几个学期的教学实践，教学团队发现，通用学术英语教学作为专门用途英语教学的一个分支，有利于培养学生在学术场景下所需的跨学科学术语言能力。

关键词：大学英语教学；专门用途英语；学术英语；混合式教学

---

* 本文为浙江传媒学院校级课题"通用学术英语教学模式探索"［浙传院教（2021）19号］和"学术英语线上线下混合式教学研究"（项目编号：jgxm202220）的阶段性成果。

** 薛阿三，传播学博士，浙江传媒学院国际文化传播学院讲师，研究方向：大学外语教学与跨文化传播。

一、背景

大学外语教学几十年来争论的一个核心问题是：大学英语教学定位和目的究竟是什么？具体而言就是，面对最广大的有自己专业方向和不同英语语言基础的学生，面对学生专业学习、国际交流、继续深造、工作就业等方面的需要和新时代国家对高素质、国际化人才培养的新要求，大学英语教学是继续坚持通用英语（General English）方向，还是转向专门用途英语方向［English for Specific Purposes：分为学术英语 EAP（English for Academic Purposes）和职场英语 EOP（English for Occupational Purposes）］，抑或基于学校和学生实际情况采取兼而有之的折中方案？学界对此核心问题的争论观点基本如下。

蔡基刚（2014：9）认为，几十年来，我国大学英语教学与英语专业教学的差异性不大。他呼吁我国大学英语教学必须重新定位，即必须从通用英语向学术英语转型，从应试到应用，回归大学英语教学本位。学术英语教学应该培养学生进行专业学习的英语能力，它和专业英语、综合英语、通识英语在目的、内容和方法上都有区别。尽管学术英语在本科新生中开展有一定阻力，但这是我国高校大学英语教学发展的方向。

文秋芳（2014：1）则对上述主张提出了反对意见，她认为"以学术英语替代通用英语"是"替代派"的看法，国际化人才必须具备国际视野、通晓国际规则、能够参与国际事务与国际竞争，这些能力的培养难以单靠学术英语课程来完成；通用英语课程能够培养国际化人才所需的跨文化交际能力、传播中国文化的能力、用中国眼光学习和分析西方文明的能力。因此，大学英语教学体系应包含通用英语与学术英语两大模块。

还有一类观点既不属于"替代派"，也不属于"互补派"，而更像"主次派"。胡开宝和谢丽欣（2014：12）分析了学术英语的起源、我国大学英语教学的属性及复合型人才培养的实际需求，从外语教育的本质属性和我国高等教育的发展趋势等角度论证了我国大学英语教学的未来发展方向是以通用英语和通识英语教学为主、以学术英语教学为辅。

不可否认的是，以上观点都有一定的合理性。因此，国内高校在大学外语教学过程中都在按照基于本校的实际情况进行改革。本文基于浙江传媒学院大学外语教学部实行的大学英语ESP教学改革，试图回答两个问题：①大学英语教学从通用英语向专门用途英语转向，在具体课程中，如面向所有专业背景学生的"学术英语"课程，通用学术英语能力究竟包括哪些内容？②明白通用学术英语能力的具体指向后，如何结合每个学校的特点和学情将课程建设真正落地？专门用途英语已经讨论了很久，而学界和教学一线对于如何真正开启课程转向仍然觉得困难重重，希望此文能给教师带来一些启发。

二、什么是通用学术英语？

学界将ESP分为学术用途英语（EAP）和职业用途英语（EOP），学术用途英语又分为通用学术英语（English for General Academic Purposes，EGAP）和专用学术英语（English for Specific Academic Purposes，ESAP）（Dudley et al., 1996）。那么，EGAP和ESAP又有什么区别呢？

EGAP针对各学科，它的特点如下：①需要具备的语言应用能力相同；②语类（genre）相同；③核心语篇类型（core text type）相同；④需要掌握的语篇模式相同；⑤修辞手段相同；⑥语言特征相同。ESAP针对某一学科，其特点如下：①知识论不同；②专用的语类不同；③理解和产出语篇的语境不同；④语体特征不同。（叶云屏 等，2011：43）

上面对EGAP和ESAP做了较为明显的区分。必须承认，在目前教育机制和语言环境下，在大学英语课堂中进行ESAP教学还是不太现实，因为这还得在专业学习和实际研究工作中习得。相反，EGAP比较适合部分学生在较高层次应用语言能力发展的需要，而且EGAP教学还能够为ESAP打下良好基础（叶云屏 等，2011: 43）。鉴于此，我们展开了EGAP，即通用学术英语教学的改革与研究。

那么通用学术英语具体是指什么呢？Jordan提出了通用学术英语概念，认为ESP应该教跨学科的语言共性东西（Jordan，1997）。蔡基刚（2013: 57）认为，跨学科的语言共性的东西是指在专业领域内进行学习、研究和工作的语言交流能力和批判性思维能力。具体而言这些能力列举如下：①搜索相关资料和文献的能力；②分析、综合和评价各种信息的能力；③描述事物过程程序、界定现象和物体、分析事物因果关系、提出问题和解决问题的能力；④进行信息或成果汇报的演示陈述能力；⑤参加学术讨论的能力等。

由此就引出通用学术英语具体能力的培养。那么这些能力具体包括哪些呢？学界有不同意见，但基本上达成这样的共识，即逻辑思维能力和批判性思维能力；口头陈述学术观点和演示学术研究成果的技能；听懂英语讲座、授课和做笔记的技能；搜索、提取、分析和评价信息的学术阅读技能；撰写文献综述、学术研究提案和报告的技能；基本的学术研究方法，如问卷设计等。这些能力对于所有大学生来说都是需要具备的。总体而言，就是需要全面提升学生在典型学术英语场景中的学术听力、学术口语、学术阅读、学术写作和学术批判能力。下面将这五个方面的能力描述如下。

学术听力能力：掌握演讲、学术讲座、一般专业课程所需的听力技巧，包括听前准备，捕捉复杂概念的解释，采用提纲、思维导图、符号、缩略语等方法快速记录，掌握新闻评论语体结构，理解公众宣讲中基本技巧的应用。

学术口语能力：掌握正式场合中的讨论、提问、回答、陈述等技巧，能够参与学术会议、研讨和进行演示报告，能以研究为目的进行访谈，能应对高校招生网络面试。

学术阅读能力：分析文章的结构和内在逻辑关系，识别论点、论据和论证，理解标题和小标题的作用，识别模糊语言和各类衔接手段，建立文本与自我的联系，进行批判性思考。

学术写作能力：搭建学术论文结构，熟悉学术论文风格和学术写作规范，掌握论文各板块的写作方法，包括如何写摘要、关键词、前言、文献综述、研究方法、研究结果与讨论、总结、致谢、参考文献。

学术批判能力：遵循一定学术规范，以某一学术问题为对象，对不同观点进行讨论、评析，表达赞同、质疑、批评与反批评。

三、通用学术英语课程的校情、学情分析和教材选择

课程建设和实施离不开对校情和学情的分析，因为后者是前者的基础和出发点。学校因各自专业背景、优劣势学科各有不同，而相应学生自然差异也甚大，因此对于如何培养自己的学生也会有所不同。从校情的角度来说，浙江传媒学院是一所艺术类传媒特色的高校，下设41个本科专业（方向），其中艺术类专业23个（包括播音与主持艺术、动画、广播电视编导、影视摄影与制作、音乐表演等），普通类专业18个（包括传播学、广播电视学、数字媒体技术、新闻学、网络工程等）；从学生语言水平的具体情况而言，不同专业方向背景的学生语言基础相差比较大，一般而言，偏艺术专业的学生语言基础薄弱一些，普通类专业的学生好一些；从本校大学外语教学当下存在的短板来看，具体存在以下亟待解决的问题：①大学公共外语课程设置单一；②大学公共外语教学师资发展不均衡和动力不足，以及专业化和国际化程度不高；③大学公共外语教材难以满足传媒类院校特殊需求，尤其是国际化发展的需求；④大学公共外语考评机制单一，不能有效指导教学。

基于以上实际情况，浙江传媒学院大学外语教学部采取通用英语和专门用途英语相结合的教学改革方案，通用英语针对大一学生开设；专门用途英语针对大二学生开设，下分（通用）学术英语、新闻媒体英语、媒体科技英语和艺术人文英语四个方向。"学术英语"课题组基于本校校情、学生语言水平的具体情况及大学外语教学当下存在的短板较早展开了通用学术英语课程的研究和教学实践。

"教材是有效实施课程教学的必备手段，是教学内容的载体，是联结教与学的纽带，是教学理念的物化，是课程教学目标的具体体现，也是教师教什么、怎么教，学生学什么、怎么学的依据。"（张敬源 等，2017）好的教材能起到事半功倍的效果，相反，不合适的教材会让老师和学生多走一些弯路。

"学术英语"课程团队先后使用了两套教材。一是外语教学与研究出版社出版的《学术英语：综合》（*Academic English : An Integrated Course*）。这本教材以大学科概念，即经济学、商业伦理、心理学、环境、哲学、数学、社会学、全球化、医学、语言习得为划分基础，旨在培养学生有效、得体地使用英语进行各学科相关的学业学习与进行口头和书面形式的学术交流能力。对于这本教材，课程组通过调查问卷和学生的学评教了解到，学生对于这套教材评价不是很理想。学生中比较有代表性的描述语是"学术英语的文章略显枯燥乏味，文章一板一眼，风格偏硬，有来自不同学科的理论和概念，一堆学术专有名词，看了望而生畏"。

经过两个学期的试点教学，课程组不得不做出重大调整，选用了上海外语教育出版社出版的《大学学术英语：读写教程》（*Academic Encounters : Life in Society Reading and Writing* 和 *Academic Encounters : Human Behavior Reading and Writing*）。此套教材引进自剑桥大学出版社，内容不按照大学科的概念来编排。虽然内容来自社会学、传播学、犯罪学、医学等学科背景，但与大学生的日常生活和当下的社会生活密切相关。从学科角度来讲，这些主题下的文章更偏向人文社科领域，而非让学生望而生畏的自然科学领域。更加重要的是，每个章节都配有三篇文章，难度逐渐增加。每篇文章基本都配有小标题、图表、关键概念的定义和解释，还提供了框内文本作为具体例子，以帮助学生延伸阅读理解课文内容。另外，这套教材紧紧围绕学术英语各项微技能的培养和训练来设计安排教学内容和练习。以读写教程为例，每个章节从大的技能划分有四个模块，分别是、阅读技能、写作技能、词汇技能和学术成功技能，而四个模块的微技能从数量上来说接近100项，可以说涵盖了学术英语听说读写等具体能力和素养所需的所有技能。同样，课题组通过调查问卷等方式了解了学生对于此套教材的反馈意见，大部分同学持肯定的意见，因此这套教材沿用至今。

四、线上线下混合式教学实践

随着大学英语课时的普遍缩减（从之前的每周4课时减少到每周2课时）和互联网技术全面深度介入教育教学，线上线下混合式的教学模式成为几乎所有高校采用的大学外语教学模式。本校在课时缩减到每周2课时时就立即采用了这种教学模式，事实也证明这一模式是符合互联网+教育的全球化趋势和教师指导下的学生自主学习的特点。线上线下混合式的教学模式带来的是教学方法、课程建设、课程考核等多维的转变，具体而言描述如下。

从教学方法来看，线上线下相结合的教学模式改变过去以教师为中心、满堂灌的单向教学模式，采用以学生为中心、以教师为主导的教学方式。以教师讲授、学生活动和网络教学相结合的方式开展听说读写的语言学习实践活动，着重培养学生通用学术能力和提升学生国内考研和出国英语考试能力。教学中，以学生为中心，采用任务型、基于内容的教学法（content-based approach）等多种教学方法，利用多媒体和网络学习平台等现代教育技术，采用2+2教学模式（2课时面授，2课时网络自主学习），培养学生自主学习能力和在通用学术领域的听说读写能力。

从课程建设角度来看，应对教学目标与面授课时削减之间的矛盾和顺应互联网+教育的全球化趋势，同时建设线上线下课程，将线上线下课程有机结合起来，既有所区别，又相得益彰。

线上课程的建设基于超星平台，匹配纸质教材，但补充听说读写学术能力学习板块内容。具体章节结构如下：①单元导入、学术能力分项介绍和单元目标介绍；②词汇和表达；③课文中英文和音频；④学术讲座和课文主题相关视频；⑤具体听说读写学术能力（如如何做笔记、如何扫读和略读、如何写摘要和文献综述等），讲解课件和视频。另外，按照纸质教材建设相应的作业库，包括但不限于翻译、写作等习题。同时，借助iTEST和iWrite平台布置听力、阅读和写作练习，将听说读写学术能力的培养落到实处。

线下面授课程主要是教学团队通力合作深度开发教材教案，制订教学大纲、教学进度表、思政内容，进行作业库和机考试题库建设等。同时教学团队商议决定教材章节内容的取舍，课前、课中和课后练习任务的选取，补充教学内容的安排，如考研英语和雅思考试相关内容的补充讲解和练习。

总体而言，线下面授课与线上学生自主学习课程在教学模式上相辅相成。线下面授课主要侧重于以下几个方面：解答学生在自主学习过程中遇到的难题；深入剖析文章结构和主旨；传授阅读和写作技巧；组织小组讨论；展示和点评学生的项目作业。而线上课程则主要由学生在超星平台上自主完成，内容涵盖了教学团队开发建设的课程资源，具体包括学习字词表达、完成句子和篇章阅读任务、巩固课后练习、观看补充教学视频等自主学习活动。

从课程考核来看，此课程改变过去重考试、轻过程的考核方式，而采用重过程并结合考试的考核方式。具体而言，就是大二两个学期平时成绩占40%，期中考试成绩占20%，期末考试成绩占40%。平时成绩占总成绩权重40%，由课堂出勤、线上自主学习成绩、课堂表现、各项作业成绩等方面构成。平时成绩权重加大，目的就在于引导学生平时努力学习，真正将学术英语能力的培养落实在平时的学习过程中。

五、课程反馈与评估

一门课程教学效果和认可程度如何基本上可以从学生的课程考核成绩和主观评价两个方面来评估。在教学团队完成2021年至2022学年第2学期学术英语课程教学和学生参加完期中、期末考试之后，教师结合过程性评估和期中、期末考试成绩对学生做出综合性成绩评定。以笔者所教的4个平行班为例，所有87名学生总评成绩都为中等及以上（70—79分以上），而平均良好率（80—89分以上）达到83.25%。其他教师所教班级的成绩略有差异，但基本情况差别不大。

有两个原因可以解释以上比较令人满意的结果。第一，选修"学术英语"这门课程的学生本身语言基础就比较好。实际上，这部分学生是从所有学生里第一学期大学英语和大学英语四级考试成绩前40%挑出来的。第二，在实际教学中，网络课堂教学和线下面授课堂教学有机结合了起来。两个课堂相辅相成，各有侧重。在网络课程上，学生能比较自觉自主地借助学习平台解决词汇、语句和篇章理解等语言基础层面的学习；而在面授课堂上，学生能配合教师完成篇章结构、主题拓展的分析和写作辅导。大部分学生能较好地完成两个课堂的作业和讨论，从而就反映在了期中、期末考试和综合成绩上。

为了获得学生对于这门课程比较真实和全面的评价，教学团队在期末考试结束后马上通过问卷星设计制作并发放了一份电子调查问卷，共收到有效问卷373份。问卷共由26个问题组成，涉及教材、教学安排、课后练习、写作、线上课程、考核方式、英语学习需求、学术英语能力、课程总体评价和对教师的评价等内容。对于这些内容的评价有从非常不满意到非常满意（1—5分）的打分方式，也有原因分析等主观描述的选择。问卷调查的部分结果描述如下。

在对于教学所用的《大学学术英语：读写教程》是否满意方面，不满意和很不满意的学生只占2.68%，这说明绝大多数学生是认可这本教材的。对于3个单元6篇文章都讲授，重点放在每个章节的第三篇这样的教学安排，不满意和很不满意的学生只占3.22%，这说明绝大多数学生认可这样的教学安排。对于选做的课后练习方面，不满意和很不满意的学生占8.04%，这与教师的预期相比略微偏高。至于原因，有34.58%的学生认为练习题无聊；而提到对于练习题有何建议时，学生的意见集中在"类型增加""更加有针对性""提高难度""多做些听力"等；不过对于教师讲解练习的方式，373个学生中只有4个学生表示不满意。对于超星平台上的线上课程，有94.9%的学生表示满意；对于具体原因这个多项选择问题，34.85%的学生认为线上与线下相得益彰，对学习帮助很大；35.12%的学生认为课程配套资源丰富；29.22%的学生认为平台功能完善，方便提交课后作业；28.69%的学生认为课程结构合理。对于课程考核方式，高达98.93%的学生表示满意，说明绝大多数学生是认可这样的考核方式的。对于"你觉得本课程对于提升一般学术英语能力效果如何？"这个问题的反馈，95.44%的学生表示满意，可见大多数学生对于学术英语这门课程在提升一般学术英语能力方面给予了肯定。对于本课程的总体评价和老师的评价，学生的评价语集中在"挺好的"和"老师很好"。

结　语

"学术英语"课程的建设和实践顺应了大学英语教学从通用英语向专门用途英语转向的趋势，也是在"建设新文科"高等教育背景下，大学英语教学不断改革，从而服务于新时代对高素质、国际化人才培养新要求的必走之路。教学团队一路走来，经过两个春季学期的试点教学，一直到现在整个大二学期的全面教学，走了一些弯路，也积累了不少经验和教训。课程和任课教师在得到学生普遍认可的情况下，也存在一些需要不断厘清和改进的地方。

至于经验和教训，一是教材的选择要充分论证，慎之又慎。前文已经介绍，我们实际上用了两套教材，第一套是在比较匆忙的情况下选择的，我们没有花费足够的时间去做比较和论证，造成的后果就是教材不很符合我校学生的实际情况，我们教学团队先期付出的用于做课件、备课、写教学大纲和准备试题库等工作所投入的大量时间和精力基本付诸东流了。教师都清楚，一门课从无到有前前后后要有海量的投入，推倒重来的试错成本实在太高，万不得已，一定要避免出现这样的错误。至于要如何避开可能的坑，最好就是联系多家出版社，对市场上主流的同类教材做细致的考察，同时考察其他院校教材的使用情况。

二是一个好的教学团队是课程建设的保障。我们教学团队从一开始有七八位老师，但随着时间的推移，出于各种原因，现在只剩下核心的四名老师了。一门课程的建设靠一个老师单打独斗是无法完成的，至少完成起来是相当吃力的。为了保证各项工作的顺利开展，尤其是新课的建设，教师这一端固然需要有勇挑重担和乐于投入的精神，但更需要学校和开课学院从政策制度、配套经费、工作量计算等方面给予大力支持。好在我校基本上在这些方面都有所保证。

而谈到课程需要不断厘清和改进的地方，第一，通用学术英语能力的培养需要进一步筛选和明确。如前文所述，目前我校"学术英语"课程偏重读写教材，里面涉及的具体技能和练习名目繁多，如何精简而有所选择教师团队要根据学生具体情况做出抉择，因为这涉及丰富的学习内容与有限的课时之间的矛盾。第二，"学术英语"目前偏重读写，但听说要不要适当兼顾？实际上，学生在调查问卷里已经提出建议，希望增加口语和听力练习。第三，学生还提出希望教师提供雅思、托福等考试辅导和留学文书写作和面试辅导，这也需要教师团队平衡与考虑。

总之，"学术英语"课程刚扬帆起航，走在不断奋进的路上，这门课程在其他院校也在如火如荼地建设着。众人拾柴火焰高，相信通过相互学习和批评指正，大学外语教学一定能迎来教学改革的新气象。

参考文献

［1］DUDLEY-EVANS T，ST JOHN M J，1998. Developments in English for Specific Purposes：a multi-disciplinary approach［M］. Cambridge：Cambridge University Press.

［2］蔡基刚，2013.误解与偏见：阻碍我国大学ESP教学发展的关键［J］.外语教学，34（1）：56-60.

［3］蔡基刚，2014.从通用英语到学术英语：回归大学英语教学本位［J］.外语与外语教学（1）：9-14.

［4］胡开宝，谢丽欣，2014.我国大学英语教学的未来发展方向研究［J］.外语界（3）：12-19，36.

［5］季佩英，范烨，2013.学术英语：综合［M］.北京：外语教学与研究出版社.

［6］JORDAN R R，1997. English for Academic Purposes［M］. Cambridge：Cambridge University Press.

［7］文秋芳，2014.大学英语教学中通用英语与专用英语之争：问题与对策［J］.外语与外语教学（1）：1-8.

［8］杨惠中，2018.大学学术英语读写教程［M］.上海：上海外语教育出版社.

［9］叶云屏，闫鹏飞，2011.通用学术英语读写课程教学探索［J］.外语界（5）：40-47.

［10］张敬源，王娜，曹红晖，2017.大学英语新形态一体化教材建设探索与实践：兼析《通用学术英语》的编写理念与特色［J］.中国外语，14（2）：81-85.

Research and Practice on the Construction of General Academic English Course

XUE Asan (Communication University of Zhejiang, Hangzhou, 310018)

The shift in college English teaching from English for General Purpose to English for Specific Purposes is gradually becoming a consensus in the foreign language teaching community. General academic English, as a course of English for Specific Purposes, is increasingly receiving attention in college English teaching. General academic English aims to comprehensively enhance students' academic listening, speaking, reading, writing, and critical thinking abilities in typical academic English contexts. Under the guidance of teaching concept of the English for Specific Purposes, research and teaching practices were conducted by the course research team through analyzing the school and student situations, selecting appropriate teaching materials, developing and constructing online and offline courses, and implementing hybrid teaching. After several semesters of teaching practice, the teaching team has found that general academic English teaching, as a branch of English teaching for Specific Purposes, is beneficial for cultivating students' interdisciplinary academic language abilities required in academic contexts.

文化对外传播视域下的大学英语课程思政实践与思考

张景京[*]

摘要：在高校全面推进课程思政建设的大背景下，中国的思想文化和价值理念更多地进入了大学课堂。中国在国际事务中的影响力要靠硬实力去支撑，也要靠软实力去提升，对外传播文化是增强软实力的重要环节。大学英语课程可利用课程思政的契机开展文化教学，培养学生理解和传播中国文化的能力，助力中国文化走向世界。本文结合教学实际，探讨了大学英语课程思政与国际文化传播的关系，指出当前在大学英语课上开展文化教学面临的问题并提出了相关建议。

关键词：课程思政；大学英语；文化传播

早在 20 多年前，我国时任文化部部长就提出了文化"走出去"战略（孙家正，2003），当时中国加入世贸组织不久，急于以更开放的姿态融入国际社会，扩大对外文化交流与合作。20 多年后的今天，在共建"一带一

---

[*] 张景京，文学硕士，浙江传媒学院国际文化传播学院讲师，研究方向：语言测试、英语教学。

路"、打造人类命运共同体、反对美西方文化霸权的背景下，文化"走出去"显得更为必要与迫切。习近平总书记多次强调要推动对外文化交流，要"向世界阐释推介更多具有中国特色、体现中国精神、蕴藏中国智慧的优秀文化"。党的二十大报告也提出，要"不断提升国家文化软实力和中华文化影响力"。文化能否真正走出去，在国际社会产生重大影响，让其他国家和民族了解、欣赏、尊重乃至认同我们的文化，不仅与我国在军事、经济、科技等领域的硬实力密切相关，也与我国的国际文化传播能力高度相关。在对外交流与传播文化的过程中，语言很多时候会成为一道关隘，到了国外，说中文、懂中文的人虽在不断增多，但总体而言目前仍占少数，在此背景下，要阐释、传播我们的文化，在语言上或可借助他山之石。英语是世界上使用范围最广的语言，在我国的小学、中学和大学教育中，英语也一直是十分重要的课程。在培养具备国际视野和国际文化传播能力的人才方面，英语课是可以有所建树的。

一、文化"走出去"战略与大学英语课程思政

近几年，课程思政成为一种备受推崇的教育理念，它要求将思政元素融入各类课程，让专业知识专业技能与思想政治道德理念同向同行，形成协同效应。课程思政的最终目的是立德树人，帮助学生形成正确的世界观、人生观、价值观，使其成为德才兼备的社会主义事业建设者和接班人。课程思政点多面广，而其中对我国政治制度和发展道路的认同、对优秀传统文化和社会主义文化的传承、对社会主义核心价值观的践行是我们对外传播文化的基础与前提。当上述思政元素与英语这项可以用来跟外部世界沟通的语言工具结合在一起时，将这些文化、理念与价值传播给世界会变得更为顺畅。也就是说，大学英语课程思政可以助力国际文化传播，让我们的文化"走出去"。只有具有相关的知识储备，并且具备足够的制

度自信、道路自信、文化自信时，我们才有可能有足够的底气向外传播我们的文化。

二、文化传播视角下大学英语课程思政面临的问题

（一）教材中中国文化的缺失

语言是文化的载体，语言类课程天然带有思政属性和文化传播属性，不同于政治思想课的直接灌输，语言类课程会在潜移默化中塑造人的三观。当前的大学英语教材普遍注重介绍英语国家的文化、历史、传统、习俗，对中国文化甚少提及，"含中量"很低，这就使得学生即便通过学习教材具备了一定的语言功底，也很难用英语表达中国思想与文化，造成英语课堂上的"中国文化失语现象"（从丛，2000）。

从教授英语语言知识和介绍英语文化的角度来讲，英语教材只采用西方文化相关的文章无可厚非。但是在当前的国际舆论场上，思想文化和意识形态领域的斗争十分激烈，美西方对我国的文化渗透数十年从未停止，虽然颠覆我国政权的图谋没有达成，但是确确实实通过长期的文化传播与思想渗透给一部分中国人打上了"思想钢印"（刘慈欣，2008），使得他们盲目推崇西式的"民主、自由、人权"，认为西方的一切文化和思想都是先进的、高级的，是人类前进的指引，是世界的灯塔。在西方文化霸权与舆论霸权的凶猛攻势下，提高警戒并采取一些应对措施是必需的。构筑我们的思想和心理防线体现在大学教育中就是课程思政。所有的大学课程都承担着思政的责任，大学生处于三观不稳定期，极易受到外来思潮的蛊惑和影响，在各类课程中强调思政可以在一定程度上导正思想、引领价值、防腐杜变。大学英语课是直面西方文化冲击的第一线，在大学英语课中做好思政工作尤为必要。

目前大学英语教材里的文章和视听材料通常只传递了西方价值和理念，让西方价值观在教材中占据主导地位。虽然经过层层筛选成为课文的英语文章体现出来的价值取向基本是正向的，具有一定普适性，但是古老的中华文明有其独特的价值体系、精神内涵和哲学思维，其中相当一部分无法被替代，也无法在其他文明中找到类似内容。比如说，"王侯将相，宁有种乎"这种被中国人高度认同的说法，在很多文化里是无法成为共识的，因为不是每种文化都有平等思想，不是每个社会都会向平民社会的方向发展（范勇鹏，2021）。部分西方国家目前仍然存在贵族，讲究出身与血统，印度、尼泊尔等国至今深受种姓制度影响，人为地将各类姓氏分出高低贵贱。中国独有的文化内涵、思想品格与精神追求需要通过讲中国故事体现出来，或者也可以尝试套上西方故事的外壳来传递中国式的价值观，当前中国ReelShort短剧制片商出征海外市场就采用了这种模式并且大获成功。但是无论前者还是后者，在主流的大学英语教材中都鲜以得见。

（二）教师和学生学习和传播文化意识缺失

在课程思政推行之前，大学英语教师普遍不太有在课堂上传播中国文化的意识，一是教师默认英语课是英语语言知识和英语文化的主场，讲中国文化是其他相关课程的任务。二是英语教师本身也未必能用英语准确表达中国文化，尤其是讲解中国古典文化。例如，解释诸子百家等思想流派、诗词歌赋等文学作品、亭台楼阁等传统建筑、琴棋书画等艺术修养对大多数英语教师而言是有难度的。教师如果没有专门找相关材料学习，很难从已有的语言储备中找到合适的表达。据观察，教师较为熟悉的中国传统文化相关的英语表达多数跟节日和民俗有关联，如端午节时吃粽子、划龙舟，中秋节时吃月饼、赏月，过年回家团圆等。用英语讲述这些内容对教师而言并无挑战，因为它们是沿袭下来的日常的、生活化的、接地气的传统，早已成为现代生活必不可缺的一部分。

近几年由于课程思政的不断推进，大学英语课堂出现了更多中国元素，教师对中国文化的介绍相较以往有所增多，但依然远远满足不了对外输出文化的需求。究其原因，主要有以下两点：一是课程思政通常只体现在教学环节，学生的学业测试也好，教师的考评也好，对课程思政相关的都不做要求。没有考核就会在一定程度上造成动力欠缺，学生觉得即使学会中国文化的英文表达，也无法提高他们在校内的学业考试成绩；而教师讲不讲中国文化，讲多讲少，讲些什么，通常也随个人意愿。从考核的层面来改进，其实已经有一些英语水平测试在做尝试。例如大学英语四六级考试，前些年在改革之后加入了中国文化相关的段落翻译题，引导广大考生去识记与中国历史、地理、艺术、经济社会发展相关的词汇和短语，而教师也会从应试的角度来讲解该题型，客观上提升了学生用英语表达中国文化的能力。但是该题型只占四六级总分的15%，它能带来的影响比较有限，无法从根本上改变局面。二是大学英语虽然在很多高校是作为必修课的，重要性不言而喻，但是大学英语的课时近几年在不断减少，受重视程度不如以往。教师在较短的上课时间里既要讲解语言知识，夯实学生语言基础，又要诠释英语文化和中国文化，在时间分配上面临很大挑战。在不能兼顾的情况下，主讲语言知识，提高学生的听说读写译水平，让他们顺利通过考试是大部分教师的选择。

三、课程思政推进与文化传播能力提升

课程思政给中国文化提供更多进入大学英语课堂的机会，无论是优秀传统文化、革命文化还是社会主义文化都是思政内容的重要组成部分，当它们与英语结合在一起时，就构成了对外传播文化的语言基础和知识储备。如何以润物无声的方式将中国文化融入大学英语课程，让学生在受到文化滋养的同时产生浓厚的学习兴趣并树立起文化自信，如何让学生学好本国

文化后还能以高度自觉和有效的途径向外传播文化，如何利用好课程思政切切实实提高学生学习文化和输出文化的能力，这些都是摆在我们面前的课题。

（一）思政元素的提炼

在大学英语教材普遍比较缺乏中国文化元素的当下，从现有的英语文化相关的课文中提炼思政元素或许是比较好的选择。如果仔细挖掘，在教材的部分文章中是可以找到一些与中国文化和中式价值观相契合的内容的。以本校正在使用的"新视野大学英语"为例，第二册教材中有一篇讨论学生应该多花钱还是多存钱的文章。该文提到美国的传统价值观包含艰苦创业、忠于家庭、延迟满足等。这些价值观在美国或许已经部分地成为过去式，但是在中国它们显然是现在进行时。新中国的历史就是我党带领人民艰苦创业的历史，"自力更生、艰苦创业"甚至被写进了《中国共产党章程》。忠于家庭自不必说，中国人对家庭的重视从古延续至今。延迟满足是我们的文化推崇的一种自控能力，中国人讲究着眼长远，为了实现长期目标可以暂时选择忍耐和自我约束，而"十年磨一剑""君子报仇十年不晚"等都是这种价值取向的体现。从更高的层面来看，其实全中国都在经历延迟满足的过程。我们走在国家崛起、民族复兴的道路上，已经实现了一个又一个的阶段性发展目标，此时我们不能停下来享乐，而是需要继续艰苦奋斗，把国家建设成为社会主义现代化强国。

提取思政元素，可以在相似点上进行延伸，也可以在不同点上进行比较。依然以"新视野大学英语"为例，第一册教材上有一篇从母亲角度写女儿离家的文章，文中提到18岁的女儿为了寻求独立离开了家，母亲一度想要把女儿的个人物品处理掉，并把她的房间改成手工室或客房。这篇文章所折射的西方国家的亲子关系与我国在这方面的情况有明显差异。中国父母和孩子之间联系十分紧密，父母把孩子看成家庭的希望，为了孩子成长成才往往可以做出各种牺牲。孩子则需要孝顺父母，在父母年迈时给予照顾。我国法律也规定成年子女有赡养父母的义务。而西方基督教文明里没有"孝道"一说，不要求成年子女照顾父母，老人独居或进入社会养老机构是常态。之所以有这么大的观念差异，与中西方文明不同的发展路径有关。中国古代的农耕文明和宗法制度决定了敬奉祖宗、孝顺老人、护爱幼童能稳固家族内部关系，有利于家族的延续和发展，也有利于政治和社会的稳定。基督教则认为孩子是上帝的恩赐，是上帝的孩子，不是父母生命的延续，孩子和父母都是独立的个体。

需要指出的是，当以这篇课文为切入点来讨论中西方文化差异时，我们默认文章里提到的内容是西方当前的普遍现实。而真实的情况是，西方社会近年来发生了剧烈的变化，很多调查都显示，西方的年轻人正在回流父母所在的家庭，去工业化及通货膨胀带来的生活成本急剧上升，使得越来越多的年轻人无法像过去那样在18岁时离开父母找到合适的工作过上体面的生活。当我们向学生介绍中西方文化差异或者组织学生讨论相关话题时，应该将新变化、新趋势考虑在内，让学生有完整全面的认知。

（二）教学资源的整合

由于学识、眼界、经历不同，教师对教材中思政元素的感知度是不同的。为了提高课程思政和文化教学的备课效率，可在编写大学英语课程教学大纲和教案时将教师各自从教材中采掘的思政元素进行整合，进行教学资源的高度共享。在教授文化的过程中，仅从教材中提炼中国元素是远远不够的。中国文化是一座巨大的精神宝库，凝结着中华民族几千年来的智慧与灵感，底蕴丰厚、博大精深，将中国文化系统性地介绍给学生，需要教材以外的资源渠道。网络的发展与普及提供了收集和整合各类资源的机会。教师可通过精心挑选、整理分类、注释难点，将阐释中国文化的英语文章、音视频整理成课外学习资料，供学生自学。目前提供这类学习素材的网络平台很多，"学习强国"是其中非常突出的一个，它有一个专门用英语介绍中国的版块叫"传播中国"，集合了大量图文视频，分为热点、文化、生活、体育、自然、词典等区块，涵盖了中国自然与人文的方方面面。比较难得的是词典部分提供了很多政治文献的汉英对照版，让一些比较难译成英文的政治术语和中国式政治表达有了官方翻译版本作为参考。除了资源整合能力强大的"学习强国"，时下特别受年轻人青睐的一些视频网站，如哔哩哔哩等，也发布了很多用英语介绍中国文化的视频，如纪录片《你好，中国》《美丽中国》《话说中国节》《中国工艺》等。

（三）文化传播能力的提升

要提升传播文化能力，首先要培养传播文化的意识。语言教师不仅要善用语言的工具性，也要充分认识其人文性，以传播文化为己任，积极主动地去学习、梳理和了解中国文化，结合语言优势，提升讲好中国故事、传播中国声音的能力。只有当大学英语教师自身具备传播中国文化的意识和能力，才能自发自觉地将中国元素融入英语教学，帮助学生树立文化自信，提高欣赏、推介、传播本国文化的水平。

学习文化可以在线上、线下，也可以在课堂内、课堂外，传播文化亦然。要求学生先在课外自学教师给出的中国文化学习资料，再到课堂上做话题展示，以此来检查自学情况是十分常见的做法。由于大学英语课时缩减，如今已很难在课堂上留出足够多的时间让学生展示文化主题。教师可以此为契机，鼓励学生将自己的文化认知和观察做成视频，配上英文旁白和字幕，传到各类视频网站上。在如今的网络媒体中，自媒体作为重要组成部分，已经获得了越来越大的流量和影响力。学生将自己做的中国文化类视频分享到网上，不仅能收到教师的点评，还能得到更多网络受众的反馈，对于改进传播方式、优化传播内容、提升传播能力是有帮助的。

一个值得注意的现象是，尽管西方的文化霸权和舆论霸权还没有被彻底瓦解，西方在媒体上污名化中国也从未停止，但是随着中国国力的增长，中国文化在海外的影响力已经变得越来越不容忽视。2024年春节期间，世界各地掀起了"龙年热"，民众纷纷走上街头庆祝龙年春节，观看舞龙舞狮、潮汕英歌舞等中国民俗表演，感受中国文化魅力。春节的庆祝活动无疑是非常有效的传播方式，是一种直观的、有体验感的、低门槛的文化传播，是很多外国人近距离了解中国的第一步。这就提醒我们，在对外传播中国文化的过程中应该注意步骤和策略。中国的文化和思想深邃广博，让一些外国学习者望而却步。因此，我们只有由浅入深、由简入繁、由易到难，循序渐进地对外输出文化和理念，才能取得比较好的效果。

结　语

教育的根本任务是立德树人，而课程思政是实现该目标的有效手段之一。课程思政旨在帮助学生树立正确的三观，增强对本国文化、价值理念和政治制度的认同，提升道路自信、制度自信、文化自信。在外来价值观的冲击下，我们只有解决学生思想方面的问题，才有可能真正培养出社会需要的为中国特色社会主义事业奋斗终生的有用人才。文化教学是课程思政的重要组成部分，我们只有读懂了中国文化，才能理解中国为什么选择走当前的道路，为什么坚持反对霸权，为什么努力构建人类命运共同体。人类冲突与争斗的解决之道，有些就写在中国文化里。创建一个更加和谐有序的人类社会，中国文化将大有可为。

英语课程的特殊性决定了文化对外传播是大学英语课程思政发挥作用的场域之一。大学英语课程思政中的文化教学不仅要让学生学懂中国文化，也要让他们具备对外交流和传播文化的能力。只有让文化"走出去"，我们才能拥有与当前硬实力相匹配的软实力，增强中国文化在世界上的影响力，并不断提升中国的国际话语权。

参考文献

［1］从丛."中国文化失语"：我国英语教学的缺陷［EB/OL］.（2020-10-19）［2024-01-03］. https://www.gmw.cn/01gmrb/2000-10/19/GB/10%5E18578%5E0%5EGMC1-109.htm.

［2］范勇鹏. 中国共产党与中国政治传统的巧妙融合［EB/OL］.（2021-08-05）［2024-02-05］. https://www.bilibili.com/video/BV1q54y1772a/?spm_id_from=333.999.0.0&vd_source=43874bd2954d2832702bf4db38d6da92.

［3］刘慈欣，2008. 三体Ⅱ：黑暗森林［M］. 重庆：重庆出版社.

［4］孙家正，2003. 关于战略机遇期的文化建设问题［J］. 文艺研究（1）：5-16.

［5］习近平主持中共中央政治局第三十次集体学习并讲话［EB/OL］.（2021-06-01）［2024-01-23］. https://www.gov.cn/xinwen/2021-06-01/content_5614684.htm.

［6］习近平：高举中国特色社会主义伟大旗帜 为全面建设社会主义现代化国家而团结奋斗——在中国共产党第二十次全国代表大会上的报告［EB/OL］.（2022-10-25）［2024-01-23］. https://www.gov.cn/xinwen/2022-10-25/content_5721685.htm?eqid=8da2a8e10002091c000000036455f621.

［7］郑树棠，2017. 新视野大学英语读写教程（1—2）［M］. 北京：外语教学与研究出版社.

A Practice-based Study on the Integration of the Ideological and Political Elements into College English Course from the Perspective of International Cultural Communication

ZHANG Jingjing (Communication University of Zhejiang, Hangzhou, 310018)

With universities and colleges strengthening education from the ideological and political perspective, more and more Chinese values and cultural elements have been introduced and discussed in college classes. China's influence on the international affairs depends on its soft power as well as its hard power. International cultural communication is an important way for China to grow soft power. College English teachers should take the opportunity to include Chinese culture in language teaching in order to help students understand their own culture better and improve students' skills in cultural communication. Thus Chinese culture will have a better chance of going global. Based on the teaching practice, this paper discusses the relationship between international cultural communication and the integration of the ideological and political elements into college English course. It also points out the existing problems in culture teaching and gives suggestions on how to overcome the difficulties currently encountered by college English teachers.

外语教学

学术英语能力内涵及量表研发展望*

贾 娟**

摘要：目前，尽管国内大多数高校设置了学术英语方面的课程，但对如何测评学生的学术英语能力我国学者探讨较少，且尚未形成一个清晰统一的标准来评估学生的学术英语能力。在此背景下，本文首先回顾了学术英语能力研究的进展情况，再依据与学术英语相关的已有量表，提出了对我国学术英语能力量表研发的具体展望，共涵盖五个具体步骤：确定学术英语的基本能力框架，收集学术英语能力描述语，描述语初步验证，描述语正式验证，学术英语能力量表完成。其中第一步和第二步是难点，第三步和第四步可以利用Rasch分析工具完成。本文抛砖引玉，希望能为我国学术英语能力量表的研发提供一些启示。

关键词：学术英语；学术英语的能力内涵；学术英语量表研发；高校学生

---

* 本文系国家社会科学基金项目"中国大学生学术英语能力及素养等级量表建设和培养路径研究"（016BYY027F）研究成果。
** 贾娟，外国语言学及应用语言学博士，浙大城市学院外国语学院讲师，研究方向：学术英语、翻译理论与实践。

引　言

随着大学教育的全球化，使用英语作为第二语言或外语进行学科学习的人数大量增加，这表明不论在英语国家还是在我国的高等教育背景下，大学对学术英语（English for Academic Purposes，EAP）课程的需求正在增加。EAP课程的目的在于培养学生的学术素养和学术技能，以帮助学生更好地进行专业学习。具体说来，学术英语主要是训练学生在专业课程中使用英语进行专业学习的能力（廖雷朝，2010）。自2012年以来，我国开设学术英语课程的高校数量持续攀升（廖雷朝，2019）。因此，探究学术英语能力的内涵并研发评估中国大学生群体的学术英语能力量表的需求日益迫切。本文首先梳理了EAP的起源与发展，回顾了EAP的能力内涵研究状况和国内外有关EAP量表的研发情况，希望能对中国的EAP能力量表的研发提供一些思路和借鉴。

一、EAP的起源与发展

学术英语的起源最早可追溯到20世纪初，是ELT（English Language Teaching）发展的结果。ELT是以英语作为外语或第二语言的教学模式。ELT的发展可分为三个阶段：第一阶段（1900—1946年）称为"基础阶段"，英语主要在英国殖民地的中学和成人教育中使用，多以口语交际为主。第二阶段（1946—1970年）称为"巩固阶段"。随着英国殖民地国家的独立，英语成为其大学和职业学院的教学语言，为了满足英语专业和英语教师的现实需要，英语专业建立，并在英美等国出现了大量英语教学机构，如1941年美国密歇根大学成立英语语言学院，1966年美国成立了TESOL（国际英语教师资格证）组织，1967年英语专业教师组织成立ATEFL（国际英语教师协会）等。第三阶段（1970年至今）称为"交流阶段"。此阶段的一个重要特征是ELT专业的发展，即英语教学更加需要满足多样化的专业和学术环境的需求，这也是专门用途英语ESP（English for Specific Purposes）发展的基础。

而EAP作为"以英语的语言教学和研究（EIM）"的重要部分（Hyland，2016），是ESP发展的结果。EAP脱离ESP的原因在于早期的ESP课程是"体验后（post experience）"课程（Robinson，1991），适用于在一语（L1）环境中学习过相关学科领域知识的学生。但当这种课程成为EST（English as a Second Language Teaching）课程时，需要学生将他们现有的学科知识和实践定位到英语环境中，这使得许多学生"在技能领域，无论是语言技能还是学习技能，缺乏一语（L1）学习者的能力"（Robinson，1991：25）。这就产生了对通用学术英语课程（English for General Academic Purposes，EGAP）的需求。1975年，Jordan（1997：1）在伯明翰大学举行的SELMOUS会议上，在其论文标题中首次使用EAP（学术英语）一词。作为ESP的一个独立分支，EAP着重于学术技能的培养，这也是其定义的核心。Dudley-Evans和St. John（1988：34）将EAP定义为"与学习目的紧密相关的英语教学"。Flowerdew、Peacock（2001：8）将该领域描述为"为帮助学习者使用英语进行学习、研究或为实现特定目标而开展的英语教学"。

Winddowson（1983）根据课程目标的类型，将ESP课程分为"广角"和"窄角"两类，认为ESP的各类课程均处于"广角"和"窄角"的连续统上。在她看来，学术英语课程处于广角ESP课程一端，"旨在为学习者提供通用能力，使他们能够应对未来学术研究中可能出现的情况"（Winddowson，1983：6）。因此Winddowson将EAP课程定位在广角端，是一种更开放、与特定学科联系松散的课程。然而她的观点受到了学界的批判（George，1998；Coffey，1984；Jordan，1989），他们认为EAP也需要专注于特定学科语言的具体特点。为了调和这两种观点，Jordan（1997）提出，根据学生的需要，EAP课程可能很通用，他称之为English for General Academic Purposes，也可能更具体，与特定学科或专业学习的需要相关，他称之为

English for Specific Academic Purposes。Hyland（2002）认为EAP应更多地关注学科特性，对通用学术英语（EGAP）课程的实用性和有效性表示怀疑。目前，关于学术英语课程归属的辩论并未停歇，这也从另一方面表明，对EAP课程进行分类的趋势仍然存在。自2012年国内高校陆续开设EAP课程以来，其课程类别也都分属于EGAP和ESAP这两个范围。

二、EAP的能力内涵

（一）EAP的发展

研究EAP的学者和教师认为不同学科之间有共通的学术技能、语言结构和学习活动，"一旦学生学会了这些通用特征，就可以满足各学科学生的通用学术需求"（Hyland，2018：16）。Dudley-Evans、St.John（1998：41）归纳了一些通用的学术技能，如能听讲座、阅读研究型文章、撰写论文、举办讲座等。EAP教学开展初期，主要侧重于培养学生所有学科共通的学术能力，语言技能受到了较多的关注。正是这些语言手段，如名词化、模糊表达、自我提及等，以及特定句型和学术风格语言的适当使用吸引了许多EAP学者的注意（Strevens，1988）。20世纪70年代，EAP的研究重点转向语篇分析，称为语篇分析时期。EAP学习从语法教学转向语法背后的修辞、语篇的衔接和连贯等交际功能词。到了20世纪80年代，学习技能开始成为EAP的研究焦点（Robinson，1980；Jordan，1989）。Widdowson（1983）认为，专注于学科共通能力的EAP教学实际上将语言与学科内容分离开来，对学科内容的教学由于语言教师缺乏学科背景，无法实现，从这个层面来说，学术英语教学专注学术技能（如如何听讲座、如何做笔记等）的培养才是大道通途。自20世纪90年代以来，语言教师开始将学科内容与EAP教学结合起来，帮助学生掌握"不同的学术实践方法、研究程序、特定学术社区的文化和学科论证方法"（Hyland，2013：90），主要由具备专业知识的EIM教师和EAP教师联合负责。在20世纪90年代后期，出现了EAP批判分析学派（Street，1995；Pennycook，1997），指出应培养不同学术体系的批判意识和多元文化中的交际能力。例如，在学术背景下，语言学习者/使用者需要尊重不同地区不同语言中的学术文化（Flowerdew，2002）。进入21世纪，EAP教学在需求分析的基础上设定了能力培养目标，并发展成为"全球化背景下大学人才培养的重要组成部分"（Hyland，2013：90）。以英国学术英语讲师协会（BALEAP）提出的研究生学术英语能力框架为例，在该框架中，学术英语能力首先由在学术背景下完成课程所需的语言和语篇能力组成（如听懂EAP教师在课程中提出的问题，掌握一门学科的常用术语等）；其次是学术认知能力和元认知能力（如理解阅读与写作的目的，能批判性地分析文本等）；最后是与特定学术社区和特定学科相关的能力，如研究技能（如熟悉特定学科知识的构建方法）和实践学习技能（如如何寻找和整理必要的文献）。"欧框（CEFR 2012）"也提供了学术环境中的能力框架。该能力框架提出了学术场景中的社会语言能力（如能够参与小组讨论、具备学术风格等）和学术语用能力（如能用适当的句子吸引听者的注意力，能完成论证、说服、叙述、解释、评论等交际功能），该框架还提出外语学习者应具备学术共同体所需的相关知识、认知能力和学术精神等综合素养。虽然该框架没有明确描述学术背景下的语言能力，但它鼓励在特定学科背景下细化能力要求，这在该量表的许多描述语中都可以看到。以上是EAP综合能力培养的相关论述，除此之外，国外学者也研究了学术写作、学术讲座、学术讨论等方面的具体能力要求（Januin et al.，2015；Atai et al.，2011；Bruce，2008）。

  国内学者和教师对EAP教学的高度关注是在高等教育国际化和"一带一路"倡议背景下出现的，是大学英语教学改革结果的表现（蔡基刚，2018）。我国的EAP教学继承了国外EAP教学的传统，主要培养学生以英语为媒介进行专业学习的能力。回顾EAP教学在我国发展的40年（1980—

2021），国内学者越来越关注对学生EAP能力的培养。卫乃兴（2016）将EAP能力分为三种类型：文本组织能力、评论和立场表达能力、话语策略知识。他认为，这三种能力构成了国际背景下学术和文化交流的能力。龚嵘（2015）认为学术能力是学术语言和学术素养的结合。她认为，学术素养是学术能力的基础，需要得到更多的关注，因为学术素养强调正确的学术行为和学术标准的形成。夏季梅（2014）认为，学术英语应同时培养国际背景下的语言能力、交际能力、学术能力、文化交际能力和社会竞争力。廖雷朝（2019）认为，随着国内多所高校开展学术实践项目，多所高校开设培养学生学术英语能力的EAP课程，未来人才只有具备思辨能力、自主学习能力、科学素养、跨文化交际能力和合作能力等，才能在国际事务中参与竞争。张伟民等指出，清华大学强调跨学科通用学术英语技能的培养。齐曦（2015）指出，中山大学的学术英语课程注重培养"有能力参与国际事务和国际竞争的学生"，强调跨学科的多元文化交际能力、思辨能力和语言恰当运用的能力。其他几所大学，如西交利物浦大学、同济大学和北京理工大学等都强调以英语为媒介的学科素养的发展。

（二）EAP能力内涵的发展

高等教育背景下的EAP教育经历了语域分析、修辞分析、体裁分析、学习技能等研究和发展阶段，虽然下面的具体展开是按时间顺序呈现的，但值得注意的是，它们并非相互排斥、毫无关联。

语域分析是对学术话语建构的分析，是一项基于定量方法的科学研究，是指对特定学科中特定语域中的精选文本进行系统分析，它是语料库分析的先驱。Halliday和Ewer等研究人员对语域分析做出了较大贡献。通过语域分析可以明确学术英语中典型的语言结构和语言用法，如以建立新信息为目的语言结构或名词化形式等。对此类语言结构和用法的描述构成了20世纪70年代许多ESP和EAP材料的内容。显然，此类结构是基于句子的形式或学术语言的产出,在学术写作中,通常鼓励学生使用名词化、非人格化和词汇密度等学术语言,避免带有个人兴趣和身份的语言成分,以突出学科论点和主题。这类语言结构受到关注的主要原因在于对语言结构本身的观察,而非对语言功能如定义、论证等的探讨,后者被称为"修辞功能""学术功能",近年来又被称为学术英语的"基本要素(essential elements)"。

对学术体裁的研究,主要涉及对特定学术社区内的文本类型的分析。Swales(1990,2004)对学术体裁的研究贡献巨大。Swales(1990:58)认为,"体裁"是指涉及特定话语社区成员的"一类交流事件"。在实践中,体裁被广泛认为是由受众(他们所针对的话语社区成员)和交流目的(展示一项研究结果)决定的文本类型。这就是说体裁是为其所在的学术社区量身定制的,受到该领域所处学术社区特定规则和惯例的影响。如数学学科的研究计划不同于历史学科的研究计划,商业中的案例研究报告不同于社会工作中的案例研究报告。Samraj(2004)的研究揭示了学科之间的体裁差异。因此,基于体裁的教学通常最适合具有相似需求的学生。这些学生通常具有相似的工作场所、相同的专业或学科。由此,学生在目标情境中使用学术英语,教师在目标情境中帮助学生解构并建构特定体裁的构成要素,以便深入理解其结构、与目标受众交流的目的、体裁中常见的内容及使用的语言技巧等。除了展示体裁结构,体裁分析还关注该体裁所在学术社区的思维方式。Paltridge(2002)认为,由于体裁反映了学术社区的做事方式,学习者不仅需要学习构建体裁的语言公式,还需要超越文本,考察其所在的社会、文化背景,以了解该体裁存在的学术目的、所拥有的制度价值和它本身所携带的学术期望。因此,体裁分析可以"揭开对某些学科的认识论惯例的神秘面纱"(Dudley-Evans,1994:229)。

在学术英语范围内的体裁分析绕不开专业知识的建构,Bernstein(1996,1999)指出,不同学科的学术知识建构可分为两类:纵向知识结构和横向知识结构。纵向知识结构是自然科学的典型特征。它采用"清晰、连贯、系统的原则和分层的知识组织方式"（Bernstein，1996：172），由低层次向高层次呈现"越来越复杂和明显不同的现象"，致力于创建"高度概括的命题和理论"（Bernstein，1999：162）。相比之下，横向知识结构是人文社会科学的显著特征。这种知识通过"专有模式和标准"产生，并用专有语言表达。也就是说，这些专有语言"提出了不同甚至截然相反的假设，每种语言都有自己的一套标准来确定什么是合理文本、什么是证据等"（Bernstein，1999：163）。总之，以纵向知识结构为主导的学科，知识增长以理论和抽象的方式呈现，知识主张代码具有普遍包容的特点；而以横向知识结构为特征的学科，其用于提出和证明知识的主张具有多种合法代码，因此横向知识结构通过引入新语言产生知识。

对学术技能的研究多与具体的语言特征研究相结合。学术技能的掌握通常是学科通用的要求，而对于具体的技能而言，却因学科差异而有不同。以引用技能为例，Hyland（2004）认为所有学生都需要知道如何引用他们使用的资源，这在某种程度上也需要约定的机械练习。无论是MLA格式还是APA格式，虽然引用技能或释义技能被视为学科通用技能，但并非所有学科都以相同的方式使用和评估参考文献。例如，从引用频率上可以看出不同学科在特定动词使用上的偏好确实存在相当大的差异。

总之，由于不同学科所处的不同语境的作用，EAP本质上只是一种手段，是一种能赋予学生在学习和职业生涯中取得成功所需的语言知识和学术技能的手段，是以学生学术英语能力提升为最终目的的。

三、学术英语能力量表的开发展望

（一）与EAP能力有关的已有量表情况

语言能力量表，也称为语言能力等级、指南或标准等，是对语言使用者使用某种语言的能力的一系列描述。因此，语言能力量表被认为能给学习者提供应掌握语言知识的标准参考或对在现实世界中能做事情的描述，能力具有连续统的性质。不同来源的语言能力量表具有不同的功能。具体来说，它们可用于提供定性的熟练程度评估，以检查语言学习成果、跟踪学习者的进度和强化学习者的动机（Trim，1978）；通过建立一个共同的参考框架，以用于向不同的目标人群描述复杂系统中的目标和成绩（Brindley，1991）；在系统内部和系统之间提供连贯的连接，以作为促进教学大纲设计、材料开发和认证的实用手段（North et al.，1998）；可为教师评估、考试成绩和自我评估的定量结果提供统一相同的工具来解读（Alderson，1991；Griffin，1990）。最早的语言能力量表是美国政府于1955年制定的FSI（Foreign Service Institute）量表。而目前影响最大的是欧洲委员会40多个成员国制定的欧框量表。North（2000a、2000b）指出，各种量表的出现是教育体系不断透明和全球一体化发展的结果。

  以往的语言能力量表研发都与本国的国情相结合，具有国家和民族特色。目前，美国、加拿大、澳大利亚、欧洲、日本和中国都拥有了重要和必要的英语能力量表，但这些量表多以通用英语为目标，对学术英语能力的描述鲜有涉及。随着EAP在全球高等教育机构中的迅猛发展，越来越多的人学习EAP课程，越来越多的学者对EAP研究产生了浓厚的兴趣，EAP能力量表的研发取得了很多成绩。目前，英国学术英语讲师协会于2007年制定了教师学术英语能力量表（BALEAP Competency Scale），作为EAP从业者的核心能力量表。该量表可以为该领域的新教师提供明确的目标和指导。总之，对EAP教师的能力要求都可以理解为EAP实践者应该具备"完全履行其教师职能而需要具备的技术技能和专业能力"（Brindley，1991）。具体而言，EAP教师应具备以下四种能力：与学术实践相关的能力、与EAP学生相关的能力、与课程开发相关的能力、与计划实施相关的能力。每个子量表下还有不同的类别，如在与学术实践相关的能力子量表中，学科差异是教师需要关注的一个维度。它要求EAP教师"能够识别和探索学科差异及它们如何影响知识的扩展和交流方式的"。因此，该能力框架可以为经验不足的EAP教师的专业发展提供指导。

另一个与EAP相关的能力量表是2013年英国学术英语教学大纲量表（*Can do Framework for EAP Syllabus Design and Assessment*），该量表的目的在于促进EAP教学大纲的设计和评估。它由听、说、读、写四个语言技能分量表组成。每个子量表分为学术背景、学术发现、学科技能和实践技能四个维度。EAP教学大纲量表所需的能力在不同的学术背景下以具体的任务为导向。如听力部分的一些描述语为，"能批判性地看待讲座中的信息，能使用讲座材料帮助理解讲座内容，应对不同的授课风格"等。

我国对EAP能力要求最系统的描述是上海交通大学出版社发布的"EAP教学大纲与评估框架"（蔡基刚，2013，2017）。该框架将EAP能力分为一般要求和更高要求两个等级，提出在学术英语教学中应同时培养跨学科的通用学术英语能力和针对具体学科的专门学术英语能力。以学术口语能力为例，一般能力要求（A级）包括能够就专业相关话题进行简短的、简单的演讲，大约10分钟；能以适当的谈话技巧和策略参与小组讨论。而更高要求（B级）涉及与学术同行流利地讨论复杂的专业话题，能在学术会议上发表至少20分钟的论文陈述并回答听众提问。该框架还建议EAP课程应侧重于"掌握学术研究的基本方法"，以了解学术背景下修辞的一般原则。其他国内学者也积极寻求对EAP具体能力的评估标准，如穆惠峰（2019）参考国际学术英语词汇和学术英语搭配表，运用语料库语言学的定量方法，结合中国大陆英语学习者的学术写作语料，从四个维度构建了学术英语写作能力量表，着重于任务反应、衔接和连贯、词汇资源和语法范围的准确性。

（二）预设我国EAP能力量表研发的步骤

结合以上内容，我们认为EAP能力量表的研发，可采用混合法开展调查研究，这是指将直观法、定量法和定性法相结合，贯穿学术英语能力量表开发和验证的全过程。Rasch模型作为一种先进的数据分析技术可用来分析收集的样本数据。具体来说，EAP能力量表的研发由五个阶段组成。

第一阶段，确定学术英语的基本能力框架阶段。学术英语能力框架包括学术语言能力（语言方面）、学术策略能力（技能当面）和学术认知能力（学科知识方面）三大类。其中，学术语言能力是对学生学术英语熟练度的要求；学术策略能力是对学生学术技能的要求；学术认知能力是对学生与专业相关知识储备的要求。在此基础上其可再细分为专业或学科学习中需要的过程、修辞、语域和体裁等方面的具体能力，可在听、说、读、写四个方面体现出来。

第二阶段，收集学术英语能力描述语阶段。学术英语能力描述语可以来源于已有的学术英语能力量表，如上面提到的上海学术英语课程大纲和评估测试标准、英国学术英语讲师协会的教师学术英语能力量表（BALEAP Competency Scale for EAP Teachers）和英国学术英语教学大纲量表（Can Do Framework for EAP Syllabus Design and Assessment）等。从以上现有的三个量表中收集与学术英语能力相关的描述项，经过与专家和经验丰富的教师的商讨、编辑、修正，形成学生视角的学术英语项目描述语库。学术英语能力的描述语也可从不同学科英语的教学大纲、课程教材、课程标准、考试大纲和评价体系等中收集获得。

第三阶段，描述语初步验证阶段。对描述语的验证可以通过问卷调查的方式开展，可通过在听、说、读、写四个语言技能方面的描述语组织，征询来自我国不同类型大学的各学科学生（有效问卷）参加试测，学生层次可从本科一年级至博士三年级。通过对这些收集到的数据进行Rasch模型分析，可从信度效度、拟合度、项目功能差异等方面观察，删除不符合数据要求的项目描述语，验证已收集的描述语是否为学生学习需要。

第四阶段，描述语正式验证阶段。学术英语能力量表的正式验证通过两次问卷开展，两份问卷的区别在于问卷对象不同。其中一份问卷主要为我国不同区域的高校学生使用。实测数据分析软件和Rasch模型使用与试测一致。对收集到的数据可进行选项临界值、分离指数、分割点设置等分析。通过观察学生能力与项目难度在怀特图上的分布，可判断该学术英语能力量表质量是否较好。再根据项目难度值聚集数据，将这些描述语分为几个难度等级。另一份问卷由同样数量的描述语组成，由经验丰富的EAP教师对描述语的难度等级进行分类，再做进一步的验证，由此学术英语能力量表可由听、说、读、写四个分量表构建完成。同时，在此阶段，也可结合访谈的形式对量表描述语或难度等级进行进一步的确认，从而确定描述语的数量和质量。

第五阶段，学术英语能力量表完成阶段。根据学术英语能力划分的情况和对学术英语四项技能（听、说、读、写）描述语的分类，整合学术英语能力量表，确定每项技能描述语的数量和难度。学术英语能力量表据此制作和验证完成。

结 语

在全球化教育时代，虽然目前我国高等院校的EAP课程教学开展得热火朝天，但对于EAP能力的评估还未有一个清晰统一的标准。已有的学术英语能力框架或要求要么含糊不清，要么不够细致。虽然面向全国英语学习者的中国英语能力量表已经研发完成并处于持续效度检测中，但由于该量表侧重对通用英语能力的评估，对高校学生的学术英语能力评估的参考力不足，因此本研究在回顾学术英语能力内涵和已有学术英语能力量表的基础上，对学术英语能力量表的研发提出了展望和具体的实施步骤，希望能为适用于我国大学生目标群体的EAP能力量表的研发提供一些思路和借鉴。

参考文献

[1] ALDERSON J C, 1991. Bands and scores [M] // ALDERSON J C, NORTH B. Language testing in the 1990s. London: Macmillan: 71-86.

[2] ATAI M R, NAZARI R, 2011. Academic discussion skills and EAP instruction [J]. ELT Journal, 65 (3): 298-309.

[3] BERNSTEIN B, 2000. Pedagogy, symbolic control and identity: Theory, research, critique [M]. Oxford: Rowman & Littlefield Publishers. Inc.

[4] BERNSTEIN B, 1999. Vertical and horizontal discourse: an essay [J]. British journal of sociology of education, 20 (2): 157-173.

[5] BRINDLEY G, 1991. Defining language ability: the criteria for criteria [C] // ANIVAN L. Current development in language testing. Singapore: SEAMEO Regional language center: 139-164.

[6] BRUCE I, 2008. Academic writing and genre [M]. London: Continuum.

[7] COFFEY A, 1984. ESP teaching systems: a study of their effectiveness [J]. Journal of English for specific purposes, 3 (2): 123-135.

[8] DUDLEY-EVANS T, 1994. Genre analysis: an approach to text analysis for ESP [M] // COULTHARD M. Advances in written text analysis. London: Routledge: 219-228.

[9] DUDLEY-EVANS T, ST JOHN M J, 1998. Developments in English for specific purposes [M]. Cambridge: Cambridge University Press.

[10] FLOWERDEW J A, PEACOCK M, 2001. Research perspective on English for academic purposes [M]. Cambridge: Cambridge University Press.

[11] FLOWERDEW J, 2002. Genre in the classroom: a linguistic

approach［M］// JOHNS A M. Genre in the classroom：multiple perspectives. Mahwah，NJ：Lawrence Erlbaum Associates：91-102.

［12］GEORGE B，1998. Language learning and success：studying through English［M］. London：Macmillan，148-157.

［13］GRIFFIN P，1990. Profiling literacy development：monitoring the accumulation of reading skills［J］. Australian journal of education，34（3）：290-311.

［14］HALLIDAY M，1993. Towards a language-based theory of learning ［J］. Linguistics and education，52（2）：93-116.

［15］HYLAND K，2002. Teaching and researching writing［M］. London：Longman.

［16］HYLAND K，2004. Genre and second language writing［M］. Ann Arbor：The University of Michigan Press.

［17］HYLAND K，2013. ESP and writing［M］//PALTRIDGE B，STARFIELD S. The handbook of English for specific purposes. New Jersey：John Wiley & Sons，Inc：95-103.

［18］HYLAND K，2018. English for specific purposes：some influences and impacts［M］//HUTCHINSON T，WATERS A. English for Specific Purposes. Cambridge：Cambridge University Press：1-14.

［19］HYLAND K，SHAW P，2016. The Routledge handbook of English for academic purposes［M］. Oxford：Routledge.

［20］JANUIN S，STEPHEN I，2015. Academic writing and its impact on academic success［J］. Journal of academic writing，5（2）：123-134.

［21］JORDAN R，1989. English for Academic Purposes（EAP）［J］. Language Teaching，22（3）：150-164.

［22］JORDAN R，1997. English for academic purposes［M］.

Cambridge：Cambridge University Press.

［23］NORTH B，2000a. Defining a flexible common measurement scale：descriptors for self and teacher assessment［M］// EKBATANI G，PIERSON H. Learner-directed assessment in ESL. Mahwah，NJ：Lawrence Erlbaum Associates：13-48.

［24］NORTH B，2000b. The development of a common framework scale of language proficiency［M］. New York：Peter Lang.

［25］NORTH B，SCHINEIDER G，1998. Scaling descriptors for language proficiency scales［J］. Language testing，15（2）：217-263.

［26］PALTRIDGE B，2002. GENRE，Text type and the EAP classroom［M］//JOHNS A M. Genre in the classroom：multiple perspectives. Mahwah，NJ：Lawrence Erlbaum Associates：73-90.

［27］PENNYCOOK A，1997. Vulgar pragmatism，critical pragmatism，and EAP［J］. English for specific purposes，16（4）：253-269.

［28］齐曦，2015. 大学英语转型背景下"学术英语"课程模块的构建［J］. 外语界（6）：61-68.

［29］ROBINSON P，1991. ESP today：a practitioner's guide［M］. New York：Prentice Hall.

［30］ROBINSON M S，STOLLER F L，COSTANZA-ROBINSON M S，et al. Write like a chemist：a guide and resource［M］. New York，NY：Oxford University Press.

［31］SAMRAJ B，2004. Discourse features of the student-produced academic research paper：variations across disciplinary courses［J］. Journal of English for Academic Purposes，3（1）：5-22.

［32］STREET B V，1995. Social literacies：critical approaches to literacy in development，ethnography and education［M］. New York：Longman.

［33］STREVENS P，1988. ESP after twenty years：a re-appraisal［M］// TICKOO M. ESP：State of the art. Singapore：SEAMEO Regional Language Center：1-13.

［34］SWALES J M，1990. Genre analysis：English in academic and research settings［M］. Cambridge：Cambridge University Press.

［35］SWALES J M，2004. Research genres：explorations and applications［M］. Cambridge：Cambridge University Press.

［36］TRIM J L M，1978. Some possible lines of development of an overall structure for a European unit/credit scheme for foreign language teaching by adults［M］. Strasbourg：Council of Europe.

［37］WINDDOWSON H G，1983. Learning purpose and language use［M］. Oxford：Oxford University Press.

［38］蔡基刚，2013. 台湾成功大学从 EGP 向 ESP 转型的启示［J］. 外语教学理论与实践（3）：7-11，94.

［39］蔡基刚，2017. 从语言属性看外语教学的工具性和人文性［J］. 东北师大学报（哲学社会科学版）（2）：1-6.

［40］蔡基刚，2018. 中国高校实施专门学术英语教学的学科依据及其意义［J］. 外语电化教学（1）：40-47.

［41］蔡基刚，廖雷朝，2010. 学术英语还是专业英语：我国大学 ESP 教学重新定位思考［J］. 外语教学，31（6）：47-50，73.

［42］龚嵘，2015. 大学学术英语写作教学的社会文化探究：学习者身份建构视角［J］. 当代外语研究（6）：34-39.

［43］廖雷朝，2019. 中国高校学术英语教学开展与课程设置调查［J］. 解放军外国语学院学报，42（3）：48-55，92，160.

［44］穆惠峰，2019. 英语学习者学术写作能力的多维度量表实证研究［J］. 嘉兴学院学报，31（5）：98-104，125.

［45］卫乃兴，2016.学术英语再思考：理论、路径与方法［J］.现代外语（2）：267-277.

［46］夏纪梅，2014.论高校大学学术英语课程的建构［J］.外语教学理论与实践（1）：6-9，92.

Connotation of EAP Competence and Prospect of EAP Competence Scale Development

JIA Juan (School of Foreign Languages, Hangzhou City University, Hangzhou, 310018)

At present, although most domestic universities have set up EAP courses, there is relatively little discussion among Chinese scholars on how to evaluate students' EAP competence, and a clear and unified standard for assessing students' EAP competence has not yet been formed. Against this background, this paper first reviews the progress of research on EAP competence and then, based on existing scales related to EAP, puts forward specific prospects for the development of EAP competence scale in China, covering five specific steps: determining the basic EAP competence framework, collecting descriptors about EAP competence, preliminary verification of descriptors, formal verification of descriptors, and completion of the EAP competence scale. Among the five steps, the first and second ones are the difficult parts, while the third and fourth stages can be completed using the analysis tool Rasch. This paper serves as a modest proposal, hoping to provide some insights for the development of an EAP competence scale in China.

新文科背景下大学英语教学跨学科改革路向

——以浙江传媒学院为例*

马 妮**

摘要：浙江传媒学院在新文科理念的指引下审视了大学英语教学的困境和问题，明确了国际视野引领、本土化、以人为本、对标意识、交叉融合等跨学科转型的改革思路，从教学目标、课程体系、教学模式、师资团队、教学资源、考评方式、第二课堂、课程思政等八个方面进行全面的大学英语教学改革，促进了课程体系和师资的跨学科转型。此次改革的经验可为新文科背景下大学英语教学跳出传统语言教学思维，向跨学科英语教

---

* 本文是2022年浙江省高等教育"十四五"教学改革项目"'理解当代中国'视野下的国际传播卓越人才培养模式创新与实践"（项目编号：jg20220413，2/5）、2021年第十六批校级教改项目"浙江传媒学院大学公共外语专业化国际化改革"（项目编号：jgxm202118，1/5）、浙江传媒学院2024年第十三批校级课程教学模式创新实验区项目"中国视角下的'跨文化传播'课程教学模式创新研究"（项目编号：kgxm202415）研究成果。

** 马妮，文学博士，浙江传媒学院国际文化传播学院讲师、硕士生导师，研究方向：话语符号学、跨文化传播、圣迹图专题。

学转型提供可借鉴的路向。

关键词：新文科；跨学科；课程改革；共同体

浙江传媒学院是一所艺术类综合性全日制高等教育机构。大学外语教学部（简称"大外部"）是该校国际文化传播学院的一个教学部门。在新文科理念的引导下，大外部审视了大学英语教学面临的困境和问题，认真分析了校本特色和学情，发动全体教师进行了一次全面而深刻的大学英语教学改革。下文总结了此次改革的经验和教训，以期与同人交流。

一、大学英语教学的困境与问题审视

进入新文科时代以来，以语言知识和技能为核心的大学英语教学在诸多方面已明显不适应当下人才培养需求，全面改革和跨学科转型势在必行。浙江传媒学院大学英语教学面临前所未有的困境，主要体现在以下几个方面。

一是分层教学不够专业化，跨学科资源缺乏。大学英语教学对象为5000多名非英语专业学生，分布在下沙和桐乡两个校区。改革前，为了更好地把控教学难度，在学生进校后学校就根据其入学高考英语成绩分为A、B两层，进行分层教学。分层教学对教学对象有一定区分度，但有其弊端，如B层班级人数往往超过60人，不易开展一些互动性强的交际活动。而且高考英语成绩作为唯一分层标准，也容易埋没学习潜力大的同学。在此阶段，教学班的学生虽然来自不同专业，具有跨学科的生源构成，却没有跨学科的师资和教学资源，学生的跨学科学习意识和能力也不强。

二是师资梯队不平衡，改革动力不足。大外部共近40名教职工，高级职称只占7.7%，中级职称占89.7%。师资职称比例不协调，一些教师处于职业发展瓶颈期。教师的教育背景大多是英语学科或教育学科，知识结构比较单一，缺乏非英语学科知识。大外部教师普遍年轻化，女性教师占82.5%，大部分处于婚育阶段，一部分渴望发展的年轻教师缺乏方向感和引导。从外部环境来看，大外部几经合并重组，群体归属感飘忽不定，教师对未来职业发展缺乏信心，存在感不足。高校教师身份认同危机往往导致教师的生活与工作普遍处于割裂状态，影响了教学（马妮，2012）。因此，如何加强师资队伍建设并增强教学改革动力是改革的重难点。

三是课程体系保守，教学模式单一。改革前，大外部主要开设综合类大学英语课程，教学模式采取"3+2模式"（3课时面授+2课时在线学习），传统教学主导大学英语课堂。知识是一种权力（Foucault，2022）。在语言知识为话语主导的课堂上，非语言学科的知识、思辨性强的话题及实践性活动难以形成大学英语教学的主流话语。虽然当时已经尝试拓展课教学，如为一些有考研、出国需求的学生开设雅思口语与写作课，后来又尝试学术英语教学；又如为服装设计学院中外合作办学开设"综合英语"，为新闻传播学院有专业英语需求的学生开设"媒体英语"，但是当时拓展课的教学对象较少，教学模式依然没有完全脱离传统的语言知识教学模式，而且大外部教师参与少，课程改革缺乏后备力量。

四是教材缺少专业化，第二英语课堂缺乏实践性。改革前，大外部使用的外研社出版的《新视野大学英语》（1—4）提供了读写、视听说和自主阅读分册，配套的UNIPUS在线学习平台，以及iTEST考试平台。但是大学英语教材的知识体系和能力训练大多是围绕英语语言和文化，较少涉及其他学科的专业知识。改革前期开设的拓展课虽然尝试使用专门用途英语教学，但是普及面不大。英语考评方式以语言知识和技能为主要维度，缺少对思辨能力和英语应用能力的考量等，以等级性评价为主，未能对跨学科转型起到很好的引导作用。第二英语课堂活动限于英语角、写作、阅读、翻译竞赛指导等传统语言类，缺乏跨学科或实践性。

五是课程思政缺少引导，育人功能不明显。改革之初，教育部印发

《高等学校课程思政建设指导纲要》，当时大学外语虽然也在课堂教学中融入人文教育元素，但是还没有正式开展课程思政建设，教师立德树人的自觉意识还没有很好地融入课程思政教学。

综上所述，改革初期，大学英语教学以语言知识和技能训练为主，课程体系比较保守，教学改革信心不足，方向尚不明确，师资力量不均衡，动力不足。面临新形势和困境，无论是学生的需求还是自身的发展，都要求对大学英语教学进行一次深入而全面的改革。

二、新文科背景下的大学英语教学改革思路

改革初期，课题组对新文科建设、跨学科教育及大学英语教学改革进行了分析和论证，明确了以下改革思路。

一是国际视野结合中国国情。"新文科"概念在西方已有近40年的历史，体现出一种"超学科"（transdisciplinary）视野，而"超学科"不是超出学科或者让学科消失，而是指不同学科之间、学科与非学科之间的交叉、跨越和融合（赵奎英，2020）。近些年国外教育界在新形势下，在课程设计、教学模式改革中也积极尝试融合教育（convergence education）和跨学科教育（interdisciplinary education）转型，如Nicole Anae（2013）在"英语戏剧文学"教学中成功应用跨学科教学法。Nadezhda N. Redchenko（2016）提出利用跨学科教学方法促进外语学习者在多元实践活动中训练交际能力。美国总统行政办公室于2022年出台了一份长达32页的报告，回顾了10年来美国融合教育的成果，并提出跨学科教育转型的意义和举措。还有一些研究者将跨学科理念应用于实践课程项目，如为了应对新冠疫情带来的人群疏离现象，美国马萨诸塞州Merrimack College的研究团队利用团队成员的生物、犯罪学、教育、卫生科学、历史、人类学、政治学等不同学科的知识背景，为多语言（mutilingual）教学对象推出跨学科课程（Dobbs et al.，2022）。国外跨学科教育和教学实践为我国提供国际视野和借鉴，但是需要根据中国国情进行本土转化。当今中国进入了新文科时代，对外语人才的培养提出了更高要求，需要"身兼参与国际话语体系建构、争取国际话语权、讲好中国故事、提升中国国际形象、彰显中国文化软实力、促进文明互鉴及世界和平发展等使命"（陈思宇，2023）。

二是理解新文科对人才培养的新需求。2018年，党中央明确提出，"要推动高质量发展，进一步提升教育服务能力和贡献水平，发展新工科、新医科、新农科、新文科"。2020年教育部出台了《新文科建设宣言》，围绕"新时代新使命"提出五点"共识"；在"坚持走中国特色的文科教育发展之路"的总原则基础之上，又提出五点"遵循"原则；并以"构建世界水平、中国特色的文科人才培养体系"为总任务，提出六项具体"任务"。高等教育司发布的2020年版《大学英语教学指南》提出："高校开设大学英语课程，一方面是满足国家战略需求，为国家改革开放和经济社会发展服务，另一方面，是满足学生专业学习、国际交流、继续深造、工作就业等方面的需要。大学英语课程对大学生的未来发展具有现实意义和长远影响，学习英语有助于学生树立世界眼光，培养国际意识，提高人文素养，同时为知识创新、潜能发挥和全面发展提供一个基本工具，为迎接全球化时代的挑战和机遇做好准备。"新形势、新要求向外语人才培养机构和教育者提出了新的挑战。全球发展形势、国家发展战略、新文科建设等新形势及学生发展的自身需求，向大学英语教学改革提出了新要求。

三是坚持以人为本的改革原则。此次改革坚持"人本主义"（humanistic）教育观的"以人为本"原则。对"人"的重视在大学英语教学改革中集中体现为对"学生"和"教师"的重视。一方面，本着为人才培养服务的宗旨，以教学对象的需求为导向，明确了大学英语培养"新时代人才"的教学目标。另一方面，"高校在召集和指导一线教师进行改革时，不能忽视教师个体的存在，不能只把学生作为主体和受益者，也应该重视教师的成长，帮助教师应对改革带来的挑战，实现身份的重构。教师群体自己也应该……在同辈中营造合作型组织文化，共享资源，同甘共苦，创造和谐互信的生存空间"（马妮，2012）。

四是加强以产出为导向的对标意识。新文科背景下的大学英语课程需要方向引领，在发展过程中应该要有"对标意识"，"主动与国家战略需求、社会需求、时代要求、学术前沿研究需求及个体需求"对标（魏琛，2020）。此次改革过程中，大外部教师积极从国内外学界寻求理论支撑，不断进行可行性和科学性论证，同时保持与非英语专业学科与业界沟通，如其他学院、用人单位、实习基地等，了解外语人才的社会期望值和评价标准，从而制订符合理据和现实的改革计划。对标意识也需要体现在改革过程和成果的检验与自查方面。

五是突出交叉融合的核心理念。新文科建设的核心是"交叉融合"，此次改革面对的教学对象的专业来源和知识结构具有交叉融合特征，需要在课程设置、教学模式、教学资源、考评方式、师资培养等各方面都体现出"交叉融合"的特色。

基于改革背景、困境的分析，课题组明确了改革思路和目标，制订了全面的改革计划。为保障改革顺利进行，学院也从经费和政策上给予大力支持，并构建了"院—系—教研室—课程组"四级管理构架，全员参与教改，从理论论证到实践教学，全方位进行大学英语教学的跨学科转型。

三、大学英语教学跨学科转型的改革路向

此次教学改革内容主要包括教学目标、课程体系、教学模式、师资团队、教学资源、考评方式、课程思政等多个方面，惠及全院非英语专业大学英语教学对象，初步探索了大学英语教学跨学科转型的改革路向。

一是研究教学对象需求，重新论证教学目标。研究对象需求是大学英

语教改的出发点，是教学目标制定的依据。浙江传媒学院是浙江省人民政府和国家广播电视总局共建高校，是一所行业特色鲜明的高水平传媒类高校。2004年9月8日，时任浙江省委书记的习近平同志莅临学校考察指导，提出了"紧跟时代、突出特色"的殷切希望。目前，学校设有18个二级学院（部），本科在校生13300余人，研究生近1000人，留学生400余人。[①]大外部每年承担大约5000余名大一、大二非英语专业本科生和500多人的研究生外语教学任务。改革初期，课题组通过学情调查、学生座谈、学生反思收集、教师座谈等方式了解到我校非英语专业学生具有多样化的英语学习需求，如四六级、雅思托福、研究生英语考试需求，学科专业发展需求，就业和职业发展需求，出国学术或实践交流需求，还有兴趣爱好发展需求等。针对教学对象的多学科背景和多样化需求，课题组重新审定了大学英语的教学目标。

《新文科建设宣言》就人才培养目标提出，新文科要培养"时代新人"，如"具有国际视野和国际竞争力"的人才、"担当民族复兴大任"的人才、"未来社会科学家"、"文科基础学科拔尖"人才、"应用型文科人才"、"涉外人才"等，为大学英语教改的人才培养目标提出了新方向和新任务。经过对大学英语教学目标进行再次反思和论证，课题组明确了新文科背景下的大学英语教学既要培养学生的综合英语应用能力、人文素养和跨文化交际能力，又要培养学生的知识迁移能力、专业英语实践能力和国际传播能力，更重要的是培养具有社会主义核心价值观和人类命运共同体意识的德才兼备的时代新人。

二是优化课程体系，交叉融合重实践。"新文科的最初内涵主要是使文科教育与新科学技术相结合，给学生提供一种综合的跨学科学习。"（赵奎

[①] 浙江传媒学院学校简介［EB/OL］.［2024-11-04］. https://sec.cuz.edu.cn/webvpn/LjIwMy4yMTMuMTY3LjIxNA==/LjIxOC4yMTYuMTcwLjE0OC4xNTYuMTY2LjE3Ny4xMDMuMTUxLjE1My4xNzMuMTQzLjE5OC4xNjY=/xxgk2/xxjj.htm.

英，2020）《新文科建设宣言》的核心理念是"交叉融合"，对新文科专业发展提出要"促进专业优化"，即"紧扣国家软实力建设和文化繁荣发展新需求，紧跟新一轮科技革命和产业变革新趋势，积极推动人工智能、大数据等现代信息技术与文科专业深入融合，积极发展文科类新兴专业，推动原有文科专业改造升级，实现文科与理工农医的深度交叉融合"；继而提出要"夯实课程体系"，即"鼓励支持高校开设跨学科跨专业新兴交叉课程、实践教学课程，培养学生的跨领域知识融通能力和实践能力"。

浙江传媒学院涵盖艺术学、文学、工学、管理学、经济学、教育学等6个学科门类，有戏剧与影视学、新闻传播学、信息与通信工程、公共管理学4个省一流学科，建有新闻与传播硕士、戏剧与影视硕士、国际中文教育硕士、翻译专业硕士4个专业学位授权点，建有37个本科专业。[①] 我校的学科和专业特色要求大学英语教学推出更加优化的课程体系，服务于我校不同专业的人才培养目标，这也成为此次教改的重点和难点。课题组阅览了近几年我校不同专业的课程教学大纲，分析了浙江传媒学院人才培养总目标和各专业培养目标，以及核心学科课程和专业基础课程的教学目标，听取二级学院意见，收集不同学科专业对外语人才的需求，并且围绕我校大学英语教学的属性、功能、目标等问题进行课程改革。

2020年版《大学英语教学指南》依然把大学英语定位为"普通高等学校通识教育的一个重要组成部分"。而蔡基刚（2022）强调，"大学英语就是专业教育，只有开展基于学科的专门用途英语教学，才能满足学生用英语从事专业学习和研究的需要"。此次大学英语教学改革在课程改革方向上曾存在争议，到底应该直接开设专门用途英语（ESP）或职业英语（EOP），还是维持人文学科教育的通识英语课程（EGP）性质，进行跨学

[①] 浙江传媒学院学校简介［EB/OL］.［2024-11-04］. https://sec.cuz.edu.cn/webvpn/LjIwMy4yMTMuMTY3LjIxNA==/LjIxOC4yMTYuMTcwLjE0OC4xNTYuMTY2LjE3Ny4xMDMuMTUxLjE1My4xNzMuMTQzLjE5OC4xNjY=/xxgk2/xxjj.htm.

科转型？课题组通过论证认为，"通过师资和教材的专业化改革逐步上升到专业英语教育"（蔡基刚，2022）在短时期内不太现实，大外部不仅缺乏师资，教学目的也与其他学院开设的专业英语的教学目的不同。但是，也不能单纯开设工具理性主导而缺乏人文性的专门用途英语。而英语专业改革提出的"外语+"（如英语+金融/经贸/商务/法律/新闻/旅游等）的复合型人才培养设想，虽然在蔡基刚（2023）看来并不具有真正的跨学科性，但对大外部英语教学的跨学科转型提供了启发。

最终课题组综合考量，决定为不同专业类别的学生开设跨学科的特色通识课程，即保持英语通识课程的工具性、人文性和跨文化特色，但是在教材、教学主题内容和语用功能上又具有跨学科特色。大外部在原有的大学英语基础上增设拓展课，构建了分级、分层、分专业的跨学科英语课程体系，包括大学英语基础课程（Basic College English）、大学英语拓展课程（Advanced College English）和第二外语课程（Second Foreign Language）三大课程模块。其中，大学英语基础课程着力培养学生的英语综合应用能力、人文素养、跨文化交际能力及国际化视野等。大学英语拓展课程充分考虑不同专业的学生特点和需求，旨在帮助学生夯实学科语言基础，使他们在相关专业领域有较强的语言应用能力，采用实践教学"模块化的立体英语课程设置"（王磊 等，2023）。根据学生学科专业特点开设与专业方向结合的拓展英语课程，试点教学分为四类：学术研究类英语课程（English for Academics & Research）、新闻传播类英语课程（English for Media & Communication）、媒体技术类英语课程（English for Media & Technology）、艺术人文类英语课程（English for Arts & Humanities）。第二外语课程（大学日语和大学法语）则为满足学生的个性化需求。新课程体系旨在体现大学外语教学的多样性和跨学科特色，满足学生个性化发展需求，辅助新文科时代新人的培养。截至目前，大外部就四个方向的拓展课进行了学生评价调查，学生满意度均为90%以上。

三是推进教学模式改革，双课堂互动加强。《新文科建设宣言》提出，新时代人才培养要"推动模式创新"。"新文科建设理念着重强调扩大人才培养维度，以丰富多样的教学模式塑造一专多精的新型人才……在智能时代人文学科积极融合共建的前提下，大学外语的教学模式理念应以融合'智慧+技术+混合'的路径为集中突破点。"（潘海英 等，2021）新文科建设为大学英语教学模式改革打开思路，应该用科技赋能大学英语智慧教学。

大外部充分利用浙江传媒学院先进的多媒体教室、智慧教室及全媒体实验室建设大学英语在线教学平台，从以语言知识学习和能力训练为重心转为以跨学科英语应用与国际传播实践为重心。大学外语8个学分不变，教学模式由"3+2模式"改为"2+2模式"（2课时课堂教学+2小时网络自主学习），减少课堂学习，给学生留出更多自主学习时间。各课程组建设拓展英语在线学习平台，提供更加丰富的多媒体学习资源，布置多样化的实践性强的学习任务。从以语言知识和技能训练为核心转为以行业实践能力与国际传播能力为核心的大学英语教学模式，实施技术赋能的线上线下混合式教学。同时，实施翻转课堂和项目制（PBL）学习，设计实践性强的学习活动，如戏剧表演、社会调查、短视频制作等，鼓励学生将学习成果向抖音、B站、微信公众号平台投稿，鼓励学生进行跨文化传播和国际传播实践。

此次改革非常重视第二课堂教学实践对第一课堂教学的补充作用。许多大外部教师开始从传统的英语阅读、写作比赛指导转向指导学生参加实践性强的比赛，如清华大学出版社主办的艺术英语词汇大赛、外研社主办的跨文化交际能力大赛；参加跨学科国际传播实践活动，如意大利服装周时装秀双语短视频征集、杭州电视台和市团委发起的国际传播青年拍客活动、外研社理解当代中国英语比赛系列、高教社举办的用外语讲好中国故事比赛、中国儒学研究中心举办的儒家经典跨语言诵读大会等；指导学生在暑期社会实践中加强国际传播能力的应用，如杭州南宋文化国际传播实践、杭州孔庙国际传播调查等；指导学生参加大学生创新创业研究，如儒家圣贤故事艺术国际传播实践研究等，成果显著。

四是提供跨学科教学资源，开发校本教材。自20世纪60年代开始，美国学问中心课程就引领课程改革，对知识语脉与关联的强调和"意义建构"的学习概念，推进了教材开发与教师能力开发的谱系（佐藤学，2003：46）。新文科"交叉融合"理念指引下的大学英语改革另一个关键是教材的跨学科改革。大外部鼓励教师积极引进具有跨学科特色的英语教材和丰富的多媒体资源。不同课程组对现有教材进行分析，对外研社、高教社、外教社、复旦大学出版社等多家大型出版社推出的大学外语教材进行研究、甄选，引进了国外原版教材和专业英语教材作为拓展英语教材。同时依托浙江传媒学院和超星学习通合作开发的在线教学平台建设在线课堂，为学生提供更加丰富的跨学科学习资源，涉及艺术、人文、媒体、科技、传播、国际交流与合作等。

但是，目前的英语教材依然无法满足浙江传媒学院的学科专业需求。比如根据拓展课英语教学对象分类，"艺术人文英语"针对摄影、戏剧影视文学、设计学类（视觉传达设计、产品设计）、服装与服装设计、戏剧影视美术设计、音乐表演、舞蹈编导、艺术与科技、动画、影视制作、表演等专业的学生开设，但是当前采用的《艺术类大学英语》（重庆大学出版社，2019年）涉及的音乐、绘画、电影、舞蹈、时尚、戏剧、广告等话题，相对于传统的大学英语教材虽然已经比较具有主题和话语的专业性和跨学科性，但是依然无法全部满足教学对象的需求。因此，"艺术人文英语"课程组同时采用多家出版社教材，在第一课堂教学、在线课程及第二课堂教学中提供更加专业和多元的学习资源，并且积极自编讲义或者开发校本教材。

五是构建教师发展共同体，实现跨学科身份重构。"在'新文科'和'有组织科研'建设背景下，外语教师需要关注外语学科领域的现实发展需求，聚焦外语跨学科研究，提升相关专业领域知识储备和技能水平，进而增强培养创新型外语人才的能力，推进外语学科的高质量发展"（唐东旭 等，2024）。我校大外部教师群体具有不可小觑的改革潜力，具有年轻化特征，60%以上的专任教师具有海外留学或访学经历，博士（含在读）占20.5%，加上学院每年引进的人才，大外部的师资力量逐年壮大。

李春梅、文秋芳（2020）注意到，"高校教师队伍中存在一群专业学习动机强、活动参与积极性高的'上进型'（highly-motivated）青年英语教师。他们处于职业发展的实验和歧变期，致力于通过革新课堂教学、参与学校工作等提升自身专业能力，并在克服职业倦怠过程中重新评估专业发展"。此次改革也主要依靠一些锐意改革的英语教师。他们带领课程组成员克服了重重困难加入改革，走出舒适区，勇敢地面对挑战。十余年来，大外部一些骨干教师一直在探索英语教学改革，也成为此次教改的带头人。但是大外部教学和科研成果一直以来具有级别不高、数量不多、影响不大的特征，这与师资的教学和科研素养偏低有关。为了推动大外部改革和整体提升，上级教学管理部门也在政策和经济上给予支持，"请进来、走出去"，把学界和业界大师"请进来"传授经验，并送教师"走出去"参加师资培训、学术研讨会等。教务处定期召集各二级学院教学管理负责人、督导听取大学英语教改汇报，给予指导和反馈意见。此次改革培养了一批"教学能手""双师型""科研能手"教师。师资队伍科研动力提升，高级别成果增多。

大学英语教学改革是一场持久战和攻坚战，也是一场心理战。改革过程中，大外部管理层和全体教师都加强了命运共同体意识。在学院的支持下，大外部在办公条件、集体活动、奖励机制等方面加强了合作型组织文化建设，加强了大外部教师情感共同体和组织身份认同感的形成。大外部教师和学生也结成了"师生共同体"和"知识共同体"（Zhong et al.，2020）。课程组成员结成了"学术共同体"（顾栋栋，2022）。教师参与教学和研究工作的积极性、团队归属感和认同感明显提升。

六是以课程思政为引领，提升大学英语育人成效。《新文科建设宣言》提出要"强化价值引领"："牢牢把握文科教育的价值导向性，坚持立德树人，全面推进高校课程思政建设，推动习近平新时代中国特色社会主义思想进教材、进课堂、进头脑，提高学生思想觉悟、道德水准、文明素养，培养担当民族复兴大任的新时代文科人才。"相对于大学英语教学属性的论辩，其育人功能在相关研究中并未受到足够重视。但是自全国课程思政教学开展以来，寻求跨学科转型的大学英语改革者对大学英语的育人功能给予更多关注，如于建刚、谭慧（2022）所编的《艺术类大学英语教学与研究》第一章为"大学英语课程思政与教学实践"，第二章为"教学模式探索"，第三章为"课程设计与实践"，可见对课程思政建设的重视。常俊跃（2023）从大学英语的育人功能角度对我国专门用途英语（ESP）和专门用途英语教育（EESP）提出了思考。

浙江传媒学院《"课程思政"教学设计编制指南》提出："以习近平新时代中国特色社会主义思想为指导，坚持知识传授与价值引领相结合，运用可以培养大学生理想信念、价值取向、政治信仰、社会责任的题材与内容，进一步融入社会主义核心价值观，全面提高大学生缘事析理、明辨是非的能力，让学生成为德才兼备、全面发展的人才。"此次改革非常重视大学英语课程思政建设，不仅在修订大纲时在所有课程大纲中都加入了思政教学要点，而且每学期都编制课程思政教学计划，以课程为载体，以立德树人为根本，充分挖掘蕴含在大学英语教材和教学资源中的德育元素，实现通识课、专业课与立德树人的有机融合，将德育渗透、贯穿教育和教学的全过程。一些教师还参加各层次课程思政教学比赛，如微课大赛、征文比赛、学术研讨会等，全面开展大学英语课程思政改革，实现大学英语教学向大学英语教育的转型。

结　语

40年来，大学英语课程改革经历了"从强调课程的专业属性转向强调人文属性，进而强调专业属性与人文属性兼而有之的发展历程"（魏琛，2020）。在新文科建设的潮流中，大学英语教学也面临跨学科转型问题。但是跨学科怎么"跨"？这是摆在大学英语教学改革者面前的实际问题。浙江传媒学院大学英语教学改革初步探索了跨学科转型之路，收获了一些成果，但是路漫漫其修远兮，还有许多问题值得探索，如大学英语教师如何面对职业发展困境？大学英语教学如何处理和专业英语的关系？大学英语课程定位如何从通识教育走向新文科人文社科教育？我们需要为实现新时代人才培养目标继续探索。

参考文献

［1］ANAE N，2013. Athenian and Shakespearean tragedies in Oceania：teaching dramatic literatures in Fiji［J］. English teaching practice and critique，12（2）：121-139.

［2］DOBBS K L，HSU L M，GARRONE-SHUFRAN S，et al.，2022. Centering youth voices：an interdisciplinary and transdisciplinary approach to civic engagement［J］. Issues in interdisciplinary studies，40（2）：11-38.

［3］Interagency Working Group on Convergence，Federal Coordination in STEM Education Subcommittee，Committee on STEM Education. Convergence education：a guide to transdisciplinary STEM learning and teaching［EB/OL］.［2024-06-01］. https://www.whitehouse.gov/wp-content/uploads/2022/11/Convergence_Public-Report_Final.pdf.

［4］FOUCAULT M，2022. The order of things：an archaeology of human science［M］. New York：Routledge.

［5］REDCHENKO N，2016. Project activities as a form of English language teaching based on the interdisciplinary approach to form intercultural communicative competence［J］. International journal of environmental and science education，11（13）：6203-6211.

［6］ZHONG L B，CRAIG C，2020. A narrative inquiry into the cultivation of self and identity of three novice teachers in Chinese colleges—through the evolution of an online knowledge community［J］. Journal of education for teaching international research and pedagogy，46（5）：1-18.

［7］蔡基刚，2022.大学英语是通识教育还是专业教育？再论大学英语教学的专门用途英语定位［J］.当代外语研究（3）：84-91.

［8］蔡基刚，2023.危机中的英语专业出路："外语+"复合型还是专门用途英语？［J］.上海理工大学学报（社会科学版），45（3）：227-232.

［9］常俊跃，2023.是教学还是教育？——对我国专门用途英语（ESP）和专门用途英语教育（EESP）的思考［J］.中国ESP研究（3）：109-112，119.

［10］陈思宇，2023.新文科外语专业跨学科知识整合的形成性评价与引导策略［J］.社会科学家（10）：150-154.

［11］顾栋栋，2022.个体、团队、圈层：基于学术共同体的高校教师组织化发展［J］.江苏高教（1）：91-96.

［12］教育部高等学校大学外语教学指导委员会，2020.大学英语教学指南［M］.北京：高等教育出版社.

［13］李春梅，文秋芳，2020.上进型高校青年英语教师元专业能力理论模型构建［J］.外语界（2）：43-50，72.

［14］马妮，2012.高校初任英语教师身份认同的困惑［J］.辽宁教育

（13）：46-49.

［15］马妮，王绵绵，2022.艺术人文英语课程思政建设的目标定位［M］//于建刚，谭慧.艺术类大学英语教学与研究：第2辑.重庆：重庆大学出版社.

［16］潘海英，刘淑玲，2021.新文科建设背景下大学外语课程创新发展的若干思考［J］.当代外语研究（3）：45-52.

［17］唐东旭，李孝英，2024.高等教育外语学科高质量发展的实践逻辑：基于"新文科"与"有组织科研"的交叉视域［J］.外语界（1）：41-48.

［18］王磊，张玉颖，2023.新文科背景下应用型高校大学英语课程设置探究［J］.长春师范大学学报，42（7）：166-168.

［19］魏琛，2020.对标意识：新文科语境下大学英语课程改革的新思路［J］.云南农业大学学报（社会科学），14（3）：139-148.

［20］于建刚，谭慧，2022.艺术类大学英语教学与研究：第2辑.重庆：重庆大学出版社.

［21］赵奎英，2020."新文科""超学科"与"共同体"：面向解决生活世界复杂问题的研究与教育［J］.南京社会科学（7）：130-135.

［22］佐藤学，2003.课程与教师［M］.钟启泉，译.北京：教育科学出版社.

Direction of the Interdisciplinary Reform of College English Teaching under the Background of New Liberal Arts

—Communication University of Zhejiang as a Case

MA Ni (Communication University of Zhejiang,
Hangzhou, 310018)

The Communication University of Zhejiang, in the guide of new liberal arts concepts, with global vision orientation, localization, humanism, benchmarking awareness, cross-integration and so on as guideline for this interdisciplinary reform, has examined the dilemma and difficulties in college English teaching, and conducted a comprehensive reform from eight aspects: the teaching objectives, curriculum system, teaching methodology, teaching team, teaching resources, evaluation methods, the second class, moral education. The reform will provide possible ways to schools which intend to free from the traditional mode of thinking in language teaching, and transform to the interdisciplinary English teaching.

师生互动下大学英语智慧课堂教学模式效果评价研究

金 敏[*]

摘要：随着我国互联网基础建设与应用的迅速发展，智慧课堂通过大数据分析等手段促进对学生的个性化教学和课堂教学质量的提高，逐渐成为"互联网+"时代教育变革的最佳解决方案。然而如何在如此磅礴的数据下挖掘有用信息，对教学效果进行有效的量化评估是当前大学英语教学质量研究的一个难点。本文以多属性决策理论为基础，结合大学英语互动教学的特点，首先建立了大学英语智慧课堂教学效果评价模型，从多个维度开展全方位的教学指标构建；然后采用多属性决策方法构建决策模型，将其应用于智慧课堂教学模式效果的评价过程中。

关键词：智慧课堂；大学英语；教学效果；多属性决策方法

---

[*] 金敏，硕士研究生，浙江传媒学院国际文化传播学院讲师，研究方向：语言学及应用语言学、外语教学。

引　言

　　智慧课堂是我国教育信息化发展战略进程下的数智化教学模式，起源于我国课堂教学变革的内生需求，发展于智慧教育时代的新浪潮。大学英语智慧课堂是通过利用现代科技手段，特别是信息技术和人工智能，来改进和优化传统大学英语教学模式的新型课堂形式（宋菊香，2019：158）。它强调以学生为中心，注重个性化学习、互动合作和自主学习能力的培养。智慧课堂教学理念可以引领课堂教学的变革，促进课堂教学的实践与创新，为课堂变革指明方向提供新的发展机遇。

　　师生互动是教学过程中的重要环节，尤其在大学英语智慧课堂中，这种互动显得更加至关重要（杨威　等，2019）。在智慧课堂的背景下，师生互动呈现出新的特点和可能性，不限于传统的面对面交流，还包括在线讨论、实时问答、合作任务等多种形式。智慧课堂技术使得师生互动可以实时进行。例如，教师可以通过在线平台即时回答学生的问题，学生也可以随时提出自己的疑惑或观点。这种即时的互动和反馈不仅提高了教学效率，也增强了学生的学习动力；同时通过收集和分析大量的学习数据，包括师生互动的频率、质量、效果等，为教师提供宝贵的参考信息，有助于他们了解师生互动的现状和问题，从而进行有针对性的优化和改进。通过实时的互动与反馈、多样化的互动形式、个性化的互动体验、数据驱动的互动优化及跨时空的互动可能性，智慧课堂为师生互动提供了新的机遇和挑战。这些新的特点和可能性有助于促进更加有效和深入的教学互动，提高大学英语的教学效果和学习体验。

　　在各级教育部门的大力支持和努力下，目前我国大多数高校英语教室配备了移动智能终端设备并安装了智能平台及系统，基本完成智慧课堂的构建工作。国内外很多专家学者对大学英语智慧课堂的教学效果评价做了深入的研究。同银萍（2020）提出了基于"互联网＋"的大学英语智慧课堂的教学模式，通过问卷调查和对实践教学实验的分析，得出了该大学英语智慧课教学模式优于传统教学模式。马丽梅（2023）通过构建一套科学、合理、操作性强的教学评价指标体系，为高校教师实施智慧课堂提供科学的评价标准，促进教师综合素质的提升。王巍（2022）提出以ARCS动机模型出发，深入分析大学英语教学中激发学生学习动机的方式及学习兴趣的维持手段，从智慧课堂教学目标整体规划、内容规划及流程规划三大方面综合研讨教学改革方式。钟明玲和周晓玲（2019）在大数据环境下将学习过程数据分析的形成性评价与期末检测的终结性评价相结合，从而全方位记录学习过程。马勋雕（2022）在数字化学习环境视域下，基于师生互动要素观，以交往行为理论、符号互动理论、教学交互层次理论和学习环境理论为指导，探索对智慧课堂构建具有可操作意义的评价指标体系。乔青水等数位教师（2019）考虑到在实际的课堂上，教学具有不确定性、复杂性和多变性等特性，因此他们将大学外语课堂上师生之间的交流和互动作为智慧课堂教学评估的主要因素，从而提高教学效果的可靠性。然而，当前的研究还是主要从课堂教学模式方面开展主观的研究，缺乏有效的量化评估手段，从而增加了教师评价的复杂性与认知负荷。综上所述，本文将评价模型与多属性决策方法结合，采用数学的手段将课堂教学评估进行量化，从而为教师开展智慧课堂教学评估提供精确的实现方法。

一、大学英语智慧课堂教学效果评价模型建立

智慧课堂通过采用多媒体设备、在线平台等工具，使学生能够接触到更加真实、生动的语言材料，提高学生的学习兴趣和积极性，同时学生能够及时提出问题、分享心得，教师也能够根据学生的反馈进行有针对性的教学调整，提高教学效果。通过对智慧课堂教学进行评价，可以了解智慧

课堂的教学策略、方法和技术是否有效，还可以为教学改进和优化提供重要依据。

在建立大学英语智慧课堂教学效果评价模型时，评价维度是关键组成部分，它们提供了评估教学效果的多个视角。考虑在师生互动环境下大学智慧课堂教学使用的情况，本文从学生、教师及平台多角度出发，重点分析学生学习效果、师生互动质量、教学资源与质量等因素，从而构建评价模型维度。

（一）学生学习效果

对学生学习效果的评价不仅反映了学生对知识的理解、掌握、应用程度，还体现了学生的能力发展和学习态度及动机，主要包括以下几方面的内容。

知识掌握：主要考察评估学生对课程内容的理解、记忆和应用能力，评价学生对课程基础知识和核心概念的掌握程度，通过测试、作业和课堂表现等方式进行衡量。

技能提升：评价学生在听、说、读、写、译等英语主要技能方面的提升，通过项目作品、实践活动和小组讨论等表现来评估。

学习态度与动机：分析学生的学习态度、兴趣和学习动力的发展变化，考察学生的学习态度是否积极，是否养成了良好的学习习惯，如自主学习、探究学习和反思学习等。

自主学习能力：评估学生利用智慧课堂资源进行自主学习的能力和习惯。

（二）师生互动质量

高质量的师生互动不仅能够激发学生的学习兴趣和积极性，还能够促进学生对知识的理解和掌握，提高学生的学习效果。师生互动可以从以下几方面进行分析。

互动频率与深度：通过统计和分析师生在线和线下的互动次数、时长和内容质量,可以实时反映上课教学师生互动的质量。合理的互动频率能够保证学生有足够的参与机会,而深度的互动则能够引导学生进行深入的思考和探究。

教师响应及时性:评价教师对学生提问或讨论的回应速度和质量。与教学目标相关的互动内容能够保证互动的针对性,而多样化的互动方式则能够增加互动的趣味性和吸引力。

学生参与度:评估学生在互动环节中的活跃度和贡献度。良好的互动效果能够增强学生的学习体验,而及时的反馈和参与则能够帮助学生纠正错误,提高学习效果。

(三)教学资源与质量

高质量、多样化的教学资源能够更直观、生动地展示教学内容,帮助学生更好地理解和掌握知识点,从而提高教学效果,其中主要包括以下几个方面的内容。

资源丰富性:考察智慧课堂提供的教学资源的数量和种类。教学资源应丰富多样,满足不同学生的学习需求和兴趣。

内容适应性:评估教学资源是否满足学生的学习需求和课程目标。教学资源应确保内容的准确无误,避免误导学生。同时,随着学科的发展和知识的更新,教学资源也需要不断更新,保持与时俱进。

资源更新与维护:检查教学资源的更新频率和维护质量。教学资源应具有有效性,能够根据学生的实际情况进行个性化更新。

二、基于多属性决策的师生互动教学质量量化评估

目前学术界针对课堂教学质量量化评估的方法主要有层次分析法、模糊综合评价等决策方法。本论文引入多属性决策的方法,考虑评价的主观

模糊性,对智慧课堂的教学质量进行综合决策。

在评估阶段教师通常使用模糊语义变量表达教学质量的好坏关系,因此引入模糊集合理论,采用L-R模糊数中常用的三角模糊数来实现模糊语义变量的转化与表达。模糊集合的概念由美国自动控制专家Zadeh提出,其把经典集合中特征函数从离散的二值逻辑{0,1}扩展到连续逻辑[0,1],下面给出三角模糊数的具体定义。

定义1:若$\tilde{a}=[a^L, a^M, a^H]$,其中$0 \leq a^L \leq a^M \leq a^H$,则称$\tilde{a}$为三角模糊数,其隶属函数可以表示为:

$$\mu_{\tilde{a}}(x) = \begin{cases} 0 & others \\ (x-a^L)/(a^M-a^H), & a^L \leq x \leq a^M \\ (x-a^H)/(a^M-a^H), & a^L \leq x \leq a^M \end{cases}$$

其中a^L与a^H分别为三角模糊数$\tilde{a}$上界与下界,a^M为中值。

根据师生互动教学质量之间的评估特征,采用五种语义尺度(没有掌握、掌握得较差、一般掌握、掌握得较好、掌握得很好)来表征教学质量,其对应的三角模糊数为(0,0.1,0.2)、(0.2,0.3,0.4)、(0.4,0.5,0.6)、(0.6,0.7,0.8)、(0.8,0.9,1.0),具体如表1所示。根据语义尺度—三角模糊数的映射关系,可以对学生学习情况、师生互动质量与教学资源三种模糊的评价准则进行分布式决策,得到量化的模糊值,为大学课堂教学质量评估提供准确的数据集。

表1 语义评价框架

语义框架	课堂掌握情况语义尺度描述	三角模糊数
A_1	没有掌握	(0,0.1,0.2)
A_2	掌握得较差	(0.2,0.3,0.4)
A_3	一般掌握	(0.4,0.5,0.6)
A_4	掌握得较好	(0.6,0.7,0.8)
A_5	掌握得很好	(0.8,0.9,1.0)

TOPSIS 法（Technique for Order Preference by Similarity to Ideal Solution）是一种有效的多属性决策分析方法，也被翻译为逼近理想解排序法或优劣解距离法，它能充分利用原始数据信息，精确地反映各评价方案之间的差距，可以广泛应用于各种领域中的综合评价问题。TOPSIS 法的基本原理是：根据研究的各个目标距理想目标的远近程度进行大小排序，从而实现对研究目标进行优劣评价。它的求解基本过程为：首先将原始数据矩阵进行归一化处理，以消除不同指标量纲的影响。然后确定理想最优解和理想最劣解，理想最优解由各评价指标的最优值构成，理想最劣解则由各评价指标的最劣值构成。接着分别计算各评价对象与理想最优解和理想最劣解的距离，获得各评价对象与理想最优解的相对接近程度，以此作为评价优劣的依据。评价对象越接近理想最优解，且远离最劣解，则评价越好；反之，评价越差。该方法对数据分布及样本含量没有严格限制，数据计算简单易行，既适用于小样本资料，也适用于评价多单元、多指标的大系统。下面介绍其计算的具体步骤。

步骤一：建立评价矩阵。假设参与课程教学效果评价的对象有 n 人，有 m 个维度的评价指标，则构建初始评价矩阵 X，其中 x_{ij} 表示第 i 个评价指标下第 j 个评价对象对应的值。

步骤二：理想最优解与理想最劣解表示为 $\tilde{A}^+$ 与 $\tilde{A}^-$，理想最优解 $\tilde{A}^+$ 表示望大性目标取最大值且望小性目标取最小值；理想最劣解 $\tilde{A}^-$ 表示望大性目标取最小值且望小性目标取最大值。

$$\tilde{A}^+ = \{(\max_i x_{ij} \mid j \in J), (\min_j x_{ij} \mid j \in J') \mid i \in m\} = \{v_1^+, v_2^+, ..., v_m^+\}$$

$$\tilde{A}^- = \{(\min_i x_{ij} \mid j \in J), (\max_j x_{ij} \mid j \in J') \mid i \in m\} = \{v_1^-, v_2^-, ..., v_m^-\}$$

其中 J 为望大性属性集合，J' 为望小性属性集合。

步骤三：构建归一化决策矩阵，并确定正负理想解集合。

$$P^+ = \{\tilde{z}_1^+, \tilde{z}_2^+, ..., \tilde{z}_n^+\} = \{(\max_i \tilde{z}_{ij} \mid i = 1, 2, ..., m), j = 1, 2, ..., n\}$$

$$P^- = \{\tilde{z}_1^-, \tilde{z}_2^-, ..., \tilde{z}_n^-\} = \{(\min_i \tilde{z}_{ij} | i = 1, 2, ..., m), j = 1, 2, ..., n\}$$

步骤四：计算欧式距离。在确定正负理想集的基础上计算n个评价对象的欧式距离，具体计算公式如下：

$$D_i^+ = \sum_{j=1}^{n} d(\tilde{z}_{ij}, \tilde{z}_j^+), i = 1, 2, ..., m$$

$$D_i^- = \sum_{j=1}^{n} d(\tilde{z}_{ij}, \tilde{z}_j^-), i = 1, 2, ..., m$$

步骤五：计算相对贴进度。

$$C_i = \frac{D_i^-}{D_i^- + D_i^+}, i = 1, 2, ..., m$$

计算相对贴进度，并对n个评价对象进行排序，进而衡量教学效果的水平的高低，即如果相对贴近度计算结果越大，则教学效果越高；反之，则教学质量较差。

三、项目与课程设计

基于对大学英语智慧课堂教学及效果评估现状的总体研究，本文聚焦于大学英语读写课程，利用智慧平台和资源开展课程教学和师生互动，跟踪记录整个阶段的研究数据，获得的数据再通过多属性决策方法和算法进行分析，从而考察教学模式的效果。

（一）课程信息

课程名称："大学英语读写1"。

授课对象：大学一年级学生。

智慧课堂工具：UNIPUS高校外语教学平台。

授课时长：一学期（共16周）。

（二）UNIPUS智慧平台

UNIPUS是外研社在线开发的面向高校外语教学的智慧学习平台，提供大量教材及课程。教师、学生等使用者和研究者可以通过网页端、手机端等多种途径进行教学和互动并获取相关资源。除了课程资源，还提供iWrite、iTEST、Utalk、UMOOCs等校内应用，是一款集教、学、评、研、测为一体的教学平台，具有全面性、权威性和便捷性。

该平台提供的大学英语读写课程提供了全面且细致的功能与方案，特别是课程和班级管理、作业与测试、教学学习情况、综合成绩管理等模块，为师生提供了有效的教学、互动、评测和记录平台。

（三）评价目的

评估智慧课堂在提升学生英语阅读能力、写作技能及自主学习方面的效果，可以为未来的教学开展和改进完善提供参考。

（四）评价维度与标准

基于前文的论述，本课程设计方案主要设立了三个方面的评价维度与标准，即学生学习效果、师生互动质量、教学资源与质量，每个维度的侧重点如下。

1.学生学习效果

阅读理解能力：通过期初和期末的标准化测试成绩对比进行评估。

写作技能：根据学生提交期初、期中和期末的三次作文质量来评价，包括结构、语法、词汇使用和思想深度。

自主学习：通过平台记录的访问频率、学习时长、资源使用及作业情况衡量。

2.师生互动质量

互动次数与内容深度：统计平台上的提问、回答和讨论次数，并定性分析其内容质量。

教师反馈及时性：计算教师对学生提问的平均响应时间。

3.教学资源与质量

资源利用情况：分析学生访问和下载教学资源的数量及种类。

资源满意度：通过问卷调查学生对教学资源的满意度。

（五）评价方法

对计划方案实施过程中的目标数据进行跟踪、记录、收集，然后再进行定性分析、定量分析，采用多属性决策方法评估教学效果。

（六）结论探讨

通过课程方案的开展与实施，以及对所收集的数据进行分析，我们将对一系列关于大学英语智慧课堂教学效果相关的问题进行探讨和评价。例如，大学英语智慧课堂是否可以有效提升学生英语阅读和写作等方面的技能？学生的自主学习主动性、积极性和自主学习时间是否有所改善或增加？在师生互动频率、广度和深度方面是否有所启示？如何在海量资源中有效、有针对性地选择教学资源？对于平台稳定性、资源优化及其他改进空间等方面也会进行探究，以便平台可以更好地满足不同学生群体的需求，更好地促进大学英语的教与学。

结　论

教学效果的评价在促进教育教学改革和教学质量提高方面发挥着指导和激励作用。本文针对高校大学英语教学工作的特点，运用多属性决策的理论和分析方法，对"互联网+"时代下高校大学英语智慧课堂教学质量的综合评价方法进行了研究，并提出了一个教学方案设计。由此所构建的评价模型不仅具有理论价值，对高校课堂教学质量提升也具有一定的促进作用。

参考文献

[1]马丽梅，2023.大学英语智慧课堂教学评价指标体系构建[J].知识文库，39(24)：119-122.

[2]马勋雕，2022.智慧课堂师生互动评价指标体系构建及应用研究[D].长春：东北师范大学.

[3]乔青水，张继春，周萌，2019.大学外语智慧课堂师生交互模式体系研究[J].校园英语（25）：25.

[4]宋菊香，2019."互联网+"时代高职英语智慧课堂探究[J].智库时代（44）：158，190.

[5]同银萍，2020.基于"互联网+"的大学英语智慧课堂的构建与评价[J].微型电脑应用，36(9)：74-76.

[6]王巍，2022.基于ARCS动机激励模式的大学英语智慧课堂教学改革[J].高教学刊，8(4)：140-143.

[7]杨威，崔莹，2019.基于ITIAS的智慧课堂师生互动行为研究[J].中国教育信息化（7）：86-90.

[8]钟明玲，周晓玲，2019.大数据环境下大学英语课程有效评估模式的构建[J].英语广场（8）：114-115.

A Study on the Evaluation of Interactive College English Teaching in Smart Classroom

JIN Min (Communication University of Zhejiang, Hangzhou, 310018)

With the rapid development of Internet infrastructure and application in China, smart teaching and learning in Smart Classrooms has become the optimal solution to education reform in the "Internet plus era", since it emphasizes personalized and individualized teaching for students through big data analysis and other means to improve the quality of classroom teaching. However, how to mine and select useful information from such a large quantity of data to improve college English teaching and learning in Smart Classrooms, and how to evaluate the outcomes of smart teaching effectively have become two difficult tasks for schools, teachers and researchers. Based on the theory of multi-attribute decision making and the characteristics of interactive college English teaching, this paper first considers multiple aspects of interactive English teaching and establishes an evaluation model for the assessment of teaching outcomes in college English Smart Classrooms. Then the multi-attribute decision-making method is used to construct the decision-making model, which is applied to the evaluation of the effectiveness of the Smart Classroom teaching.

网络教学环境下综合汉语课课内操练的优化设计

周 婧[*]

摘要：有效的操练是第二语言学习和内化的关键。内容层次丰富、针对性强、学生乐于参与的课内操练是学生高效习得汉语、掌握各项语言技能的重要手段。本文重点阐述了如何通过对课内操练的优化设计来解决综合汉语课学情复杂、教学重难点分散及网络课程对语言教学质量和效率的降低等问题；提升网络教学环境下初、中级综合汉语课的教学效果，包括提高学生在课内学习、操练汉语的积极性，提升学生掌握语言点和各项语言技能的效率，增进学生对中国和中国人的了解，激发学生对汉语和中国文化的兴趣等。

关键词：网络教学环境；综合汉语；课内操练；优化设计

---

[*] 周婧，文学硕士，浙江传媒学院国际文化传播学院讲师，研究方向：第二语言教学。

一、研究缘起

2019年9月浙江传媒学院设立了国际文化传播学院（国际教育学院），学院招收了来自苏丹、阿根廷、越南、蒙古国、老挝、韩国、南非等各个国家的留学生百余人，分为学历生、语言生、交换生和短期留学项目学生。

由于各种客观条件的限制，近70名语言生只能被分成零基础和非零基础两个班。因此，非零基础班的学生汉语水平差异非常大。以来自越南和印度尼西亚为主的近三分之一的学生汉语水平较好，甚至有几位在来中国之前已经通过了当时的HSK（汉语水平考试）三级考试。其余学生的汉语水平差异也很大，一半接近零起点。此外，由于国别或所处文化圈的不同，学生的认知方式、习惯和努力的程度有很大的差异。因此，在实施教学的过程中，学生汉语水平的提高速度差异很大，由于各项语言技能的发展不平衡，课堂教学的重点和难点因而变得分散。

2020年初，课程因为疫情等因素由线下转为线上，教学的过程面临极大的挑战，如各国网络条件不一，无法支持全员甚至教师开启摄像头。经过师生综合测评公认使用效果最好的软件钉钉，依然无法支持小组讨论等一些常规的线下授课方式。语言班的学生人数骤减，学情变得更为复杂，有留在学校继续学习的学生，有已经回国不再返校的学生，有新加入班级从未来过中国、远在欧美的学生。时差、汉语学习环境等差异给课程带来了更大的挑战。

二、研究理念和目标

（一）研究理念

语言学习的关键在于使用，创设真实的语言使用环境、进行有效的操练是第二语言学习和内化的关键。而内容层次丰富、针对性强、学生乐于参与的课内操练是学生高效习得汉语、掌握各种语言技能的重要手段。因此，本研究着眼于通过对课内操练的优化设计来解决综合汉语课学情复杂、教学重难点分散及线上课程教学效率有所降低等问题。

（二）研究目标和思路

提升网络教学环境下初、中级综合汉语课的教学效果，包括提高学生在课内学习、操练汉语的积极性，提升学生掌握语言点和各项语言技能的效率，增进学生对中国和中国人的了解，激发学生对汉语和中国文化的兴趣等。

针对课内操练这一关键环节，优化其设计。在内容上，使其贴近中国当下的实际情况，以便高效提升学生的汉语实际应用能力，并且尽量使其内容和语言难度灵活多样，以适应学生作为个体其个人经历、文化背景、性格特征和汉语水平的特殊性。在设计上，使其所涵盖的重要语言点和语言技能交织并且主次分明，以便在突出新的教学重点的同时巩固已学的重点。在流程上，尽量使举例、归纳等重要但较为枯燥的课内操练变得有趣，使学生能够乐于参与，且事后能够对相关知识有深刻的印象，对相关技能有熟练的把握。在适应性上，使内容与形式适合网络教学的操作环境，更好地服务于因疫情等因素被迫转移到线上的教学，以及主动向世界各个国家和地区特别是偏远地区提供的远程教学。

三、研究方法和设计

（一）研究方法

根据实际教学需求，本研究以综合汉语课所使用的教材《基础汉语40课》为依托，对每一课所涉及的重要知识点（语言要素等）和语言技能等进行深挖。

《基础汉语40课》是华东师范大学编辑出版的优质教材，在近20年的使用过程中广受师生的好评，2019年的新版还替换了不合时宜的内容，增加了HSK考试相关的新型练习。基于优质教材的课内操练优化设计，可以最大限度地发挥教材的优点，补足其作为教材时效性、地域性等不可避免的短板。

本研究针对每个单元（一共5课）的重要语言点和语言技能，基于研究理念和目标优化设计其课内操练的内容、形式、流程等，编写制作3至5个具体的、较为综合的课内操练方案和教学辅助材料，包括操练目的、实施步骤，以及操练过程中所需要的文本、表格、图片等。

（二）教学设计

1. 提升基础教学的实际应用感

留学生在学习汉语语音和汉字书写时，时常感觉枯燥，常常存有一些疑惑。枯燥源于操练方式的单一，如练习中的简单替换。疑惑源于意义感的缺失，如对于汉字笔顺、笔画的学习，学生经常会问为什么需要一定的顺序，似乎对着汉字"依样画葫芦"也没有什么问题，认为笔顺没什么用。

优化设计的教学活动"奥运会入场式"就能让学生真切地感受到笔画和笔顺在汉语里对名字（国家的名字、个人的姓名等）的排序意义。学生会对这种具有中国特色的排序方式产生兴趣，想知道自己的国家、自己感兴趣的国家在奥运会入场式中是第几个入场。在好奇心的驱使下，学生会认真细致地了解笔画、笔顺的排名规则，以便解开心中的疑惑，找出问题的答案。这样的活动，不仅能让学生有兴趣、有参与感，更能让他们体会到在汉语学习过程中掌握一些特有规则的必要性。

教学活动"他们是哪里人"通过抢答，促进学生对同一偏旁的汉字进行回顾、归纳。在总结的同时，引入微信朋友圈的笑料让学生参与猜测，使他们看到偏旁、部首这些特殊的成字部件是有意义的，是生动有趣的。活动在提升学生对偏旁、部首的学习兴趣的同时，也让他们对现当代中国网络平台的互动模式有一定的了解。和"奥运会入场式"一样，活动赋予了基础教学内容以中国特色和时代感。

"外来词"这一活动聚焦汉语语音的特殊意义，记录外来词汇，它极大地提升了学生对拼音操练的兴趣。听写拼音，不再是单纯地为了听写而听写，不再是无聊的、令人感到挫败的一种操练。学生好奇自己听写下来的音，会是自己的语言或者英文中的哪个词。虽然很多时候，他们觉得发音并不相像，但还是非常有兴趣参与听写和意义的猜测，活动结束后还意犹未尽，想要拼写和猜测更多词语。

2. 提升操练的综合性和适应性

教材上的课堂活动，因为需要和某一篇课文相关，操练的语言点、技能及其难度通常比较单一。本研究设计了一些综合性较高的课内操练活动，以提升学生的汉语综合应用能力，适应不同语言水平的学生共同参与，各有收获。

以"租房子"为例，预备活动先要求学生填写活动纸上各种房间和物品的量词，再利用信息差让学生互相询问以补全活动纸上缺失的信息（房间、物品的类型和数量）。学生不仅阅读了材料，复习了量词，还在口头询问的过程中反复操练了基本的句型结构（"有没有__？""有几个__？"），因而不觉得枯燥。

在此基础上的正式活动创设了角色和场景（租客向房东询问房子的情况），设定了租客的不同身份（来华留学生、公司职员等）、房子的不同种类，由此造成需求的差异，高度模拟真实的交际情境。在进行活动时，教师依据学生的语言水平分配角色，让水平相对较低的学生扮演房东，在回答房客的讯问中不断重复房子的状况，以此掌握基本的词汇和句型。让语言水平较高的学生扮演租客，向不同房东询问各家房子的状况，然后进行比较选出自己想要租住的房子，并说明理由，以此提高基本词汇和句型的综合应用能力、成段表达能力等。如此，语言水平差异较大的学生在活动中都得到了充分的练习和提高。

3. 突破线上教学的局限性

相对于线下教学，在线上教学中，学生更难明白教师的指令，更容易走神，教师更难开展课内操练活动。因为师生、生生身处不同的空间，加上网络条件差异大，很难互相同步看见彼此的表情、肢体语言，特别是全身动作，很难进行空间的转换，如走出教室。因此，一些依赖教学现场动作展示的活动受到了极大的限制，如"把"字句、"被"字句、趋向补语等。在线下进行教学时，教师可以自己做动作、让学生描述，自己描述、让学生们做动作，或者让学生和学生一起操练。线上教学限制了这样便利、直观的互动，因此本研究通过图片等创设场景，弥补现场教学的直观性，引发学生的兴趣。

以教学活动"发生了什么"为例，看图片、找变化、猜测变化的原因极大地吸引了学生的注意力，因为活动非常具有挑战性。学生对10个变化原因的种种猜测，是对"被"字句最大量的应用性操练。在教师的引导和帮助下，学生不知不觉地巩固了"被"字句的用法。最后将真相串联成故事环节，不但锻炼了学生成段表达的能力，还可以让学生体会到"被"字句并不是之前学习的"把"字句的简单变形。这样的活动设计不仅由易到难、循序渐进，更重要的是解决了线上教学遇到的一些问题，突破了其局限性。

4. 提升操练的可操作性和实用性

传统的课内操练在涉及关联词、特殊句型的教学时常常提供一些词汇，让学生把词汇和句型结合起来，说出或写出一个完整的句子，或者让学生用给出的关联词或者句型造句。对于前者，学生常常觉得比较枯燥，而后者又让学生感到迷茫，不知道说点儿什么好，常常浪费许多课堂时间去思考说什么，而不是某一个意思要怎么说才能准确地表达，为了某一个目的要如何通过语言去实现。

本研究针对这个问题，给这一类型的课内操练设计了真实而具体的情境。以"只要……，就……"为例，教学活动"推销员"为这一固定结构的操练设置了8个情节合理、叙事流畅、语言真实的情境。学生在这样的情境中既不会觉得无聊，也不会感到迷惑，他们接受的挑战是怎样用语言去排除对方的顾虑（如"只要一分钟，我就能讲清楚"），推销自己的产品（如"只要每天坚持半小时，英语就能有很大的进步"），为对方提供优惠（如"您只要现在下载，我们就送您两个月的会员"），解答对方的疑惑（如"只要您做完了，它就会显示正确答案"）等。和同伴一起对8个情境进行讨论、尝试表达，学生的个性得到了展示，语言能力得到了提高。学生不但准确熟练地掌握了"只要……，就……"这一结构，而且提升了自己说服他人、推销物品的语言技能。而后，教师展示的参考答案和归纳总结让学生了解了在中国推销员一般是怎样进行推销的，后续的模仿练习使学生能够学以致用、即学即用。

四、研究成果

本研究编写的所有课内操练都包括语言点、语言技能和操练目的的说明，操练流程的展示，都有配套的教学课件（PPT）或分发给学生使用的纸质材料。成果的直接受益人是学院上综合汉语课的教师和学生。

有了现成的课内操练设计和配套教学材料，教师的备课效率可以得到大幅度提升。课前，教师不必再去设计操练的内容、找图片、做PPT、画表格等，只需根据课文的重要语言点和语言技能找到成果中相应的内容，根据所教班级的人数、学生的整体语言水平、国别、兴趣等进行微调就可以。研究成果丰富多样的内容、较强的针对性、较高的参与度设计可以在很大程度上解决学情复杂、教学重难点分散及线上课程效率有所降低等问题，可以提高学生在课内学习、操练汉语的积极性，提升掌握课文中各项语言点和语言技能的效率，增进对中国和中国人的了解，以及激发对中国和中国文化的兴趣等。

此外，以本研究为基础，学院汉语教学团队申请的项目"基于'国际中文教育中文水平等级标准'的国际中文教育课堂活动手册与课件集（初等）"获得了教育部中外语言交流合作中心教学资源建设项目的立项。研究成果将惠及教授成年学习者的国际中文教师，无论中国本土教师还是海外教师均适用，也可以作为国际中文教育专业本科生、研究生，国际中文教育年轻教师和志愿者的学习材料。

参考文献

［1］周健，2009. 汉语课堂教学技巧325例［M］. 北京：商务印书馆.

［2］丁安琪，2014. 我的课堂活动设计笔记：语言技能篇［M］. 北京：高等教育出版社.

［3］丁安琪，邓秀均，2015. 我的课堂活动设计笔记：语言要素篇［M］. 北京：高等教育出版社.

［4］任国平，2019. 国际汉语教学游戏50例［M］. 北京：外语教学与研究出版社.

［5］陈东东，刘欣雅，2019. 国际汉语教学活动50例［M］. 北京：外语教学与研究出版社.

［6］王燕飞，伍英姿，王莉，等，2020. 汉语语法课堂活动［M］. 北京：北京语言大学出版社.

附 录

一、"奥运会入场式"

操练点：

汉字的笔顺、笔画。

操练目的：

通过解决实际问题帮助学生理解汉字笔顺、笔画的意义，巩固笔顺、笔画等汉字书写规则。

步骤：

1.复习汉字的笔画和书写规则（如"从上往下、先横后竖"等）。

2.用与活动中接近但不同的字"士、目、米、爸、陈、吗、我、黑"进行笔画数和书写顺序的巩固。

3.介绍奥运会开幕式各国入场顺序的规则。

4.让学生两人一组，对活动纸上所列各国的出场顺序进行排列。

5.比较各组的排序，看哪一组正确率最高，让小组代表到黑板前书写各国名称的第一个汉字，边写边说出笔画的名称。教师跟着学生放大书写，重复或纠正学生所说的笔画名称。

纸质材料说明：

2022年2月4日第24届冬奥会在北京开幕。开幕式上，各国运动员入场的顺序是按照各个国家名字的第一个汉字的笔画顺序来排的（希腊作为发源地国家，第一个出场。意大利和中国作为下一届和本届的东道主最后出场）。

具体方法：1.笔画数少的在前面，多的在后面。

2. 笔画数相同的，先看第一笔；如果笔画数相同，再看第二笔。顺序是一（横）、丨（竖）、丿（撇）、丶（捺、点）、乛（折）。

3. 如果笔画数还是相同，看汉字的结构，先"左右"（明），再"上下"（昌），后"整体"（国）。

请排列下面这些国家的出场顺序：日本、韩国、瑞士、土耳其、马来西亚、巴西、加拿大、巴基斯坦、西班牙、波兰、阿根廷、英国、瑞典、法国、挪威、奥地利、澳大利亚、墨西哥、德国。

二、"他们是哪里人"

操练点：

汉字的偏旁、部首、部件。

操练目的：

通过真实的语料提升学生对汉字的兴趣，帮助学生更好地理解汉字的偏旁、部首、部件。

步骤：

1. 展示"厕所、大厅、厨房""家庭、宿舍、写字""这个、运动、到达"等生词，让学生发现其中的共同点，建立偏旁、部首这一基本概念。

2. 教师给出一些常用的偏旁或部首，学生以个人或小组为单位，抢答涉及的汉字，列举最多的获胜。

3. 看"小静"的朋友圈，猜猜她的朋友是哪里人。

应用：

"猜猜他们是哪里人"

小静是南京人。有一天，她觉得有点儿无聊，想和朋友们开个玩笑，就发了一个朋友圈。她的朋友们觉得很有意思，就都模仿她的话在下面留言。你知道他们是哪里人吗？

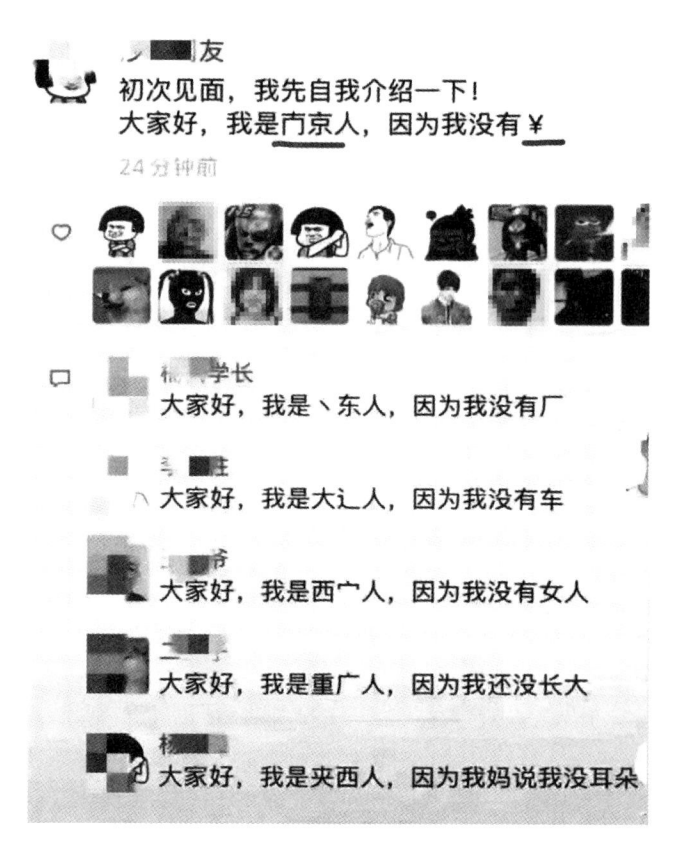

> 友
> 初次见面，我先自我介绍一下！
> 大家好，我是亓京人，因为我没有￥
> 24分钟前
>
> 学长
> 大家好，我是丶东人，因为我没有厂
>
> 大家好，我是大辶人，因为我没有车
>
> 大家好，我是西宀人，因为我没有女人
>
> 大家好，我是重广人，因为我还没长大
>
> 大家好，我是夹西人，因为我妈说我没耳朵

三、"外来词"

操练点：

音节的拼写和声调的标定。

操练目的：

通过听写外来词帮助学生巩固音节的拼写和标调规则，体会外来词中文音节的选用。

步骤：

1. 把学生分成两组进行比赛。两个小组轮流选一位学生上台，在黑板上听写教师口述的拼音（每个外来词读三遍，学生需要在3遍内写出拼音，在之后的5秒内猜出这个词的意思）。

2.每个上台的学生听写、猜测两个外来词（如果学生多,需要提高参与度,可以每人写一个）。音节拼写正确得2分,声调标定正确（包括调值和位置）得2分,词义猜测正确得2分（此环节对刚学完拼音的学生来说难度较大,兴致较高）。

3.最终得分高的小组获胜。教师再次领读所有外来词。

纸质材料（供教师查看）：

例：shāfā（沙发）– sèlā（色拉）

（1）kāfēi（咖啡）– hànbǎo（汉堡）

（2）kǎtōng（卡通）– kǎqí（卡其）

（3）jīyīn（基因）–jípǔ（吉普）

（4）túténg（图腾）– tǔsī（吐司）

（5）xuějiā（雪茄）– xiūkè（休克），

（6）yōumò（幽默）–mángguǒ（芒果）

（7）pītóushì（披头士）– bìshèngkè（必胜客）

（8）wéitāmìng（维他命）–sānmíngzhì（三明治）

（9）wēishìjì（威士忌）–xīpíshì（嬉皮士）

（10）chēlízǐ（车厘子）–báilándì（白兰地）

四、"租房子"

操练点：

形容词谓语句、用"多、多少、几、哪、哪儿、哪里、哪些、什么、怎么"提问。

操练目的：

通过问询和采访活动巩固形容词谓语句,并用"多、多少、几、哪里、什么"等提问,拓展关于房间和家具的词汇及其量词。通过租房活动,进一步对上述操练点进行模拟真实环境的灵活应用。

步骤：

问询与采访活动： 1. 用图片和带拼音的汉字帮助学生拓展与房间、家具相关的词汇。

2. 将学生分为两人一组。小组内，一个学生拿活动纸A，另一个拿B。告诉学生只能看自己的活动纸，不能看对方的。

3. 让学生在表格的括号中填入房间和家具的量词，然后校对，具体内容如下：1（个/间）洗手间、房间、客厅、厨房、书房；1（张）桌子、茶几、沙发、床；1（把）椅子；1（个）衣柜、书架。

4. 让两个学生互相轮流询问表格中"张新"和"关南"住所的情况，要求一边问一遍记录，提醒他们使用表格下标注的句型。

5. 大多数学生完成后，PPT上展示填写完整的表格，随机请两个学生分别描述"张新"和"关南"的住所，其他同学一边听一边校对自己的答案。

6. 给学生两分钟时间，让他们在表格中写自己住所的情况。随后，采访班上的另一个同学，问一问他住所的情况。

7. 大多数学生完成后，随机请两组学生上台，展示采访的过程。

租房活动： 1.给4个学生分配A、B、C、D四种不同的"租客"身份（发相应的活动表格），给另外5个学生每人一套情况不同的"房子"（将关于房子的活动纸裁开，发给5个学生）。如果学生多，可以9人一组（4个"租客"，5个"房东"），分几组进行，也可以在同一组中给两个或者三个学生分配相同的身份，"租客"多于"房东"即可。

2. 让"租客"和"房东"用两分钟时间阅读，熟悉自己拿到的活动纸上的内容，如有不明白的，向教师提问（建议教师将"房东"的角色安排给语言水平相对较低的学生，该生可以在活动中一遍遍地重复练习）。

3. 准备妥当之后，请每个"租客"带着活动纸去5个"房东"那里，一一询问房子的状况，做简单的记录。活动中，提醒学生使用相关的句型：

你的房子在哪里？/你的房子在几楼？/你的房子有没有××？有几个？/你的房子怎么样？/你的房子每个月多少钱？

4.大多数学生完成后，选几位不同身份的"租客"上台说说自己最后选了哪套房子，为什么选那套房子。

纸质材料：

1.基础操练

A.问问你的同学，了解下张新/关南住的地方怎么样。B.问问你的朋友，了解下他住的地方怎么样。

住房情况	张新	关南	我	我的朋友
住的地方	很大	很干净		
楼	18	6		
洗手间	2（个）	1（个）		
房间	3（间/个）	2（间/个）		
客厅	没有	没有		
厨房	很大	不大		
书房	1（间/个）	没有		
房间	很漂亮	很安静		
桌子	2（张）	1（张）		
椅子	4（把）	2（把）		
茶几	1（张）	没有		

续表

住房情况	张新	关南	我	我的朋友
沙发	1(张)	没有		
床	1(张)	1(张)		
书架	1(个)	2(个)		
衣柜	2(个)	1(个)		

2.实际应用

A找房子：我在一家公司工作。今年在这个城市工作，明年去别的国家工作。

B找房子：我是留学生，我没有工作。我想一个人住。

C找房子：我和弟弟都是学院的留学生，我们想一起住。

D找房子：我是医生，我的爱人是老师，我们都在这个城市工作。我们有一个7岁的儿子和一个5岁的女儿。

| 序号 | 哪里 | 楼 | 厨房 | 洗手间 | 客厅 | 卧室 | 阳台 | 怎么样 | 多少钱 |
					房间				
1									
2									
3									
4									
5									

1号房东：我的房子在这个城市的东边。我的房子在20楼。房子不大，很安静，有一个厨房，一个洗手间，一个客厅和一个卧室。每个月4500元。

2号房东：我的房子在这个城市的西边。我的房子在16楼。房子很大，很漂亮，有一个厨房，一个客厅，两个洗手间，三个卧室，还有一个阳台。每个月8000元。

3号房东：我的房子旁边有一个图书馆。我的房子在4楼。房子不大，有一个厨房，一个洗手间和一个房间。每个月3000元。

4号房东：我的房子在学院旁边。我的房子在3楼。房子不大，很干净，有一个洗手间和一个很大的房间，没有厨房。每个月2000元。

5号房东：我的房子旁边有一个很大的商场。我的房子在1楼。房子里有一个厨房，一个卫生间，一个客厅，两个卧室，还有一个阳台。每个月6000元。

五、"发生了什么"

操练点：

被动句：主语+被/叫/让+宾语+动词+其他成分。

操练目的：

通过"破案"活动，帮助学生巩固被动句的准确表达。再通过"讲故事"活动使学生能够熟练地使用被动句，体会被动句和"把"字句的使用特征。

步骤：

1.将学生分为若干小组（4人一组为宜）。

2.向学生展示一张客厅的图片，请几位学生说说看见了什么（帮助学生熟悉需要使用的词汇）。

3.向学生展示第二张图片。让学生对比第一张图，小组讨论"发生了什么？"。每个小组以一问一答的形式猜测。如，A：书怎么没了？B：书

（可能/一定是）被爸爸带去公司了。

4.小组讨论8分钟后，轮流请各个小组讲述，每个小组每次讲一个变化。A问对问题得2分，B用被动句猜测，形式和意义正确得2分，猜对了原因再加2分（共10个变化，不能均分到各小组轮流回答的，改为抢答）。

5.如果一个小组在表述时没有猜对原因，教师将这个问题抛给全体同学抢答，猜对原因的小组得2分。如果再猜两次依然不对，教师出示揭秘图，问"××怎么不见了？"。学生根据图片的内容回答。

6.图片上所有的变化都被猜测后，教师一一展示10幅揭秘图。每幅图由教师提问，一位学生回答。具体内容如下：

（1）——牛奶怎么没了？　　——牛奶被小男孩儿喝完了。

（2）——小男孩儿怎么不见了？　——小男孩儿让他的朋友叫出去（玩）了。

（3）——门怎么开了？　　——门被小偷打开了。

（4）——花瓶怎么破了？　　——花瓶叫狗打破了。

（5）——狗怎么没了？　　——狗被小偷关在门外（跑掉）了。

（6）——电脑怎么没了？　　——电脑让小偷拿/偷走了。

（7）——衬衣怎么没了？　　——衬衣被风吹走了。

（8）——窗怎么开了？　　——窗叫风吹开了。

（9）——鸟怎么没了？　　——鸟被（窗外的）野猫抓走了。

（10）——树叶怎么进来了？　——树叶让风吹进来了。

7.给学生8分钟时间，小组讨论这些事情发生的先后顺序，讲一讲整个事情可能的经过，以"我觉得可能/一定是这样的"开头。

8.每个小组推选一个学生讲事情的经过。大家选出讲得最好的学生，讲述的学生被几个人选，其小组就得几分。

9.给出参考文本（例如：小男孩儿刚把牛奶喝完，就被他的朋友叫出去玩了。过了一会儿，家里的门被小偷打开了。小狗听见声音跑了出来，不小心把花瓶打破了。小偷怕狗咬他，把狗关在门外，然后把桌上的电脑拿/偷走了。又过了一会儿，起风了，窗外的衬衣被风吹走了，窗也被风吹开了，一些树叶被风吹了进来。突然，一只猫从窗外跳进来，把鸟抓走了。），学生朗读。之后，给学生2分钟时间，小组讨论：从参考文本来看，一般什么时候用被动句，什么时候用"把"字句。

10.可以让学生以《发生了什么》为题，把课上口述的内容写成作文（课后作业）。

六、"推销员"

操练点：

条件复句："只要……，就……"

操练目的：

通过推销手机应用的活动，帮助学生巩固条件复句"只要……，就……"的准确使用和熟练表达。了解在中国做推销的一些常用方法和话术。

步骤：

1.将学生分为若干小组（4人一组为宜）。

2.告诉学生推销员是推销东西的人，是要把他卖的东西说得特别好、让大家都来买的人。他们常常会用"只要……，就……"来说自己的东西特别好、特别方便、特别便宜。比如，"买了这张卡以后，你只要付50块钱，就可以听一场世界级的音乐会"。

3.介绍活动场景，即在学校门口推销一个英文学习的手机应用。然后展示"推销员"和"顾客"的第一轮对话。推销员："您好！耽误您（请给我）两分钟时间。请您看一下我们开发的一个应用。"顾客："对不起，我没时间。"推销员："……。"问："如果你是那个推销员，你会怎么说？"

4.让学生小组讨论一分钟，提醒学生用"只要……，就……"来回答。一分钟后，随机请三个小组回答。教师重复学生准确的表达，纠正学生错误的表达。然后请大家说说，哪一组的回答效果最好（能留住顾客，继续推销）。最后展示参考答案："一分钟行吗？只要一分钟，我就能向您介绍清楚。"请一位学生朗读后，强调此处"只要……，就……"是说明需要的时间特别少。

5.向学生说明接下来的7轮对话，需要大家思考推销员会怎么说。教师展示对话后给大家一分钟时间阅读、思考、讨论，然后进行小组抢答。第一个回答的小组，如果关联词使用准确、情节合理，得10分，若有偏误等酌情扣分。第二个回答的小组，若情况相同得8分。第三个小组，若情况相同得6分。大家认为最优秀的回答，再加2分。如学生意见不一，则由教师决定。7轮以后，总分最高的小组获胜。教师展示、总结活动中出现过的8个含有"只要……，就……"的句子。活动的整体对话如下（T为推销员，G为顾客）：

T：您好！耽误您（请给我）两分钟时间。请您看一下我们开发的一个应用。

G：对不起，我没时间。

T：一分钟，一分钟行吗？（只要一分钟，我就能向您介绍清楚。）

G：好吧。什么应用？

T：一个英文学习的应用。

G：对不起，我不需要。

T：您听我说。这个应用真的非常好。（只要每天坚持用半个小时，英文就会有很大的进步。）

G：真的吗？

T：真的，您可以试试，很方便的。（只要在手机上下载一下，就可以用了。）

G：好的，我回家试试。

T：您现在试吧，有活动。（您只要现在下载，输入您的手机号，我们就送您 3 个月的会员。)

　　G：有点儿麻烦。

　　T：不麻烦的。(您只要扫一下这个二维码，就可以了。)

　　G：好吧。(一边扫一边问)这个会员费，多少钱?

　　T：很便宜，10 块钱一个月。

　　G：有点儿贵啊。买得多，可以便宜一点儿吗?

　　T：可以。(您只要买 10 个月的会员，我们就送您 2 个月。)

　　G：好的，我下载好了。如果现在想练听力，要怎么开始?

　　T：您看……(您只要点一下这儿，听力就出来了。)

　　G：好的，这个练习有答案吗?

　　T：当然有。(只要您做完了，它就会显示正确答案。)

　　G：好的，我明白了。谢谢你!

6. 请每个小组准备一个手机应用的推销对话，要求包含至少三个"只要……，就……"。8 分钟后，请各个小组中的两位学生上台表演，投票选出最佳推销员。

Optimizing the Design of in-Class Drills in Comprehensive Chinese Language Classes under the Online Teaching Environment

ZHOU Jing (Communication University of Zhejiang, Hangzhou, 310018)

  Effective drilling is the key to second language learning and internalization. In-class drills which are rich in content, relevant and enjoyable are important means for students to acquire Chinese language and language skills efficiently. In this paper, we focus mainly on how to solve the problems of complex learning conditions, scattered teaching difficulties, and reduced quality and efficiency of language teaching in online courses by optimizing the design of in-class drills; enhance the teaching effect of comprehensive Chinese language courses for beginners and intermediates in the online teaching environment, including increasing students' motivation to learn and practice Chinese language in class, improving students' efficiency in mastering various language points and four language skills, enhancing students' understanding of China and Chinese people, and stimulating students' interest in Chinese language and culture.

浅析需求分析理论对传媒类院校大学英语教学的启示

赵梓岑[*]

摘要：本文作者从专门用途英语的需求分析理论出发，提出传媒类院校大学英语对学习者需求进行分析的必要性和可行性。文章探讨了课程设计者应该从什么角度去审视学习者的需求，以及传媒类高校学习者需求的特点，进而提出传媒类高校英语教学面临的挑战和重要任务仍然是夯实学习者的语言基础和整体水平，使得学生具备足够的语言使用能力，同时可适当开设一些专门用途英语的选修课程来满足学有余力的学生对专业知识的需求。在大学英语教育的各个层面，应借鉴专门用途英语背后的重要理论，使学生成为学习的主体，使英语教学更契合学生的需求，从而收到更好的教学效果。

关键词：需求分析；传媒类高校；大学英语；课程设置

---

[*] 赵梓岑，文学硕士，浙江传媒学院国际文化传播学院讲师，研究方向：外国语言学及应用语言学。

一、英语学习对传媒类高校的重要性

在全世界经济文化交流与合作空前频繁和密切的今天，英语作为一种为世界大多数人接受的通用型语言，其重要作用更是日益凸显。而在传媒类高校中，英语学习和教学更是扮演着关键角色。首先，传媒类学校是传播和沟通的前沿，掌握良好的英语能力有助于学生更广泛地获取信息、了解国际趋势，并与国际同行进行交流合作。其次，许多传媒领域的重要文献、研究成果及行业动态都是用英语发布和交流的，因此良好的英语能力能够帮助学生更深入地了解行业发展动态。最后，英语作为一种工具语言，在传媒行业中也是撰写、编辑、翻译等工作的基本要求，因此传媒类高校亟须通过英语教学培养学生的英语应用和沟通能力，促进传媒类高校学生的综合素质和国际竞争力的提升。对于传媒类高校的第二语言学习者而言，语言能力的提升不啻打开一扇门，为对不同的文化观念的兼蓄包容、批判性的认识和理解打下了基础，进而为流畅和谐的沟通和合作提供了更好的可能。

与此同时，英语学习手段飞速更新，AI各类应用层出不穷，也给外语学习和教学提供了新的机会和挑战。如何更好地学习英语，提高语言的综合使用能力，增强语言自信，从而能够更清晰地发出中国声音、讲好中国故事、与世界沟通，是值得每一位英语教学者认真思考的问题。

二、GE还是ESP？

和传统的通用英语（GE）一家独大的课程设置相较而言，综观当前的国内许多高校，特别是一些职业院校的大学英语课程，我们不难看到专门用途英语（ESP）课程的数量在近几年甚至几十年内大幅增加。的确，这类课程在帮助学习者学习与其专业领域相关的英语知识方面的作用不容小觑。我们可以看到，与专业知识的相关性确实在很大程度上激励了学习者的学习热情，同时母语知识在此时甚至可以看作一种有助于认知发展和理解英语文本的助力。但是在这些课程当中，也可见一些专门用途英语课程完全是为了迎合这个趋势而设，所谓的专门性只表现在大量专业词汇的填鸭，甚至是罔顾语言学习者的自身基础，进行晦涩的专业文本的一味灌输。这种ESP课程可以说既枯燥，又令学习者产生畏惧情绪，随即望而却步，反而背离了学习的出发点，起不到太好的效果。蔡基刚（2013）认为，当前ESP教材没有处理好语言与内容的关系，学科专业化倾向严重。刘艳梅等（2014）指出大量冠以ESP的、以英语编写为表象的专业课本加深了社会对ESP的误解和恐惧，阻碍了其在国内的发展。王蓓蕾（2004）开展的调查显示，大学生"更倾向于把ESP课程看成了解专业信息的手段，而不是继续提高英语语言能力的机会"……从这些研究当中，我们不难窥见，高度专门化的文本和词汇对语言综合技能的忽略和轻视，绝非是ESP的初衷和最终目的。同时，大学英语语言课程的全面专门化很显然也不符合现实情况和学生的需求。徐立新认为，完全跟着专业走，一专一课的专门用途英语教学"对于短训班可能比较合适，对在校生来说则未必完全合理。目标情境离学生较远，缺少真实的感触，而教学对此瞄定可能让英语学习脱离学习者的现实需求，偏离其所在社会、学校、家庭及自身的需求，从而让需求分析落空"（徐立新，2022：86）。

那么，为什么当前许多学者大力提倡专门用途英语课程呢？笔者认为，这种探索的初衷是好的，它体现了当前的英语教学越来越多地去尝试以学习和学习者为中心，致力于满足学习者的真正需要。因为专门用途英语在其兴起和发展的初期，就是以对学习者需求的关注为主要特点的，它着重强调学习者及其学习态度的核心重要性。而传统的大学英语课堂可能流于沉闷，大纲内容和学生的需求无法很好地对应，或者说整体大纲的制定从客观上来说也不太可能关注到学习者作为个体而言具体而细微的学习需求。

那么如何解决提高整体语言能力和水平，以与使语言教育更契合学习者自身发展需求之间的矛盾呢？笔者认为，通用英语和专门用途英语课程绝不是非此即彼、完全对立的。大学英语教学无法全然否定通用英语，去追求极致的专门化，这显然不利于学习者语言能力的发展。如果我们把语言运用的综合能力比作一棵大树，那么和专业知识相关的语言输入很显然能为这棵树锦上添花，但是只追求花朵很显然是不够的，因为如果树干不稳，花又怎将焉附呢？（我们绝不能说一个掌握了大量专业词汇却无法构建出一个合格的句子来进行流畅表达的学习者是语言教育的完美产物）。同时，教育更多的应该是education，而不是单纯的teaching（教学），语言的学习和教学到了一定程度对育人的作用已经超出了对词句文本本身的掌握。因此，实用性固然重要，但对文化和美的体味与传达更为不可或缺。大学英语教育，特别是传媒类院校的英语教学应该从学习者的需求出发，走一条通用英语和专门用途英语结合的道路。我们大可不必狭隘地把通用英语和专门用途英语看作全不相干、泾渭分明的两种东西，而更应该双管齐下，既开设一些专门用途英语的选修课程来满足学生对专业知识的需求，同时对通用英语的学习也绝不应武断废止。大学英语教育的各个层面应借鉴专门用途英语背后的重要理论，使英语教学更契合学生的需求，从而收到更好的教学效果。那么，教学者应该从什么角度去审视学习者的需求？传媒类高校学习者的需求又有什么特点呢？

三、需求分析理论及传媒类学生的需求特点

（一）需求分析理论（Need Analysis Theory）

1.需求分析理论与英语学习

需求分析理论可以说是专门用途英语课程设置当中最重要的一个理论支持，因为专门用途英语出现和发展的初衷就是想满足学习者的特定需求。

而这一理论集中体现了一种以学习者为中心的教育观念。所以不管什么时候，无论是通用英语还是专门用途英语的课程设置，学习者的需求都是不容忽略的。然而，综观近几年发表的有关需求分析的文章，绝大部分都是探讨某一专门用途英语课程（如商务英语、学术英语、旅游英语等）中学习者的需求，或英语学习中某一个特定方面（如词汇、写作）的教学应该如何进行。可以说，大家仿佛默认了大学英语学习者的需求就是对大纲的掌握，或者他们的需求太过纷繁芜杂而无法下手。但是，在年轻人越来越有自己想法、学习者日益个性化的今天，完全罔顾学习者需求的课程很显然无法激励学习者的热情，收到好的教学效果。虽然大学英语学习者的群体数量巨大，但落实到各个班级的人数却是可以掌控的，这也给对每个小群体的需求分析提供了可能。David Nunan 在其《学习者为中心的课程设置：第二语言教学研究》一书中曾说到，"以学习者为中心的课程内容应该在学习者的相关性和激励潜力方面得到证明……从某种意义上说，每门课程都是为特定的学习者群体设计的，是独一无二的"（Nunan，2001：42）。因此也许从广义上来讲，不管什么课程，可以说只要坐在教室中的学习者不同，它就是一个与众不同的ESP课堂，而这个课堂中学习者的需求，课堂组织者要充分考虑。

2.需求分析理论的形成与发展

20世纪70年代，需求分析理论出现在语言教学规划中。虽然其在成人学习的其他领域有着悠久的传统，但随着欧洲委员会现代语言项目采用和支持，它在语言教学中的应用变得广泛起来，并被用作规范行为目标的初始程序。正是从这些目标中可以推导出教学大纲中更详细的方面，如功能、概念、主题、词汇和结构指数。理查兹认为，需求分析有三个主要目的：它为语言课程的内容、设计和实施提供了一种获得更广泛投入的手段；它可以用于制订目标、目的和内容；它可以为审查和评价现有方案提供数据。（Richards，1984：5）Brindley从一个相当不同的角度解决了基于需求的教学大纲设计问题，采用了Richterich对客观需求和主观需求的区分，"客观需求（objective needs）是教师在分析学习者的个人数据及他们的语言能力和语言使用模式信息基础上诊断出来的需求，而主观需求（subjective needs，通常是'想要''欲望''期望'，或对其他不足的心理期待）不能轻易诊断，或者在许多情况下，甚至不能由学习者自己说出来"（Nunan，2001：44）。Nunan认为，客观需求分析的结果是通过对学习者可能发现自己的目标交际情境的分析得出内容规范，可以看作一种源于目标语言情境（target language situation）的分析，因此可以在学习者缺席的情况下进行。另外，主观需求则来自学习者自身。虽然人们倾向于把客观需求等同于内容的规范，把主观需求等同于方法论的规范，但这两者不应被视为同义词。这一点在下面的引文中得到了明确的说明："虽然客观需求分析和内容通常是联系在一起的，主观需求和方法也是如此，……事实上，也有可能有内容／主观需求维度（学习者决定他们想学什么）和方法／客观需求维度（教师决定如何更好地学习内容）"（Nunan，1985：5）。

3.Tom Hutchinson和Alan Waters的需求分析理论模型

Tom Hutchinson 和Alan Waters在《特殊用途英语：*English for Specific Purposes*》一书中，对需求分析理论做了更为详细明晰的阐释，而这两个人的分类也是我们今天进行需求分析有关研究应用最广的一种模式。Hutchinson和Waters将学习者的需求划分为目标需求（target needs，学习者在目标情境中需要做什么）和学习需求（learning needs，学习者为了学习需要做什么）两大部分。然而，同前文中Richterich所谓的客观需求相比，Hutchinson和Waters将第一大类——目标需求，做了进一步的细化，分为学习者必须具备的知识（necessities）、学习者所缺失的知识（lacks）和学习者主观希望具备的知识（wants）三大部分。我们不难看出，在这三个部分的目标需求当中，前两类是较为客观的，可以理解为对标Richterich的客观需求，而最后一类虽是一种主观目标，但也是至关重要、不容忽略的。

为了更一目了然，笔者绘制了 Hutchinson 和 Waters 提出的需求分析类别图，如图1所示。

```
                            ┌── necessities（客观）
                            │
              ┌── target needs ── lacks（客观）
              │             │
    needs ────┤             └── wants（主观）
              │
              └── learning needs
```

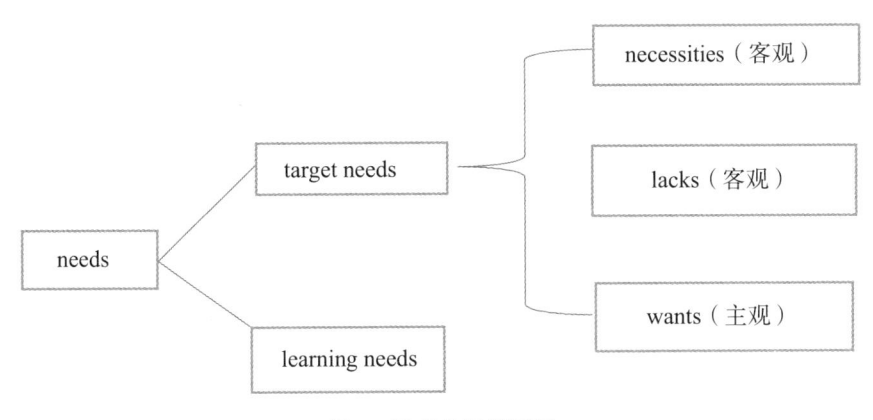

图1　需求分析类别图

在目标需求的三大类别中，由目标情境的需求决定的需求类型称为 necessities，即学习者为了在目标情境中有效地发挥作用而必须知道的东西。例如，一个商人可能需要理解商业信函，在销售会议上有效地沟通，从销售目录中获取必要的信息等。他或她可能还需要知道在确定的目标情境中常用的语言特征——话语、功能、结构、词汇等。相对而言，这些信息较为容易收集。这是一个观察学习者需要在什么情况下发挥作用，然后分析其中的组成部分的问题。

然而，仅仅识别学习者必须具备的知识是不够的，我们还需要知道学习者现有的知识储备和要想熟练地使用语言去完成某些社会活动之间的差距。这个差距被称为 lacks（学习者所缺失的知识），它反映了学习者现有的语言水平（existing proficiency）和目标语言水平（target proficiency）之间的距离。

到目前为止，我们只在客观意义上考虑了目标需求，而学习者作为学习活动的主体，对学习活动也有着自己主观的期望（wants）。他们并不是只需要被动地去弥补知识的缺失，而是对课程的方方面面都有自己的主观感受。他们的这种主观期望无疑将影响他们在学习中的积极性、感受，甚至学习效果。另外，很有趣的是，学习者的主观期望有可能是罔顾自身知识的缺失，甚至是不完全切合实际的，比如一个对语言基本架构缺乏掌握的学习者有可能会希望自己即使不掌握词汇和语言规则，也可以一夕之间能流利表达、沟通无碍。当然，学习者的主观期望可能有着各种各样合理的个人出发点，Hutchinson 和 Waters 在其《特殊用途英语：*English for Specific Purposes*》一书就举了若干例子，其中一例是一位想要赴美深造的中国化学专业学生李玉珍。她需要能够在一个说英语的环境中生存下来。因此，语言流利是她最大的需求。然而，李玉珍更喜欢把时间花在提高英语语法知识上。为什么？她的答案在于她自己对轻重缓急的估计。为了被录取，她必须首先通过考试。考试中一个重要的标准是语法的准确性。因此，李玉珍认为她的首要需求是通过考试。

如果说目标需求探讨的是"学什么"的问题，那么学习需求研究的则是"如何学"的问题。一言以蔽之，它探讨的是学习动机、方法、策略、认知模式是如何对学习行为产生影响的。如果说把学习比作一个旅程，目标需求分析可以确定目的地，也可以作为旅途中的指南针给出大致方向，但我们必须根据可用的车辆和向导（学习情况的条件）、学习者头脑中现有的道路（他们的知识，技能和策略）及学习者的旅行动机来选择我们的路线，而后者都和学习者的学习需求有关。

在 Hutchinson 和 Waters 看来，最重要的一点是，需求分析不是一蹴而就的事情，而应该贯穿大纲设置、材料分析和选取、教学方法及对学习者和对课程考察的始终，也就是说，基于需求分析的课程设计既是一个不断协商的过程，也是一个动态的、不断调整的过程（Hutchinson et al., 2002: 74）。

（二）传媒类学生的需求特点

那么，大学英语的学习者有没有需求？他们的需求有没有一些共性呢？答案是毋庸置疑且不容否定的。可以说学习者的需求是他们进行学习活动的一大动力，也是激励他们追求学习目标、取得良好学习效果而无法忽视的因素。而相对于普通的大学英语学习者，传媒类学生对英语学习需求有着自身的特点。

首先，就目标情境需求而言，总体来说，随着社会和网络的不断发展，学习者语言学习的目标情境往往不再是单一的只满足学习或工作的需要。相比于过去是更为一目了然的、确定的未来，当今学习者的目标情境更趋向于动态发展或处于不断调整之中。因此，只学习和自己专业相关的语言知识从某个程度上来讲实际上限制了学生未来更广阔的发展。今天，我们会看到，很多大学生在毕业前根据机遇和自身能力随时调整自己的未来发展方向，有些相对专业性更强的类别如播音类的学生也未必一定从事本专业的工作。也就是说，在当今的就业环境下，传媒类专业大学英语学习者所必须具备的知识（necessities）应尽可能地为他们未来有更大的发展机会提供帮助。因此，我们要做的并不是一个单一的应试教育、语言培训班或者只将其能力的提升瞄准到职业辅助上。人们有时会诟病大学英语的学习不能满足实际的使用或真正的交际需求，但这是不是意味着应该完全按目标或者专业分类，仍非常值得商榷。笔者认为，对于非常具有实操性的专业，如航空、导游、商务等来说，在英语语言基本使用能力得到保障的基础上，提升其专业知识的储备是非常有必要的。但对于其他如工科或艺术类来说，太过专业的细分反而意义不大。对水平本身尚不足以支持流畅使用的语言学习者来讲，整体语言素质的提高仍然是最基本的且又容易被一些盲目的好高骛远的追求所掩盖的真正需要。

其次，来看学习者所缺失的知识（lacks）。对于许多艺术类专业来说，专业知识的学习相当耗时、费力，因此在学习者的学习生涯当中占据了大量的时间，这是完全可以理解的。但是这也造成了一部分同学的英语基础稍显薄弱。一些专业上非常优秀的学生在提到英语成绩的时候总是没有专业成绩那般理直气壮,这是我们大学教育者并不想看到的。可以说,令许多艺术类专业英语学习者困扰的,不是怎样用英语去描述一曲咏叹调中表达的情感,或如何完美地写一篇漫插画题材的论文,而仍然是首先如何流畅地应用语言,提高语言的基本能力和综合应用水平。诚然,冰冻三尺非一日之寒,这种语言功底的不扎实不该怪到大学头上,但是在走出校门之前,我们仍然能够并需要帮助学习者,使之自信并恰如其分地使用这门语言,提高他们的社会竞争力。

因此,从考量学习者所必须具备的知识(necessities)和其缺失的知识(lacks)来说,传媒类高校英语教学面临的挑战和重要任务仍然是大力夯实学习者的语言基础和整体水平,使得学生具备足够的语言使用能力,同时可适当开设一些专门用途英语的选修课程来满足学有余力的学生对专业知识的需求。

最后,来看学习者的主观期望(wants)。当代大学生,特别是传媒类学生具有更强的独立意识,思维更灵活,更有想法和个性。因此,由权威机构或任课教师来规定他们必须学什么、用什么方法学,在学习者看来,或许有一丝没有充分尊重他们的主观意愿之嫌。但是,在多大程度上满足他们的主观期望,也许是一个需要慎之又慎的棘手问题。因为学生自身的期望也不免时常会带着一点儿不切实际,或者对于自身不足的视而不见。总的来说,传媒类学生轻输入(读、听),而更期望自己具有流畅的输出能力(说、写)。年轻人的共性是不喜欢枯燥的苦功,喜欢有趣的或能吸引他们注意力的东西,这无可厚非。但是恰恰因为输入的不够或者功夫不到,导致他们在想要表达的时候没有自信,其实是一个恶性循环。因此,我们应该做的也许是表现出对他们自身期望的重视和尊重,用他们喜欢的内容和形式来引君入彀,将 necessities 和 lacks 尽量披上 wants 的外衣,兼顾课堂的趣味性和知识性,在内容上扎实到位,在形式上和教学方法上多考虑如何激励学生,使学生真正成为课堂的主体。

大学英语的教材和大纲相对固定，但是要想更好地满足学习者的需求，就必须承认课程的设计和组织有一定的灵活性。这也就要求，从大纲上来讲，要给教学的实际组织者留有一定的空间。因为如果所有课堂百分之百的整齐划一，那么只是便于管理，不能说考虑到了不同学生的实际需求，也不能做到对学生的发展真正有利。在教学材料的选取上，教师可以在课本知识之外增加学生更感兴趣的内容，与专业相关的讨论可以让学生更多地成为活动的主体，课程思政内容也可以引导学生自己进行适当的补充。同时，在课堂活动的组织上，可以相应增加网络、社交媒体、AI的应用来辅助教学，以更好地吸引学习者的兴趣，起到激励作用。然而，如何在实际的课程设计中具体分析学习者的需求，从而对教学的各个环节进行调整，仍然需要我们在实践中不断摸索。而教学中的一些具体问题，如应按水平分班还是按专业分班，如何在评估中进一步诊断大学英语教学对学习者主客观需求（necessities、lacks、wants）及学习需求（包括学习者的学习热情、效率，以及对自己语言使用的自信心是否得到了提升等各方面）的满足程度，也不是未经实践就能够简单臆测的。还是那句话，基于需求分析的课程设计是一个不断协商的过程，也是一个动态的、不断调整的过程，它永远应该贯穿课程考察的始终。

参考文献

［1］BRINDLEY G，1984. Needs analysis and objective setting in the adult migrant education program［M］. Sydney：NSW Adult Migrant Education Service.

［2］蔡基刚，2013.专业英语及其教材对我国高校ESP教学的影响［J］.外语与外语教学（2）：1-4.

［3］哈钦森，沃特斯，2002.特殊用途英语：English for Specific Purposes［M］.上海：上海外语教育出版社.

［4］刘艳梅，贾彦艳，2014.ESP教材的基本分类及编写出版问题与对策研究［J］.出版发行研究（9）：71-74.

［5］NUNAN D，1985. Language teaching course design：trends and issues［M］. Adelaide：National Curriculum Resource Center.

［6］努南，2001.学习者为中心的课程设置：第二语言教学研究［M］.上海：上海外语教育出版社.

［7］RICHARDS J，1984. Language curriculum development［J］. RELC Journal（15）：1-29.

［8］王蓓蕾，2004.同济大学ESP教学情况调查［J］.外语界（1）：35-42.

［9］徐立新，2022.国内专门用途英语教学浅析［J］.中国ESP研究（4）：84-92，125-126.

A Brief Analysis of the Reference Significance of Need Analysis Theory to College English Teaching in Media and Communication Universities

ZHAO Zicen(Communication University of Zhejiang, Hangzhou, 310018)

Based on need analysis theory of English for Specific Purposes, the author of this paper looks into the necessity and feasibility of analyzing learners' needs for college English education in media and communication universities. This paper discusses categories of learners' needs which educators should never neglect in course design, as well as analyzes the characteristics of learners' needs in media and communication universities, and then puts forward that the main task of English teaching in media and communication universities is still to vigorously consolidate the language proficiency and overall linguistic performance ability of learners, so as to enhance learners' competitiveness in their future career. At the same time, some ESP courses can be designed as necessary supplement for students who have enough language competence to learn more major-related language knowledge. At all levels of college English course design, in order to make our teaching more effective, we should learn from the important theories of ESP, so that students can truly become the subject of learning, thus teaching can better meet the needs of students.

文学文化交流

熟练度与习语类型对英语习语认知的影响研究

范 冰[*]

摘要：本研究从习语熟悉度大规模调研和习语语义测试入手，以341名英语专业和非英语专业大学生为受试者，探讨了英语熟练度、习语类型、专业、CET成绩等因素对中国EFL学习者习语认知的影响。研究发现：①学习者的英语熟练度与习语认知能力存在显著性差异；②英语专业与非英语专业学习者的习语认知能力存在显著性差异，非英语专业学习者中仅通过六级的文科生CET成绩与习语认知能力呈正相关；③学习者的习语认知水平受不同习语类型的影响，习语的认知难度越大，不同熟练度的EFL学习者理解习语的能力差异越大。

关键词：二语熟练度；习语类型；CET水平；影响因素

---

[*] 范冰，浙江传媒学院讲师、硕士研究生，主要研究方向：认知语言学、心理语言学、神经语言学。

引　言

　　习语是非字面语言中一种极为常见的形式，在成年本族语者会话中的出现频率高达80%。习语根植于一个民族的历史、政治、体育、文化之中，展现了人们创造性表达思想的方式和民族语言几千年的变迁（Liontas，2017）。能否正确理解和输出习语在很大程度上表明了一个EFL学习者的英语水平。然而，英语习语由于其独特的语法特性，成为许多中国学习者难以逾越的一条鸿沟。

　　什么是习语？传统的定义认为，习语是一种短语或词串，其语义无法从其构成成分直接推断出来（Cacciari et al.，1991；Nunberg，1994；Titone et al.，1999）。语言学界公认的习语特性（idiomaticity）有：①结构定型性，这是习语最基本也是最重要的特征；②表意整体性；③概念双层性；④感情丰富性。（张辉 等，2008）虽然习语的构成成分本身是固定不变的，其成分之间的结构关系是凝固的，但习语的活用现象表明习语的单个构成成分并非与其比喻惯用义无关。相反，习语的组成成分对于识别整个习语的含义是有意义的（Wasow et al.，1983），习语的整体比喻惯用义与习语构成成分的语义之间存在着隐喻的而不是任意的关系（Gibbs et al.，1991，1992；肖福寿，2000；Glucksberg，2001；张辉，2003）。习语特性决定了习语认知过程的复杂性。与本族语者相比，影响EFL学习者习语认知的因素更加错综复杂，为此本文将从内部因素和外部因素两个方面展开讨论。

一、影响习语认知的主要因素

（一）内部因素

　　对于EFL学习者来说，二语熟练度和习语熟悉度无疑是最重要的内部因素。学习者的二语熟练程度决定了EFL学习者将如何理解和加工习语的字面义和比喻义。熟悉度主要指习语的使用频率和人们对它的理解程度。一个词组的语义越为人们所熟悉，它在心理词库里被检索得就越快（Giora，2003）。国外不少学者以英语本族语者为研究对象，就习语熟悉度等因素进行了大规模的评定和量化研究（Bulkes et al.，2017；Libben et al.，2008；Titone et al.，1994；Schweigert et al.，1992）。近年来，国内也有学者试图从不同角度展开习语熟悉度研究。谢华（2007）考察了熟悉度、透明度和语境因素对中国学习者理解英语习语的影响；周英、张淑静（2011）探讨了熟悉度和比喻义语境对英语专业学生加工习语过程的影响；叶琳（2012）从熟悉度等因素入手，对比研究了英汉习语的理解模式；沈海波（2017）以英语专业学生为对象，运用事件相关电位技术（ERP）比较研究了熟悉度在英汉习语理解中的作用。

尽管不少研究是在熟悉度、透明度、字面义程度等不同维度上进行评定，但实际上，习语透明度和字面义程度这两个概念的基本意思是一样的，都说明习语的字面义在习语理解中的作用程度（朱风云 等，2007）。人们的透明度直觉是建立在已经熟知该习语比喻义的前提之上（Keysar et al.，1995），因此本研究在考察二语熟练度的基础上只选取了熟悉度作为最主要的评定依据。

（二）外部因素

本文重点研究的外部因素是二语中的语言迁移，即目的语习语与母语的相似程度（习语类型）对习语理解的影响。大量语言学和心理语言学研究均表明，概念隐喻极大地影响了语言含义的历史演变。习语在演变过程中逐渐丧失了最初的隐喻性（metaphoricity），最终变成了死隐喻。人们在理解和加工习语比喻义时会在一定程度上激活相应的概念隐喻（Gibbs et al.，1997；Lakoff et al.，1999）。在二语习语研究领域，有学者研究了习语语义的概念基础在母语和二语中的实现方式（字面义的表达形式）对二语学习者理解习语的影响（Charteris-Black，2002；吴旭东，2006）。吴旭东（2014）、朱莉和戴书晓（2017）进一步利用有声思维法解读了习语类型及二语水平对使用习语理解策略的影响。

虽然近年来习语研究成果丰富，但仍存在着一定的局限性：①多数国外的习语研究都以英语本族语者为受试，少数面向ESL学习者，但其母语与目标语同属于印欧语系，研究结论对以汉语为母语的EFL学习者是否有解释力仍是个未知数。②国内很多有关习语的量化研究就样本量和习语数量而言，都无法与国外的研究相提并论。一是参与调研或测试的人数普遍偏少，几十人居多，样本量太小会影响研究的信度；二是习语数量太少，一般不超过二三十个，无法窥见英语习语的全貌。③就研究对象而言，国内的研究要么选择英语专业学生为受试者，要么选择非英语专业学生为受试者，尚没有研究综合考察和比较不同专业、不同熟练度的学生群体概况。

基于以上讨论，本研究以英语专业（通过英语专业四级，简称TEM4）和非英语专业（分别通过大学英语四级和六级，简称CET4和CET6）的大学生为对象，采用定量研究的方法，探讨中国EFL学习者习语认知的现状及影响因素，并试图解答以下问题：①不同英语熟练度（CET4组、CET6组和TEM4组）是否影响学生的习语认知水平？②不同专业学生的习语认知能力是否存在差异？③不同类型的习语是否会对习语理解产生影响？不同英语熟练度的学生对不同类型习语的认知能力是否存在差异？

二、研究设计

（一）受试者

受试者为浙江省内多所本科院校大二至大四的学生，平均年龄19.6周岁，既包括英语专业学生，也包括非英语专业学生。鉴于英语习语对于低水平EFL学习者而言难度较大，收集该群体的数据缺乏效度和典型性，因此本研究锁定的样本群体为具备一定英语熟练度的EFL学习者，即CET4以上水平的非英语专业学生和TEM4以上水平的英语专业学生。在回收的502份习语熟悉度有效问卷中，英语专业学生247人，非英语专业学生（通过CET6）255人。另有341名学生（未参与熟悉度调查）参加了习语比喻义测试，其中，男生89人，女生252人；文科生246人（其中非英语专业文科生135人），理科生95人；TEM4组（英语专业通过TEM4的学生）126人，CET6组（非英语专业CET6达到425分以上的学生）123人，CET4组（非英语专业CET4达到425分以上，但未通过CET6的学生）92人。

（二）测量工具

本研究有两个测量工具：一是英语习语熟悉度问卷，二是高熟悉度习语比喻义测试卷。为了尽量减少习语的字面义程度对熟悉度评定的影响，习语熟悉度问卷采用的均为低透明度习语，即字面义与比喻义联系不太紧密的习语，同时把习语的长度控制在2至5个单词。问卷参考了Titone和Connie（1994）的171个习语，再从《牛津英语习语词典》（2005年版）和 *Dictionary of American Idioms*（2013年版）中选取了总共250个英语习语，用李克特7点量表从"非常陌生"到"非常熟悉"分别赋值1至7分。经检测，该问卷的Cronbach's α系数为0.978，表明量表可信度非常高。

根据习语熟悉度问卷的统计结果，从中筛选出100个高熟悉度的习语设计习语语义测试卷。测试采用填空题的形式，要求学生用中文或英文写出每个习语的比喻义，答对得1分，答错0分（只写出字面义也视同答错），满分100分。本研究关于习语类型的划分参考了吴旭东（2006）的五种分类体系，即类型Ⅰ（概念基础与语言表达完全对等）、类型Ⅱ（概念基础对等但语言表达相似）、类型Ⅲ（概念基础对等但语言表达不同）、类型Ⅳ（概念基础与语言表达完全不同）和类型Ⅴ（概念基础不同但语言表达对等）。为了保证测试卷的后续分析中习语类型划分的客观性，本文作者请另外两名资深高校英语老师一同参与商讨，最终确定100个习语的分类。

（三）数据收集

数据收集安排在秋季学期开学三周后，分两个阶段进行。第一阶段为习语熟悉度调查。考虑到6月刚考过大学英语四级或六级的同学此时已获悉成绩，选择这个时间段比较合适。问卷先在杭州某重点大学的语言学课程选修班（既包括英语专业学生，也包括非英语专业学生）进行小范围预试，再面向各高校展开。发放问卷共计542份，回收537份，回收率高达99.08%。我们将全部问卷导入问卷星，生成Excel文档，用SPSS 22.0剔除了相同数字比率大于70%的无效问卷，保留了502份有效问卷，用于进一步统计。

根据第一阶段李克特量表的统计结果，我们筛选出100个均值在4.5分以上具有较高熟悉度的习语，进入第二阶段——习语比喻义测试。为了避免干扰因素，参与第二阶段测试的学生均未参加过第一阶段的问卷调查。两种测量均由各高校的任课老师布置学生在课上或早自习时完成，下课时回收问卷。两个阶段的数据收集大约历时两个月。第二阶段测试卷共计发放350份，回收350份，回收率100%。测试结束后，由本文作者和另一名拥有多年教学经验的高校英语老师共同评分，然后将全部测试卷信息输入Excel文档，剔除了未通过CET4或未汇报CET4和CET6分数的非英语专业学生数据，以及未通过TEM4的英语专业学生数据，最终保留了341份有效样本。本研究将用SPSS 22.0重点分析第二阶段的样本数据。

三、研究结果

（一）英语熟练度对习语认知水平的影响

本研究根据测试卷上受试者填写的个人信息部分将受试者分成三组：通过英语专业四级的TEM4组；非英语专业学生中已通过大学英语六级考试的CET6组；通过大学英语四级考试，但六级考试成绩低于425分的CET4组。测试成绩的平均分为55.47分（见表1），偏度值和峰度值在-1和1之间，说明该因变量的数据基本呈正态分布。

单因素方差分析结果表明，三组学生的习语测试成绩在.05的显著性水平上存在显著性差异：$F(2,338)=75.601$，$P=.000$。我们使用Scheffe法进行事后检验发现，TEM4组（M=63.43，SD=10.395）与CET4组（M=41.82，SD=15.818）之间，TEM4组与CET6组（M=57.52，SD=13.141）之间，以及CET4组与CET6组之间的差异均达到了显著性水平。而且各组平均值之间的实际差异也很显著，$\eta^2=.309$，根据Cohen（1988）建议的标准，属于高效应量（>.14）。CET4组的习语测试成绩显著地低于CET6组和TEM4组的成绩（p=.000），CET6组的成绩也显著地低于TEM4组（p=.002）。

表1 习语测试成绩描述性统计分析

组别	N	平均值	标准偏差	最小值	最大值
CET4组	92	41.82	15.818	11	91
CET6组	123	57.52	13.141	40	95
TEM4组	126	63.43	10.395	49	92
总计	341	55.47	15.624	11	95

（二）专业与习语认知能力的关系

运用Pearson相关系数分析英语专业和非英语专业受试者习语测试成绩的结果表明，两类专业与总分之间存在显著的相关关系（p=.000），这说明英语专业与非英语专业受试者的习语认知能力差异极其显著。

为了更详细地考察非英语专业学生这一数量庞大特定群体的CET水平与学科类别是否影响其习语认知能力，本研究分别探讨了CET4组和CET6组受试者的CET成绩、学科类别（文、理科）与习语测试成绩的关系。为了便于统计分析，我们把CET4组和CET6组的考试分数按具体分值分成了四个等级：425—450分、451—500分、501—550分、>551分。

经统计发现，CET4四个分值组的受试者中，无论是文科生还是理科生，习语测试成绩都不与其四级分数呈相关性。也就是说，学生的CET4水平并未对习语测试成绩产生影响。总体而言，CET6四个分值组受试者的习语测试成绩均值随着CET6分数的增加呈上升趋势：425—450分（M=55.58，SD=12.417），451—500分（M=56.17，SD=12.674），501—550分（M=62.48，SD=13.608），>551分（M=64.60，SD=17.473）。但进一步结合学科类别这一自变量分析发现，只有文科生的测试成绩均值随着CET6分数的增加而提高，理科生的习语测试成绩则与其六级分数不相关（见表2）。Pearson相关系数分析结果表明，文科受试的四个分值组与总分之间存在显著的正相关关系（r=.23，p=.035，r^2=.05），即文科生的CET6水平对习语测试成绩存在一定的影响。

表2 非英语专业CET分值习语测试成绩描述性统计分析

组别	分值等级	文科 N	文科 平均值	文科 标准偏差	理科 N	理科 平均值	理科 标准偏差
CET4	425—450分	8	47.13	18.303	9	34.33	17.226
	451—500分	20	43.90	16.527	21	44.67	15.998
	501—550分	16	42.81	14.372	11	38.73	16.900
	>551分	7	36.57	11.900	0	0	0

续表

组别	分值等级	文科			理科		
		N	平均值	标准偏差	N	平均值	标准偏差
CET6	425—450分	25	55.04	11.995	11	56.82	13.855
	451—500分	40	56.30	13.614	19	55.89	10.765
	501—550分	16	61.69	12.611	7	64.29	16.610
	>551分	3	70.33	22.053	2	56.00	1.414

（三）习语类型与习语认知能力、英语熟练度的关系

100个习语被划分为五种习语类型，其中前四类习语——类型Ⅰ（概念基础与语言表达完全对等）、类型Ⅱ（概念基础对等但语言表达相似）、类型Ⅲ（概念基础对等但语言表达不同）和类型Ⅳ（概念基础与语言表达完全不同）的因子贡献率高达98%，而习语类型Ⅴ（概念基础不同但语言表达对等）只占2%，没有统计学意义，因此忽略不计。在纳入统计的四类习语（见表3）中，类型Ⅰ习语13个（M=7.55，SD=2.704），正确率58%；类型Ⅱ习语20个（M=11.28，SD=3.618），正确率56.4%；类型Ⅲ习语32个（M=17.76，SD=5.312），正确率55.5%；类型Ⅳ习语33个（M=17.57，SD=5.644），正确率53.2%。也就是说，概念基础与语言表达完全对等的习语最容易被学生理解，概念基础与语言表达完全不同的习语最难以理解。

表3 纳入统计的四类习语

习语类型	概念基础	语言表达	英语	汉语
Ⅰ	=	=	add fuel to the flame	火上浇油
			dig one's own grave	自掘坟墓
Ⅱ	=	≈	apple of one's eyes	掌上明珠
			night owl	夜猫子
Ⅲ	=	≠	burn one's boats	破釜沉舟
			black sheep	害群之马

续表

习语类型	概念基础	语言表达	英语	汉语
Ⅳ	≠	≠	see red	怒火中烧
			egg on one's face	无地自容

运用方差分析探究四类习语分值与受试者英语熟练度的关系时发现，不同英语熟练度（CET4组、CET6组和TEM4组）的受试者在四类习语的.05显著性水平上均存在显著性差异（p=.000）。进一步使用Scheffe法进行事后检验发现，类型Ⅲ和类型Ⅳ的习语在不同英语熟练度受试者之间的差异性尤为显著。这两类习语的分值在CET4组（M=14.14，SD=5.407）与CET6组（M=18.35，SD=4.258）之间，TEM4组（M=20.37，SD=4.206）与CET6组之间，以及TEM4组与CET4组之间的差异均达到了显著性水平。其中，CET4组的分值显著低于CET6组和TEM4组（p=.000）的分值，CET6组的分值也显著低于TEM4组（p=.002）的分值。这一结果表明，习语的认知难度越大，不同熟练度的受试者理解习语的能力差异越大。

四、讨论

本研究重点探讨的习语测试成绩与其他自变量的关系是建立在大规模习语熟悉度调查基础之上的。我们发现，根据Titone和Connie（1994）的问卷统计，熟悉度最高的（>5.5）习语仅有部分和中国学习者的评定结果重合（见表4）。

表4 部分习语熟悉度评定结果对比

习语	本研究	Titone & Connie
face the music	4.14	6.20
a piece of cake	5.08	6.10

续表

习语	本研究	Titone & Connie
twist one's arm	4.53	6.10
play with fire	4.97	6.00
break the ice	4.81	6.00
in hot water	4.73	5.70
with flying colors	3.86	5.70
shoot the breeze	3.75	5.60

这些低透明度习语的字面义和比喻义联系都不紧密，face the music、shoot the breeze等习语在本族语者看来出现频率高，因而非常熟悉，但对EFL学习者来说却比较陌生。对比Titone & Connie的研究发现，采用的虽然同为7点量表，本研究均值在5以上的习语数量却大大低于本族语者所评定的结果。我们认为主要有以下两个原因：第一，英语习语对中国学习者而言的确是一个很大的挑战；第二，虽然7点量表在各种研究中被广泛运用，一般来讲，量表等级越多，鉴别力就越高，7点量表具有最稳定的信度（Cicchetti et al., 1985），但7点量表可能不太符合中国受访者的习惯，答题时容易出现"趋中反应"。

众多习语研究表明，习语熟悉度与语义理解呈显著的正相关关系（Bulkes et al., 2017; Libben et al., 2008; Schweigert et al., 1992），越是熟悉的习语，人们越有可能理解其比喻义。经综合考虑，我们决定选取100个均值4.5以上具有较高熟悉度的英语习语，用以编制习语语义测试卷。通过分析受试者的习语测试成绩与英语熟练度、CET分数、专业（学科类别）及习语类型等自变量的关系，本研究得出的结论如下。

首先，EFL学习者的英语熟练度与习语认知能力呈正相关。方差分析结果表明，TEM4组学生的习语认知水平明显高于CET6组学生，CET6组学生的习语认知水平也明显高于CET4组。英语专业（TEM4组）的学习者在课内有大量接触英语的机会，开设的课程从英语国家文化概况、英美文学到综合英语技能，可谓对目的语进行了全方位的强化式学习，不仅对目的语的语言形式掌握得更加扎实，而且对目的语国家的历史、文化等背景知识也更为熟悉，有利于习语的认知理解。对于非英语专业学生来说，他们在课内接触英语的时间仅限于大学英语课堂，有的高校甚至只开设一年以下的大学英语课程，因而学习者语言水平的差异在很大程度上体现在课外投入的时间。在本研究中，CET6组的受试者理解习语的正确率显著高于CET4组的受试者。也就是说，受试者的英语熟练度越高，其习语认知能力越强。这一结论与方媛媛（2013）、Aljabri（2013）等人的研究一致。

其次，英语专业与非英语专业学习者的习语认知能力存在显著性差异；深入考察非英语专业学习者的CET成绩与学科类别时发现，仅文科生的CET6水平与习语认知能力呈正相关。虽然本研究的第一个结果显示，从样本总量来看，EFL学习者的英语熟练度越高，习语认知水平也越高，但通过进一步分析非英语专业学生中CET4组的等级考试成绩与习语认知水平的关系发现，无论文科受试者还是理科受试者，习语测试成绩都没有随着CET4分数的增加而增加。与之相比，尽管CET6组受试者习语测试成绩的总体均值随着CET6分数的增加而提高，但进一步分析发现仅文科生的CET6分值与习语测试成绩存在相关性。就考试的难度而言，CET4主要考察的是听、说、读、写、译等基本语言技能，与CET6的差距较大。学习者经常使用刷题的方法应对CET4考试，尽管有时也能得高分，但并不能代表学习者真正的英语水平。而CET6由于其难度系数较高，刷题得高分的概率大大降低，通常被学校和社会视为衡量一个EFL学习者英语水平的标杆。不过与英语专业学习者相比，非英语专业学习者尤其是理科生，总体而言在课内外接触到原汁原味的语言材料较少，对目的语国家的文化背景知识的缺失，在很大程度上制约了习语认知能力。

最后，习语类型显著影响着EFL学习者的习语认知水平；习语的认知难度越大，不同熟练度的 EFL 学习者理解习语的能力差异越大。本研究纳入统计的四类习语中，概念基础对等、语言表达相同或相似的习语正确率最高，最容易被受试者理解；概念基础与语言表达完全不同的习语正确率最低，最难被受试者理解，这一结论与吴旭东（2006）、朱莉和戴书晓（2017）的研究结果一致。不过本研究选取的是学习者比较熟悉的习语，而上述两个研究选择的是受试者比较陌生的习语，因此本研究对正确率的区分不如后者那么明显。由于中西文化交融，不少类型Ⅰ（概念基础与语言表达完全相同）习语的概念基础究竟源自何种语言文化已很难考证，如 paper tiger（纸老虎，有虚张声势之意）、wolf in sheep's clothing（披着羊皮的狼，意指伪装成好人的坏蛋）等，但已存储在 EFL 学习者的心理词库中。当受试者看到这一类型的习语时，会很快检索到母语中对应的表达，再加上契合的概念基础，就会产生正迁移，直接激活习语的比喻义。Matlock 和 Heredia（2002）指出非高水平的二语学习者在理解习语时一般分三步走：①把二语习语的字面义翻译成母语；②习语的字面义通达，并试图使之讲得通；③习语的比喻义通达。在理解类型Ⅳ（概念基础与语言表达完全不同）习语时，熟练度相对较低的受试者经过前两个步骤后，难以检索到母语中契合的语言表达或概念基础，很容易产生负迁移，无法通达习语的比喻义，因而最难理解。类型Ⅲ（概念基础对等但语言表达不同）习语的理解难度介于类型Ⅰ、Ⅱ与Ⅳ习语之间。这类习语虽然与汉语的语言表达形式不同，但有着相同的概念基础。随着学习者二语水平的提高，二语概念表征与母语概念表征相互渗透，学习者也有可能"识别"出二语、母语的共有表征，从而引起正迁移的产生（蔡金亭，2016）。如 blow one's own horn 在汉语中并无对应的表达，但较高水平的 EFL 学习者看到这个习语后，会积极调用英汉两种语言的"共同概念基础"（CUCB, Kecskes et al., 2000），把"吹自己的号角"这一动作投射到"吹嘘、自夸"的概念域，进而通达该习语的比喻义。这就解释了类型Ⅲ和类型Ⅳ习语在不同英语熟练度的三组受试者之间差异性尤为显著的根本原因。

结　语

本研究采用大规模习语熟悉度问卷调查与习语语义测试相结合的形式，考察了EFL学习者的习语认知能力与英语熟练度、专业、CET成绩之间的关系，同时探讨了习语类型对学习者习语认知的影响。我们得出以下结论：学习者的英语熟练度与习语认知能力存在显著性差异；英语专业与非英语专业学习者的习语认知能力存在显著性差异，非英语专业学习者中仅通过六级的文科生CET成绩与习语认知能力呈正相关；学习者的习语认知水平受不同习语类型的影响，习语的认知难度越大，不同熟练度的EFL学习者理解习语的能力差异越大。

本研究的习语语义测试选取的虽然是学习者比较熟悉的习语，但由于未加入语境因素，增加了测试的难度，这可能也是测试成绩均值偏低的一个主要原因。在未来的研究中，我们将进一步探讨熟悉度和语境因素在习语认知加工过程中的交互作用。

参考文献

［1］ALJABRI S S，2013. EFL Students' judgments of English idiom familiarity and transparency［J］. Journal of language teaching and research，4（4）：662-669.

［2］BULKES N Z，TANNER D，2017. "Going to town"：large-scale norming and statistical analysis of 870 American English idioms.［J］. Behavior research methods，49（2）：772-783.

［3］CACCIARI C，GLUCKSBERG S，1991. Understanding idiomatic

expressions: the contribution of word meanings [C] //SIMPSON G B. Understanding word and sentence. North-Holland: 217-240.

[4] CHARTERIS-BLACK J, 2002. Second language figurative proficiency: a comparative study of Malay and English [J]. Applied linguistics, 23 (1): 30.

[5] CICCHETTI D V, SHOINRALTER D, TYRER P, 1985. The effect of number of rating scale categories on levels of interrater reliability: a monte carlo investigation [J]. Applied psychological measurement (9): 31-36.

[6] COHEN J, 1988. Statistical Power Analysis for the Behavioral Sciences [M]. Hillsdale, NJ: Lawrence Erlbaum Associates.

[7] GIBBS R W, NAYAK N P, 1991. Why idioms mean what they do [J]. Journal of experimental psychology, General (120): 93-95.

[8] GIBBS R W, 1992. What do idioms really mean? [J]. Journal of memory and language (31): 485-506.

[9] GIBBS R W, BOGDANOVICH J M, SYKES J R, et al., 1997. Metaphor in idiom comprehension [J]. Journal of memory and language (37): 141-154.

[10] GIORA R, 2003. On our mind: salience, context, and figurative language [M]. Oxford: Oxford University Press.

[11] GLUCKSBERG S, 2001. Understanding figurative language: from metaphors to idioms [M]. Oxford: Oxford University Press.

[12] KECSKES I, PAPP T, 2000. Foreign language and mother tongue [M]. Mahwah, NJ: Lawrence Erlbaum Associates.

[13] KEYSAR B, BLY B M, 1995. Intuitions of the transparency of idioms: can one keep a secret by spilling the beans? [J]. Journal of memory and language, 34 (1): 89-109.

［14］LAKOFF G，1999. Philosophy in the Flesh：the embodied mind and its challenge to western thought［M］. New York：Basic Books.

［15］LIBBEN M R，TITONE D A，2008. The multidetermined nature of idiom processing［J］. Memory & cognition，36（6）：1103-1121.

［16］LIONTAS I J，2017.Why teach idioms? a challenge to the profession［J］. Iranian journal of language teaching research，5（3）：5-25.

［17］MATLOCK T，2002. 11 Understanding phrasal verbs in monolinguals and bilinguals［J］. Advances in psychology（134）：251-274.

［18］NUNBERG G，SAG I A，WASOW T，1994. Idioms［J］. Language（70）：491-538.

［19］SCHWEIGERT W A，CRONK B C，1992. Figurative meanings and the likelihood of literal meanings among U.S. college students［J］. Current psychology：research & reviews（11）：325-345.

［20］TITONE D，CONNIE C M，1994. Descriptive norms for 171 idiomatic expressions：familiarity，compositionality，predictability，and literacy［J］. Metaphor and symbol，9（4）：247-270.

［21］TITONE D，CONNIE C M，1999. On the compositional and noncompositional nature of idiomatic expressions［J］. Journal of pragmatics（31）：1655-1674.

［22］WASOW T，SAG I A，NUNBERG G，1983. Idioms：an interim report［C］// HATTORI S，INOUE K. Proceedings of the XIIIth International Congress of Linguistics. Tokyo：Gakushuin University：102-115.

［23］蔡金亭，李佳，2016.语言迁移的多维动态理论框架［J］.外语教学，37（4）：43-50.

［24］方媛媛，2013.中国大学生对英语隐喻习语理解迁移的实证研究［J］.合肥工业大学学报（社会科学版），27（4）：98-103.

［25］沈海波，王艳，刘文宇，2017.熟悉度在英汉习语理解中的作用：对英语专业学生的ERP研究（英文）［J］.Chinese journal of applied linguistics，40（1）：74-92，121.

［26］吴旭东，陈斌，黄丽辉，2006.中国学生对英语习语的理解：习语类型与二语水平的作用［J］.外语教学与研究（3）：196-201，241.

［27］吴旭东，2014.习语类型和二语水平对习语理解策略使用的影响［J］.现代外语，37（1）：62-73，146.

［28］肖福寿，2000.英语成语意义新探［J］.外语教学（2）：39-46.

［29］谢华，2007.熟悉度、透明度和语境对英语学习者理解习语的影响［J］.解放军外国语学院学报（5）：59-64.

［30］叶琳，2012.英汉习语理解模式及使用策略研究［D］.武汉：华中科技大学.

［31］张辉，2003.熟语及其理解的认知语义学研究［M］.北京：军事谊文出版社.

［32］张辉，季锋，2008.对熟语语义结构解释模式的探讨［J］.外语与外语教学（9）：1-7.

［33］周英，张淑静，2011.英语专业学生英语习语加工研究［J］.解放军外国语学院学报，34（1）：46-51，127.

［34］朱凤云，张辉，2007.熟语语义的加工模式与其影响因素［J］.外语研究（4）：8-15.

［35］朱莉，戴书晓，2017.英语学习者对英语习语理解策略的实证研究：习语以概念基础和语言形式为框架分类［J］.牡丹江大学学报，26（9）：108-110.

A Study of the Influence of L2 Proficiency and Idiom Categories on Chinese EFL Learners' Idiom Cognition

FAN Bing(Communication University of Zhejiang, Hangzhou, 310018)

This study starts with a large-scale survey on idiom familiarity and an idiom semantic test, and explores the impact of factors such as English proficiency, idiom type, major, and CET scores on Chinese EFL learners' idiom cognition taking 341 English majors and non-English majors as subjects.The results show that (1) there is a significant difference between learners' English proficiency and idiom cognitive ability; (2) There is a significant difference in the idiom cognitive ability between English majors and non-English major learners. Among non-English major learners, the CET scores of liberal arts students who only pass CET-6 are positively correlated with their idiom cognitive abilities; (3)Learners' idiom cognition level is affected by different idiom types. The greater the cognitive difficulty of the idiom, the greater the difference in the ability of EFL learners with different proficiency to understand the idiom.

谷崎润一郎《秦淮之夜》与芥川龙之介《南京的基督》中的视点

傅玉娟[*]

摘要： 谷崎润一郎和芥川龙之介同为日本大正年间的代表性作家，在当时的日本文坛上，两人既为好友，又是竞争对手。1920年7月，芥川龙之介在其小说《南京的基督》的附记中提到了谷崎润一郎的《秦淮之夜》，并主动承认了《秦淮之夜》对自己小说的影响。因此，关于谷崎润一郎的《秦淮之夜》与《南京的基督》的渊源关系一直以来被广泛讨论。《秦淮之夜》文本中的视点呈现出的是单向凝视，而《南京的基督》中的视点则呈现为一种交错凝视。从《秦淮之夜》的单向凝视到《南京的基督》的交错凝视，同一题材在芥川龙之介笔下交织成了一个更为复杂、更为精彩的文本。

关键词：《秦淮之夜》；《南京的基督》；单向凝视；交错凝视

---

[*] 傅玉娟，文学博士，浙江传媒学院国际文化传播学院讲师，研究方向：近代日本文学、中日比较文学。

引 言

1920年，尚未踏上中国土地的日本作家芥川龙之介在杂志《中央公论》7月号上发表了一篇题为《南京的基督》的小说。在小说的附记中，他这样写道："本篇创作之时，深受谷崎润一郎作品《秦淮之夜》的影响，特此附记，以表感谢。"（芥川龙之介，1975：196）作者在此自述了《南京的基督》的问世与谷崎润一郎的《秦淮之夜》的渊源关系。

因此，在《南京的基督》的研究中，研究者目光所及之处，往往会关注到《秦淮之夜》。两者从小说主人公的设定到小说主题，乃至小说中女主人公房间设置的异同等，往往是探讨的关注点。有研究者认为《南京的基督》与《秦淮之夜》两个作品之间的渊源其实并没有那么深，芥川龙之介仅仅是从《秦淮之夜》中借用了关于室内的描写及关于妓女的装束的描写，而他之所以特地写上这样的附记，只是他的障眼法，是另有其目的的，"（芥川）通过明示《秦淮之夜》这样似乎渊源颇深的作品，来转移读者的注意力（同时，这也含有另一种意图：如果读者将两篇作品进行对比，就会惊讶于其脱胎换骨手法的高明），巧妙地隐藏了真正相关的作品，这是此前芥川尝试过多次高超的明修栈道、暗度陈仓的手法"（鹭只雄，1999：129）。也有研究者认为，"加上这一'附记'更为根本的原因在于，不擅长创作现代背景作品的芥川通过将作品的舞台设定在中国，而不是日本，来使作品获得成功"（河泰厚，1997：94）。因为对芥川来说，以时间上远隔的古代或以空间上远隔的中国为作品背景，同样都是"远离现实"的手法。近年来，还有研究者指出，"从结果来看，《南京的基督》不仅是与《秦淮之夜》完全不同的文本，而且在某种意义上，从内容到主题，都饱含了对《秦淮之夜》中世界的批判意识，是一个彻底的反命题"（秦刚，2007：6）。

由此可见，在既有的研究中，研究者大多认为《南京的基督》与《秦淮之夜》的渊源其实并没有深到芥川必须以附记来郑重点明的程度。但是笔者认为，虽然如先行研究者所指出的，《南京的基督》与《秦淮之夜》是两个完全不同的文本，但是客观来说，两者所采用的题材是相同的，即所描写的都是中国秦淮河畔的妓女与一个外国寻欢者的一夜。对于1920年当时尚未亲自到过中国的芥川龙之介来说，《南京的基督》的创作受到了谷崎润一郎《秦淮之夜》的启发，这一点应当也是事实。问题在于，从别人的作品中获取题材，再以自己鬼斧神工般巧妙的手法进行创作，形成令人耳目一新、迥异于原作的作品，这是芥川龙之介自踏上文坛之后一直所采用的独特的创作风格。在以这样的手法创作别的作品时，他并没有特意在文末一一加上附记。这种主动点明自己创作题材来源的附记，只出现在《南京的基督》文末。芥川龙之介这种有意识的操作，笔者认为，其中必然是有其深意的。而这种深意，唯有通过对《南京的基督》与《秦淮之夜》两个文本的细致分析，方能探明。在本稿中，笔者尝试从两个文本中所体现的视点的角度，来解读芥川隐藏于这条附记中的深意。

一、《秦淮之夜》中的单向凝视

《秦淮之夜》是谷崎润一郎在1918年首次中国旅行之后根据旅行体验创作的作品群中的一篇游记，分为前后两部分，分别刊登于杂志《中外》1919年2月号和杂志《新小说》1919年3月号（其中后半部分在初次刊登时名为《南京奇望街》）。该作品记录了作者谷崎润一郎于1918年在中国旅行时，在南京享受完美食之后又在深夜穿行于秦淮河岸猎艳寻欢的经历。在整个游记中，贯穿其中的是谷崎润一郎对中国及中国人单方向的凝视，不存在第二种视点，因此"我"，即谷崎润一郎的叙述具有一种绝对的权威性。这种单向凝视尤其体现于他在秦淮河边妓女的目光中。

《秦淮之夜》中,"我"在中国向导的带领下,在秦淮河边的中国饭馆中享受完美味又便宜的中国晚餐之后,又在该向导的带领下穿梭于夜色沉沉的秦淮河边的小巷中,试图寻找同样美丽且价廉的中国美女。

中国向导带领着"我"去了三家不同等级的妓院,但是无论哪家妓院,在"我"的眼里都有着一样的特质——阴暗、简陋,而身处其中的妓女无论妍丑,都是失语的。

第一家是名叫"姑苏桂兴堂"的高级妓院。在其中,"我"遇上了一位名叫"巧"的美貌妓女。巧不懂日语,而"我"也不懂汉语,因此"我"与巧之间的直接交流事实上是处于被切断的状态。"我"除了通过向导之口了解到这个妓女名叫"巧","我"与巧之间的接触便完全是我对她的单向凝视。

"我"的眼睛凝视着她丰饶的肉体、媚人的姿态,"昏暗的油灯下,(她的)脸丰满圆润,闪耀着丰盈的白色,特别是薄薄的鼻翼两侧透着些微的红润。而比这更美的是比她身上穿的黑缎衣服更黑的、闪耀着光泽的头发,以及满含妩媚,如同吃惊一般睁大着的灵活的眼神"(千葉俊二,2004:58)。"她说话的时候,眼睛和手总是一刻不停地活动着。覆盖在额头上的浓密的刘海和缀着翡翠珠子的金耳环始终不停地晃动着,一会儿低下头似乎在想事情,一会儿手肘左右撑开耸起肩,最后又拔下了别着头发的黄金簪子,当作牙签来用,炫耀着她的美丽,尤其美丽的牙齿,神情变化之多,简直叫人目不暇接。"(千葉俊二,2004:59)而"我"虽然中意美丽的巧,但是因为巧的价格太贵而最终放弃。毫无疑问,在"我"与巧的这场相遇中,无论"我"怎样欣赏巧的美丽,这种美丽对于"我"来说的意义也仅仅只是一种商品。因此,"我"对巧的凝视止步于对外表的打量,是一种对商品的观察。当"我"觉得这一作为商品的美丽的身躯不值她所开出的价格时,便果断放弃了。

"我"的这种凝视,同样也延续于其后对另外两位妓女陈秀乡和花月楼的接触中。"我"对两个人的着眼点依旧是在她们的商品性最主要的载体——外貌与身体上。陈秀乡"脸的轮廓虽然并不令人讨厌,但是衣服上污垢斑斑,皮肤粗糙,这些最令我不满意"(千葉俊二,2004:69)。而对于"我"最后中意并且买下一晚的私娼花月楼,"我"凝视的目光依旧投射在她微黑但细腻的肌肤、柔软的四肢上。而因为语言的不通,直接的沟通在这里依旧是被切断的,也因此,"我"对花月楼的凝视最终也只是停留于无关内在的层面。

有学者曾指出,"凝视是指携带着权力运作和欲望纠结及身份意识的观看方法,因此,观者都是'看'的主体和欲望的主体,被观者多是'被看'的对象,也是权力的对象,可欲和所欲的对象"(朱晓兰,2013:8)。在《秦淮之夜》通篇的单向凝视中,所体现的同样是"我",也就是谷崎润一郎对于秦淮河妓女的欲望。三个妍丑不同、等级不同的秦淮河妓女,无一例外地成为他的欲望对象,而他以购买商品的态度在其中挑选着性价比最合适的那一个。秦淮河妓女在他的笔下处于失语状态,即使说话了,对"我"来说也只是毫无意义的声音。因此,"我"得以以一种居高临下的态度俯视、挑选。

从更深的意义来说,谷崎润一郎和秦淮河妓女之间凝视与被凝视的关系背后,隐藏的是当时的时代背景下中日两国的权力关系。作为强势一方的日本将处于弱势之中的中国视为了可欲与所欲的对象。谷崎润一郎到中国之前的数年间,日本对于中国的欲望更加膨胀。1914年日本占领胶州湾,1915年提出"二十一条",这些历史无不昭示了当时日本试图将中国变为自己殖民地的欲望。而这种欲望在踏上中国的部分日本文人作家这里,转化成为一种东方主义式的单向凝视。被凝视的对象被迫处于一种失语的状态,屈服于叙事者的权威,其内在性与主体性被完全无视,仅仅是作为被观察、被叙述、被欲望的对象而存在。这是国家之间的权力关系在文人作家的心理与行为上的投射。

二、《南京的基督》中的交错凝视

芥川龙之介的《南京的基督》部分取材于《秦淮之夜》这一点在上述先行研究中可以说已经达成共识，但是正如秦刚所说，从内容到主题，《南京的基督》都构成了对《秦淮之夜》的反命题。而芥川龙之介之所以在《南京的基督》的末尾附上对于《秦淮之夜》的谢意，笔者认为不仅仅是因为《南京的基督》部分取材于《秦淮之夜》，而且还因为《南京的基督》构成了对《秦淮之夜》中"我"单向凝视的反凝视。这主要体现在《南京的基督》中，叙述的中心视点不再是放在外来的日本旅行者或深夜闯入女主人公宋金花房间的外国人身上，而是放到了秦淮河畔的私娼宋金花身上。

在《南京的基督》中，私娼宋金花一反她的同侪们在《秦淮之夜》中处于被单向凝视的命运，而有了凝视他者的权力。这种权力主要是因小说中深夜闯入她家的神秘外国人而出现的。在受惊之后不由得站了起来的宋金花眼中，这个闯入她家中的外国人是这样的，"客人的年纪大约三十五六，穿件咖啡色条纹西服，戴顶同样质地的鸭舌帽，眼睛很大，蓄着胡须，脸上晒得红红的。可有一点儿让人不明白，虽说是外国人，却分辨不出究竟是西洋人还是东洋人。帽子下面露出黑头发，嘴里叼着已经熄灭的烟斗，挡在门口的样子，怎么看都像个喝得烂醉的行人迷了路"（芥川龙之介，2005：758-759）。与《秦淮之夜》中客人和妓女之间的直接沟通是被切断的情况一样，在《南京的基督》中，宋金花和突然闯入的外国人之间的直接沟通，也因语言的不通而处于事实上被切断的状态。但是与《秦淮之夜》中不同的是，在《南京的基督》中凝视的主体从客人变成了妓女。因此，在文本的叙述中，相对于突然闯入的外国人，宋金花是处于一个凝视者的位置的。而她正是站在了凝视者的位置，对言语不通的外国人展开了丰富的想象，并最终在自己单方面的凝视和想象中建构了基督降临南京拯救自己的完美结局（傅玉娟，2013：92）。

但是宋金花对外国人的凝视并不是这个小说中所呈现的凝视的全部。事实上，与《秦淮之夜》中单一的单向凝视不同的是，在《南京的基督》中所呈现出的是一种复杂的交错凝视。除了宋金花对闯入家中的外国人的凝视，还存在叙事者对外国人的凝视及对凝视着外国人的宋金花的凝视。于是在关于宋金花和外国人的一夜相处的叙述中，叙事者的视点与宋金花的视点出现了奇妙的不一致。

在宋金花对外国人的凝视和想象中，闯入她家中的外国人带给她的感觉逐渐从"有些害怕"发展到"想不起几时在哪儿见过，但确实又眼熟，一种亲切感油然而生"，并进一步上升到"不消说平日在南京见惯了的国人，就连以往见过的一些洋人，无论是东洋人还是西洋人，都没他来得潇洒"（芥川龙之介，2005：759）。随着好感不断升级，并在最后随着墙上的基督像的掉落，慌忙捡起基督像的宋金花发现外国人的脸和基督的脸长得一模一样，并在心中认定"怪不得觉得在哪儿见过呢，原来是我主基督的脸啊"，于是这个外国人的一言一行在她眼中"亲切中反透出一股威严"（芥川龙之介，2005：761）。

但是，叙事者在叙述中与宋金花的感觉一直保持着距离。在叙述中，对于宋金花的这种不断升级的好感，叙事者以"起码对金花来说"（芥川龙之介，2005：759），"金花觉得"（芥川龙之介，2005：761）来加以限定。在宋金花对外国人的凝视与想象之外，叙事者以其自身的目光凝视着这一外国人。他凝视的结果是，宋金花认为是"亲切中反透出一股威严"的神态，实则是"眼睛朝着她——从白净的脖子到垂着翡翠耳环的耳际，似乎不住地上下打量她"，"客人手伸进裤兜，把钱弄得哗啦哗啦响"（芥川龙之介，2005：761）。很显然，在叙事者的眼中，被认为是亲切的、威严的基督化身的外国人，其实仅仅是一个对宋金花的肉体感兴趣的买春客，他所感兴趣的是宋金花"白净的脖子""垂着翡翠耳环的耳际"等身体部位，而他故意将口袋中的钱弄得哗啦作响的行为,也更符合一个嫖客的行径。叙事者的凝视在这里提供了一种宋金花的凝视中所无视的可能性,并为宋金花和外国人的一夜相处提供了一种不同于宋金花的基督降临南京拯救自己的故事不一样的版本。

在《南京的基督》中,芥川龙之介赋予了原本处于被凝视地位的秦淮河妓女宋金花以一定的凝视他者的权力。但是这种权力在文本内部是受限的,叙事者的存在,意味着宋金花的凝视在文本中并不具有权威性。

相较于文本内部宋金花视点的受限,叙事者拥有的是一个全能视点。叙事者能进入宋金花的梦中,看到宋金花在梦中所发生的一切,也能够看到宋金花熟睡之后她的房间中的寂寞秋意。更为重要的是,这个全能的叙事者在关于外国人的凝视中提供的不同于宋金花的基督降临南京拯救自己的故事版本,与小说的最后部分年轻的日本旅行家所认为的"事实"之间具有很大的延续性。也就是说,叙事者对外国人的凝视结果更多的支持了年轻的日本旅行家所认为的"事实"。可以说,叙事者和年轻的日本旅行家一起,在小说内部为宋金花与外国人的一夜提供了一个不同于宋金花自己确信的故事版本,但是这并不意味着叙事者的凝视在文本内部就具有绝对的权威性。

在小说内部,宋金花以其确信构建了一个圆满自足的世界,这个世界从逻辑上来说是永恒不破的(傅玉娟,2013:90)。因此,叙事者与年轻的日本旅行家提供的另一个故事版本,在面对宋金花的确信(自己在那一夜遇到了基督)时,并不具有打破这种确信的绝对力量。因此,在小说中,宋金花的凝视不具有绝对的权威性,而看似具有全能视点的叙事者的凝视也同样不具有绝对的权威。也就是说,在《南京的基督》中,绝对权威的凝视是不存在的,其中所有的视点都是被相对化的。这种视点的相对化和凝视的交错,使得《南京的基督》成为一个比《秦淮之夜》更为丰富、更为深入、更为精彩的文本。

结　语

从单向凝视到交错凝视，虽然《南京的基督》取材于《秦淮之夜》，但是很显然，芥川龙之介在其中对谷崎润一郎的单向视点进行了更为复杂的处理，从原来的被凝视者的角度展示了另一个可能性，原来的单向凝视所具有的权威性在其中被消解，所有的视线呈现出被相对化的局面。这是这一时期芥川龙之介创作中相对主义理念的初步展现（在两年后所创作的《竹林中》中这种相对事实理念得到了更为明确的展现），同时也在事实上构成了对《秦淮之夜》中基于殖民者优越感单向凝视的权威性消解。

在《南京的基督》的最后，芥川龙之介之所以加上前述题记，一方面是出于对给自己的创作提供了题材的谷崎润一郎的感谢，但是另一方面也是在提醒读者《秦淮之夜》与《南京的基督》的互文性，提醒读者将这两部作品放在一起加以阅读，从而从两者的不同视角中体会单向凝视的局限性，甚至基于殖民主义视角出现的这种单向凝视的不可信。

参考文献

［1］芥川龍之介，1975.筑摩現代文学大系24芥川龍之介集［M］.東京：筑摩書房.

［2］芥川龙之介，2005.芥川龙之介全集：第1卷［M］.郑民钦，魏大海，侯为，译.济南：山东文艺出版社.

［3］傅玉娟，2013.论芥川龙之介《南京的基督》中的"童话"与"事实"［J］.重庆理工大学学报（社会科学），27(2)：87-92.

［4］河泰厚，1997.『南京の基督』考察［J］.日本文学研究（第32号）：93-103.

［5］秦剛,2007.＜自己＞、そして＜他者＞表象としての『南京の基督』——同時代的コンテクストの中で［J］.芥川龍之介研究（創刊号）：1-14.

［6］鷺只雄,1999.『南京の基督』新攷［C］//石割透.芥川龍之介作品論集成：西方の人——キリスト教・切支丹物の世界.東京：翰林書房：123-137.

［7］千葉俊二,2004.谷崎潤一郎上海交遊記［M］.東京：みすず書房.

［8］朱晓兰,2013.文化研究关键词：凝视［M］.南京：南京大学出版社.

Research on Point of View about *One Night in Qinhuai* by Tanizaki Jun'ichirou and *Christ in Nanjing* by Akutagawa Ryūnosuke

FU Yujuan（Communication University of Zhejiang, Hangzhou, 310018）

Tanizaki Jun'ichirou and Akutagawa Ryūnosuke were both representative writers during the Taisho period in Japan. In the Japanese literary world at that time, the two were good friends as well as competitors. In July 1920, Akutagawa Ryūnosuke mentioned Tanizaki Jun'ichirou's *One Night in Qinhuai* in the appendix of his novel *Christ in Nanjing*, and actively acknowledged the influence of *One Night in Qinhuai* on his own novel. And because of this, the relationship between *One Night in Qinhuai* by Tanizaki Jun'ichirou and *Christ in Nanjing* by Akutagawa Ryūnosuke has been widely discussed for a long time. In the text of *One Night in Qinhuai* the point of view presents as a unidirectional gaze, while in *Christ in Nanjing* the point of view presents as a crossed gaze. From the unidirectional gaze in *One Night in Qinhuai* to the crossed gaze in *Christ in Nanjing*, the same material become more complicated and more wonderful by Akutagawa Ryūnosuke.

汤亭亭和谭恩美作品中的吃喝与玩乐

黄 盛[*]

摘要：作为出生在美国的第二代华裔，汤亭亭和谭恩美的作品中总是不断出现与中华文化有关的事物与意象。本文将主要着眼于汤亭亭的《女勇士》、谭恩美的《喜福会》和《灶神之妻》等作品中反复出现的食物和麻将两个意象，探析两位华裔美国女作家如何塑造人物及写作意图。在汤亭亭和谭恩美笔下常有一些与中华有关的食物，和西方饮食大相径庭，两位作家笔下的第一代华人移民母亲也很热衷于烹制中式菜肴，与出生在美国的女儿辈的饮食习惯形成鲜明对比。除了食物这种生存必需品，两位女作家也描写了中华特色的娱乐项目——麻将，及其在华人生活中的地位和作用。本文将讨论这些具有中华特色的吃喝玩乐描写及汤亭亭和谭恩美在白人主流社会中求生存的写作策略。

关键词：汤亭亭；谭恩美；食物；麻将

---

[*] 黄盛，博士，浙江传媒学院国际文化传播学院讲师，研究方向：英美文学。

引　言

　　汤亭亭和谭恩美是当今最久负盛名的两位华裔美国女作家。汤亭亭1940年生于美国，是第二代华裔美国人，其代表作有《女勇士》《中国佬》《孙行者》等，在华裔美国文学史上有不可撼动的地位，其作品在学术界曾掀起大讨论。谭恩美1952年生于美国，也是第二代华裔，她的代表作有《喜福会》《灶神之妻》《接骨师之女》等，谭恩美的作品在学术界的地位比不上汤亭亭，但她的作品在读者中非常畅销，《喜福会》在畅销书榜上经久不衰并且被导演王颖相中拍成电影。《喜福会》这本书及电影也经常被收录在我国的各种英语课程里。作为出生在美国的第二代华裔美国人，汤亭亭和谭恩美在作品中不断出现有关中华文化的一些描写。她们是华裔，也是土生土长的美国人，她们作品中的中华文化意象是在华裔家庭中成长耳濡目染形成的产物。本文将主要着眼于汤亭亭的《女勇士》和谭恩美的《喜福会》《灶神之妻》等作品中反复出现的食物和麻将两个意象，探析两位华裔美国女作家如何塑造人物及写作意图。

一、食物：谁的厨房谁做主

　　吃喝也许是人类生活中最重要的一部分了。汤亭亭和谭恩美笔下时常出现有关第一代华裔饮食和烹饪的描写。这种有关饮食的描写似乎并不突兀，因为两位作家笔下的人物通常是女性，而女性在传统社会中扮演的角色之一就是要在灶台前忙忙碌碌，给家人提供食物。不过，笔者认为食物和饮食并不单单展现了这些女性的操劳，而是作为一个隐喻来表现第一代华裔女性在以白人为主的美国社会如何生存，以及第一代华裔母亲和第二代华裔女儿辈如何交流互动。

在汤亭亭的《女勇士》中有这么一个场景：母亲勇兰在机场等候飞到美国的妹妹月兰，勇兰随身携带了好几袋在家里做好的中式食品。从勇兰不想在机场买吃食这个细节可以看出，她觉得自己做的食物比机场的便宜，说明老一辈华裔在生活上节约，在另一方面也暗示出勇兰并不习惯吃西式食物。有时候勇兰做的菜并不好吃，但她觉得"食量大的人能赢"，能吃的人面对困难时解决问题的能力也强大（Kingston，1989：90）。汤亭亭在作品中也提到华人华裔见了面就说"吃了吗"，而西方人说"你好吗"，从中可以看出吃是一种生存策略，并且代表了"亚裔美国人作为移民和少数族裔必须应对限制和迫害的一种能力"（Wong，1993：25）。母亲对于自己制作的中式食物的依恋，一方面反映了华裔群体在经济上的窘迫性，另一方面也反映出她们对于故土和过去岁月的怀念。比如《女勇士》中出现的"芋头叶子"能勾起母亲对于中国南方的回忆，而勇兰带到机场的几袋自制食物则代表了大家庭一起分享、一起吃饭的传统，这种分享不局限于和自己的女儿，而是要和妹妹及外甥等大家庭成员一起。

同样的，在谭恩美的《喜福会》中，食物在第一代华裔母亲的生活中也扮演了非常关键的角色。母亲吴素媛在战时的旧中国和其他几个女子发起了一个小团体叫"喜福会"，来"提振精神"（Tan，1998：23）。她们会用一些食物来犒赏自己，虽然她们的饺子是"西葫芦馅的"，吃的橘子也是"充满了虫咬的洞"（Tan，1998：23），但和战争年代的其他人相比，这已经算得上奢侈，所以她们对这些食物十分珍惜，通过吃这个活动来减少对于未来的焦虑。之后，吴素媛移民到美国后又重新组建了一个喜福会，而吃这一仪式也延续了下来。在她的女儿吴精美眼里，老一辈人的吃"不是一件文雅的事"，"好像每个人都像挨饿了很久一样"（Tan，1998：32）。从这种挨饿的情绪中可以看出，第一代华裔移民不但在经济上受窘，精神上也深深地烙上了饥饿的印记。

这些第一代移民母亲不但为了生存而吃喝，而且还有自己独特的烹饪方式。在《女勇士》第四章中,汤亭亭描写了在女儿眼中的母亲勇兰的烹饪和吃饭方式令人食欲全无。勇兰烹制了各种野生动物并告诉她的孩子在旧中国人们如何享用猴宴。对于书中的出生在美国的女儿来说,勇兰这些关于吃的叙述和故事令人作呕。谭恩美在《灶神之妻》中也有类似的关于华人热衷于吃鳝鱼的描写。在笔者看来,这些作品中关于华裔母亲的叙述是夸张的而非写实的。她们的烹饪有可能就是稀松平常的,而在美国出生的女儿眼里,中式烹饪相比于西方饮食就显得非常怪异。而另一方面,吃一些野味对于这些母亲来说也可能是对于在旧中国时光的再次体验和回味。

别看这些华裔母亲热衷于吃西方人害怕的野味,但有一些食物是她们怎么也吃不惯的。在《灶神之妻》中,叙述者的母亲维尼在一个聚会上邂逅了后来的丈夫杰米,但她对西式甜点和奶酪的吃不惯却造成尴尬场面。虽然维尼和杰米在美国结婚了几十年,但她仍然"对中式食物情有独钟"(Hsiao,2000:217)。这从一侧面反映出,维尼并没能很好地融入西方社会中,饮食差异就是文化障碍的一个缩影。

斯拉沃热·齐泽克指出,"那些把某个特定群体聚合起来的因素并不能被缩减为一个象征上的认同:把各个成员联系起来的纽带总是暗指对于某一件东西的分享关系,并指向一种内在的愉悦"(Zizek,1993:201)。食物就是齐泽克所说的"某一件东西",可以把有相同背景的人联系并团结起来。当美国出生的女儿一代热衷于西方快餐食品,老一代华裔母亲却仍然坚守着她们的传统烹饪方式,并且希望女儿能够继承中式饮食文化,反映出她们希望能够保持自己的华裔身份认同。

华裔母亲对于中式饮食的偏爱还在于她们认为中式饮食比西方快餐健康,并且在中华膳食传统中就有药食同源这种观点。食物的作用不仅在于充饥,还能够疗愈。在《女勇士》中,勇兰对女儿大叫"吃!吃!""如果它味道不好,它就对你有好处"(Kingston,1989:92),母亲用这种方式来表示自己良好的用意。与中式饮食相比,《喜福会》中的西式饮食则显得不太健康，丽娜的父亲是美国人，喜欢"每天早上吃五片培根和三个荷包蛋"（Tan，1998：150），结果死于心脏病。谭恩美在《灶神之妻》中也有一段关于食物治病的故事，叙述者珍珠在和母亲维尼和解后，决定回到中国寻找草药治疗母亲的疾病，因为美国的西医对她母亲的病情无能为力。传统中医通常从各种草药和植物中提取药物，受到中国哲学影响，并且强调天人合一（Men et al.，2010：9），重视人体的内外调和。在《灶神之妻》中，中药代表了中华文化，是维尼心里寄托的安慰，能够抚慰她身处中西两种文化所带来的内心矛盾。珍珠最终能够去寻求中药的帮助，说明她理解了母亲的传统，即中药和中华文化对她的疗愈作用不止于身体上的，更在于精神上的。

然而，出生于美国的第二代女儿已经习惯于美国的生活，或者说她们就是美国人，所以在汤亭亭和谭恩美作品中的女儿们并没有继承母亲的饮食和烹饪传统，而更多的是充当看客（珍珠去中国寻找草药是一个例外，仅仅因为西医已经无能为力）。她们甚至对于母亲准备的食物表现出厌恶。在《喜福会》中，吴精美表示她对于母亲活煮螃蟹这一行为不能忍受。很明显，吴精美在美国文化影响下长大，西方工业化的食材处理方式使得人们在超市买到的食物都是干干净净、见不到血的，相比之下，中式烹饪方式活煮螃蟹令她感到很残忍、很原始。总而言之，汤亭亭和谭恩美笔下的中式烹饪方式代表了他者，即未被同化的母亲一代；而西式快餐饮食则代表了美国化了的女儿一代。

汤亭亭和谭恩美用夸张的手法展现了女儿一代对于中式饮食的抗拒，其目的是离间叙述者（女儿一代）和中华文化的联系，这是一种表现母女矛盾的方式。谭恩美一次在访谈中说，她小时候宁可吃罐装的菠菜，而不愿意吃母亲现做的蔬菜，因为在她对于美国的想象中，"新鲜蔬菜是穷人吃的"（Jaggi，2001）。这就能看出女儿一代不愿意接受母亲一代烹饪食物的原因：并不是母亲的烹饪有多么怪异，而是女儿对于美式生活的向往。从这一点可以说明，汤亭亭和谭恩美所描写的怪异的中式烹饪和饮食传统并不是对母亲形象的妖魔化描写，而是象征母女之间错综复杂的矛盾关系，而母女关系恰好是她们作品中一个永恒的主题。于是，厨房，或者灶台，就变成了两母女两代人之间的一个战场，也是华裔美国人日常生活的一个重要场景地。事实上，这种传统的、严苛的母亲和美国化的、叛逆的女儿之间的矛盾在汤亭亭和谭恩美的作品中比比皆是，而饮食和烹饪只是这种矛盾的一个方面。

二、麻将

麻将是一种中华传统娱乐项目，深受广大老百姓喜爱。汤亭亭在《女勇士》中提到过一次麻将，不过她叫它"hemp-bird game"（Kingston，1989：139），显然这是对麻雀的直译："麻"和"鸟"。我们知道麻将也可以叫作麻雀，但汤亭亭的这种直译可能会让英语读者摸不着头脑。汤亭亭描写了在唐人街的一些妇女沉迷于打麻将，暗示出这些妇女以前可能是有闲阶层，"就像中国那些无所事事的有钱太太"（Kingston，1989：139）。叙述者的母亲勇兰对这些妇女很不屑，认为打麻将是个陋习，"一个人有一天早上从赌桌上起来后发现她的生活完了"（Kingston，1989：139）。勇兰的话不无道理，因为她到了美国以后要没日没夜地在洗衣房干活，才能维持全家人的生计，任何一种形式的娱乐活动对她来说都是罪恶。但是，汤亭亭也暗示了这些移民女性通过打麻将和以前的故土文化取得一定的连接，并且麻将也是华裔妇女之间联谊的一种方式。

在《喜福会》中，麻将和食物一样，是母亲们在战争年代消烦解忧的娱乐，是她们移民美国之后聚会的媒介。众所周知，打麻将一般需要四个人，而想要打赢麻将，不光需要运气，还要靠计谋和策略。打麻将的技巧和西方桥牌有相通之处，只不过麻将用的不是纸牌，而是麻将牌。在谭恩美的作品中，打麻将不仅仅是为了消遣娱乐，更是一种"在艰难时代的生存手段"（Emerick，2009：59）。和一般的打麻将赌钱不一样，喜福会中的母亲们打麻将也有输赢，不过打赢的人会得到每个人下的很小的注，而打输的人可以带走聚会后剩余的食物，所以"每个人都能得到快乐"（Tan，1998：30），所以喜福会打麻将的哲学在于让每个人得到慰藉，而不是为了追求输赢。这也正好暗合了汤亭亭和谭恩美的写作策略，即华裔作品能在主流社会中求生存是最重要的。

Ronald Emerick在论文中论述了《喜福会》中三种麻将牌——"Walls"、"Winds"和"Dragons"的象征含义（Emerick，2009）。不过，这里出现的所谓Dragon牌令人费解。笔者通过搜索中英语网络相关麻将的规则和术语，发现Dragon牌所对应的汉语为箭牌或者三元牌。在中式麻将里，一组箭牌包含三个牌：中、发、白。而根据维基百科的内容，"有些牌组，特别是美式牌，用一个绿色的龙来代替汉字'发'"（Mahjong Tiles）。根据这些线索，笔者认为Dragon牌是一个美式麻将术语。这种对中式麻将的背离与《喜福会》中吴精美对麻将的态度不谋而合：都是通过西方信息来了解麻将，并且使用的都是西化的术语。在《喜福会》中，吴精美不愿意和她母亲的朋友们一起打麻将，是因为她只会打犹太麻将，而喜福会的母亲一代看不起犹太麻将，认为他们不会应用策略来玩游戏（Tan，1998：33）。她母亲对于中式麻将和犹太麻将两种截然不同的态度，使得吴精美感到两代人之间存在鸿沟，两代人"说着不同的语言"（Tan，1998：34）。

由此可见，中式麻将和犹太麻将的区别也象征性地代表了母亲和女儿两代人之间的文化鸿沟。母亲对于中式麻将的执着来源于她们对故土和旧时光的怀念，而女儿们生长在美国，对于祖辈的故土没有具体概念，自然也不会对中式麻将有执念，她们使用的是美国化的麻将术语，打的是美国式的犹太麻将，有美国化的规则。Emerick在评论里还指出，吴精美在母亲去世后代替母亲主持喜福会，象征着"迈向理解她的母亲和母女关系的第一步"（Emerick，2009：53）。需要注意的是，这里女儿对母亲的传统习俗的接纳并不是彻头彻尾的，女儿对麻将的理解仍然是美国式的，这是因为在女儿这一代人看来，中式麻将和犹太麻将并没有本质区别。

《喜福会》中的麻将意象也和这部作品的结构有异曲同工之妙。Ronald Emerick（2009：55）认为，《喜福会》这部作品的结构和麻将一样都是由四部分组成的。笔者认为谭恩美的写作结构把后现代碎片化技巧和以麻将为代表的中华元素结合在一起。这种类似麻将的结构也和我国古代章回体小说结构有相似点，都是看似碎片化却能有机地结合在一起。例如，《喜福会》的第一部分和第四部分是由母亲一代叙述的，而第二和第三部分则是由女儿们讲述；而在每一个部分，母亲或者女儿讲述的故事都有一个相同的主题，并且整部作品是一个故事环，主要叙述者吴精美共讲述了四个故事，把其他人物的故事贯穿起来，起到中轴和主持人的作用。这和打麻将十分类似，四个人围坐在一桌上，确定好东、南、西、北四个方向并且有一个是庄家，吴精美在整个故事中的作用就和庄家相仿。例如，在《喜福会》的第一部分《千里鸿毛》，除了第一个故事是吴精美讲述她母亲吴素媛在战争年代的经历，其他三个故事都是由母亲讲述她们的童年经历。第二部分《二十六道门》是由四个女儿讲述各自的童年。紧跟着第三部分是四个女儿在成年之后的一些矛盾经历。母亲们的声音在第四部分重新回归，讲述她们面对困境时如何抉择，只不过过世的吴素媛的故事仍然是由吴精美来讲述。这四部分看似各自独立，但都围绕着母女关系这个主题。整部作品也可以看作一个母女之间循环对话的集合，通过对话，两代人之间逐渐达成理解。而且这四部分的故事是母亲在一头一尾，女儿在中间这样一个顺序，"构成了母亲保护女儿的视觉效果"（张瑞华，2001：99），这种结构不但和麻将的四面墙相像，而且和母女关系形成了呼应。另外，喜福会是在艰难岁月里求生的手段，不管是战争年代还是流落他乡，她们围着麻将桌互相闲聊、互相帮助，一起克服困难。所以，整部作品的叙述是一个整体，是两代人之间不同文化背景的交流和和解。

麻将在《喜福会》这部作品中还起到了把四位母亲人物凝聚在一起的作用。Tara Fickle 在 "American Rules and Chinese Face：the Games of Amy Tan's"这篇论文中把打麻将比作"一个幻想式的角色扮演游戏"（Fickle，2014：69），因为这四位母亲角色在打麻将时都会换上传统中式衣服，这种穿戴在现代中国都很少见，在美国显得更怪异。Fickle 指出他们的这种换装行为不仅证实了麻将游戏对于族裔认同的表演性特质，还能够通过游戏过程改变游戏者之间的关系（Fickle，2014：70）。这是因为通过换上战争年代旧中国的传统服装，母亲们仿佛身临其境再次回到了自己的青春年代，虽然那是战争年代，但她们在自己的故土和自己的亲人朋友在一起，所以这种感受对她们来说是相当震撼和有诱惑力的。这种身临其境也使得这四位母亲角色不自觉地互相产生共鸣，继而觉得她们之间有一种割不断的血肉联系，所以她们会让自己的女儿叫"aunties"（虽然汉语字面上翻译为阿姨，但在英语里只有有血缘关系的女性长辈才可以被叫作 aunties），自然而然，这四位母亲便互相成为姐妹。麻将这个游戏便成为一种母亲之间及阿姨和女儿们之间互相照应的中介。

结　语

本文通过分析汤亭亭和谭恩美作品中的食物和麻将两个意象来观察作者对于中华文化的态度。从母亲对中式饮食的执着和女儿们对西方饮食的偏爱，以及母女两代人对麻将的理解，可以看出汤亭亭和谭恩美对中华文化的暧昧态度。一方面，她们强调自己的美国身份，毕竟她们生长在美国，也要融入美国社会中；另一方面，她们作为华裔群体，不可避免地会受到白人主流社会的排挤和歧视，所以当她们感到无力和沮丧时，就会转向从自己的祖辈中华文化汲取力量。需要指出的是，她们理解的中华文化并不是原汁原味的，而是经历了时间和空间变异的中华文化，这就会使美国白人读者及年轻华裔一代对中华文化产生误解和偏见。不过，也正是她们对于中华文化的重新阐释，使得她们能在白人主流社会的夹缝中发声。所以，"变形"的中华文化对于这两位作家来说是一个不可或缺的利器，展现出老一代移民的生活场景及第二代华裔女儿们努力去理解母亲一代并形成自己的身份认同。虽然这两位作家的写作确实有加深西方读者对中华文化偏见的嫌疑，但需要看到她们作品的积极方面，即借用中华文化是她们的生存策略，是她们向主流社会偏见发出挑战的努力。

参考文献

［1］BONETTI K，1986. Talking with *The Woman Warrior*［C］// SKENAZY P，MARTIN T. Conversations with Maxine Hong Kingston. Jackson：UP of Mississippi：77-85.

［2］EMERICK R，2009. The role of Mah Jong in May Tan's *The Joy Luck Club*［C］// BLOOM H. Amy Tan's *The Joy Luck Club*. New York：Infobase Publishing：53-61.

［3］FICKLE T，2014. American rules and Chinese faces：the games of Amy Tan's［J］. MELUS，39（3）：68-88.

［4］HSIAO P，2000. Food imagery in Amy Tan's *The Joy Luck Club* and *The Kitchen God's Wife*［J］. Feng Chia journal of humanities and social science，1（Nov.）：205-227.

［5］KINGSTON M H，1989. The woman warrior：memoirs of a girlhood among ghosts［M］. New York：Vintage Books.

［6］Mahjong tiles［EB/OL］.［2024-10-08］. http://en.wikipedia.org/wiki/Mahjong tiles.

[7] JAGGI M, 2001. Ghosts at my shoulder[EB/OL].[2024-02-02]. http://www.theguardian.com/books/2001/mar/03/fiction.features.

[8] MEN J, GUO L, 2010. A general introduction to traditional Chinese medicine[M]. Boca Raton: CRC Press.

[9] TAN A, 1998. The Joy Luck Club[M]. London: Vintage Books.

[10] WONG S C, 1993. Reading Asian American literature: from necessity to extravagance[M]. Princeton: Princeton University Press.

[11] 张瑞华, 2001. 解读谭恩美《喜福会》中的中国麻将[J]. 外国文学评论（1）: 95-100.

[12] ZIZEK S, 1993. Tarrying with the negative: Kant, Hegal, and the critique of ideology[M]. Durham: Duke University Press.

Food and Mah-jong in Kingston's and Tan's Works

HUANG Sheng (Communication University of Zhejiang, Hangzhou, 310018)

Born as the second-generation Chinese Americans, Maxine Hong Kingston and Amy Tan have repeatedly borrowed Chinese cultural elements in their works. This essay looks at Chinese style food and a Chinese game called Mah-jong which appear in Kingston's *The Woman Warrior* as well as in Amy Tan's *The Joy Luck Club* and *The Kitchen God's Wife*. The Chinese food tradition in Kingston's and Tan's works is different from the western one and the mother characters are fascinated with Chinese cooking compared with their American-born daughters. The two writers also described the essential role Mah-jong played in Chinese Americans' daily life. This essay analyses how the two authors use these Chinese cultural elements as a strategy to interact with American mainstream readers and challenge stereotypes of Chinese Americans in the United States.

《看不见的人》中的黑人发声困境与"不可听性"主题*

王绵绵**

摘要：长期以来，学界对拉尔夫·埃里森的经典小说《看不见的人》的解读主要侧重于视觉意象，将"不可见性"视为作品的核心隐喻，然而其中的听说意象与"不可听性"主题却长期遭到忽视。值得注意的是，埃里森曾在一系列副文本中反复强调了声音在其创作中的重要性。事实上，他在该小说中巧妙地融入了大量的听说隐喻，这些隐喻紧密围绕着黑人个体摆脱发声困境以寻求"可听性"展开，形成了一个复杂而精妙的结构。本研究旨在探究《看不见的人》中的黑人个体发声困境与话语权主题，通过追踪黑人主人公从个人声音的缺失到觉醒的历程，展现听说意象对于主题表达的重要性。这一过程不仅揭示了黑人个体在当时美国社会语境中的沉默与无力，也展示

---

* 本研究受到浙江省外文学会 2021 年专题研究项目重点项目"'听不见的人'：《看不见的人》中的多重发声困境与策略性'不可听'"（ZWZD2021009）及 2022 年度浙江传媒学院青年教师科研提升计划项目"'听不见的人'：埃里森《看不见的人》中的听觉困境与多重发声策略"（ZC22XJ009）的资助。

** 王绵绵，文学博士，浙江传媒学院国际文化传播学院讲师，研究方向：文学跨国主义、加勒比文学、非裔美国文学、美国移民叙事、叙事学。

了他们如何通过自我觉醒和抗争来寻找自己的独特声音和话语权。

关键词：拉尔夫·埃里森；《看不见的人》；声音；话语权

引 言

1981年，拉尔夫·埃里森（Ralph Ellison，1914—1994）为《看不见的人》（*Invisible Man*，1952）的30周年纪念版撰写新引言，其中特别指出，该书的创作灵感源自从地底传来的一个"嘲讽的、无形的声音"，它向作者讲述其特殊经历，引导着他"构建情节的进展"（1989：xiv）。长达数页的聆听与思考过后，埃里森得出结论，"这个看不见的声音源自我们复杂的美国地下深处"（1989：xviii），暗示这个声音对于全面理解作品主题具有不可或缺的重要性。值得一提的是，埃里森本人曾在《影子与行动》（*Shadow and Act*，1964：x）一书中，自比为一位音乐家（"我把我自己看作一位音乐家"）。他在回顾创作经历时写道："我对艺术形式的基本感觉是音乐……基本上，我本能的写作方式是通过声音……那句老话怎么说来着——'有策略的感官错位'？我认为小说就是这么个情况。"在这里，声音变成了视觉，视觉变成了声音（Ellison，1995：797-798）。珍妮弗·布罗迪（Brody，2005：8）则将《看不见的人》比喻为一首音乐，她鼓励读者"调用耳朵、眼睛和心灵"来"倾听《看不见的人》中听不见的音乐"。这种跨感官的阅读体验能够帮助读者更深入地理解小说的深层含义。

尽管如此，学界多受标题先入为主的引导，倾向于将"不可见性"（invisibility）视为理解该作品的核心[①]，而作品中大量的听说意象与"不可听性"（inaudibility）主题却长期遭到忽视。然而，埃里森巧妙地在这部小

---

① 托德·利伯（Lieber，1972：86）指出小说通过主人公的"不可见性"表达了"无视某群体的自身文化属性，剥夺其祖籍文化并强迫遵守外来标准与价值观的现象"，详见：LIEBER T M，1972. Ralph Ellison and the metaphor of（转下页）

说中融入了大量的听说隐喻，围绕黑人个体的"不可听性"编织成网。本研究专注于探究《看不见的人》中的黑人个体发声困境与话语权主题，追溯了黑人主人公从个人声音缺失到觉醒的历程，从中彰显听觉意象对全面理解作品主题的重要性。

一、黑人个体的发声困境

在《看不见的人》中，主人公经历了从个体失语到觉醒的过程。在故事的起始阶段，他代表主流声音在白人操控的黑人大学发表演讲。在白人听众"大点声，大点声！""讲得慢点，让我们听清楚"的命令声中（30-32），他反复提及"社会职责"等代表当时主流价值观的宏大词汇，以此迎合白人听众的期望，其形象被塑造成一个优秀的学生和顺从的黑人。然而，在多次重复主流话语后，主人公口误将"社会职责"念成了"社会平等"。下意识说出的"平等"二字反映出他潜藏的权力意识与焦虑，也是其个体声音挣脱束缚的短暂释放。上述演讲片段中，主流声音对黑人个体声音的压制和绑架不仅体现在他呼吁黑人顺从的演讲内容，也以隐喻的方式体现在主人公"嘴巴发干"和"喉咙过于紧张"的生理反应上。尽管主人公也试图提高音量"讲得声音更大"，但没有人打算倾听，都自顾自地交谈嬉笑，"仿佛那些龌龊的耳朵里塞了棉花，什么都听不见"（31）。面对嘲笑，他感到血噎住了喉咙，却不敢中断演讲吐掉嘴里的血。他选择"将血和唾液一起咽下"（30），此吞咽意象象征着他忍气吞声的习惯，被吞下的血液仿佛他憋回去的个体声音。

invisibility in Black literary tradition［J］. American quarterly，24（1）：86-100。亚历杭德罗·米勒平则指出，埃里森通过"不可见性"主题暗示着黑人及白人无法突破或拒绝突破刻板印象而将对方种族视为"独立个体"，详见：LÓPEZ MIRALLES A，2013. Invisibility and blindness in Ellison's *Invisible Man* and Wright's *Native Son*［J］. Philologica urcitana（9）：57-66。

在北方涂料公司地底下，主人公的个体声音再次遭到集体声音的打压：黑人工会（所谓"兄弟会"）的成员"大喊大叫"地污蔑他是叛徒和骗子，"没有给［他］为自己辩护的机会"（222），再次指向其个体声音不被"听到"的处境。在加入该工会并成为演说团队的一员后，主人公发声努力依然困难重重。领导层也试图通过"训练"来规范他的讲话方式，希望他能采用"科学的讲话方式"，即剥离了情绪、更加客观而非个人化的讲话风格（358）。在小说接近尾声时，主人公向追杀他的拉斯解释求饶的场景，再次凸显出他难以被"听见"的处境：原本"只需几句简明扼要的话语就能讲清楚［实情］"，但拉斯一口咬定他是在玩弄话术，全然听不进他的解释，命令手下"别听他胡乱瞎编"。面对这种情况，主人公开始质疑自己的语言能力，"是不是因为我英语说得差？见鬼，英语不是我的母语"（380）。这抱怨透露出主人公在发声徒劳后深深的无奈和挫败感，再次凸显出他难以被"听见"的处境。纵观全书，黑人个体声音的发声困境贯穿全书，伴随着主人公从南方到北方。

二、称谓、命名与话语权力

声音的力量在该作品中具有多重体现，一方面表现为掌权者通过话术展现的操纵力量，另一方面则隐藏在称谓与命名背后所蕴含的权力关系之中。在开篇前言中，叙述者特别提到，一个白人曾"用侮辱性的字眼称呼"他，这一挑衅的称谓立刻引发其愤怒，使其记忆犹新。这一场景不仅突显了称谓在权力对抗中的关键作用，也为整个作品奠定了基调。同样，当主人公首次与"兄弟会"接触时，他的称谓也随着工会成员对他的态度变化而发生改变。最初，工会成员热情地称呼他为"兄弟"（222），"这称呼……听上去出人意料"（218），令他感到受宠若惊。然而，当得知他被安排来替代罢工工人后，这些人突然翻脸，转而称他为"叛徒"（222）和

"工会寄生虫"（224）。这种称谓的变化导致主人公情绪失控，大打出手。在这次激烈的冲突中，锅炉爆炸，导致主人公晕厥。可以说，正是称谓的转变触发了故事情节的关键性转折，揭示了称谓与命名在塑造个体身份和构建权力关系中的重要作用。

本·马丁（Martin，1991：83）曾指出，称谓在文化中蕴含着巨大的力量，"称谓不仅仅是标签，它们传递出强大的意象"。通过称谓的变化，我们不仅可以观察到人物之间的权力动态，还可以深入了解个体如何在不同的社会环境中被定义和认知。因此，对于研究声音背后的权力关系和人物身份塑造来说，探究称谓与命名的力量显得尤为重要。对于小说中许多角色来说，决定自身称谓的权力实际上代表着自身身份的话语权或掌控权。这解释了为什么布罗克韦在与主人公首次会面时，首先明确提出的是关于称谓的指令（"别一来就直呼我的名字。对你这样的人而言，我应被称为布罗克韦先生"），以此提醒他注意地位差距（208）。

同样，兄弟会也试图通过控制命名权来统治其成员。该组织强迫主人公在加入组织后使用其赐予的新名字，以此彰显该组织对成员的绝对控制权。在兄弟会内部，每个成员的身份都被简化为一个代号，不是"兄弟"就是"叛徒"，没有其他身份可言。然而，主人公对新名字深感抗拒，这在他代表兄弟会发表的首次公众演讲中得到了体现。起初，他很担心"到时候可能会忘记［自己］的新名字"，此刻双腿仿佛不再属于自己，而是"闹了独立"，为此他扪心自问："你怎么知道这两条腿就是你的呢？你叫什么名字？"（339）在以上心理活动中，双腿象征着立场，名字代表身份，这两个意象相互交叠，暗示着主人公的立场和身份已经随着名字和命名权一起被"兄弟会"控制和剥夺。新名字使主人"惊慌失措"，因为"一旦迈开腿走上讲台开口发言"，他"就成了别的什么人了"，不再是原来的自己了（341）。最终，主人公还是在组织的压力下屈服，说服自己使用新名字［"不要紧……一则我已改名换姓，二则我须服从命令。"（342）］，再次证明了名字和称谓在操纵个体身份与立场方面的强大力量。

在经历过受骗、被冤枉和爆炸后的失语等"不可听"困境后，主人公并不甘心一直被定义，而是决心在必要时为自己和友人正名。当克利夫顿被"兄弟会"错误地贴上"叛徒"的标签时，主人公在其葬礼上挺身而出，发表了慷慨激昂的演讲为其正名。他有意在演讲中反复念着克利夫顿的真名，以此对抗组织强加的代号和"叛徒"标签，强调克利夫顿作为个体的独立性和独特性。在后来与杰克的辩论中，主人公提醒杰克"要以科学的方式交谈"（365），并一再追问杰克"什么叫叛徒"（472，474），利用对方对"叛徒"定义的不严谨，揭露了兄弟会采用政治话术和大词的模糊性和随意性，从而质疑和挑战组织领导层的话语权。换言之，主人公正是通过坚持独立的命名权来保持独立的思考，以此挑战组织领导层的话语权，用个体声音反抗组织的命名权，将原本被动的焦虑转化为积极争取称谓和命名的主动权。

三、黑人个体声音的觉醒

正如邱珍妮（Chiu，1996）在《〈看不见的人〉中的反射性与身份认同》（"Specularity and Identity in *Invisible Man*"）一文中所指出，"声音"在小说《看不见的人》中具备一种颠覆性的潜力，能够反抗凝视，对抗反观。随着对话语权力认识的不断深化，主人公逐渐觉醒，并试图发出自己的独立声音。在小说前文的铺垫中，作者巧妙地预示了主人公即将经历的觉醒时刻。在驶向北方的大巴车上，主人公不仅深思熟虑着如何"学习那些重要发言人的演讲技巧"，还下定决心"摒弃在南方所形成的独特腔调"（156，162）。这一改变声音和说话方式的计划，不仅显露了他的发声焦虑，更预示着他即将与南方黑人大学集体声音的决裂。

主人公黑人个体声音觉醒的关键时刻，发生在工厂爆炸导致其昏迷并苏醒的瞬间。在医院，电击所带来的疼痛与爆炸前被误解、被贴标签的痛苦相呼应。随后，主人公发现自己竟然丧失了理解话语的能力：

> 我听见……说话声，说着一些我所熟悉但意义不清的话。我热切地倾听着，知道句子的结构和韵律，领会得到这时在相继进行的提问和说明的声音之间细微的节奏上的区别。可是它们的意义仍然湮没在茫茫的白色之中，而我自己也在这里面消失了（239。注：着重号为笔者所加）。

上述引文不仅暗示主人公因爆炸患上了失语症，更象征着旧有自我形象和身份认知的彻底瓦解，因为他超越语言，便超越了名字、称谓和定义的限制。

在这一转折时刻，听觉和声音在主人公建立独立认知方面发挥了关键作用。在失去语言的指引后，他感到难以给"头脑中那些飘忽不定、模糊不清的思想赋予一个确切的名称"。当医生询问他及其母亲的名字时，他想不起来，也"无法理解他们的意思"，包括"母亲"这个词也变得陌生（240）。最终，在机器发出的类似女性尖叫声的噪声启发下，他顿悟了"母亲"一词所指为何，给出了一个基于听觉的独特定义："母亲，那个当你受苦时她会哀叫的人"（241）。尽管他无法回忆起母亲的确切名字，但他通过听觉重新定义了"母亲"这个词，象征着他摆脱了语言的束缚后，建立了自己独特的认知方式和命名法。此后，当医生用不同的称谓询问他的名字时，他突然明白，这些称谓其实指的是同一个人——他自己。无论是小时候的"俄亥俄州人"、长大后的"兄弟"，还是布罗克韦口中的"外地人"，"他们是同一个人"，本质上都是指向他这个人（224，243）。这一顿悟不仅让他在患失语症后重新认识了自我，也让他对语言和认知有了更深刻的理解：表层的称谓（能指）是可以超越的，真正重要的是背后的含义（所指）。

在小说的中间部分，主人公主要是通过发表公开演讲努力让自己被"听到"。当他目睹黑人普罗沃斯夫妇被无理驱逐出他们的公寓时，他勇敢地站了出来，发表了一场关于公民权利的公开演讲。这场充满个人情感与坚定立场的演讲，不仅打动了现场的群众，成功激励他们采取行动，而且也吸引了兄弟会领袖杰克的注意，最终使他决定聘请主人公成为该组织的专业演说者。为了学习兄弟会演说家"措辞激烈而清晰"的技巧（321），"同听众取得联系"，以扩大自己的影响力（347），主人公决定加入这个组织。他看重兄弟会提供的舞台和专业演讲者的身份，希望借此来安抚自己不被"听到"的焦虑。

在北方加入黑人公会后，主人公依然保持着自己的独特声音。正如他先前所预料的那样，他那"爱唱反调"的叛逆天性"时时刻刻在内心深处激起摩擦"，时常在不经意间从潜意识中涌现（340）。尽管兄弟会为演讲内容提供了指南，他声称自己"记不清"兄弟会提供的指南类"小册子里那些含意恰当的词句"，在首次演讲时遍选择了极具个人特色的煽动性话语［兄弟会所谓的"讲话不科学的错误"（358）］，控诉社会对黑人的不公与"剥夺"（349）。此外，他在一次杂志的采访中不慎流露出个人声音，因此被中央领导层下令重新调配。之后，在克利夫顿的葬礼上，他没有像其他成员那样选择沉默，而是通过发表充满情感和个人色彩的演讲，传播了克利夫顿的个人故事及其真正的死因。值得注意的是，他在演讲中呈现了克利夫顿作为普通人的一生，这与前文南方黑人大学中巴比牧师演讲赞颂学校创始人时所采用的英雄主义风格构成鲜明对照，再次凸显其个体声音的独特性。

结　语

从北方到南方，从黑人学习到兄弟会，主人公长期受欺骗、受操控、被冤枉、患失语症的经历印证了主流声音、政治话术、称谓和命名法的强大力量，也注定了他作为觉醒的黑人个体走投无路的结局。主人公逐渐认识到，在这个充满话术和欺骗的世界里，要发出自己的声音，争取自己的权益，是一项艰巨而必要的任务。然而，白人主导的主流声音和黑人工会的压倒性的力量都加重了他的"不可听"困境。他的结局也证实了这一点。故事接近尾声时，主人公再次遭到了兄弟会成员拉斯等人的误解和打压，被无情地贴上了"叛徒"标签，这与前文中他与工会及布罗克韦的纠纷构成呼应。起初，他试图通过墨镜伪装和使用假名字（"赖因哈特"）来逃避这一标签导致的追捕。然而，这种伪装只是暂时的，一旦他开口说话，他的真实身份就会立刻暴露，因为他的"口音与赖因哈特不符"（489）。当有人认出他并喊出他"在兄弟会里用的名字"时，这种伪装彻底失效，他再次作为"叛徒"陷入被追杀的境地（567）。总的来说，尽管主人公对抗集体声音和话术的决心坚定，但由于他无法伪装其口音，也无法摆脱被强加的标签和名字，寡不敌众的结局似乎是注定的。

小说结局尽管在故事层面暗示了黑人个体声音在主流声音和集体声音面前的无力与无效，却在更高的维度上展示了其叙事的强大力量。在故事结尾的种族动乱中，主人公为躲避兄弟会的追杀而坠入地窖。在这里，他失去了一切听众，只能与想象中的听众分享自己的故事和感受，其叙述声音构成前言及结语部分的自白。之前经历中遗留的"不可听"焦虑，即自我正名、自主定义及被"听见"的渴望，在这个阶段得到了延续，表现为与理想的听众进行对话，以此试图宣示自己的话语权，为个人声音找到新的出口。然而，结尾的讲述在故事层面是缺乏对话性的。正如巴赫金所指出的，"他者"意识或"他人眼中的我"（"I-for-others"）[1]在自我定义和自

---

[1] 为了阐释"他者"在个体自我定义中的不可或缺性，巴赫金引入了由三个自我构成的三维结构。这三个自我分别是：①主观性，即"我眼中的我"（I-for-myself），这代表了个人对自身意识的认识和感受；②他观性，即"他人眼中的我"（I-for-others），这反映了外界他人如何看待和塑造个体形象；③我为性，即"我眼中的他人"（other-for-me），这代表了个体如何理解和认知外界的其他人。这三个层面相互交织，共同构建了人的自我定义。参见 NEALON J T，1998. Alterity politics：ethics and performative subjectivity [M]. Durham：Duke University Press：41。

我意识构建过程中扮演着至关重要的角色（Nealon，1998：41）。换言之，只有在被他人"听见"时，个体声音才得以存在与维持。尽管如此，叙事本身的力量赋予其意义。在此前的经历中，主人公见证了特鲁布拉德等人如何依靠讲故事牟利，也亲耳聆听过诺顿先生与巴比牧师用学校奠基人的传奇给学生灌输顺从的思想，这些经历向他展示了叙事的强大力量，并被他以叙事形式融入了一个更加宏大的叙事框架中。纵观小说始末，这个叙事以代词"我"为起点，以"你"为终点，架起了叙述者与受述者之间的桥梁。也正是通过主人公（叙事者）缺乏听众的、一厢情愿的讲述，作家埃里森实现了与读者关于黑人个体声音乃至人类个体存在方式等主题的交流探讨。

参考文献

［1］BRODY J D，2005. The Blackness of Blackness…: reading the typography of *Invisible Man*［J］. Theatre journal，57（4）：679-698.

［2］CHIU J，1996. Specularity and identity in invisible man［J］. Critical sense，4（1）：28-104.

［3］ELLISON R，1964. Shadow and act［M］. New York：Random House Inc.

［4］艾里森，1984. 看不见的人［M］. 任绍曾，张德中，黄云鹤，等译. 北京：外国文学出版社.

［5］ELLISON R，1989. *Invisible Man*："30th anniversary edition" with an introduction by the author dated November 1981［M］. New York：Vintage：vii-xxiii.

［6］ELLISON R，CALLAHAN J F，BELLOW S，1995. The collected essays of Ralph Ellison：revised and updated［C］. New York：Random

House.

[7] LIEBER T M, 1972. Ralph Ellison and the metaphor of invisibility in Black literary tradition[J]. American quarterly, 24（1）: 86-100.

[8] MARTIN B L, 1991. From Negro to Black to African American: the power of names and naming[J]. Political science quarterly, 106（1）: 83-107.

[9] MIRALLES A L, 2013. Invisibility and blindness in Ellison's *Invisible Man* and Wright's *Native Son*[J]. Philologica Urcitana（9）: 57-66, 4.

[10] NEALON J T, 1998. Alterity politics: ethics and performative subjectivity[M]. Durham: Duke University Press.

The Dilemma of Black Voices and "Inaudibility" in *Invisible Man*

WANG Mianmian (Communication University of Zhejiang, Hangzhou, 310018)

Scholarly interpretations of Ralph Ellison's seminal novel, *Invisible Man*, have predominantly centered on its visual imagery, with "invisibility" regarded as the fundamental metaphor of the text. Nevertheless, the auditory imagery and the theme of "inaudibility" have long been disregarded. It is noteworthy that Ellison consistently underscored the significance of sound in his work, interweaving numerous auditory metaphors throughout the novel. These metaphors intricately explore the struggles of Black individuals in articulating their voices and seeking "audibility", thus contributing to a complex and nuanced narrative structure. By tracing the protagonist's journey from voicelessness to self-realization, this study endeavors to examine the predicament of Black voices and agency in *Invisible Man*, highlighting the pivotal role of auditory imagery in thematic discourse. This process not only unveils the silence and marginalization experienced by Black individuals within the societal fabric of the United States at the time, but also elucidates their pursuit of distinctive voices and agency through introspection and resistance.

从叙事看爱伦·坡作品中的人性观及命运观

佟 倩[*]

摘要：埃德加·爱伦·坡的作品多以恐怖、怪诞为世人所知，但在这些表层显著特征之下蕴含着爱伦·坡对人性的探索和理解。本文从爱伦·坡作品中大量运用的第一人称叙事视角和受害人叙事视角，讨论爱伦·坡试图传达的人性观和命运观。人性是理性与非理性的综合体：其小说作品中的施害人的正面自我评价及其实施侵害行为时周密的计划、严谨的手段、极高的执行力是其人性理性的体现；同时，施害行为动机形成的因果链条的缺失及施害人社会属性的缺失体现了人性的非理性的一面。其作品中隐形链条传达的人性的二元性，以及这种二元性引起的命运的不确定性正是作品给读者带来心灵冲击的表层现象的根源。

关键词：人性；二元性；命运；不确定性

---

[*] 佟倩，外国语言学及应用语言学硕士，浙江传媒学院国际文化传播学院讲师，研究方向：理论语言学、认知语义学、跨文化交际。

引　言

埃德加·爱伦·坡，19 世纪美国诗人、小说家及文学评论家，一生著有 60 余部短篇小说，3 部长篇小说，诗歌 70 余首，另外还写了数篇戏剧、随笔、论文。他被后人推崇为恐怖的卓越才子、侦探小说的鼻祖、科幻小说的开路先锋，还是象征艺术的高级牧师、忧郁的哥特王子。（特雷什，2023：8）然而，撇开他在文学领域的卓越成就，他还是一位科学家。他曾在西点军校接受过系统的数学与工程学教育，同时对未知宇宙的探索展现了极大的兴趣。然而他的一生起起伏伏。他一面探索无尽的宇宙，一面敏感于人性之细微之处；一面与多舛的命运抗争，一面又不得不一次次向命运低头。他在美国文学史上有着不可被撼动的地位，可是活着的时候并不被主流社会接受，死后还饱受争议。他的一生充满了矛盾，留给我们后人的是无尽的文学宝藏和思想源泉。

一、对爱伦·坡的研究

周晶（2023）将国内外对爱伦·坡的研究，包括他的作品和他的人生经历，分别归纳为三个阶段和五个阶段。国内研究分别为 20 世纪初至 80 年代末、20 世纪 90 年代、21 世纪后三个阶段，分别对应了起步、突破和变化及繁荣阶段；国外研究相对国内研究较早，从 1829 年至今经历了五个阶段，分别以作家人格评论、精神分析法、现代批评分析框架、解构主义和多元化方法论为关键词，展现了爱伦·坡其人及其作品在历史进程中的研究特点。于雷（2015）则将西方的爱伦·坡研究归纳为一种显著的回归母题，即回归伦理、回归创作、回归本土。

爱伦·坡的文学作品多以哥特、恐怖、黑暗、科幻、死亡为特点。截至2024年2月19日，在中国知网上以"爱伦·坡"分别加上述关键词作为主题搜索，分别得到181条、590条、86条、43条和574条结果，而单独以"爱伦·坡"为主题词进行搜索，则得到1467条结果。然而，人们对哥特、恐怖、黑暗、科幻、死亡这些过于明显的表面特征的关注，都不应以弱化作品要表达的内在的、底层的思想为代价。

爱伦·坡通过他的小说、诗歌，在表层恐怖、死亡、裹尸布等拨动读者神经的主题和关键词之下毫不留情地深挖人性的本质，直面理性与非理性之争，揭示命运的偶然性和不可控性的残酷。本文从叙事的角度，以爱伦·坡的短篇小说为例，试图展现爱伦·坡的人性观及命运观。

二、第一人称叙事

人称叙事是叙事研究的一个分支，它体现了叙述者与所叙述事件的空间位置关系，直接决定了读者以怎样的视域来进行阅读。一般文学作品的人称叙事分为五种，分别为第一人称叙事、第二人称叙事、第三人称客观叙事、第三人称有限叙事和第三人称万能叙事，后两种也被称为有限上帝叙事和万能上帝叙事。有限上帝叙事，指叙述者在同一时段知晓且仅知晓一位人物的心理活动及感受；而万能上帝叙事，则是叙述者如同扮演上帝的角色，任何时空下都知晓所有人物的内在心里及感受。为了更好地展现人物的心理，扩大读者被呈现的视域，不少文学作品选择后两种叙事角度。

然而在爱伦·坡60余篇短篇小说里，故事几乎都是通过第一人称叙事视角展现的。第一人称叙事直接拉近了读者和叙述者的距离，或者直接让读者作为故事中的一员经历并对事件的发展起到决定性作用。

（一）从第一人称叙事看施害人的正面自我评价

在爱伦·坡以谋杀为主题的短篇小说中，主人公，即施害者，通过第一人称叙事的视角展开，无不展示了他们极高的自我评价。以《泄密的心》为例，"我"和一个老头住在一起，"我"很爱这个老头，却决定杀死他以摆脱他如秃鹰般的眼睛。连续一周，"我"夜夜推开他的房门窥探他，直到忍无可忍在第八天将他杀害，并将尸体藏在地板下面。警察到来，"我"强装镇定，却莫名被地板下传来的老头的心跳声逼到崩溃，向警察招认了罪行。

故事叙述者"我"用了大量的褒义词描述自己——"神智健全""沉着镇静""机灵""敏锐""精明"，其中"敏锐""精明"被反复使用。排比句"你真该看看我动手是多么精明，看看我是以何等的小心谨慎、何等的远见卓识、何等的故作镇静去做那件事情"；对于自己的杀人行为，四次否认自己"发疯"："可你干吗要说我是发疯？""你以为我疯了，疯了啥也不知道。""我难道没有告诉过你，你所误以为的疯狂只不过是感觉的过分敏锐？""如果你现在还以为我发疯……你就不会那么认为了。"

《黑猫》讲述了"我"是如何亲手剜去自己宠物猫的眼睛，并将它杀死，同时杀死自己的妻子，把尸体砌在墙里。在行使如此残忍的杀戮的情况下，"我"评价自己"理性""理智"，并且"我"是一个"性情温顺""富于爱心""心肠之软是那么惹人注目"的人。

（二）从第一人称叙事看施害人的施害计划、手段和执行力

《一桶白葡萄酒》堪称爱伦·坡复仇故事的经典之作，开篇就通过第一人称叙事，通过施害者的"口"直白地向读者表达了"我"对多年的朋友 Fortunato 给我带来的无数次伤害忍无可忍，并决定实施报复。之后读者揪着一颗心看着"我"如何以一桶白葡萄酒为诱饵，引导朋友一步一步落入圈套，进入我家的地窖，最后"我"用水泥和砖块将他砌在一个地窖凹洞里。

这种戏剧反讽的文学创作手法并不少见，另一个典型的戏剧反讽的例

子就是莎士比亚的《罗密欧与朱丽叶》，读者比故事中的人物更早地知道真相，却目睹着剧中人一步步走向深渊。《罗密欧与朱丽叶》中读者知道朱丽叶并不是真死，但罗密欧不知道，读者看着罗密欧喝下毒药却无能为力。《一桶白葡萄酒》通过第一人称的内心独白在开篇直接将杀戮的预谋表达出来，读者在阅读过程中从头至尾都在煎熬中度过，眼睁睁地看着一个在狂欢节饮酒畅谈的人在短短的时间里以一种极其残忍的非寻常的方式死去。与《罗密欧与朱丽叶》相比较，《一桶白葡萄酒》对读者的内心冲击无疑更大。

通过第一人称叙事，"我"对 Fortunato 的大量言语反讽则体现了整个犯罪过程手段之严谨。此篇中爱伦·坡将言语反讽用到了极致，通过三种"反复"，将 Fortunato 置于完全被控制之中。①反复抬高 Fortunato 的自我认知："碰见你真是不胜荣幸""你今天的气色真是好极了""我真傻，居然没有向你请教""你有钱、体面，有人敬仰，受人爱戴。你真幸运，就像我从前一样"。②反复劝回："咱们回去吧，你的健康要紧""咱们回去吧，你会生病的，那样的话我可担待不起"。这使得要强的 Fortunato 一次次坚持要帮"我"鉴酒。③反复提到要找 Luchesi 帮忙。这是一个在 Fortunato 看来根本没有鉴酒本领的人，"我正想去找 Luchesi""再说还有 Luchesi"。

当 Fortunato 进入那个石墙凹洞内部的时候，施害人超强的执行力得以展示。通过第一人称叙事，施害者直接与读者对话，将他的犯罪行为通过几个连续动作一气呵成："锁""绕""再锁""抽出""退出"。爱伦·坡通过第一人称叙事刻意回避了任何对施害行为进行掩盖的企图，让施害人以如同讲述一个日常行为似的冷静，赤裸裸地将一切暴露在读者眼前。这表面看似冷静的描述，恰恰更容易使读者产生恐惧感。

另一部显著体现施害者超强执行力的小说是《泄密的心》。故事通过第一人称叙事，将施害人"我"如何杀死老头的过程用极为简洁的几句话、几个动词表达出来，使得整个杀人过程直接明确、干脆利落。"我冲进房间……把他拖下床来……把沉重的床推压在他身上……"，在确定老头死后,"我把床搬开,检查了一下尸体……把手放在他心口上试探了一阵""我干得飞快但悄然无声"……与"我"对整个杀人的过程描述之清晰、冷静形成对比的是读者内心剧烈的震撼、翻滚。

用第一人称叙事,读者往往有两种阅读体验,一种是作为听故事的人直接与叙述者(施害人)对话,虽然爱伦·坡的短篇小说多以第一人称叙事,他还不时地用到第二人称,试图与读者对话。对于读者而言,本可以作为旁观者目睹施害过程,却突然与施害者对话,更增加了阅读的紧张感。前文中提到《泄密的心》中,"我"否认自己发疯时,就是通过第二人称"你"对读者连续进行反问。第二种阅读体验是读者通过"我"这个第一人称,直接代入式地体验了施害者天衣无缝的计划,严谨的施害手段、超强的执行力,仿佛自己就是那个施害者。

(三)爱伦·坡的人性论之理性

"隐含作者"是美国文学理论家韦恩·布斯在1961年提出的概念,它指作者的第一人称叙事视角下,有意无意地将自己的某种思想、价值观、意识形态通过叙事者在作品中呈现。从作品中大量出现的施害者自我评价的褒义词,以及上述事件叙述严谨的内在逻辑中不难看出,爱伦·坡作为其大量第一人称叙事的"隐含作者",肯定了施害者在人性中理性的一面。而且,这些施害者在施害过程中的理性程度远远高于常人。在爱伦·坡的作品中,施害者往往具有一定的社会地位,受过良好的教育,有缜密的分析能力和超强的执行力。

从犯罪学角度来看,此类犯罪行为的心理也可被归为高智商犯罪心理。高智商犯罪心理是21世纪以来犯罪研究的一个重点。一些词常常被用来描述此类施害者或犯罪人,如精神异常、变态、不正常、疯子……这些人真的异于常人吗?他们在本质上有别于"精神正常、不变态、不疯"的大多数人吗?

"犯罪时的心理不同于犯罪人心理，也区别于犯罪心理。"（陈曦，2013：91）从这三个概念的内涵来看，犯罪人心理大于犯罪心理，而犯罪心理大于犯罪时心理。陈曦（2013：91）指出，"犯罪心理作为犯罪人心理的一部分，就是促使犯罪人实施犯罪行为的那部分不良心理"。可见，犯罪人心理不但具有引导其犯罪行为的不理性的一面，其理性的一面也是其心理本质的不可否认的构成要素。这一观点与爱伦·坡不谋而合，即使是施害者（犯罪人），其人性的本质也具有理性的一面。从作品来看，如果撇开杀人这件事，他们在社会中往往具有一定的社会地位，甚至是人们比较喜欢的一类人。

对于理性的定义没有一个确切的统一说法，但寻找对理性描述的共性，可以将其解释为了获得预期结果，能有自信且勇敢冷静地面对各种情况，快速全面地了解现实并分析出多种解决方案，最终判定最佳方案并对其有较好执行力的能力。爱伦·坡的这些作品向读者呈现了一个极大的矛盾体，即施害者在操作层面上的极度理性和行为判断力上的极度不理性。那么是什么导致了一个具有如此理性操作行为的人杀害无辜的宠物，将自己多年的朋友活埋，只因为不喜欢老人的眼睛而杀害一位我"爱着"的、从来没有伤害过我的老人？究竟是什么让"我"做出了杀人的不理性的决定，然后似乎又突然找回了理性，从计划到手段到执行力，用理性将不理性贯彻到底？从叙事的角度，即受害人叙事，我们也许可以窥见一斑。

三、受害者叙事

受害者叙事更多地运用于犯罪学，犯罪行为实施后，受害者从其角度对发生的事件进行描述，便于案件的侦破和犯罪学研究。显然，爱伦·坡的作品基本没有给受害者机会来叙述事实，他们大多在无所知的情况下被害。而奇妙的是爱伦·坡作品中的受害者叙事恰恰是施害者进行的，也就是施害者将自己置于受害者的地位，以受害者的视角进行叙事，这就与施害者的第一叙事视角达成了一致，为施害人的施害行为提供了合理性的可能。受害者叙事视角从一个方面反映了一种广泛的社会趋势，也就是说人们总是善于从自己的角度出发看待问题，倾向于将自己视为周围环境的受害者，从而形成自己遭受的痛苦理应得到补偿的想法（伦布克，2023：186）。

（一）从受害人叙事看因果链条的逻辑缺失

爱伦·坡作品中的施害者正是在这样的受害者叙事的前提下，占领了本不属于他们的受害者的高地，将受害人的心理发挥得淋漓尽致，从而为他们实施伤害行为自设了一条因果链条，为读者展现了操作层面上的极度理性和行为判断力上的极度不理性之间的逻辑自洽，从而对施害行为赋以合理性。

《一桶白葡萄酒》开篇第一句话讲述了朋友Fortunato给"我"带来的伤害是"无数次"的，而"我"的态度一直都是"一忍了之"，可他还是继续"侮辱"我，我才决定"以牙还牙"，言语间无不透露出受尽委屈、无可奈何、别无他法。"无数次伤害"是什么伤害？"侮辱"又是怎么一回事？这些并没有具体展开。通篇都没有任何描述能看出 Fortunato 对"我"有任何的不敬。相反，"我"还承认他在某些方面是"值得尊敬乃至敬畏"的人。狂欢节上相遇，他"非常热情地"与"我"搭话；主动提出帮"我"鉴酒；当他被铁链锁在墙上，他还认为这可能只是一个玩笑："哈哈哈，真是个有趣的玩笑，一个绝妙的玩笑。待会儿回到屋里，我们准会笑个痛快……"；到活埋的最后一秒，Fortunato 还对回到狂欢会和"我"抱有幻想。读者还是很难看出 Fortunato 是那种会给"我"带来"无数次伤害"、会"侮辱""我"的人。那么我们不禁要想这些伤害是什么。

相对于这样的猜测，《泄密的心》中施害者通过受害人叙事把"受害内容"描述得非常明确。"他从没曾伤害过我。他从不曾侮辱过我。我也从不贪图他的钱财。我想是他的眼睛。"那老人的眼睛又是怎样的呢？老人有一只"像秃鹰的眼睛""淡淡的蓝色""蒙着一层荫翳"。"每当那只眼睛的目光落在我身上,我浑身的血液都会变冷。于是我终于拿定了主意要结束那老人的生命,只是为了永远摆脱他那只眼睛。"施害人站在受害者的视角,自设的因果链条是:因为我不喜欢他的眼睛,为了永远摆脱那只眼睛,所以我要把他杀了。但事实是,这因果逻辑链条根本就不成立,即使不从法律层面出发,而仅仅从道德情感层面出发,我们也无法得出"因为不喜欢某人的眼睛,所以要杀了他"的结论。因此,回到《一桶白葡萄酒》,我们可以想到 Fortunato 对"我""无数次伤害"和"侮辱",可能只是一次拒绝,一次反对意见的表达,一次怠慢,或一次玩笑。

(二)爱伦·坡的人性论之非理性

不论从周密的计划到严谨的手段和超强的执行力,还是施害者通过第一人称叙事向读者"直截了当""简明扼要""不加评论"地描述施害过程,都向读者展示了施害者在施害过程中的极致理性。然而,爱伦·坡却将另一条信息隐藏在了故事的字里行间,即人性论之非理性。这种人性中的非理性在作品中是从两个方面缺失展现的。一是因果链条的逻辑缺失,二是人的社会属性的缺失。

因果链条的逻辑缺失和人的社会属性的缺失都发生在施害行为之前,是施害者产生施害行为的根源,正是这种缺失体现了人性非理性的一面,导致了整个施害目的或动机的不合理性。就如前文提到的,施害者站在本不属于他的受害者的立场,无限放大"受害内容"(此为因),从而得出杀人的目的(此为果),实则并不合理,却披上了合理的外衣。李玫瑾教授(2015:1)对高智商犯罪的研究中发现,高智商犯罪过程往往能体现罪犯的高智商和专业性,但是从犯罪动机来看"却完全缺失高智商应有的价值判断、价值权衡和价值抉择"。也就是在动机形成的过程中,施害者人性中非理性的一面正是通过因果链条中逻辑的缺失体现的。"真正决定他们犯罪动机的不是智商，而是负面情绪的放纵和积累……在他们犯罪前的心理活动中，有的只是感受，缺失的恰恰是理性。"（李玫瑾，2015：2）

施害人是否理性，取决于施害行为带来的结果，从经济学角度来看，就是成本收益论。如果收益大于成本，那自然是理性，反之则为不理性，并且从生物学角度来看，人生来就有趋利避害的本能。（陈曦，2013：91）那么爱伦·坡小说中深谙趋利避害、在行为之前充分考虑后果的施害者，是否就可以被认定为理性人呢？以《一桶白葡萄酒》为例，"我"在行为之前清晰地认识到，"若是复仇者自己受到了惩罚，那么就不能算报仇雪恨"，这样是否就代表理性呢？答案是否定的。人是自然属性和社会属性的综合体，单从自然属性来看，人具有趋利避害的利己倾向；然而人作为社会群体的一员，是一种社会性动物，具有社会属性。社会属性则要求人维持一定的社会关系，参与一定的社会活动，并具有一定的社会意识，包括同理心和同情心。撇开社会属性谈人，人不是全人。因而，不管是犯罪学研究中的高智商犯罪人，还是爱伦·坡笔下的施害者，在施害行为之前的目的判断环节，显然是社会属性的缺失，即非理性的体现。

四、从人性的不确定性看命运的无常

如上文提到的，在知网上与爱伦·坡相关的1400多个词条里，有590个左右的词条与"恐怖"相关。那么这种"恐怖"来自何处？是谋杀和藏尸的情节，还是阴森恐怖的地窖？是《贝蕾妮丝》里"我"对牙齿的偏执喜好，还是《丽姬娅》中的借尸还魂？毫无疑问的是，这些情节和环境的设置就如同一部恐怖电影一样，给人带来一定的神经刺激，满足了一部分的猎奇心和好奇心。然而，爱伦·坡小说的恐怖绝不仅仅来自这些，正如爱伦·坡认为的"恐怖并不是源于德国，而是来源于人的灵魂"（特雷什，2023：21），他的小说给人带来的震撼来自内心，来自对人性的挖掘和命运的探究。

恐怖来自对人性的二元性。初读爱伦·坡的作品，我们很容易将故事中的人物定义为病态的，而读者自己自然是不病态的、正常的。这样的理解是建立在人性一元论基础上的，即人性不是理性的就是不理性的，两者是完全割裂的。然而随着进一步阅读，人们渐渐发现与施害者在人性方面的共通性：①同样具有理性，我们不得不承认故事中施害者在操作层面具有极致的理性；②同样具有不理性的一面，导致犯罪事件发生的不理性是由人人所具有的情绪带来的，而情绪又恰恰是最容易失控的。（李玫瑾，2015）将视角转向现实生活，除了早年发生的高智商犯罪，最近的谷歌华人工程师杀妻案，同样源于一个完全具有理性头脑的施害者。这种人性二元性的发现无疑使读者感到脊背发凉。

恐怖来自对命运不确定性的发现。人生来容易对确定性产生安全感，因此命运的不确定性、不可控性让人们感到恐怖。《黑猫》里猫作为宠物与"我"亲密生活了好几年，却被"我"伤害；《泄密的心》中的老人与"我"和平共处，也绝对想不到自己的眼睛会冒犯到"我"；《一桶白葡萄酒》中的 Fortunato 又怎能想到在令人快乐的狂欢之夜会被活活地砌死在阴森地窖中的一个凹洞里。善未必善报，努力未必有收获，付出未必得到真心，看似能在一定的轨道上行进的人生列车随时可能被毫无征兆地中止。

随着人们发现本以为理性的人性其实也包含了随时可能失控的不理性的一面，同时随着人们意识到自己命运的无常和偶然，以及这种无常和偶然到来时的不可控感和无力感，恐怖的阴森之气就开始渗入骨髓，恐惧之手瞬间紧紧将读者的心揪紧。

结　语

爱伦·坡的文字如同猜谜游戏一样，谜面有趣且吸引人，谜底却让人深思。经历人生坎坷的他，并不奢望人们能够懂他，就如同他被人诋毁一样只选择远离是非，而不选择辩解。读爱伦·坡的作品，就是解谜的过程。即使找不到谜底，我们大可以好奇之心来读这些复仇、怪诞、恐怖的故事，但若能探到一点点谜底，就会发现他对世间之事和人性、命运细微敏感的感悟就如他感兴趣的宇宙般浩瀚神秘而不为人知。

参考文献

［1］于雷，2015.基于视觉寓言的爱伦·坡小说研究［M］.南京：南京大学出版社.

［2］伦布克，2023.成瘾：在放纵中寻找平衡［M］.赵倩，译.北京：新星出版社.

［3］李玫瑾，2015.高智商者犯罪心理探析：从复旦大学投毒案说起［J］.中国青年社会科学，34（4）：1-10.

［4］坡，2013.爱伦·坡暗黑故事全集［M］.曹明伦，译.长沙：湖南文艺出版社.

［5］特雷什，2023.爱伦·坡传：点亮美国科学体系的暗夜灯塔［M］.李永学，译.北京：中译出版社.

［6］陈曦，2013.理性与非理性：以犯罪时的心理为视角［J］.法制博览（中旬刊）（7）：91-92.

［7］朱振武，2008.爱伦·坡小说全解［M］.上海：学林出版社.

［8］周晶，2023.埃德加·爱伦·坡作品中的非自然叙事研究［M］.广州：中山大学出版社.

An Narrative Analysis on Edgar Allan Poe's View of Humanity and Destiny

Tong Qian (Communication University of Zhejiang, Hangzhou, 310018)

Edgar Allan Poe's novels and prose works are well-known for the ability to capture the attention of a mass audience by horror and eccentricity. However, under these explicit traits, he probed into the human nature in some seemingly incomprehensible world. This paper discusses Allan Poe's view of humanity and destiny from the first-person narrative perspective and the victim narrative perspective which are both widely used in his works. Human nature is a combination of rationality and irrationality: the positive self-evaluation of the perpetrators in his novels and their careful planning, rigorous means and high execution when carrying out their harmful behaviors are the embodiment of their rationality; at the same time, the lack of a causal chain in the formation of the motivation for the harmful behavior and the lack of social attributes of the perpetrators reflect the irrational side of human nature. It is the duality of humanity and uncertainty of destiny conveyed implicitly in his works that bring a strong soul impact to readers.

保守主义的摇篮：美国早期学校教科书中的道德教育[*]

王　恒[**]

摘要：美国建国初期一些政治和文化教育领域的重要人物从维护新生共和国的立场出发，宣扬共和美德，阐发了通过教育培养合格共和国公民的理念，这也成为美国建国初期教育史的主流叙事模式。但是，这一时期的学校教科书却反映出，对共和美德和国家认同的追求并非这段教育历史的全貌，其中的宗教传统和地方主义意识依然浓厚。通过对这两种道德教育价值取向的融合考察发现，它们共同构成了日后美国保守主义意识形态的价值基础。建国初期的教育在反映共和政治、宗教传统和地方主义的同时，通过"灌输"又反过来加强了这些因素对美国社会的持续作用，成为美国保守主义意识形态的教育源头。

关键词：美国；早期教科书；道德教育；保守主义

---

[*] 本文系浙江传媒学院青年教师科研提升计划项目"美国早期英语识读教科书的道德教育传统研究"（项目编号：校20200028）的研究成果。

[**] 王恒，文学硕士，浙江传媒学院国际文化传播学院讲师，研究方向：教育与早期美国社会的形成。

国内外学界对美国建国初期这一阶段教育史的研究与书写主要有两种取向。第一种取向认为这一时期的教育思想和实践与当时的社会政治状况密切相关，研究者主要关注的是教育与国家建构之间的关系，特别是教育如何受当时主流政治的影响并做出反应。国外研究者中典型的代表如厄本和瓦格纳就以启蒙运动为思想背景，将这一阶段的教育主要视作美国共和政治实验的一个环节，凸显了教育在灌输共和美德、培养共和国公民方面的重要作用（厄本 等，2009）。国内从事美国教育史研究的先驱滕大春先生也从独立战争结束后新国家建设的根本任务出发，主要阐述了当时的政治人物和社会人士所宣扬的发展教育事业培养共和国公民的教育目标（滕大春，1994）。第二种取向是作为第一种的对立面或修正出现的，认为这一时期教育思想和实践的主流并非国家层面共和政治的实验，而是守卫传统和地方价值，凸显了清教伦理和地方主义传统对当时教育的影响。例如，科赫认为早期美国教科书反映的主要是一个转型中的美国社会在形成新的政治观的同时如何维系与过去的"原则、观点和方式"的文化联系（Koch，1991）。而纳什则对早期美国教科书中透露出的国家主义、地方主义和爱国主义做了较为客观平衡的分析，并强调地方主义价值观在美国国家和民族建构的过程中也起到了重要作用（Nash，2009）。本文在梳理以上两种观点和史实的基础上，认为对两者的融合考察更有助于深入认识美国建国初期的教育历史和社会状况。更为重要的是，这一时期教育领域所呈现的两种价值取向合力构成了日后美国保守主义意识形态的价值基础，共同展现了当今美国保守主义思想的教育源头。

一、教育的共和政治实验

1776年爆发的美国革命的结果是13个殖民地共同抛弃了君主制，在获得自由的同时选择了民主共和制。美国人先成立了松散的邦联，后又通过1787年制宪会议的努力，确立了联邦制共和国的政治体制。拉丁语res publica（共和国）的含义就是公共事务，或公共利益。而republic准确的英文同义词是commonwealth，意指国家属于全体人民而非王权。潘恩曾指出，共和国一词是指公共利益或整体利益，与专制体制相反；而专制政府的唯一目的是维护君主的利益或一个人的利益（伍德，2016：55）。英国君主制的共和化、殖民地社会等级的扁平化、社会纽带的松弛及开明的父权主义等因素为共和制在美国的落地生根提供了条件，促使美国人接受了共和主义（伍德，2019）。"共和主义的完美理想是共同体的所有部分和谐地融合在一起。"（伍德，2016：59）而美国这样一个新的联邦制国家，不仅要关注各州内部的共同利益，还要关注联邦层面的，也就是美国人的共同利益。

当时美国社会的精英普遍认为美德是共和政体的基础和原则。没有美德就没有自由，自由太容易退化为放纵，会威胁到一个新生共和国的生存。亚当斯曾向他的同胞们反问道："如果有一种政体，美德是它的基础和原则，难道头脑清醒的人会不承认它比其他形式的政府更有利于促进普遍幸福吗？"（伍德，2016：116）马瑟不仅阐明了共和政体的基础是美德，还直接指出了教育是培养这种美德的途径。他说："每一个自由政府的优势和活力，在于人民的美德；美德源自知识，知识源自教育。"（伍德，2016：117）正是基于这样一种共同的认识，当时很多政治和社会人物都阐述了教育与共和政治的关系。对他们而言，教育成了一个不得不考虑的问题。"在各色的政治主张中，在那些最有洞见的思想中，教育都成了必要的'改革'话题。通过这些，美国的建国工程师仔细地将教育理论与政治理论融合到了一起。"（厄本 等，2009：97）教育不仅服务于个体，对个人有益，教育也可以服务于政治，服务于国家。

杰斐逊在完成大陆会议的短暂工作回到弗吉尼亚后，开始领导弗吉尼亚的一个特别立法委员会，在短短三四年时间里起草了126项法案。其中与教育关系最密切的便是《关于进一步普及知识法案》(Bill for the More General Diffusion of Knowledge)，这是他本人认为的最重要的法案之一。在这项计划中，杰斐逊提出将县划分为若干个区，每个这样的区就相当于一个"小型的共和国"，所有的自由儿童，不管是男孩还是女孩，都应当接受免费的初等学校教育。他认为初等教育对共和国公民的养成是非常必要的，它就好像是对自我管理和人类幸福的一项公共投资。在初等教育的基础上，那些最有希望有美好前景的男孩将继续接受中等学校教育，其中20名最优秀的天才将进入文法学校完成大学预备阶段的学习，最终进入威廉玛丽学院。杰斐逊认为这个计划能够为那些既有美德又有天分的年轻人提供机会，最终培养出"自然的贵族"来管理国家。尽管杰斐逊不喜欢强大的政府，但是他将共和理想寄托于通过教育来培养具有民主共和美德的公民和国家管理者这一点是毫无疑问的。

拉什是费城学院的一名化学和医学教授，也是《独立宣言》的签署人之一。作为一名坚定的爱国者，他希望通过教育来改造美国人的思想和行为方式。他曾提醒他的同胞，独立战争只是"这伟大戏剧的一个序幕，我们已经改变了政府的形式，但是在基本原则、思想和行为方式上还有许多东西需要变革，以适应我们所采用的政府形式"（厄本 等，2009：104）。他认为国家的独立给教育事务带来了新的复杂情况，新政府负有新的义务与责任，新美国人的教育观念应当与其一致。而通过教育将人转变为"共和机器"是必要且完全有可能的。他说，"假如我们想要每个人都在政府机器中合理地发挥作用，就必须这样"，为了阻止暴政，人们的意愿或者感情"必须通过教育的方式加以调适，以让他们遵循规则，达到和谐"（厄本 等，2009：106）。拉什也提出了一套类似杰斐逊的教育改革方案——《关于在宾夕法尼亚州建立公立学校和普及知识的方案》(A Plan for the Establishment of Public Schools and the Diffusion of Knowledge in Pennsylvania)，呼吁建立一套可推广至全国的教育体系。

韦伯斯特是共和国早期将政治和教育结合最为紧密的人,他既是一名坚定的联邦主义者,也是文化和教育改革领域的实践者。他通过自己在纽约开办的宣扬联邦主义的《美国杂志》(American Magazine)发表了一系列文章,呼吁建立一种教育体系,给美国年轻人传播美德与自由的基本原则,使年轻人对他们的国家产生一种不可磨灭的依赖感。韦伯斯特早期的教育实践活动主要集中于编写英语教科书和发起英语拼写改革。独立战争结束后,他就连续出版了三卷本的《英语语法原则》(A Grammatical Institute of the English Language)用作初等教育的教科书,其中第一卷拼写课本后来改名为《美国拼写课本》(American Spelling Book),第三卷读本后来改名为《美国阅读与演讲精选》(An American Selection of Lessons in Reading and Speaking)。韦伯斯特希望在书名里加上"美国"这样的字眼来激发年轻人对新生国家的认同,并且他想要将正确的拼写、发音及语法规则教给普通的美国人,他认为这些都将有助于美国人紧密地团结在一起,因为"一致、纯洁的"美国英语有助于消除地方倾向。在内容上,这套教科书非常突出美国的历史地理知识和民主共和的政治知识素养。韦伯斯特编入了有关哥伦布发现美洲新大陆、北美各殖民地建立、美国独立战争等内容,介绍美洲特别是美国的历史,这在学校教科书中属于首次;同时,还编入了美国自然地理和社会地理知识,如主要的山脉、河流、海岛、湖泊,各州的地理位置、人口构成、社会发展状况等。制宪会议后,韦伯斯特又仿照教义问答的形式在《美国拼写课本》中编入了"联邦问答"(A Federal Catechism),用通俗易懂的方式介绍了君主制、贵族制和民主制三种政治制度及其优劣和美国的政府组织形式,特别宣扬了代议制的民主政治制度(Webster,1794:154)。而他的读本从第一版开始就选入了美国革命前后的多篇政治演讲,以培养年轻一代对自由的信仰和对国家的热爱。正如他在《美国阅读与演讲精选》的序言中写道:"在文章的选择上,我一直关注美国的政治利益。……那些标志着革命的著作在任何方面都不亚于西塞罗和德摩西尼的演说,……在最近的革命开始时的几篇庄严的国会演说中包含崇高的自由和爱国情怀,我不禁希望把它们注入成长的一代的心中。"(Webster,1793:2)

为了维护自由和民主共和政体,维护新生国家的统一,美国建国初期在教育领域中凸显了共和理念,要求培养年轻人的共和美德。而作为这一教育理念和价值的载体,以杰斐逊、拉什为代表的教育改进方案和以韦伯斯特为代表的新编学校教科书则回应了这一要求,反映了美国建国初期与政治相适应的教育变革,显示了其共和政治实验的属性。

二、教科书中的传统和地方主义

杰斐逊等人寄托于教育的共和愿景被后来的教育史研究放大,成为美国建国初期教育研究的主流叙事模式。但无论是当时美国的社会政治状况,还是教育实践,都远非如此进步与和谐。美国历史学家布尔斯廷曾指出:"美国的整个政治未来决定于这一事实:这个国家不是在任何疯狂的民族主义激情中诞生的。"(布尔斯廷,2009:526)这个新国家的弱点是"文化资源不集中而分散,政治权力微弱而模糊,以及一种持续的脱离主义"(布尔斯廷,2009:527)。这里有两层意思:第一,独立战争是北美殖民地对母国英国对其经济和政治权利的侵害做出的反应,所以在战争结束之后,社会的基本面倾向于维持原有的秩序,而非持续的变革,特别是宗教和文化领域依然保持着传统。第二,地方主义思想和文化相当盛行。在独立以前,殖民地人民既是英国的臣民,又是马萨诸塞、弗吉尼亚或其他某个殖民地的公民。独立以后,他们不再是英国人,却还没有成为美国人,还没有一个美利坚国家可以博得他们的忠诚,他们主要还是继续保持着对变成了州的自己那块殖民地的忠诚。

这里的传统,主要是指清教传统。一般认为,启蒙运动为美国革命提供了思想基础。美国思想史学者梅将美国的启蒙分为四个阶段（四种形态）——理性的启蒙、怀疑主义的启蒙、革命的启蒙和教育的启蒙，其中后两者大致是建国初期主要的启蒙思想形态。但他并不否认宗教传统之于美国的重要作用。他认为，清教和启蒙运动这两股力量相互交织，深刻影响了北美殖民地社会，塑造了当时人们的思想，直至18世纪之后（May，1976）。尽管清教神权政治已经落幕，但是殖民地后期和建国初期经历的两次"大觉醒"运动（Great Awakening）使宗教得以复兴，而以清教为基础的伦理道德思想则一直支配着殖民地和美国社会。殖民地制度化的教育本就起源于宗教的目的。为了在洪荒之地将年轻一代从野蛮的边缘拉回来，使他们不偏离信仰的轨道，早期的清教徒通过立法建立了学校制度，通过提高儿童的识读能力增进他们对《圣经》和宗教的理解，培养对上帝的虔诚。殖民地时期最著名的识字课本《新英格兰初级读本》（The New England Primer）就体现了强烈的宗教目的。它以字母表开头，然后是音节表，再接着就是祈祷词、主祷文、使徒信条和教义问答等宗教内容，教会孩子识读，最主要的目的就是维护宗教的价值基础和道德准则。

事实上，教育领域这一宗教的传统从来没有断过。即使"在革命时期，包括阅读、写作和算术等所有课程在内的学校课程都强烈地渗透着宗教色彩"（Elson，1964：5），课堂上不断重复着各种形式和主题的宗教文化要义。它们代表着同样的社会宗教准则，用来教导美德，即按照基督教的自我克制、社会良知及服从权威的原则学会运用自律的能力（Koch，1991：300）。而学校教科书更加直接地反映了宗教伦理道德的重要地位，它们在虔诚的宗教信仰和世俗的社会生活之间建立起一种紧密的联系，指导年轻人的社会化过程。科赫在对建国初期的18种读本进行研究之后发现，除了韦伯斯特所编的读本涉及宗教内容极少，其他读本依然编入了大量的宗教内容，涉及《圣经》、神学及宗教习俗，而大部分都是关于基督教道德的世俗应用。据她的统计，宗教相关的课文共有348篇，它们分布于所有18

种读本中，平均每种读本中有近20篇。这些课文详细阐述并不断重复《圣经》中关于上帝的能力和权威的基本信条、自我克制和服从的必要性，以及在人际关系中运用基督教社会良知的义务（Koch，1991：300）。

虽然这些学校教科书直接从《圣经》转录文本的情况较少，但弥尔顿的《失乐园》(Paradise Lost)却是选择阅读文本的重要来源。这一时期选自《失乐园》中的文本数量是前所未有的，也超过其他任何一个单一的来源，如莎士比亚、蒲柏、艾迪生或布莱尔的作品。通过这些材料，年轻人学习了圣经历史和人类起源故事。《失乐园》的整体流行表明了建国初期清教思想在新教中依然占据优势地位，而其中撒旦会议、夏娃的先兆之梦及对天堂幸福状态的描述等段落的极度流行，则表明了美德和服从的概念在美国早期宗教中的中心地位。这些基本的宗教价值观可以说是美国建国初期几乎所有流行的教科书的基础。正如科赫所说："尽管理性和个人权利的语言被编进了政府的框架，但是占据文化优势流行的学校教科书却清楚地反映了真正统治社会关系的是保守的基督教神学。"（Koch，1991：323）

建国初期的学校教科书还反映了地方主义思想和文化的盛行。在政治上，地方主义主要表现为对联邦政府或一个强大的政府的不信任；在思想上，主要表现为对单一的、整体的事物的抗拒；而在文化价值观上，则主要表现为对所在地方或地区文化传统和精神的珍视，对别的地方或地区的偏见。需要说明的是，地方主义并不都是消极的意义。放在当时的语境下，它也可以理解为新国家中之前存在的各组成部分谋求平等的发言权、平等的权利，要求承认差异并公平对待差异，而不是消除差异。因为地方主义担心的是新的联邦政府会通过某一种背景和语言来识别地区身份和利益，会偏袒某一个地区。而这种地方主义必然也会渗透到教育领域，特别是学校教科书中。在大多数情况下，教科书是地方的知识分子编写的，反映了地方价值。同时，学校教科书也展现了这些地方价值是如何相互竞争、定义何为美国人的。

从当时学校教科书的语言来看,韦伯斯特所设想的"一致、纯洁"的美国英语并没有实现。他的英语拼写改革方案并不为大众所接受,在知识界很多人与其产生了争论,甚至他本人都成了攻击和嘲笑的对象,被贴上了自负的标签。实际上,在建国初期美国流行的学校教科书几乎还是以英国词典作为拼写和发音的基础,和韦伯斯特同时期的另外一位教科书作者默里编写的《英语读本》(The English Reader)就是最好的例子。默里出生于殖民地时期的宾夕法尼亚,在独立战争之后移居英国,开始编写教科书,其读本在大西洋两岸的英语世界都很流行,所以默里不可能、事实上也没有采用韦伯斯特的拼写方法和所谓的美国英语。这本后来被林肯总统称为"美国年轻人手中最好的教科书"甚至都没有包含任何美国出生或生活的作家的作品,但它却是美国早期使用最为广泛的读本(Nash,2009:424)。

从学校教科书的内容来看,一方面,涉及政治和联邦政府内容的教科书数量其实非常有限。根据纳什的研究,到1802年为止的主流读本中直接教授政府相关知识的只有3本,当中包含了韦伯斯特的读本(Nash,2009:434)。直到1831年之后,才有新的专门聚焦政府相关知识的学校教科书出现。这表明地方普通知识分子政治上持较为保守和谨慎的态度。教科书作者并没有一致支持这种新的政府形式。虽然大多数作者对新的政府制度表示有信心,但也有人认为新制度存在如派系主义等问题(Nash,2009:434)。另一方面,大部分教科书中历史、地理等内容都仍从作者所在州或地区的视角来看待别的州或地区及其居民,这当中还产生了不少成见与偏见。因为教科书作者中来自新英格兰地区比例是最高的,所以总体上新英格兰地区及其民众在这些教科书中的形象是最好的,而相对来说对南方的州和民众负面的评价多一些。例如,新英格兰人是"勤劳而有秩序的民族""普遍有知识、喜欢阅读、遵守法律""人道和友好",他们的社会"可能是世界上最令人愉快、最幸福的社会"。弗吉尼亚则因为阶级分化,"富人明智、有礼貌、好客",而"穷人无知"。南卡罗来纳的人尽管"对陌生人和蔼可亲，对受苦的人富有同情心，但奢侈也使他们容易放荡不羁，他们也从不同情奴隶"。南方人还被描述为浅薄轻浮的，他们"共同的娱乐活动和谈论的话题，也几乎没有启迪思想或改善举止的倾向"（Nash，2009：429）。显然这些教科书的作者明确地陈述了他们对不同州、不同地区、不同人群的评判和成见。无论这个国家的领导人在多大程度上努力表达一种基于国家公民身份的共同性，这些教科书作者显然都没有什么动力为了增强国家的凝聚力而减少自己的偏见（Nash，2009：432）。

由此可见，建国初期的美国社会仍保有很强的宗教色彩，清教伦理仍然指引着世俗道德；同时，各州或不同地区又带有强烈的地方主义意识，政治和文化上的一致性依然是一种愿景。这些客观的社会状况连同教育自身的保守倾向决定了美国建国初期教育实践活动特别是教科书的内容，大体上是基于传统和地方主义价值理念，遵循的是清教传统，维护的是地方忠诚。

三、保守主义的摇篮

将美国建国初期的教育视作以启蒙理性为基础的共和政治实验，抑或维护清教传统、充满地方主义色彩的文化代际传递，其差异源于研究的对象和采取的路径不同。从研究对象来看，前者主要关注政治精英阶层，其教育思想多是一种超越时代的愿景，当然后来的历史证明这种愿景在一定程度上实现了。而后者更多关注的是社会中间阶层的知识分子群体和社会的基本面，是当时社会和教育领域的一种实然状态。从研究路径来看，前者是自上而下的政治史模式，而后者更偏向于自下而上的社会史模式，或者说前者是美国教育史研究的辉格主义史学，而后者则带有修正主义史学的意蕴。基于以上认识，有必要将两者融合起来考察，从而提供一种有助于更加全面深入认识早期美国教育历史的视角。事实上，这些教育史实本就是相互交织无法单独抽离出来的，它们所展现的是一个国家或一个人的两种面孔。在宣扬共和美德的政治家和教育家中，杰斐逊作为民主共和思想最有力的代表，反对一个过于强大的联邦政府，其心灵真正的归属也是弗吉尼亚，因为直到很久以后，当他说"我的国家"的时候，一般也只是意味着弗吉尼亚；拉什和韦伯斯特都是虔诚的基督教徒，在如何培养"共和机器"的问题上，拉什也非常重视宗教的育人作用，而韦伯斯特在目睹了法国大革命所引发的民主暴力和社会失序之后，心中理想的共和国公民形象也转而偏向于一个安静的基督徒（Rollins，1976：417）。

就国家而言，尽管美国在建国之初就确立了政教分离和信仰自由原则，但在意识形态层面，以拉什和韦伯斯特为代表的政治文化精英理想中的美国就是一个基督教共和国。正如美国政治学者潘格尔所言："美国的道德和政治生命力根植于两个来自欧洲的伟大源头。第一个是宗教方面的，第二个是由洛克和孟德斯鸠阐明的并为《联邦党人文集》所采纳的关于人的本质的特殊概念。"（Pangle，1992：73-74）他清楚地表明了古典共和主义思想和《圣经》神学在美国产生的那种结合，这和欧洲特别是法国有很大的差别。美国人将革命胜利和依据宪法建立共和国理解为基督教和共和时代中的事件，将美利坚共和国的建立与千年王国联系起来。宗教改革的预言使得他们相信这个千年是一个进步的历史时代，新教的世界将在这个时代来临（罗斯，2019：42）。而在一个基督教共和国的愿景里，信仰和理性并不矛盾。年轻人被教导的是，只有通过对神的依赖并且信仰坚定才能真正得以安身立命；当人类理性地局限面对未知时，就会发现通过理性建构的存在意义都是虚无的。人类安定的命运只取决于远高于人类理性的神圣天意。正是基于这种对人类理性力量有限性的绝对信念，学校教科书履行了教育新一代美德的使命（Koch，1991：363）。

更为重要的是，共和美德、清教传统和地方主义最终都融合成了美国保守主义意识形态的价值基础，而保守主义则是美国秩序的根基和社会基本面。①保守主义是一个较为笼统的概念，学界对此依然存在较多争论。美国著名的政治理论家柯克提出了保守主义思想的六大准则：第一，相信存在一种超验的秩序或自然法则，它既掌管着社会，也规范着良知；第二，喜爱不断增加的多样性和人类存在的神秘性，反对狭隘化的同一性、平等主义及大多数激进体系所追求的功利主义目标；第三，确信一个文明的社会需要秩序与阶级，反对"无阶级之社会"那种观念；第四，坚信自由与所有权是紧密相连的；第五，信任规则，它既能制止人们无政府主义的冲动，也能抑制变革家对权力的欲望；第六，慎重的变革是社会得以维系的手段，但必须深谋远虑（柯克，2020：8-9）。柯克界定的保守主义六大准则与共和美德、清教传统和地方主义基本上是契合的。超验的秩序和多样性与宗教传统和地方主义有着直接的联系，关系不言而喻。值得注意的是作为美国革命意识形态之一的共和主义与保守主义之间的关系。美国在独立战争时期的确是激进的，但是从独立战争到制宪其实是两个阶段。也就是说美国革命的开始阶段是激进主义占主导地位的，但是到费城制宪会议时期，占主导地位的已经是保守主义了。制宪就是建立一个制度，这个制度就是抵御革命，或者挽救革命（高全喜，2019），因为美国人不像法国人那样认为自己的革命是成功的（罗斯，2019：41）。制宪和他们选择的联邦共和制，基本契合了保守主义通过慎重的变革、通过规则和秩序维系社会的精神与原则。

保守主义不是古董，而是与现代世界同步发生的；它也并非专属于权贵或既得利益的意识形态，而是有着广泛的社会基础（柯克，2020：2）。而教育之于这种基础的形成无疑具有促进作用。美国建国初期的教育如何促进这些价值和观念的传播，从而成为保守主义的摇篮？答案是"灌输"，不管是这一时期的教育改革方案还是学校教科书的前言，都充斥着这一字眼。无论是共和教育思想还是清教伦理传统都强调道德灌输，持续不断地

---

① 关于保守主义之于美国社会的影响，参见：柯克，2018.美国秩序的根基[M].张大军，译.南京：江苏凤凰文艺出版社.

向学生输入所秉持的价值观和所谓正确的知识。作为保守主义教育的一大特征，这也成为日后美国教育领域自由主义意识形态与保守主义论争的一个焦点。与保守主义相反，自由主义要求培养质疑现存价值并参与改造社会的公民，希望强化学生的道德思考和道德选择，而非灌输正确伟大的历史和传统的价值观。

美国建国初期的教育思想与实践，特别是教科书中道德教育所呈现出来的观念和态度，既反映了新生共和国及其精英阶层在教育领域的政治诉求，也体现了宗教传统和地方主义在这一领域的重要影响。而教育通过灌输又反过来加强了这些意识形态因素对美国社会的持续作用，在一定程度上促进了保守主义意识形态的形成。美国社会的保守和自由潮流有相互交替的传统，但保守主义思想一直是美国社会的基本面。对美国建国初期教育历史的融合考察，恰为我们呈现了这一意识形态的教育源头。

参考文献

［1］布尔斯廷，2009.美国人：建国的历程［M］.谢延光，林勇军，陆绥英，等译.上海：上海译文出版社.

［2］ELSON R M，1964. Guardians of tradition：American schoolbooks of the nineteenth Century［M］. Lincoln：University of Nebraska Press.

［3］高全喜.如何理解英美的"保守主义"？|《美国秩序的根基》《保守主义思想》［EB/OL］.（2019-12-04）［2024-03-01］. https://mp.weixin.qq.com/s?__biz=MjM5NTUxOTc4Mw==&mid=2650485491&idx=2&sn=7efa40d267b2d61721d9a77652cf76d5&chksm=bef8debb898f57ada05709d775f2f135639e3fa6546057 19b49950cc3c290bf0adc291a6948a&scene=27.

［4］柯克，2020.保守主义的精神：从柏克到艾略特［M］.朱慧玲，译.南昌：江西人民出版社.

［5］KOCH C M，1991. The virtuous curriculum：schoolbooks and American culture，1785-1830［D］. Philadelphia：University of Pennsylvania.

［6］MAY H F，1976. The enlightenment in America［M］. New York：Oxford University Press.

［7］NASH A M，2009. Contested identities：nationalism，regionalism，and patriotism in early American textbooks［J］. History of education quarterly，49（4）：417-441.

［8］PANGLE T L，1992. The ennobling of democracy：the challenge of the postmodern era［M］. Baltimore：The Johns Hopkins University Press.

［9］ROLLINS R M，1976. Words as social control：Noah Webster and the creation of the American dictionary［J］. American quarterly，28（4）：415-430.

［10］罗斯，2019. 美国社会科学的起源［M］. 王楠，刘阳，吴莹，译. 北京：生活·读书·新知三联书店.

［11］滕大春，1994. 美国教育史［M］. 北京：人民教育出版社.

［12］厄本，瓦格纳，2009. 美国教育：一部历史档案［M］. 周晟，谢爱磊，译. 北京：中国人民大学出版社.

［13］WEBSTER N，1793. An American selection of lessons in reading and speaking...being the third part of a grammatical institute of the English language［M］. Hartford：Hudson and Goodwin.

［14］WEBSTER N，1794. The American spelling book［M］. Boston：Thomas and Andrews.

［15］伍德，2016. 美利坚共和国的缔造：1776—1787［M］. 朱妍兰，译. 南京：译林出版社.

［16］伍德，2019. 美国革命的激进主义［M］. 胡萌琦，斯普纳，译. 北京：中信出版社.

The Cradle of Conservatism: Moral Education in Early American Schoolbooks

WANG Heng(Communication University of Zhejiang, Hangzhou, 310018)

In the early years of the founding of the United States, some important figures in the political and educational fields advocated republican virtues from the standpoint of safeguarding the new republic and elucidated the idea of fostering qualified citizens of the republic through education. This has become the mainstream way of historical writing of the educational thoughts and practices in that period. But schoolbooks of the same period reflect that the pursuit of republican virtues and national identity is not the whole picture. The religious traditions and ideology of localism were still popular in educational field. The fusion of these two moral education values shows that they constitute the value principle of American conservative ideology. While reflecting republican politics, religious traditions and localism, education in the early years of the founding of the country strengthened the continuous role of these factors in American society through "indoctrination" and became the educational source of American conservative ideology.

论修辞策略与人类命运共同体的构建[*]

陈 慧[**]

摘要：习近平总书记提出的共建人类命运共同体这一伟大设想和倡议的构建过程离不开语言层面的协商和沟通，而后者又离不开对修辞策略的依赖。换言之，修辞策略无论对人类命运共同体的构建，还是对我国的语言和文化自信，都起着不可或缺的作用。为了充分发挥语言在构建人类命运共同体、参与全球治理中的重要作用，包括沟通功能、国际话语权获取作用及国家语言能力提升等，修辞策略的使用就显得尤为重要。本文以习近平总书记系列演讲为语料，发现同一策略、互动策略、幻象策略及礼貌策略等修辞策略在构建人类命运共同体理念中发挥着积极的作用。

关键词：修辞策略；修辞能力；语言能力；人类命运共同体构建

引 言

尽管人类社会的总趋势是向好的，但当今世界仍然存在着战争、饥饿、

---

[*] 本文系山东省艺术科学重点课题"习近平用典中的文化思想对外传播研究"（项目编号：22ZZ05180069）的阶段性成果。
[**] 陈慧，博士在读，曲阜师范大学翻译学院讲师，研究方向：认知语言学、语言对比、政治话语翻译。

疾病，以及不平等、不均衡等全球问题。在此历史背景下，习近平总书记胸怀全世界，提出了共建人类命运共同体的伟大设想和倡议，在国际社会产生了积极而广泛的影响。全球都应该思考"如何在经济全球化、世界多极化、文化多样化、社会信息化的时代背景下推动各国同舟共济、携手合作、共同走向美好的明天"这一新课题（王毅，2016）。

习近平总书记在十八大报告中提出构建人类命运共同体的理念："在追求本国利益时兼顾他国合理关切，在谋求本国发展中促进各国共同发展。"这里的"人类命运共同体"主要表达的是一种"立足国内，放眼世界的战略含义"（李爱敏，2016）。"人类命运共同体"强调共通需求：政治上互相尊重，经济上包容发展，文化上互鉴交流，安全上共享和平，环境上共保家园（文秋芳，2017）。

2013年3月24日，习近平在莫斯科国际关系学院发表演讲，首次在国际上阐述了"人类命运共同体"思想，标志着"人类命运共同体"思想向国际社会推广（饶世权 等，2016）。中国政府在不同场合反复强调打造"人类命运共同体"的重要性，"引起国际社会强烈反响，对当代国际关系正在产生积极而深远的影响"（王毅，2016）。2017年1月18日，习近平在日内瓦万国宫出席"共商共筑人类命运共同体"高级别会议，并发表题为"共同构建人类命运共同体"的主旨演讲，深刻、全面、系统阐述人类命运共同体理念。联合国也将"构建人类命运共同体"写入决议，这充分体现了该理念已得到广大会员国的普遍认同。

"人类命运共同体"的构建涉及经济、环境和文化等层面的运作，这一构建过程又必须通过语言层面的协商和沟通实现，后者又必须依赖修辞策略达到表达目的。因此，修辞策略无论是对"人类命运共同体"的构建，还是对我国的语言和文化自信都起着重要的作用。本文侧重于考察习近平总书记在演讲中如何借助修辞策略建构"人类命运共同体"理念。

一、修辞与修辞策略

修辞作为一种人与群体之间相互影响的文字形式，很自然地应该与促进人类的理解、改善交际过程联系起来（胡曙中，1999）。修辞通过包括语言在内的符号传递给他人，并以此影响他人的决策与行为。修辞学在人类交往中具有重要作用，人类的社会生活依赖人们的修辞能力，它能解决分析问题，促进理解，达到社会和谐（鞠玉梅，2005）。

亚里士多德（2005）把修辞定义为在每一事例上发现可行的说服方式的能力，且认为修辞术的功能不在于说服，而在于在每一种事情上找出其中的说服方式。可见，亚里士多德在定义修辞的"说服"功能的同时，更强调具体的修辞方式。

修辞是通过语言在听众或读者身上唤起情感，形成态度或改变态度并最终诱发行动。人类在本质上是修辞动物，修辞是沟通人类隔离状态的桥梁，是一种把"相隔绝的人们联系起来的工具"（Ehninger，1972：9）。肯尼斯·伯克将修辞定义进一步延伸，强调修辞是人类沟通的工具，强调修辞的社会性。而政治话语也具有强烈的社会性，伯克的修辞观为政治话语分析提供了有利的支撑。

鞠玉梅（2007：82）指出，修辞具有三大功能，即社会功能、政治功能与认知功能。修辞学可以调节社会关系，使处于社会系统和文化背景中的人们和谐共存；修辞学着眼于冲突双方的互相交流，消除分歧并找到双方满意的解决途径，寻求解决社会政治问题的和平方法；修辞的认知功能强调"语言不仅导致行动，而且建构我们的现实"（Burke，1966：45）。博克（1998：27）坚信，修辞学能使人类在相互行为中消除误解，促进理解，达成同一。当代美国修辞学的一个重要学术标志是将修辞学牢牢定位于现实与话语的关系上，定位于话语对现实的指导和影响上。由此可见，修辞学在语言效力方面能够发挥强大的作用。

修辞策略关乎修辞的方针、思想、方案和程序。修辞策略主要解决"我将怎样说"或"我应怎样说"的问题，它强调整个过程（高万云，2001：1）。亚里士多德（2003：165）认为，修辞策略的使用"必须不漏痕迹，不能矫揉造作地说话，而应做到自然流畅，因为自然的东西就有说服力。而矫揉造作只会适得其反"。而自然流畅、深入浅出、娓娓道来是习近平总书记演讲的显著特点，因此其修辞策略值得我们做深入研究。

近几年来，关于构建"人类命运共同体"的学术论文数量增长迅速，但却鲜有人从语言学视角探究"人类命运共同体"的话语功能（文秋芳，2017：1）。鉴于此，本文拟在修辞学同一理论指导下，探讨修辞策略在建构"人类命运共同体"过程中所发挥的重要作用。

二、修辞策略在构建"人类命运共同体"中的运用

出于不同的修辞目的，修辞策略也会不同。这里主要考察同一策略、互动策略、幻象策略及礼貌策略等策略在构建"人类命运共同体"、参与全球治理中的积极作用。

（一）同一策略：形成共识、拉近距离

"同一"（identification）的概念是博克（1969）对修辞学定义的主要扩展。通过"同一"来改变态度、诱导行为是博克新修辞学思想的核心，他将"同一"看作对传统修辞思想的补充。博克提出可以借三种策略来取得认同，即"同情认同"（identification by sympathy）、"对立认同"（identification by antithesis）和"误同"（identification by inaccuracy）（鞠玉梅，2005：73）。同情认同强调人与人之间的共同情感；对立认同是"一种通过分裂（segregation）达成凝聚（congregation）的最迫切的形式"（博

克，1998：161）；误同指人们对一些不准确信息的认同。其中，前两者在政治话语中使用普遍，下文以实际话语来说明他们在构建"人类命运共同体"中的运用情况。而误同主要存在于日常生活中，在此不做详细论述。

2019年5月15日，习近平总书记在亚洲文明对话大会开幕式上做了题为《深化文明交流互鉴，共建亚洲命运共同体》的主旨演讲。在此次演讲中，总书记提到"亚洲各国山水相连、人文相亲，有着相似的历史境遇、相同的梦想追求"，通过追忆过去、探讨未来，总书记赢得了听众的认同：过去的"战火纷飞"是痛苦的回忆，我们需要一个和平安宁的亚洲；过去曾经备受贫困、饥饿的折磨，我们期盼"远离贫困，共同繁荣"；过去的自我封闭，只会让我们"失去生机活力"，我们需要"开放融通"，建立"亚洲命运共同体、人类命运共同体"。

总书记博古论今，让听众回顾历史，认同亚洲人民之间要合作共享，成功运用了同情认同这一策略；同时，他把过去惨烈的历史呈现在听众面前，使听众对战争、落后、贫困同仇敌忾，迫切希望和平、发展与进步，将对立认同策略也发挥得淋漓尽致。

就同一策略的使用而言，不论是同情认同还是对立认同，都需要信息传播者从受众角度出发，继而采取相应的修辞手段，使双方达成共识，拉近距离，进而实现双方之间的"同一"。因此，此策略在构建"人类命运共同体"过程中运用广泛，并取得了理想的效果。

（二）互动策略：维护受众共同信仰

建构主义产生的修辞互动说认为，修辞不再是单向的劝服行为，而是旨在传受双方良好的情感互动。传播就是为了唤起传受双方的认同程度，修辞活动的本质和标志就是"认同"（潘荣，2017）。"认同"与"同一"是同一概念，都强调传播者与受众的合作。

修辞互动说强调受众在"同一"过程中的接受程度，信息传播者应该关注受众的心理与参与感，从而更好地实现修辞的目的。这需要传播者充分调动受众的积极性，使之主动跟随传播者的思路，从而实现"同一"之目的。

2017年1月18日，习近平总书记在联合国日内瓦总部进行演讲，题为《共同构建人类命运共同体》。这次演讲采取了多种修辞策略，充分展现了总书记演讲的特点，在此着重分析其中对修辞互动策略的运用。

开篇中，习近平总书记提道："世界怎么了、我们怎么办？这是整个世界都在思考的问题，也是我一直在思考的问题。"借助这一问题，总书记将听众引入他的主题当中，使受众与他站在同一个起点，并展开论述。

"宇宙只有一个地球，人类共有一个家园……地球是人类唯一赖以生存的家园，珍爱和呵护地球是人类的唯一选择……我们要为当代人着想，还要为子孙后代负责。"在此，习近平总书记用全人类公认的事实作为依据，劝服人类为了"让和平的薪火代代相传，让发展的动力源源不断，让文明的光芒熠熠生辉"，大家行动起来，一起致力于"构建人类命运共同体，实现共赢共享。"

此外，习近平总书记擅长讲故事，他会根据不同的听众，讲不同的故事，这也是重视受众，采取修辞互动策略的表现。例如，2019年3月26日，总书记在巴黎出席中法全球治理论坛闭幕式致辞时引用了法国谚语："人的命运掌握在自己的手里。"2017年1月18日在联合国日内瓦总部演讲中提到"瑞士军刀是瑞士'工匠精神'的产物"，希望我们可以为世界打造一把能解决各种难题的"瑞士军刀"。总书记这些对修辞互动策略的使用，拉近了传受双方的距离，更有利于双方实现"同一"，即我们全人类同命运，需要共同努力来解决全球问题，以实现共赢共享。

在修辞学视角下，修辞情景的解读、双方关系的预设、演讲词的建构与解构都受到传播者与受众之间权力互动的影响与制约（潘荣，2017：251）。在构建"人类命运共同体"这一倡议和实践的背后，承载的是中华民族的"和"文化，这是中华民族的共同信仰，也适用于全世界人民"天下一家"的理想，因此修辞互动策略在构建"人类命运共同体"过程中同样会有助于传受双方达到"同一"。

（三）幻象策略：传播主流价值观

欧内斯特·鲍曼（Ernest G. Bormann）认为修辞幻象是"能够将一群人带入一个象征性现实的综合戏剧"（宁，1998：81）。信息传播者"可以放大、改变或补充幻象主题来补充或调整言辞远景制造幻象"（亚里士多德，2003：305）。

修辞幻象貌似虚幻，却是立足现实、对未来的一种预测。总书记在演讲中经常运用这一策略。例如，2019年5月15日，习近平总书记在亚洲文明对话大会开幕式演讲中提到，我们应该"坚持相互尊重，平等相待"，"认为自己的人种和文明高人一等，执意改造甚至取代其他文明，在认识上是愚蠢的，在做法上是灾难性的！如果人类文明变得只有一个色调、一个模式了，那这个世界就太单调了，也太无趣了"。

习近平总书记用平实的语言，让受众看到错误理念下可悲的未来。人类将来会因"只有一个模式"而过着"单调""无趣"的生活，这种幻象能够使听众通过对比形成对正确的理念，即对"相互尊重，平等相待"理念的"同一"认同。

2017年12月1日，习近平总书记在中国共产党与世界政党高层对话会上提到，面对目前的世界局势，"人类有两种选择：一种是，人们为了争权夺利恶性竞争甚至兵戎相见，这很可能带来灾难性危机；另一种是，人们顺应时代发展潮流，齐心协力应对挑战，开展全球性协作，这就将为构建人类命运共同体创造有利条件"。在此，总书记有意采取修辞幻想策略，一种未来充斥着战争带来的灾难，另一种未来通过通力合作而不断发展，对比两种选择，孰对孰错一目了然。

构建"人类命运共同体"是中国的"世界梦"，中国政府一直在努力把这一理想变成现实，对于未来的向往需要借助修辞幻象策略，以便在国内主流价值观方面达成"同一"认识。

（四）礼貌策略：营造亲和力

讲话者若要赢得受众的支持、信任与尊重，首先要让受众感受到自己的诚意，而礼貌是对受众最基本的尊重，在话语中遵循礼貌原则能有效促进沟通与交流，因此需要选择合适的礼貌策略来展现人格魅力。"亲和力"是习近平总书记话语的重要特征之一，也是礼貌策略在其话语中恰当运用产生的效果。

中国是礼仪之邦，习近平总书记在演讲中经常引经据典、博古论今，充分展现了中华民族秉持"天下一家"的理念，求同存异，努力构建"人类命运共同体"。总书记在联合国日内瓦总部演讲时，多次提到中华文明历来崇尚"以和邦国""和而不同""以和为贵"，"从未对外侵略扩张"，表达中国永不称霸、永不扩张的决心，展现了中华文明的历史传承，同时在结尾处提道："中国人民将迎来农历丁酉新年，也就是鸡年春节。鸡年寓意光明和吉祥。'金鸡一唱千门晓。'我祝大家新春快乐、万事如意！"在此，总书记的"和合"理念溢于言表，以礼貌策略营造了亲和力，拉近了传受双方之间的距离，展现了中华民族"礼仪之邦"的伟大形象，为实现构建"人类命运共同体"的宏伟目标奠定了良好的心理认同基础。

就世界范围而言，"人类命运共同体"的构建需要其他国家消除对中国的误解，消除中国威胁论的影响，因此中华民族作为"礼仪之邦"，需要借助礼貌策略展现我们的和善与亲和力，借以唤起全世界人民齐心协力构建"人类命运共同体"的自觉行动。

三、修辞策略、修辞能力与国家语言能力建构

恰当的修辞策略能够提高语言的表现力和表达效果，成为架构语言使

用者之间理解的桥梁。使用恰当的修辞策略，如上文论及的同一策略、互动策略、幻象策略、礼貌策略，能够使语言使用者的观点和思想更有效地传递给受众，达到说服与"同一"的目的。

发挥语言的影响力需要运用恰当的修辞策略，而修辞策略是修辞能力的重要体现。修辞能力是语言使用者的一种内在属性，是其在特定的修辞情境中采取恰当的修辞策略对修辞行为的受众进行劝说并达成"同一"的能力（李克，2019）。修辞能力不仅是一种语言能力，还需要结合不同的交流情境，基于对受众的了解，采用不同的修辞策略，达到传递信息、引起共鸣，最终实现同一的能力。修辞能力是一个人在社会中立足的必备条件（鞠玉梅，2008）。

修辞能力也是一个国家立足于世界的必备条件。如果要获得国际话语权，让世界听到中国的声音，需要提高国家的修辞能力，赵启正认为中国要想加强国家经济关系中的话语权，需要增强"我国信息发布在海外的公信力""传播中国特色的社会主义国家形象，开展公共外交，放大民间声音，提高国家修辞能力"。

修辞能力是语言能力的重要指标，是个人与国家语言能力的重要组成部分。国家语言能力是一个国家处理国内外事物所具备的语言能力（李宇明，2011）。习近平总书记构建"人类命运共同体"的理念，传递了中国政府对国际政治经济事务的立场与态度，而总书记在构建"人类命运共同体"过程中通过采用修辞策略所体现的修辞能力充分展现了总书记的个人魅力，同时也充分展现了我们国家强大的政治话语能力和国家语言能力。国家话语能力在提高中国的国家地位方面发挥着日益重要的作用，这已成为一个有目共睹的事实。

修辞策略是修辞能力的重要组成部分，修辞能力是个人与国家语言能力的重要体现，国家语言能力在提高国家话语权、增强国家参与全球治理方面举足轻重。因此，国家语言能力的建构需要重视对修辞策略、修辞能力的研究。

能够更好地达到"同一"目的的修辞策略即为恰当的策略,语言使用者要秉持以"不变应万变"的态度,研究受众特点,根据不同情景选择不同的修辞策略,"穷则变,变则通,通则久"。

结　语

构建"人类命运共同体"既是中国的世界观,也是中国的"世界梦"。"人类命运共同体"已成为习近平总书记外交理论与实践的内核。"人类命运共同体"传递的是中国的"和"文化,旨在宣传"天下一家"的价值观。如何更好地向全世界传递中国构建"人类命运共同体"的宽广胸怀和决心,离不开语言层面的协商和沟通,离不开对修辞策略的运用,以便唤醒世界各国人民的自觉。换言之,修辞策略无论对"人类命运共同体"的构建,还是我国的语言和文化自信,都起到重要的作用。同一策略、互动策略、幻象策略及礼貌策略等修辞策略的使用在构建"人类命运共同体"、参与全球治理过程中发挥着积极的传播作用。

为了充分发挥语言在构建"人类命运共同体"、参与全球治理中的重要作用,包括沟通功能、国际话语权获取作用、全球语言生活治理及国家语言能力提升等(李宇明,2018),修辞策略的使用就显得尤为重要,因此我们需要进一步从多角度研究修辞策略,为提高中国的国家修辞能力、国家语言能力及中国的国际话语权做出贡献。

参考文献

[1] ARISTOTLE, 2005. RHETORIC [M]. ROBERTS W R, trans. New York：Random House.

［2］亚里士多德，2003.修辞术·亚历山大修辞学·论诗［M］.颜一，崔延强，译.北京：中国人民大学出版社.

［3］BURKE K，1966. Language as symbolic action：essays on life，literature，and method［M］. Berkeley & Los Angeles：University of California Press.

［4］BURKE K，1969. A rhetoric of motives［M］. Berkeley & Los Angeles：University of California Press.

［5］博克，等，1998.当代西方修辞学：演讲与话语批评［M］.常昌富，顾宝桐，译.北京：中国社会科学出版社.

［6］EHNINGER D，1972. Contemporary rhetoric：a reader's coursebook［M］. Glenview，IL：Scott，Foreman and Company.

［7］高万云，2001.浅谈修辞策略［J］.修辞学习（5）：1-2.

［8］胡曙中，1999.美国新修辞学研究［M］.上海：上海外语教育出版社.

［9］李爱敏，2016."人类命运共同体"：理论本质、基本内涵与中国特色［J］.中共福建省委党校学报（2）：96-102.

［10］李克，2019.数字媒介语境下英语专业学生的修辞能力现状探究［J］.外语电化教学（1）：51-56.

［11］李宇明，2011.提升国家语言能力的若干思考［J］.南开语言学刊（1）：1-8，180.

［12］李宇明，2018.语言在全球治理中的重要作用［J］.外语界（5）：2-10.

［13］宁，格里芬，西蒙斯，等，1998.当代西方修辞学：批评模式与方法［M］.常昌富，顾宝桐，译.北京：北京社会科学出版社.

［14］鞠玉梅，2005.肯尼斯·伯克新修辞学理论述评：关于修辞的定义［J］.四川外语学院学报（1）：72-76.

[15] 鞠玉梅, 2007. 修辞的本质与功能: 兼论修辞与和谐社会的构建 [J]. 福建师范大学学报(哲学社会科学版)(6): 79-84.

[16] 鞠玉梅, 2008. 修辞能力与外语专业创新人才培养 [J]. 外语界 (6): 47-51.

[17] 潘荣, 2017. 习近平新年贺词(2014—2017)的修辞策略分析 [J]. 视听(5): 251-252.

[18] 饶世权, 林伯海, 2016. 习近平的人类命运共同体思想及其时代价值 [J]. 学校党建与思想教育(7): 15-19.

[19] 王毅. 携手打造人类命运共同体 [N]. 人民日报, 2016-05-31(7).

[20] 文秋芳, 2017. 拟人隐喻"人类命运共同体"的概念、人际和语篇功能: 评析习近平第 70 届联合国大会一般性辩论中的演讲 [J]. 外语学刊(3): 1-6.

[21] 赵世举, 2015. 全球竞争中的国家语言能力 [J]. 中国社会科学 (3): 105-118.

A Study of Rhetoric Strategies and Building of a Community with a Shared Future for Mankind

CHEN Hui(Qufu Normal University, Qufu, 273165)

Building a Community with a Shared Future for Mankind, proposed by President Xi, is closely connected with consultation and communication at the language level, which in turn relies on rhetoric strategies. In other words, rhetoric strategies play an indispensable role in building a community with a Shared Future for Mankind and confidence in China's language and culture. In order to give full play to the important role of language in building a Community with a Shared Future for Mankind and participating in global governance, including the communication function, the role of international discourse power, and the improvement of national language capacity, the use of rhetoric strategies is particularly important. This paper, with President Xi jinping's speeches as the corpus, systematically examines the positive role of rhetoric strategies such as the identification strategy, interaction strategy, illusion strategy and politeness strategy in building a Community with a Shared Future for Mankind.

美国智库关于"一带一路"倡议的话语分析研究

崔国强[*]

摘要："一带一路"是我国在新时代提出的对外合作的重要倡议。凭借近年来我国经济的快速发展，以及较为成熟的产业发展经验，目前我国在很多领域都具有比较强的竞争优势，具有参与这一重大战略的条件。而"一带一路"倡议的实施和推进，不仅能够促进我国经济的发展，强化我国的经济发展优势，也能够进一步形成多元化的全球经济发展格局。但是在"一带一路"大力推进的过程中，美国相关领域对于"一带一路"倡议也形成了一定的评价，其中既有积极评价，也有消极评价。本文将对美国智库关于"一带一路"倡议的话语分析进行相关论述，以利于我们能够更好地把握美国当下社会对于我国的认知和态度。

关键词："一带一路"倡议；美国智库；话语分析研究

---

[*] 崔国强，韩国又松大学在读博士，国际教育管理专业，研究方向：创新创业教育培训、新型职业农民培训。

引 言

2013年9月，习近平主席在哈萨克斯坦发表重要演讲，首次提出了加强政策沟通、道路联通、贸易畅通、货币流通、民心相通，共同建设"丝绸之路经济带"的战略倡议；同年10月，习近平主席在印度尼西亚国会发表重要演讲时明确提出，中国致力于加强同东盟国家的互联互通建设，愿同东盟国家发展好海洋合作伙伴关系，共同建设"21世纪海上丝绸之路"。"丝绸之路经济带"和"21世纪海上丝绸之路"的简称为"一带一路"。"一带一路"不是一个实体和机制，而是合作发展的理念和倡议，是依靠中国与有关国家既有的双多边机制，在通路、通航的基础上通商，形成和平与发展新常态，共同打造政治互信、经济融合、文化包容的利益共同体、命运共同体和责任共同体。"一带一路"倡议对我国未来的经济发展将有着深远而重大的影响。但是在"一带一路"大力推进的过程中，美国相关领域对于"一带一路"倡议也形成了一定的评价，其中既有积极评价，也有消极评价。本文将对美国智库关于"一带一路"倡议的话语分析进行相关的论述，以便我们能够更好地把握美国当下社会对于我国的认知和态度，同时能够从中分析其背后所折射的更深层次的意识形态因素。

一、话语分析相关研究综述

批评性话语分析（CDA）最早出现于20世纪初，主要是Fairclough在Fowler等人所提出的批评语言学的基础上发展而来，在这一过程中，韩礼德将系统功能语法融入其中，使其成为较为系统的一种研究方法。其具体内容是，通过对话语的内容来进行分析，包括话语的表述、特点及所形成的相关社会背景等，来进一步分析深层次的原因，如意识形态等，从而从中厘清话语和社会、政治、意识形态等多种要素之间紧密而又错综复杂的关系。批评话语分析作为一种分析方法，其在运用的过程中会综合运用多种研究方法，如社会学、语言学、传播学等。其在刚刚出现的时候，通常会运用在解构新闻话语、战争话语、外交话语等方面，对于分析一些社会歧视和偏见等方面有比较明显的价值，发展至今40年，已经成为一门比较系统的学科。

在批评话语研究对象中，国家智库的话语往往是比较重点的研究对象，主要是因为国家智库的话语往往会受到多种因素的影响，如政治、意识形态及发声者的个人立场，而且在内容上广泛涉及政治冲突、国际矛盾、军事争端等。同时，在这方面，英语是世界语言，因此英语话语又对全球舆论产生绝对的主导力，看似比较客观的评价，其实掺杂着比较复杂的社会、政治背景和意识形态，能够产生一种无形的影响。

进入20世纪90年代以后，Hardt首先在批评话语分析的过程中引入了对语料库的分析，在这以后，如Caldas-coulther、Stubbs等人也通过这一技术，如索引分析、词语组合等，通过定量分析法并结合定性分析法来对话语进行进一步的结构分析。与此同时，我国相关领域的学者也开始对此进行了研究，但是从研究对象来说，涉及中国的有关内容比较有限，但是近年来，随着我国经济的迅速崛起，在国际社会中影响力不断增大，对话有关话语出现的频率渐增，关于中国的批评话语研究也开始逐步增多。

二、基于语料库的美国智库关于"一带一路"倡议的话语分析研究

（一）话语呈现方式

1.词频分析

语言虽然是一门工具，但是语言在运用和发展的过程中受到的主观影

响往往较大，尤其是语言中的一些具有实际意义的词汇，往往对一些特定意思进行表达和传递。通过对AntConc3.3.4语料库的检索分析可知，可目前美国智库对于"一带一路"倡议的词汇主要集中在以下几类（见表1）。

表1 排名前20的高频实义词

序号	词	频数	序号	词	频数
1	China/Chinese	249	11	Silk	39
2	said	79	12	people	34
3	Asia/Asian	71	13	Xi	34
4	world	56	14	Chongqing	33
5	can/could	54	15	project	30
6	Road	52	16	countries	28
7	United States/America	51	17	government	26
8	trade	50	18	region	26
9	economic	49	19	Beijing	25
10	new	46	20	years	25

如表1所示，频数最高的20个词依次是China/Chinese（249）、said（79）、Asia/Asian（71）、world（56）、can/could（54）、Road（52）、United States/America（51）、trade（50）、economic（49）等，同时，其中的观点和相关事件发生的情况也比较有契合度，如"一带一路"倡议（Silk Road）是由中国（China/Chinese）国家主席习近平（President Xi）于2013年访问哈萨克斯坦和印尼（Asia/Asian）期间提出的，旨在与沿线国家（countries）通过贸易（trade）、基础设施建设等方式发展经济（economics）合作伙伴关系，共同打造政治互信、经济融合、文化包容的利益共同体、命运共同体和责任共同体，致力于（could）开创地区新型（new）合作和探寻经济增长之道，实现全球化（world）再平衡。

2.特定高频词分析

本人通过进一步的研究可以发现，目前，美国一些官方或者民间的研究机构对于"一带一路"倡议的评价整体上还是以正面为主，在所使用的词语中，很多都带有一定的积极色彩，如指出"一带一路"倡议是一项比较伟大的构想（world's greatest），具有一定宏观视野和长期打算的目标（ambitious vision），可以给世界带来较为深刻的变革（revolutionary change），能够对目前的世界经济局面带来比较重要的影响（alter global economics）。

但是其中也带有一些比较具有矛盾的声音，如认为当前我国经济整体发展速度已经相对放缓，这就造成了国内市场和国际市场对生产产品的需求不断在降低，造成了国内很多企业出现了产能过剩的情况，价格也呈现不断下降的趋势。而"一带一路"共建国家较多，这些国家基础设施建设和制造规模的扩大将对基础资源形成较大的需求，能够乘着这股"东风"，缓解国内产能过剩的压力。还有的认为，在"一带一路"倡议下，我国之所以支持沿线国家经济建设，是为了我国能够更好地开展对外贸易活动（speedy and affordable access to markets），为了能够迅速提升我国在亚洲国家的综合地位（extend its influence in Asia），将会影响到美国对全球社会的影响力（challenge the dominant regional power）。这些都在某种程度上说明，美国智库在提出关于"一带一路"倡议相关观点的时候，出发点还是站在美国的国家利益基础之上，"矛盾""疑虑""担心"等词汇比较常见于美国对中国"一带一路"倡议的话语评价中。

同时，美国作为非"一带一路"共建国家，"美国"这一词汇在其中被提及的次数也比较频繁，并且高居前十位，同时通过进一步研究我们也能够发现，在这之中，中美两国往往会处于相提并论的地位，比如：

Ten years ago, we were all discussing how to compete with China for minerals in Africa and oil in the Middle East. Now, this change has come and we will sell it to China.

十年前，我们都在讨论如何和中国争夺在非洲的矿产和中东的石油。现在，这个变革出现了，我们将会卖给中国。

再如：

At present, the scale of trade between China and Europe is similar to that between the United States and Europe.

目前，中国和欧洲之间的贸易规模，已经和美国和欧洲贸易规模差不多。

（二）消息来源分析

所谓消息来源，主要是指话语的提出机构。目前，我们知道话语的提出机构一般有三种途径：第一种是通过媒体的报道，会在出具相关话语的时候交代相关的提出机构；第二种是只透露相关的话语，但是对发声者的信息不直接透露，而通过一些暗示的方法来流露；第三种是故意不交代消息来源。

1.确切的消息来源

通过对AntConc3.3.4语料库的检索分析发现，目前在各种针对"一带一路"倡议的话语中，来自相关机构的专家学者居多，达到31.08%（23例）；其次是来自商业机构，占到了29.7%（22例）；政府官员占到了21.62%（16例）；剩下的则是普通的民间机构。虽然专家学者的比例只有三成左右，但是从目前的相关声音来看，几乎每例都有专家学者，并且以国外专家学者居多，占到将近80%。而"一带一路"作为我国提出的倡议，理论上，应该是我国的专家学者比较了解实际情况，也最具有话语权，但是发声的数量却和实际情况表现出了强烈的反差。这说明两个问题，一是美国智库在使用消息的时候倾向于引用和其观点一致的声音，二是中国的专家学者整体话语权比较薄弱。

商业机构的发声比重位居第二，说明"一带一路"倡议对商业的影响较大，而很多美国商业机构也在研究和关心中国"一带一路"倡议给中美贸易及美国和其他国家贸易所带来的影响。政府官员的话语排第三，其中，美国官员的发声数量占比达到了56.25%，而中国的只有37%，说明在美国智库中，政府官员的可信度比较强，同时，无论是媒体还是政府机关，都比较倾向于选择政府官员的话语作为消息来源。此外，普通民间机构占据的地位排到第四，说明美国政府比较善于倾听民间声音，同时民间人士对此也表现了一定的关心。

2.其他消息来源

在语料库中，还有很多没有表明或者故意隐瞒的消息来源，比如：

Some observers suspect that China has overemphasized the planning of the "the Belt and Road" value, but has concealed the key issues such as the cost of the project and the return.

观察者怀疑，中国过分强调"一带一路"价值的规划，但是隐瞒了项目的花费，以及回报等关键问题。

再如：

Analysts pointed out that the "the Belt and Road" plan has placed China in the central position of Asian trade and can help Chinese enterprises get more opportunities.

分析人士指出，"一带一路"倡议把中国放在了亚洲贸易的中心地位，能够帮助中国企业获得更多机会。

尽管在文中，用了像"观察者（observers）""分析人士（analysts）"等词汇，但具体是谁，则选择了忽略。这种模糊性其实在某种程度上对话语的真实性带来了比较不利的影响，使得很多人对此会产生怀疑的态度。总之，美国智库在分析的时候，对于消息来源的选择具有主观倾向性。

结　论

综上所述，在"一带一路"倡议提出的背景下，我国将来还有巨大的结构调整和经济发展空间，对于我国发展来说无疑是重大的历史机遇。但是目前从美国智库的相关话语分析来看，还是存有比较矛盾的态度，这主要是因为中美两国既有竞争又有合作，这些国家利益是出现不同话语的出发点。笔者认为，作为我国提出的倡议，我国的专家学者应该对"一带一路"倡议比较了解实际情况，也最具有话语权，我国学者需要更多地发出声音，这是我国在"一带一路"倡议推进过程中需要深入关注和思考的方面。本文虽然对美国智库关于"一带一路"倡议的话语分析研究进行了讨论，但是也有一定的局限性：一是美国智库关于"一带一路"倡议的话语内容较广，而受研究文献来源所限，难以全面、及时获取与本课题相关的范围内最前沿的研究结论及成果，分析研究过程还不是很深入。二是是对美国智库关于"一带一路"倡议话语的了解，更多的是限于一些表面上的参考，对于相关数据的了解有限，不能很好地对美国智库关于"一带一路"倡议的话语客观实际等进行深入分析。三是从长远来看，随着外部形势的变化，美国智库关于"一带一路"倡议的话语形态、结构也在发生变化。而在本文写作过程中，笔者无法实时掌握较新内容，所积累的有关信息存在一定的滞后性。今后本人将继续加强相关研究和探索，争取形成更高质量的研究成果。

参考文献

［1］刘立华，马俊杰，2016.中国梦与话语权的建构：一项基于语料库的新华社对外报道中国梦话语研究［J］.天津外国语大学学报，23（1）：29-34，81.

［2］刘立华，毛浩然，2011.话语分析视域下西方媒体中的当代中国故事：以《纽约时报》为例［J］.当代传播（5）：31-33，36.

［3］刘文宇，李珂，2016.国外批评性话语分析研究趋势的可视化分析［J］.外语研究，33（2）：39-45.

［4］唐青叶，史晓云，2016.基于语料库的南非大报对习近平主席访非报道的话语分析［J］.北京第二外国语学院学报，38（1）：14-24，131.

［5］郑华，李婧，2016.美国媒体建构下的中国"一带一路"战略构想：基于《纽约时报》和《华盛顿邮报》相关报道的分析［J］.上海对外经贸大学学报，23（1）：87-96.

［6］周萃，康健，2016.美国主流媒体如何为"一带一路"构建媒介框架［J］.现代传播（中国传媒大学学报），38（6）：163-165.

Discourse Analysis of "the Belt and Road" Initiative by American Think Tanks

CUI Guoqiang (Woosong University, Daejeon, 300-718, South Korea)

"The Belt and Road" is an important initiative of foreign cooperation put forward by our country in the new era. With the rapid development of our economy in recent years, as well as more mature industrial development experience, our country has strong competitive advantages in many fields at present, and has the conditions to participate in this major strategy. The implementation and promotion of the "the Belt and Road" Initiative can not only promote China's economic development and strengthen China's economic development advantages, but also further form a diversified global economic development pattern. However, in the process of vigorously promoting the "the Belt and Road" Initiative, the relevant fields in the United States have also formed certain evaluations of the "the Belt and Road" Initiative, including both positive and negative evaluations. This paper will discuss the discourse analysis of the "the Belt and Road" Initiative by American think tanks. It is helpful for us to better grasp the awareness and attitude of the American society to our country.

翻译理论与实践

机构译者变译策略选择背后的主观能动性分析

——以习近平著述英译为例[*]

卢卫中　闻谱超[**]

摘要：一般而言，翻译是作为翻译主体的译者对作为翻译客体的翻译对象（"源语文本"）实施的活动，而译者的主体性则包括受动性和主观能动性这两个属性。研究表明，《习近平谈治国理政》英译本译者在尽力忠实传递原文的思想内容、话语风格及文化和修辞特色的基础上，进行了必要的话语体系转换，灵活采用了增译、减译、改译、编译等多种变译策略，而这些策略的采用无疑是机构译者的受动性和能动性共同作用的结果。需要特别指出的是，机构译者变译策略选择背后的主观能动性主要在于强化译文的读者意识、调整政治信息或价值观表达、契合译语语篇层面的语境需要。

---

[*]　本文系国家社科基金项目"我国机构译者翻译行为的社会认知研究"（22BYY016）的阶段性成果。

[**]　卢卫中，博士，齐鲁理工学院文学院、浙大城市学院外国语学院教授、博士生导师，杭州语言服务协同创新中心首席专家，研究方向：认知语言学、认知翻译学、时政话语翻译。

闻谱超，本科在读，浙江传媒学院国际文化传播学院学生。

关键词：政治话语；机构译者；变译策略

《习近平谈治国理政》（简称《治国理政》）自2014年首发以来，已出版四卷，发行覆盖160多个国家和地区，广受国际社会关注，已成为海内外读者了解习近平新时代中国特色社会主义思想、了解中国共产党、了解中国的权威读本和重要窗口。《治国理政》英译本是中国外文局、中央编译局等机构及国内外英语专家共同倾力打造的精品。

为了阐明这一精品如何兼顾忠实原文与重视受众意识这两个重要原则，有必要系统考察其机构译者所采用的翻译策略，并剖析翻译策略选择背后的动因。

一、基本概念界定与厘定

本研究涉及两个需要首先厘清的核心概念，即"机构译者"和"变译"，前者是翻译行为的行动者，而后者则是翻译活动的策略和方法。

（一）机构译者及其双重属性

为了定义机构译者，有必要首先弄清楚什么是"机构翻译"。在国外，机构翻译主要指双语或多语国家的政府机构和地方当局的公文、欧盟和联合国文件翻译、跨国公司客户和股东资料等（Koskinen，2008）。在我国，机构翻译指国家、政权等具有行政性质的政治实体以机构或组织的形式，在机构内或以外包形式进行的翻译，国家同时担当翻译的发起人、赞助人和翻译主体三个角色（任东升 等，2015）。司显柱（2020：120）指出，机构翻译的特殊性决定着它必然是一种超越传统翻译实践的文化政治实践，以"政治优先"为基本原则。而机构译者指机构翻译的行为实践主体，即参与机构翻译实践活动的译者。

译者翻译行为研究的核心问题之一是译者的主体性。译者的主体性包括主观能动性和受动性（或称"操纵性"）这两种属性，是二者之间的辩证统一（Robinson，2001：194；仲伟合 等，2006；黎昌抱 等，2011）。同理，机构译者也具有同样的双重属性，即同时受到能动性和受动性这两种因素的制约，前者主要表现为个人意识形态、双语能力、文化素养、思维方式等因素，而后者则主要表现为国家意识形态、赞助人、诗学传统、历史条件、翻译环境等因素。

（二）变译的概念界定、目的和分类

Catford（1965：73-82）论述了翻译过程中发生的两类转移现象，即翻译中对原文形式和意义的偏离，即黄忠廉（2002）所言的"变译"。根据黄忠廉的研究（2002：93），变译活动是指译者根据特定条件下特定读者的特殊需求对原作进行变通和翻译的活动。变译的灵魂是变通，变通的手段大致可分为"增""减""编""述""缩""并""改"这七种。

黄忠廉（1999：80）指出，早期的翻译活动中，因受传统观念束缚，译者的创造性仅体现在对微观技法的处理上，其主观能动性往往无法得到充分发挥。就翻译策略和方法选择与社会需求之间的关系而言，全译固然重要，但变译亦不可或缺，而且逐渐成为"传播域外文化信息更有效的主要方式"。变译的提出正体现了翻译的价值。翻译的最大价值在于内化外来文化（柯飞，1996：52），要使域外文化思想中国化，对原文全盘吸收则很难做到，也没必要，必须经过变通才能入得原文，并化为己有（黄忠廉，1999：80）。显然，这是针对英译汉而言的，而汉译英当然亦莫不如此。

我们认为，就跨语言视角而言，同一文化信息在不同的语言里会有不同的表达形式或呈现方式，因此变译是翻译不可回避的手段和方法。变译的目的至少有两个：一是为了以灵活的方式传递原文承载的内容、思想和意图；二是为了契合译语读者的思维习惯和阅读期待，从而提升文化对外传播的效果。就本文所论及的政治话语机构翻译而言，变译的策略和方法主要包括增译、减译、改译、编译等四种微观视角翻译方法。

二、《治国理政》英译采用的变译策略和方法

如上所述，变译主要有增加、删减、编辑、转述、压缩、合并、改变等七种手段（黄忠廉，2002：94-96），而这些手段又可以进一步合并为四个大类，即增译（增加）、减译（删减、合并和压缩）、改译（改变）和编译（编辑）。

（一）增译

增译是指译者在译文中增加有助于译语读者理解和接受的相关信息。就《治国理政》英译而言，译者在翻译过程中会自行增加文字，草拟相关注释（王明杰，2020：39），具体方法主要包括增加必要的时间背景、文化背景、政治背景及数字背景等信息。例如：

（1）中国共产党成立后，团结带领人民前仆后继、顽强奋斗，把贫穷落后的旧中国变成日益走向繁荣富强的新中国，中华民族伟大复兴展现出前所未有的光明前景。（卷一第3页）

After it was founded in 1921 the CPC rallied and led the Chinese people in making great sacrifices, forging ahead against all odds, and transforming poor and backward China into an increasingly prosperous and strong nation, thus opening completely new horizons for national rejuvenation.（英文版卷一第3页）

对于中国读者而言，中国共产党成立的时间家喻户晓。然而，对于译

语读者而言，并非如此，因此译文中添加了"in 1921"这一具体的时间信息。

（2）真正做到"千磨万击还坚劲，任尔东西南北风"。（卷一第 22 页）

We must be as tenacious as bamboo, as described by Zheng Xie: "In the face of all blows, not bending low, it still stands fast. Whether from east, west, south or north the wind doth blast."（英文版卷一第 24 页）

郑燮（郑板桥）的诗也是中国人比较熟悉的，但对于译语读者而言却是比较陌生的内容，所以译文中不但添加了诗人的名字，而且将诗文的寓意——"毛竹般顽强"——也明示了出来。诗文背景信息的添加，显然有助于译语读者更好理解这两句诗。

（3）邓小平同志第一次比较系统地初步回答了在中国这样经济文化比较落后的国家如何建设社会主义、如何巩固和发展社会主义的一系列基本问题……，实现了马克思主义同中国实际相结合的又一次历史性飞跃。（卷二第 8 页）

His theory of socialism with Chinese characteristics provided the first systematic explanation of how to build, consolidate and develop socialism in a socially and economically underdeveloped country like China as it was back then..., and marked another historic step in adapting Marxism to China's conditions after Mao Zedong Thought.（英文版卷二第 8 页）

马克思主义同中国实际的第一次结合是毛泽东思想，这是我国读者熟悉的内容。但对于译语读者而言，这一政治背景信息阙如，所以译文在末尾处添加了"after Mao Zedong Thought"这一政治信息。

（4）……总布局是五位一体……（卷一第10页）

...its overall plan is to seek economic, political, cultural, social, and ecological progress...（英文版卷一第11页）

为中国百姓所熟知的中国政治话语概括数字，对于译语读者而言无疑是陌生的信息，为此译文中逐一添加了"五位一体"的具体所指，即economic, political, cultural, social, and ecological progress，从而大大减轻了译语读者的认知加工负荷。

（二）减译

减译就是译者在翻译过程中将原文的形式、内容和信息适当进行必要的删减、合并或压缩的过程。

1.删减

删减是指去掉原作中多余的语法信息及在译者看来不利于译语读者理解和接受的修辞和文化类冗余信息，在变译中表现为对原作的取舍。删减翻译的基本原则是"力求简短，但不失原意"，如把"中国梦必须同人民对美好生活的向往结合起来才能取得成功"译为"Chinese Dream Is the People's Dream"（王明杰，2020：41）。又如：

（5）要统筹研究部署，协同推进改革发展稳定各项工作，谋定而后动，厚积而薄发，更加主动办好自己的事情。（卷三第77页）

We should conduct in-depth research and prepare coordinated plans before pressing forward with reform, development and social stability in a balanced manner, and be fully prepared and more proactive to accomplish our tasks.（英文版卷三第99页）

原文中的"谋定而后动，厚积而薄发"主要起加强语义和语势的作用，故译文中略而不译，以达到译文凝练之目的。

（6）当年抗美援朝，毛主席用诗意的语言总结胜利之道：敌人是钢多气少，我们是钢少气多。（卷三第 101 页）

Chairman Mao summarized the key to our victory in resisting US aggression and aiding Korea: The enemies have more steel than morale, while we have less steel but higher morale.（英文版卷三第 126 页）

译者将这句话的核心意义及其主要信息——毛主席总结的"胜利之道"——完整传递给了译语读者，而将总结的方式略而不译，显然也是为了达到言简意赅的表达效果。

2. 合并或压缩

合并指将原作中同类或有先后逻辑关系的两个或多个组成部分合并在一起的变通手段，而篇幅上的压缩可以是内容和信息量上的行为。例如：

（7）我们……将坚定不移做和平发展的实践者、共同发展的推动者、多边贸易体制的维护者、全球经济治理的参与者。（卷一第 249 页）

We will actively pursue peaceful and common development, uphold the multilateral trading system and participate in global economic governance.（英文版卷一第 273 页）

由于原文的前两项都是发展——"和平发展"和"共同发展"，相关度和相似度较高，适合合并表达，所以译者将前两项合并为一项，由此原文的四项式结构变成了译文的三项式结构，从而获得了简练的表达效果，符合译语的行文习惯。

（8）……这个展览，回顾了中华民族的昨天，展示了中华民族的今天，宣示了中华民族的明天，给人以深刻教育和启示。（卷一第35页）

The exhibition...is about the past, present and future of the Chinese nation, and it is a highly educational and inspiring one.（英文版卷一第37页）

原文为了凸显展览的重要意义，将三个相似的动宾结构并置在一起，构成排比结构，充当整个句子的谓语，修辞效果显著。而译者根据译语行文要求将原文的三个排比项合并在一起，尽管排比修辞丢失，但凝练的效果却跃然纸上。显然，这种译文易于读者理解、接受。

（9）在人民面前，我们永远是小学生，必须自觉拜人民为师，向能者求教，向智者问策。（卷一第27页）

Before the people, we are always students. Therefore we must seek advice from them.（英文版卷一第29页）

原文为了强化"向人民学习"这一含义，采用了"……拜师……求教……问策"这一排比结构，修辞效果显著。而对于译语而言，简练是一条重要措辞原则，所以译文将三个并列项压缩为其中之一，即"请教"这一核心意义。尽管修辞效果有所损耗，但原文的内容和意义得到了完整的传递。

从以上译例及其分析不难看出，合并本身往往也是一种形式和内容上的压缩。在此，中文以形式工整的排比结构见长，而英译文则追求简明扼要的修辞取向。

（三）改译

改译指改换原作的形式或内容，包括改换、改编和改造等。就《治国理政》英译而言，改译方法主要包括视角转换、句法转换、喻体转换等手段。例如：

（10）我们要学习邓小平同志善于运用辩证唯物主义和历史唯物主义观察世界、处理问题的思想方法……（卷二第 7 页）

Deng set us an excellent example of using dialectical and historical materialism to observe the world and address issues.（英文版卷二第 7 页）

原文采用的是作者和读者的视角，而译文根据英语表达的需要更换为学习对象的视角，以契合译语读者的阅读期待。

（11）治国必先治党……（卷二第 43 页）

To govern the country, the Party must be governed first.（英文版卷二第 44 页）

在该例中，译者为了表达与原文相同的含义——"治党先于治国"的理念，采用了符合英语行文习惯的被动语态这一句法结构。

（12）始终植根人民、造福人民，始终保持党同人民群众的血肉联系，始终与人民心连心、同呼吸、共命运。（卷一第 16 页）

We should always be part of the people, work for their interests, and maintain close ties and share good and bad times with them.（英文版卷一第 17 页）

在该例中，译者根据英汉语言表达差异，将原文的植物隐喻和肢体隐喻更换为译文的空间隐喻和物品隐喻，以契合译语读者的文化、思维习惯和阅读期待。

（四）编译

编译是指翻译过程中译者根据译语读者的阅读习惯而对原文进行适当编辑的方法，即将原作内容条理化、有序化，包括编选、编排、编写等。这种编译手法可以使语言表述多样化，增添文采，强化语义。例如：

（13）回首过去，全党同志必须牢记……审视现在，全党同志必须牢记……展望未来，全党同志必须牢记……（卷一第36页）

Reviewing the past, all Party members must bear in mind that...
Looking at the present, all Party members must bear in mind that...
Looking ahead at the future, all Party members must bear in mind that...（英文版卷一第37页）

原文是由三个排比句构成的一个段落，而译文则根据译语的行文特点将其分成三个段落，从而构成了跨段落的语篇层排比结构，这样对于译语读者而言显得更清晰明了。正如王明杰（2020：39）所言，若中文段落较长，译文中可以把它按意思分拆成几段，以便译语读者阅读、接受。

三、《治国理政》变译策略选择背后的译者能动性分析

对于政治话语翻译而言，机构译者的翻译行为明显地受到国家意识形态、赞助人、诗学传统、历史条件和原文等多种客观因素的操纵和制约，故此类研究受到了广泛的关注（黎昌抱 等，2011；巫和雄，2012）。然

而，尽管操纵性和制约性是政治话语翻译的基本属性，但随着时代的发展和翻译事业的不断进步，机构译者在翻译过程中所表现出来的主观能动性显得越来越重要，越来越受到重视。显然，高度重视译者的主观能动性不但不会妨碍政治话语翻译的质量和效果，相反，唯有充分发挥机构译者的主观能动性才能进一步提高机构翻译的质量和对外传播效果。

就《治国理政》英译而言，译者的变译策略选择背后的主观能动性支配因素至少有以下三点：一是为了强化译文的读者意识，二是为了调整政治信息或价值观的呈现方式，三是为了契合译语语篇层面的语境需要。

（一）为了强化译文的读者意识

政治话语对外译介的目的是将我国的重要政治文献传播到译语国家并为译语读者所理解和接受，由此，政治话语翻译的重要原则之一是，译者应在传递原作思想内容和话语风格的基础上灵活选用多样化的译语语言表达形式和修辞手段，以尽量满足译语读者的思维习惯和阅读期待。为此，充分发挥译者的主观能动性就显得格外重要。

1. 为了补足译语读者需要的信息而采取变译手法

由于不同语言之间存在着差异性，A语言中可能有隐含或模糊的信息，译成B语言时则须明示出来，即需要采用显化译法。这也是政治话语翻译过程中面对原文隐含的背景或文化信息时译者经常采用增译手法的主要原因之一。例如：

（14）他领导改革开放和社会主义现代化建设，心中想着的就是<u>最广大人民</u>。（卷二第5页）

He designed and led the reform and opening-up initiative and the modernization drive with a view to <u>improving the wellbeing of the Chinese people</u>.（英文版卷二第5页）

在汉语中,"心中想着人民"表示"心中想着人民的利益",而"利益"二字可以隐含。但在译语中,"利益"或"福祉"等信息需要明示出来。显然,这就是译文添加"improving the wellbeing"的原因。

(15) 1977年复出后,面对长期形成的思想禁锢状况,邓小平同志鲜明提出……(卷二第8页)

After returning to leading positions in the Party and the government in 1977, he spoke incisively about the rigid thinking that had long fettered people's minds...(英文版卷二第7页)

在该例中,邓小平的"复出",对于国人而言很好理解;但对于译语读者而言,显然是模糊不清的,所以译文增添了必要的政治背景信息——"returning to leading positions in the Party and the government",以便于译语读者理解和接受。

2. 为了减轻译语读者的认知加工负荷而采取变译手法

由于社会文化背景不同,有些表达,尤其是承载着特定政治信息的表达,若直译,则会增加译语读者理解上的负荷,故译者需要调动译语资源进行变译加工,或者改译,或者将不必要的信息直接删除。例如:

(16)以江泽民同志为核心的党的第三代中央领导集体、以胡锦涛同志为总书记的党中央在这篇大文章上都写下了精彩的篇章。(卷一第23页)

The Central Committee headed by Jiang Zemin, and later by Hu Jintao also added some outstanding chapters to it.(英文版卷一第25页)

在该例中,交代第几代中央领导集体这一细节反而会给译语读者带来额外的认知加工负荷，故译者选择将原文中的"党的第三代中央领导集体"和"党中央"合译为"the Central Committee"这一个短语，以统领后面的两个定语，这完全符合英语的表达习惯。在此，译者对变译策略的灵活、巧妙使用，充分反映了译者的主观能动性和创造性对于有效传播原文信息的重要性。

（17）在新时代的征程上，全党同志一定要适应新时代中国特色社会主义的发展要求，提高战略思维、创新思维、辩证思维、法治思维、底线思维能力，增强工作的原则性、系统性、预见性、创造性，更好把握国内外形势发展变化。

On this new journey, all our Party members must keep abreast with the new requirements of the new era, improve our capacity for strategic, innovative and dialectical thinking, bear in mind the rule of law and our principles, take a holistic, forward-looking and innovative approach to work, and better understand the changing domestic and international situation.

原文的词语搭配力比较强，"战略""创新""辩证""法治""底线"皆可与"思维"搭配使用，共同修饰后面的"能力"；而且"原则性""系统性""预见性""创造性"也并列使用。相比而言，译语的词语搭配却存在不同，故译者根据英语的搭配特点把原文中的两个排比结构重组为译文中的三个动宾结构，其中把原文第一个排比结构中的后两项与第二个排比结构中的第一项合并为译语的第二个动宾结构。可见，为了便于译语读者阅读和理解，译者的创造性重组非常有必要。

3.迫于译语语言特点和修辞上的需要而采取变译手法

就跨语言比较而言，同一内容或信息在不同语言里或许会由不同的语言形式或结构来承载，因此翻译时需要在保留原文信息的前提下采用译语特有的语言或修辞形式。用一句通俗的话说，这叫作"换汤不换药"。赵祥云（2017：91）指出，在政治话语英译中应牢固树立差异意识，从而在不涉及政治立场和原则性问题的情况下，采用更符合译语习惯的简洁英文表达，以利于译文读者接受。例如：

（18）有的时候要抓大放小、以大兼小，有的时候又要以小带大、小中见大……（卷一第102页）

I alternate my attention between major and minor issues...（英文版卷一第114页）

原文借前后回环往复的修辞表达了如何正确处理大事和小事之间的辩证关系。为了契合译语简明扼要的措辞倾向，译者巧妙地利用译语优势将源语的两句合二为一，收到了简练的表达效果，比较完美地传递了原文的思想内容。译者的主观能动性和创造性也得到了很好的体现。

（19）中国国民革命的先行者孙中山先生说："世界潮流，浩浩荡荡，顺之则昌，逆之则亡。"（卷一第266页）

Dr Sun Yat-sen, the pioneer of China's democratic revolution, had this to say: "The trend of the world is surging forward. Those who follow the trend will prosper, whilst those who go against it will perish."（英文卷一第292页）

原文是典型的意合表达。翻译过程中，译者发挥主观能动性，借显化手法将原文蕴含的逻辑关系明示出来，从而呈现了符合译语表达习惯的形合形式。

（二）为了调整政治信息或价值观的呈现方式

由于中国与西方资本主义国家之间拥有不同的政治话语体系，很容易造成一些交流障碍和心理隔阂（蒋骁华 等，2019：25）。为减少障碍和隔阂，《治国理政》英译者做了许多努力，如适时弱化或强化对某些政治内容的表达。例如：

（20）高举中国特色社会主义伟大旗帜，为决胜全面小康社会实现中国梦而奋斗。（卷二第 59 页）

Complete a Moderately Prosperous Society and Realize the Chinese Dream.（英文版卷二第 62 页）

在该例中，"高举中国特色社会主义伟大旗帜""为决胜……而奋斗"均为政治色彩较浓的表述。若直译，译语读者可能不太习惯。为读者着想，译者将"为决胜……而奋斗"弱化译为"complete"，且将"高举中国特色社会主义伟大旗帜"隐去不译（蒋骁华 等，2019：30）。

（21）信念坚定，是邓小平同志一生最鲜明的政治品格，也永远是中国共产党人应该挺起的精神脊梁。（卷二第 3 页）

His entire political career was marked by a firm faith in communism, which is an everlasting source of integrity for all Chinese Communists.（英文版卷二第 3 页）

对于中国读者而言，"信念坚定"无疑指"对共产主义信念的坚定"，此意是其天经地义的预设意。显然这正是译语读者所缺乏的政治信息，因此译文中添加"communism"，旨在强化这一政治信息，以利于译语读者理解和接受。

（三）为了契合译语语篇层面的语境需要

为了契合译语语篇表达的简洁性、经济性和连贯性，同时也为了契合译语的不同语境需要，译者有时对于原文在不同上下文中采用的同一政治术语或引语需要灵活采用不同的译法。例如，在一段文字中，多次出现"中国特色社会主义"这一术语时，若全部按中文对应译出，读起来就会很拗口，这是因为"characteristics"这个字比较长，且英语里平时很少用。所以在首次出现时，可以全文译出，即采用"socialism with Chinese characteristics"，之后可变通译为"Chinese socialism"（王明杰，2020：38）。这就是译者主观能动性在语篇层面编译上的具体体现，即译者在整体把握原文语篇意蕴的基础上灵活采用了变通的翻译方法。再如：

（22）<u>海纳百川、有容乃大</u>。国家间要有事多商量、有事好商量，不能动辄就诉诸武力或以武力相威胁。（卷三第464页）

<u>As a Chinese saying goes, "The ocean is vast because it admits all rivers."</u> Whenever a problem crops up, countries concerned should always hold deliberations in good faith, rather than resort to the use or threat of force at will.（英文版卷三第539页）

（23）"和平统一、一国两制"是实现国家统一的最佳方式，体现了<u>海纳百川、有容乃大</u>的中华智慧，既充分考虑台湾现实情况，又有利于统一后台湾长治久安。（卷三第406页）

The vision of peaceful reunification and "one country, two systems" is the best way to realize China's reunification. It embodies Chinese wisdom — <u>thriving by embracing each other</u>, takes full account of Taiwan's reality, and is conducive to long-term stability in Taiwan after reunification.（英文版卷三第 472 页）

在例（22）中，引语出现在段首，所以译者在添加"As a Chinese saying goes"的基础上，直接将引语的意思完整译出——"The ocean is vast because it admits all rivers"。而在例（23）中，该引语用作"中华智慧"的定语，译者根据这一具体语境将其译为"thriving by embracing each other"。显然，译者注重发挥自我主观能动性，根据不同的语境因地制宜地采用了不同的变译方法，这样的翻译加工有助于更好地契合译语读者的思维习惯并满足读者的阅读期待。

结　语

翻译是各种因素共同作用的结果，其中译者发挥着越来越重要的主观能动性。就机构翻译而言，我国的政治话语翻译是机构译者与国家要求这两者之间共同作用的结果。

因为英汉语言文化之间存在着显著的差异，所以政治话语翻译过程中基于变译策略的话语体系转换是常态。当然，变译主要发生在语言、修辞和结构层面上，经过变译的译文能更好地传递原文的思想内容和话语风格。换言之，两种语言以各自不同的表达形式承载着相同的思想内容和精神。唯有如此，译文才能更好地与原文一样契合读者的思维习惯和阅读期待。

本文得出的基本结论是，机构译者的翻译行为——译者对政治文献和翻译策略的选择——具有双重属性，即同时受到受动性和能动性这两种因素的制约。就《治国理政》翻译而言，译者的选择仅限于对翻译策略和方法的选择。研究表明，译者在尽力忠实传递原文的思想内容、话语风格及文化和修辞特色的基础上，灵活采用了增译、减译、改译、编译等多种变译方法，而这些方法背后的译者能动性主要在于强化译文的读者意识、调整政治信息或价值观表达、契合译语语篇层面的语境需要。

参考文献

［1］CATFORD J C，1965. A Linguistic theory of translation［M］. London：Oxford University Press.

［2］KOSKINEN K，2008. Translating institutions：an ethnographic study of EU translation［M］. Manchester：St Jerome.

［3］ROBINSON D，2001. Who translates?—translator subjectivity beyond reason［M］. Albany：State University of New York Press.

［4］邓中敏，曾剑平，2020. 政治话语重复修辞的翻译：以《习近平谈治国理政》为例［J］. 中国翻译，41（5）：136-144.

［5］黄忠廉，1999. 变译（翻译变体）论［J］. 外语学刊（3）：80-83.

［6］黄忠廉，2002. 变译的七种变通手段［J］. 外语学刊（1）：93-96.

［7］蒋骁华，任东升，2019. 从《习近平谈治国理政》英译看国家翻译实践之策略变化：兼与《毛泽东选集》英译比较［J］. 翻译界（1）：18-36.

［8］柯飞，1996. 关于翻译的哲学思考［J］. 外语教学与研究（4）：48-52.

［9］黎昌抱，陶陶，2011. 从《毛泽东选集》英译看译者角色［J］. 当代外语研究（6）：29-32，60-61.

［10］任东升，高玉霞，2015. 国家翻译实践初探［J］. 中国外语，12（3）：92-97，103.

［11］司显柱，2020. 对外新闻翻译与国家形象建构［J］. 解放军外国语学院学报，43（5）：118-127，160.

［12］王明杰，2020. 高标准翻译出版领导人著作：以英文版《习近平谈治国理政》为例［J］. 中国翻译，41（1）：36-41.

［13］巫和雄，2012.《毛泽东选集》英译中的策略变化［J］.上海翻译（4）：23-27，35.

［14］赵祥云，2017.新形势下的中央文献翻译策略研究：以《习近平谈治国理政》英译为例［J］.西安外国语大学学报，25（3）：89-93.

［15］仲伟合，周静，2006.译者的极限与底线：试论译者主体性与译者的天职［J］.外语与外语教学（7）：42-46.

The Subjective Initiative Underlying Institutional Translators' Choice of Variation Strategies

—A Case Study of the English Translation of Xi Jinping's Works

LU Weizhong(College of Liberal Arts, Qilu Institute of Technology, Jinan, 250200; School of Foreign Languages, Hangzhou City University, Hangzhou, 310015)

WEN Puchao(Communication University of Zhejiang, Hangzhou, 310018)

Translation is generally taken as an activity carried out by the translator as the subject and the source text as the object of translation while the subjectivity of the translator includes the two attributes of passivity and subjective initiative. Results of this study shows that the translators of the English translation of Xi Jinping: The Governance of China, while trying their best to faithfully transmit the political content, discourse style, and cultural and rhetorical characteristics of the source text, have made the necessary conversion of discourse system and flexibly adopted various variation strategies such as addition, subtraction, retranslation, and compilation. And the adoption of these strategies is undoubtedly the result of the joint action of the institutional translators' passivity and initiative. In particular, it should be noted that the subjective initiative underlying the institutional translators' choice of variation strategies lies mainly in strengthening the concern for the target language readers, adjusting the expression of political messages or values, and adapting to the contextual needs of the target discourse.

国家翻译能力视域下的"全人译者"能力体系重构*

陈维娟　谢文静**

摘要："国家翻译能力"概念的提出将翻译能力研究范畴扩及国家层面，同时为个体翻译能力研究提供了全新思路与范式，为"全人译者"设定了更为全面的评价标准。本文在国家翻译能力的宏观视域下解析"全人译者"概念的内涵，在翻译能力相关研究基础上尝试重构"全人译者"应具备的翻译能力，指出在认知和语言等基本能力之外，"全人译者"还需具备与国家战略需要相符的其他能力，如应急翻译能力、传播学能力、多模态翻译能力和国别区域研究能力等。新时代背景下，合格的"全人译者"可以更好满足国家传播能力建设需要，有效地向世界讲好中国故事。

关键词：国家翻译能力；"全人译者"；传播学能力；国别区域研究

---

* 本文系2022年浙江传媒学院教改项目"《英释中国文化》课程线上线下混合教学模式研究"（jgxm202219）和大学外语教学科研项目"'全人教育'视域下传媒翻译人才培养模式研究"（2023112202）研究成果。

** 陈维娟，文学博士，浙江传媒学院英国研究中心讲师、硕士生导师，研究方向：典籍翻译、视觉修辞、跨文化传播。
谢文静，本科在读，浙江传媒学院国际文化传播学院学生。

引　言

习近平总书记在党的十九大报告中提出了"推进国际传播能力建设，讲好中国故事，展现真实、立体、全面的中国，提高国家文化软实力"的目标，为我国的传播事业指明了方向。国家传播能力这一术语蕴含了翻译与传播两重属性及两者之间的紧密关系，传播的条件与实力构成国际传播能力的核心，而跨文化、跨地域、跨国家的属性使得对外翻译能力在国际传播能力建设中不可或缺（吴赟，2022：13-14）。衡量国家对外翻译能力的重要标准之一就是翻译人才能力，新时代背景下国家翻译能力的提升对翻译人才能力提出了更高要求。"全人译者"理念将"全人教育"思想融入高校翻译人才培养实践之中，开辟了围绕个体译者能力研究的全新动态模式。

国家翻译能力概念的提出将翻译能力研究范畴扩及国家层面，为个体翻译能力研究提供了新的思路与范式，也为"全人译者"设定了更为全面的评价标准。本文在国家翻译能力的宏观视域下解析"全人译者"概念的内涵，在相关研究基础上重构合格"全人译者"需具备的各项次能力，用宏观映射微观的方式探讨个体翻译能力的特征及其之间的相互联系。

一、"全人译者"：概念的提出及其述评

"全人译者"的概念源于高校翻译专业中理论教学与实践教学所占比重之考量，确切地说，高校翻译专业教学本质上到底是翻译教育还是翻译培训。Widdowson（1984）和 Bernardini（2004）从概念上对教育和培训进行区分，认为教育旨在培养学习者的整体智力、认知系统、态度、性格等，使其具有解决新问题的能力，因此学习是一个产出的过程；而培训则具有明确的目的性，是让学习者运用掌握的公式化知识处理可以预测到的问

题，是一个累积的过程。由此可见，在新时代背景下，学习者更需要具备解决问题的能力，能够使用有限资源去应对无限的新问题（谭载喜，2008：596）。毋庸置疑，高等教育阶段提高翻译专业学生的语言技能是翻译方向的培养目标，但绝非根本目标，不同阶段的学习者在技能培养和理论学习方面必然存在不同侧重。通过对比中国大陆、香港、澳门和台湾地区高校翻译专业的教学现状，谭载喜指出翻译教学研究亟待解决的两个问题：一是对高校翻译教学的本质，尤其是对培养目标及对象的认识尚不充分；二是关于翻译教学的内容研究还有待深入（谭载喜，2008：596）。

针对高校翻译教学存在的问题，谭载喜提出"全人译者教育"这一概念，并将培养全面发展的"全人译者"作为高校翻译专业的培养目标。"全人译者"不仅可以解决特殊领域的具体问题，还要具备处理新问题的一般性能力。而培养"全人译者"应当采取一种健康的方式，即采用"全人译者教育"倒金字塔模型（见图1）。

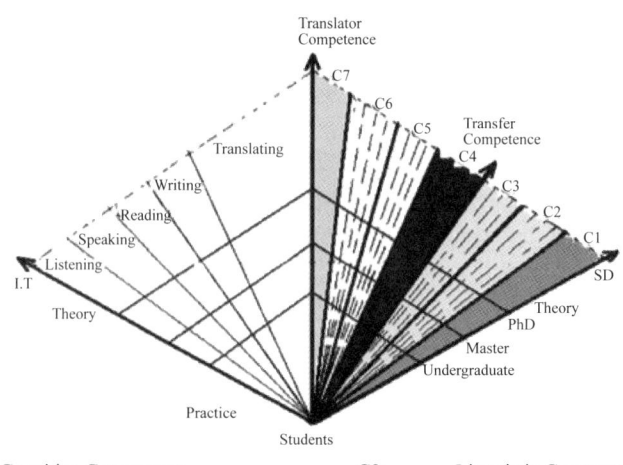

C1:	Cognitive Competence	C2:	Linguistic Competence in L2
C3:	Pragmatic Competence in L2	C4:	Transfer Competence
C5:	Linguistic Competence in L1	C6:	Pragmatic Competence in L1
C7:	Instrumental Competence	Undergrad:	Undergraduate Level
Master:	MA/MPhil Level	PhD:	PhD Level
LT:	Language Teaching	SD:	Social Development

图1 "全人译者教育"倒金字塔模型（谭载喜，2008：601）

"全人译者教育"倒金字塔模型描述了高等阶段翻译专业学生在不同学历层次应该具有的各种翻译能力的构成,以及翻译实践与理论学习在不同阶段的分布比重。谭载喜(2008)认为,要让学生通过恰当方式成长为"健康"和"强壮"的译者,在教学中就要注意"教什么"和"如何教"的均衡分布。以本科阶段为例,这种均衡既体现在技能传授与理论学习之间的比例分布,也体现在理论学习内部,即语言学知识与翻译理论之间的协调关系。

翻译能力是译者应当具备的一种整体能力,国外学者通常采用次能力组合的方式进行阐释分析,其中最具代表性的是西班牙巴塞罗那自治大学的PACTE小组在1998年提出的翻译能力构成,涵盖双语交际能力、语言外能力、专业操作能力、转换能力、策略能力及心理生理能力。谭载喜(2008)提倡从"全人"视角来分析翻译次能力之间的关系,而不是割裂其关联而片面专注个别。谭载喜认为"全人译者"需要具备的次能力包括认知能力、双语能力、辅助翻译工具能力及转换能力。具体而言,双语能力相当于交际能力,具体细分为语言学交际能力和语用学交际能力,在图1中分别用C5、C6、C2和C3来指代。该模型沿用PACTE小组提出的转换能力并将其作为综合其他子能力的核心,其中心地位体现于C4在图1中的桥梁位置。

"全人译者"理念阐释了不同层次翻译专业学生的翻译能力构成,指出各种次能力在不同学习阶段所占的比重,着重强调培养个体终身学习能力的重要性,体现出倡导"全人教育"思想发展的本质特征。与此同时,"全人译者"理念重视次能力之间的相互关联,这与"全人教育"提倡联系的本质相符。虽然该模式提及翻译次能力之间的横向联系,但对于各种次能力与国家战略需要、市场发展需要等外部因素之间的纵向关联尚未论述,因此"全人教育"思想的开放性特征就无法体现出来。另外,个体翻译次能力之间如何进行横向关联、译者的终身学习能力如何得以实现等实际问题也未进行明确阐述。总之，欲体现"全人译者"中的"全"之内涵，还需在更大范围、更大广度上进行深入考量。

二、翻译能力研究现状

（一）个体翻译能力研究

随着21世纪以来翻译学科在国家层面获得认可，国内的翻译研究迅速发展（王克非，2019：819），研究者开始聚焦个体译者能力和翻译行为，其中既有对翻译能力本质的元认知研究（胡珍铭 等，2018），也有对教学中实践能力培养的关注（张政 等，2020；张瑞娥 等，2009）。现有研究大多采用构成要素框架来分析译者翻译能力，将其阐释为各种子能力构成的综合体，并指出子能力之间的彼此联系。大多数观点赞同认知能力和语言能力的核心基础地位，也有学者重点强调新时代背景下工具能力和策略能力的必要性（赵璧 等，2019），尤其是在经历新冠疫情等社会公共安全危机事件后，有学者提出译者需要具备在重大自然灾害或公共危机事件中提供应急翻译产品的能力（华云鹏 等，2021）。在《翻译专业本科教学指南》（简称《指南》）中，翻译能力被明确界定为：能运用翻译知识、方法和技能进行有效的语言转换，一般包括双语能力、超语言能力（如百科知识、话题知识等）、工具能力、策略能力等（赵朝永 等，2020：14）。

总体来看，现有的相关研究围绕个体翻译能力进行了深入全面分析，但大多数研究仍然停留在翻译过程的准备和进行阶段，尚未延伸至翻译产品的传播阶段，对译者的自我发展能力或终身学习能力也鲜有提及。随着国家翻译能力概念的提出，国际传播能力建设成为翻译学发展的未来向度，如何在国家翻译能力的视域下考察个体译者的翻译能力，如何在后疫情时代培养更多有能力讲好中国故事的"全人译者"，是具有理论意义和实践意义的重要课题。

（二）国家翻译能力研究

国家翻译能力是在国家翻译实践的前提下提出的。能力与实践密切相关，翻译能力不可能脱离主体而存在，且需要通过主体的翻译实践显现出来（蓝红军，2021：20）。

1. 国家翻译实践

隋唐时期的佛经翻译和明末清初的大规模西学翻译之所以被称作国家翻译实践的早期萌芽，关键在于国家意识在这些翻译活动中的体现。国家翻译实践是主权国家以国家名义为实现自利的战略目标而自发实施的自主性翻译实践的译学概念（任东升 等，2015：92）。国家翻译实践研究围绕翻译行为是否合乎国家需求，是否以最大限度实现国家利益为标准。翻译实践行为由翻译主体参与并实施，对主体翻译行为的分析必然围绕其能力开展。增强国家翻译实践的效度要求国家整体翻译能力的提高，而国家翻译能力的发展离不开个体译者翻译能力的完善。

2. 国家翻译能力

国家翻译能力是以国家为主体或目的，指涉国家翻译规划、国家翻译教育、国家翻译实践、国家翻译技术和国家翻译传播等综合复杂的国家翻译行为能力（杨枫，2021：16）。学者对于国家翻译能力和国家语言能力之间的关系问题存在相异观点。蓝红军（2021：23）指出，国家翻译能力并不是国家语言能力研究的派生或下辖分支，因为国内外学者关于国家语言能力的理论框架都未给予翻译合理的位置。例如，文秋芳（2017）指出国家语言能力由国家语言资源能力和国家话语能力共同构成，而国家话语能力五个次能力之一的国家话语外译能力并不能涵盖国家翻译能力的范畴。因此，蓝红军（2021）提议将国家翻译能力视为国家能力的一个组成部分，并将认识国家翻译能力和建设我国国家翻译能力确立为开展国家翻译能力研究的两个主要任务。

另有学者认为，国家翻译能力属于国家语言能力，但又不同于国家语言能力，因为国家翻译能力更强调国家思想与文化对外传播的综合及系统能力，既包括国家翻译机构的翻译能力，也包括国家翻译教育能力和学者、公民的个体翻译能力，同时也指涉国家翻译技术能力（杨枫，2021：16）。任文、李娟娟（2021：9）赞同国家翻译能力是国家语言能力的组成部分，认为国家翻译能力是指一个国家制定实施翻译相关规划和政策法规、掌握翻译相关资源、开展翻译实践、提供翻译服务、处理翻译问题、发布翻译产品、提升传播效果，并通过翻译教育与翻译研究、语种人才储备、技术产品开发等手段，进一步发展翻译及相关事业等方面能力的总和，包括国家翻译管理能力、国家翻译实践能力、国家翻译传播能力和国家翻译发展能力（见图2）。

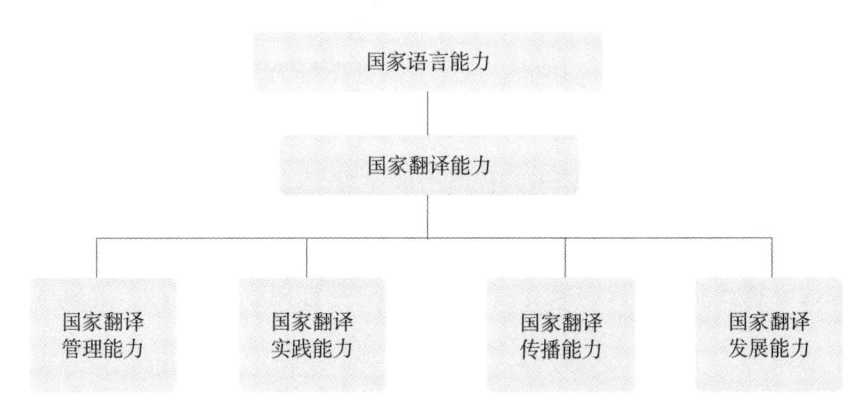

图2 国家翻译能力构成（任文 等，2021：10）

反思以上观点，本文认为国家语言能力与国家翻译能力之间相辅相成，彼此促进。国家语言能力是整体的、综合的，但不是抽象的，主要表现在行政、外事、军事安全、新闻舆论、科技教育、经济贸易等六大领域中"以言行事"的能力（李宇明，2021）。基于任文、李娟娟（2021）对国家翻译能力的分类，我们认为国家翻译能力以抽象方式存在于六大综合领域当中，具体体现为行政领域中的语言管理能力、外事和军事安全领域中的策略能力、新闻舆论和经济贸易领域中的传播能力及科技教育领域中的发展能力。总之，国家语言能力的提升离不开国家翻译能力的进步，而国家语言能力的发展必定能够推动国家翻译能力及个体翻译能力的提高。

三、国家翻译能力观照下的个体翻译能力分析

国家翻译能力通过个体翻译能力得以体现。本文根据国家翻译能力的四种次能力对应解析个体翻译能力，进而将四种个体翻译能力进一步细化为不同的子能力，站在国家战略需求的高度全方位描述"全人译者"需要具备的各种翻译能力（见图3）。

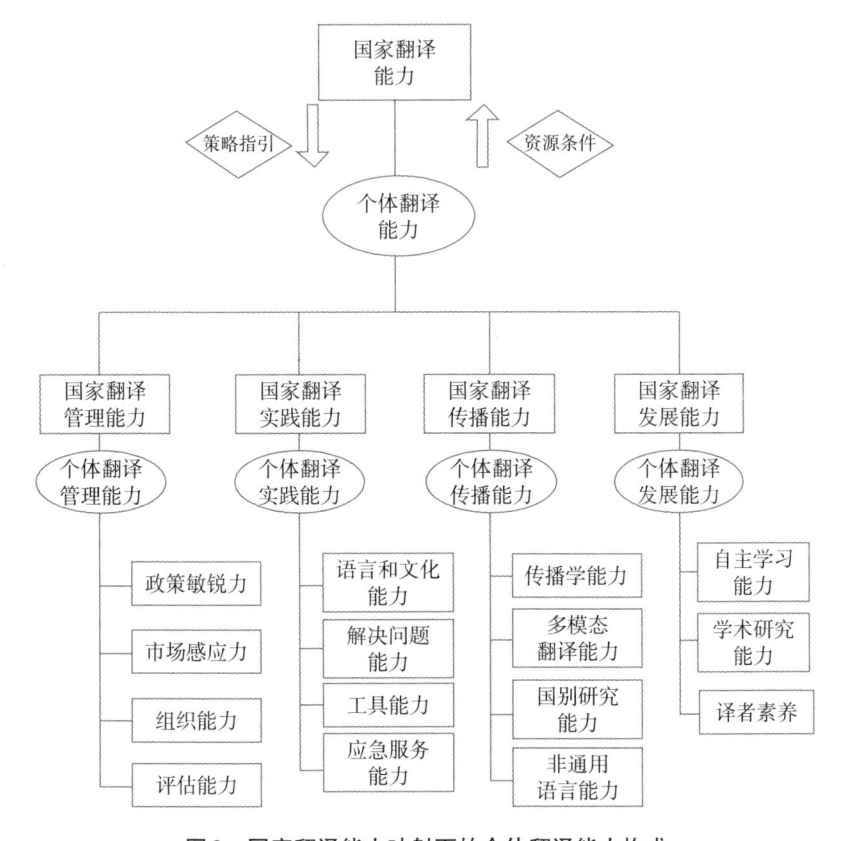

图3 国家翻译能力映射下的个体翻译能力构成

（一）国家翻译管理能力观照下的个体翻译管理能力

国家翻译管理能力为翻译事业提供宏观软环境，为合法合规的翻译活动提供基础和保障，并为人才培养、发展规模等提供规划设计（任文 等，2021：9）。具体而言，立法规则的制定、翻译政策规划及标准的研制能力体现国家的翻译立法力；翻译考评认证力体现在翻译等级考评机制的参与度和证书市场效力上；资源掌控力则是指国家对翻译语种、人才、技术、资金等资源的掌控、协调和调度能力。个体翻译管理能力保证翻译任务的顺利高效开展，为产出合格的翻译作品提供前提保障。对应国家翻译管理能力的三种子能力，个人翻译管理能力主要体现为政策敏锐力、市场感应力、组织能力及评估能力四种子能力。政策敏锐力体现为个体译者对国家相关翻译政策和立法规则的掌握和遵守能力；国家对某领域专业知识的重视程度往往体现在相关的资格认证考试之中，译者需具备积极感应市场需求的能力来提升自身专业水平；由于当今的翻译任务往往以项目形式出现，译者的组织能力体现为译者对团队资源的利用和组织协调调度能力；评估能力体现为译者对自身和团队的管理能力，如译者在接受翻译任务前对自身翻译能力的评估，以及对翻译过程和团队翻译产品的评估能力。

（二）国家翻译实践能力观照下的个体翻译实践能力

国家翻译实践能力是国家翻译能力最直接的体现。同样，个体翻译实践能力也是个体翻译能力的核心环节。国家翻译实践能力具体体现为笔译、口译、手语传译和机译的产出能力，可以从行业翻译能力、机构翻译能力和应急翻译能力等方面得以体现（任文 等，2021：10）。围绕个体翻译能力的研究大多集中于讨论实践过程中译者的翻译能力，如包括双语能力和语言外知识在内的基础能力，包括翻译知识和策略能力的核心能力及被称为外围能力的工具能力（杨志红 等，2010）。在前人研究基础上，我们将个体翻译实践能力大致分为语言和文化能力、解决问题能力、工具能力和应急服务能力。

具体而言，语言和文化能力包括"全人译者"所列出的次能力之一的双语交际能力，但覆盖范围更广，具体而言，语言能力指使用外语和母语进行交流所需的词汇、语法、篇章和语用能力（赵朝永 等，2020），与双语交际能力一致。除此之外，译者还需具备相关的中西方文化知识及必备的百科知识和主题知识，即《指南》中所指的超语言能力。解决问题能力特指译者在翻译过程中运用知识和技能发现、分析并解决实际问题的能力，内涵与"全人译者"理念中的转换能力相似，但相比《指南》中的策略能力更为具体，因为后者除了包括微观的文本转换策略能力，还包括宏观的文本之外的策略能力，如沟通能力和团队合作能力能，而本文将这种宏观意义上的策略能力归入个人翻译管理能力的范畴。工具能力就是指翻译过程中使用文献资料及翻译技术的能力（仝亚辉，2010：90）。在高度发达的信息时代，译者的翻译工具运用能力和信息检索能力的必要性和重要性将更加凸显。此外，在应急事件发生时，灾情时间的预防和控制都需要通过精准有效的应急语言翻译实现应急减灾信息的国际传播和分享，因此译者所应具备的应急服务能力就可以保证特殊情况下翻译活动的实施和信息传播的效果。

（三）国家翻译传播能力观照下的个体翻译传播能力

翻译实践产生的产品最终要通过其传播效力才能体现其应有价值，具体包含翻译产品媒介能力、译入译出产品影响力和国内语言互译产品影响力（任文 等，2021：10）。将国家翻译传播能力对应个体传播翻译能力，则具体体现在传播学能力、多模态翻译能力、国别研究能力和非通用语言能力四种次能力上。吴赟（2021：12）指出，国家传播能力是国家软实力建设的重要组成部分。同样，个体译者的传播学能力是实现翻译产品最终价值的重要前提，理应成为翻译人才的必备能力。国家对外翻译传播的成效在很大程度上取决于翻译传播人才所能提供的智力支持力度。个体译者需要掌握国际传播特征与规律，提高跨文化交际能力、翻译能力、全媒体采写能力及国际关系分析能力（吴赟，2021：21）。多模态翻译能力是译者语言能力的延伸。面对现代信息传播日益多模态化的发展趋势，译者应具备不同符号模态之间的翻译能力，掌握文字之外其他符号模态的优势功能来提高中国故事的对外传播效力。随着"一带一路"倡议的推进和中国提升参与全球治理能力的需要，国别与区域研究日益受到重视。翻译人才具有语言间沟通能力的优势，还应具备借助政治学、历史学和国际关系学等多学科的研究理论和方法，多角度对语言对象国家和区域的历史文化、社会制度等议题进行客观分析的复合型能力。本文所指的"非通用语言"除了黄友义所提及的"一带一路'关键语种'[①]"，还包括应对国内突发公共事件所必需的应急语言，即国内不同地域的方言。在良好的英语能力基础上，译者有意识地学习其他相关非通用语言，不仅能够拓宽翻译实践的范围，也有助于国别研究能力的提升。疫情期间医患沟通的方言障碍凸显方言知识的重要性，必要的方言学知识可以保障译者在应急事件中传播和分享重要信息。

（四）国家翻译发展能力观照下的个体翻译发展能力

国家翻译发展能力是可持续翻译能力的重要保障和支撑，包括翻译语种和人才储备、翻译教学与研究、翻译技术研发等方面的能力（任文 等，2021：11）。"全人译者"理念提出培养译者个体终身学习能力，将译者的可持续翻译能力作为培养目标，而实现这一目标的支撑就是个体翻译发展

[①] 中国外文局副局长兼总编辑黄友义于2022年4月2日在接受中国网《中国访谈》栏目记者采访时，提到"非通用语种"在国家新发布的文件中的表述为"'一带一路'关键语种"。

能力，具体包括自主学习能力、学术研究能力和译者素养三个方面。网络学习资源的共享使自主学习具有可能性，疫情的不确定使自主学习具有必要性。译者的自主学习能力就是译者在信息共享的互联网时代运用必要的技术手段获取网络信息，通过完备的自我管理进行语言文化和相关专业知识学习的能力，是译者个体能力发展的重要前提。学术研究能力体现为译者对语言学和翻译理论知识的学习、反思和实践运用能力。根据"全人译者"模式，个体译者的理论学习贯穿专业学习的不同阶段，专业层次越高，理论比重越大，具备良好的学术研究能力能为译者个体发展提供充足的动力。译者素养是指译者了解翻译职业伦理、遵守职业道德规范准则的能力，是个体译者发展能力的重要思想保障。

（五）个体次翻译能力之间的关系

国家翻译能力四种子能力相辅相成、形成互动。其中，国家翻译实践能力与国家翻译传播能力同属于核心能力和显性能力，且互相影响；翻译产品的质量影响传播效果，来自传播渠道的反馈也会对今后原文本和翻译策略选择、翻译产品质量等产生作用（任文 等，2021：11）。同样，个体翻译能力主要通过翻译产品的质量与接受传播效果体现。个体译者扎实的语言功底和熟练运用工具等实践能力在很大程度上决定了翻译产品质量及传播接受效果，反之，受众接收效果的反馈能够引导译者在翻译策略方面进行相应调整，从而改善译作质量。此外，国家翻译管理能力为翻译实践、翻译传播和翻译发展提供相关政策和环境支持，而国家翻译发展能力则为翻译实践、翻译传播和翻译管理能力的可持续性提供语种、人才、技术及其他资源的保障（任文 等，2021：11）。与之相呼应，良好的个体翻译管理能力能有效保障其他能力的发挥，引领译者个体发展能力的方向，而个体翻译发展能力的提高有助于培养完备的个体翻译管理能力，提升个体翻译实践能力和传播能力，为个体翻译能力的可持续发展提供资源保障。

从国家翻译能力与个体翻译能力的相互关系来看，国家翻译能力为个体翻译能力的发展方向提供策略指引，也为分析个体翻译能力提供有效的思路和整体框架，而培养具有全面能力的"全人译者"则是为国家整体翻译体力的提高提供资源储备，是国家翻译能力构建和发展的必备条件之一。

结　语

从国家翻译能力的宏观视角重审个体译者翻译能力的构成，是顺应新时代背景下国家翻译实践发展的趋势，从国家战略高度对"全人译者"提出的更高标准。通过本文的分析可以看出，译者不仅需要强化翻译能力的基本构成素养，如语言知识能力和工具策略能力，而且还需紧跟国家战略，顺应市场趋势，努力提升个体传播能力、国别区域研究能力及应急翻译能力等跨学科能力。总之，个体译者能力的发展要与国家的战略发展需求相结合，并以中国对外话语体系建设和中国国际话语权和影响力的提升为努力方向。

参考文献

［1］BERNARDINI S，2004. The theory behind practice：translator training or translation education？［C］//MALMKJAER K. Translation in undergraduate degree programmes. Amesterdam：John Benjamins.

［2］胡珍铭，王湘玲，2018.翻译能力本质的元认知研究［J］.外语教学理论与实践（3）：91-97，62.

［3］华云鹏，李晶，2021.应急语言翻译之能力考辨［J］.天津外国语大学学报，28（4）：43-50，158.

［4］蓝红军，2021.国家翻译能力的理论建构：价值与目标［J］.中国

翻译，42（4）：20-25.

［5］李宇明，2021.试论个人语言能力和国家语言能力［J］.语言文字应用（3）：2-16.

［6］任东升，高玉霞，2015.国家翻译实践初探［J］.中国外语，12（3）：92-97，103.

［7］任文.不断加强中译外能力建设［N］.人民日报，2021-04-06（18）.

［8］任文，李娟娟，2021.国家翻译能力研究：概念、要素、意义［J］.中国翻译，42（4）：5-14，191.

［9］TAN Z X，2008. Towards a whole-person translator education approach in translation teaching on university degree programmes［J］. Meta：journal des traducteurs / Meta：translators' Journal，53（3）：589-608.

［10］仝亚辉，2010. PACTE 翻译能力模式研究［J］.解放军外国语学院学报，33（5）：88-93.

［11］王克非，2019.新中国翻译学科发展历程［J］.外语教学与研究，51（6）：819-824，959.

［12］文秋芳，2017.国家话语能力的内涵：对国家语言能力的新认识［J］.新疆师范大学学报（哲学社会科学版），38（3）：66-72.

［13］WIDDOWSON H G，1984. English in training and education［C］// WIDDOWSON H G. Explorations in applied linguistics 2. Oxford：Oxford University Press.

［14］吴赟，2020.中国特色对外话语体系译介与传播研究：概念、框架与实践［J］.外语界（6）：2-11.

［15］吴赟，2022.国际传播能力建设与翻译学发展的未来向度［J］.上海交通大学学报（哲学社会科学版），30（1）：12-22.

［16］杨枫，2021.国家翻译能力建构的国家意识与国家传播［J］.中

国翻译，42（4）：15-19.

［17］杨志红，王克非，2010.翻译能力及其研究［J］.外语教学，31（6）：91-95.

［18］张瑞娥，刘霞，陈德用，2009.翻译教学中的主体心理关注与多维导向教学模式构建［J］.外语界（2）：2-9，22.

［19］张政，王赟，2020.MTI项目化翻译教学与翻译能力培养：理论与实践［J］.外语界（2）：65-72.

［20］赵璧，冯庆华，2019.《翻译专业本科教学指南》中的翻译技术：内涵、历程与落地［J］.外语界（5）：14-20.

［21］赵朝永，冯庆华，2020.《翻译专业本科教学指南》中的翻译能力：内涵、要素与培养建议［J］.外语界（3）：12-19.

Reconstruction of the Capacity System of "Whole-person Translator" from the Perspective of National Translation Capacity

CHEN Weijuan (Communication University of Zhejiang, Hangzhou, 310018)

XIE Wenjing (Communication University of Zhejiang, Hangzhou, 310018)

Extending the scope of research on translation ability to the national level, the concept of "National Translation Capacity" (NTC) provides a new perspective and paradigm for the study of individual translation capacity and sets a more comprehensive evaluation criterion for the "Whole-person Translator". The paper first analyzes the connotation of the concept of "Whole-person Translator" from the macro perspective of NTC. With an attempt to reconstruct the translation capacity that the "Whole-person Translator" should possess on the basis of relevant research on translation capacity, the paper points out that in addition to the basic capacities such as cognitive and linguistic capacities, a qualified "Whole-person Translator" also needs to have other capacities consistent with the needs of national strategy, such as emergency translation capacity, communication capacity, multimodal translation capacity, and national and regional research capacity. In the context of the new era, a competent "Whole-person Translator" can better meet the needs of building national communication capacity and effectively tell the Chinese stories to the world.

对外汉语教材生词英文翻译问题研究

——以《发展汉语》初级系列教材为例

张幕校[*]

摘要：本研究以《发展汉语》初级系列教材为研究对象，旨在深入探讨和分析教材中生词英文翻译问题。生词的英文翻译对学习者理解汉语词汇意义、掌握用法至关重要。因此，对外汉语教材中的生词翻译质量直接影响学习者的语言习得与运用。本研究将采用对比分析法，结合定量和定性数据收集分析方法，从语义、语法、语用三个层面展开探讨生词英文的翻译问题。通过综合现有的相关研究，此研究旨在填补现有文献中相关研究领域的空白，并且希望通过本文的研究，对未来《发展汉语》及其他对外汉语教材的生词英译部分编写提供参考或借鉴价值。

关键词：对外汉语教材；生词；英文翻译；《发展汉语》

在当今全球化的背景下，学习和掌握外语技能变得越发重要。作为汉语学习者的一部分，对外汉语教材在教学过程中扮演着至关重要的角色。

---

[*] 张幕校，浙江传媒学院硕士研究生在读，研究方向：视听化汉语国际教学、对外汉语教材。

而教材中生词的准确翻译对学习者的词汇积累和语言应用能力有着直接影响。本研究旨在以《发展汉语》为例，探讨教材中生词英文翻译问题，以了解这些翻译对学习者的影响，提高对外汉语教学效果。

一、研究背景和意义

随着中国的崛起和汉语的全球传播，外国学习者对汉语的学习需求不断增加。《发展汉语》作为一套广泛应用于对外汉语教学的教材，深受许多学习者和教师的青睐。然而，在学习过程中，翻译质量直接影响学生对生词的掌握和运用。

对外汉语教材中的生词翻译问题是一个重要但常常被忽视的问题。一些翻译可能存在着误导性、歧义性或不准确性，这可能导致学生对生词的理解存在困难，并可能在日后的语言运用过程中造成混淆。因此，针对《发展汉语》初级系列教材中生词的英文翻译问题展开研究是非常有必要的，可以为汉语教学提供宝贵的指导和参考。

二、研究目的

本研究旨在分析《发展汉语》教材中生词的英文翻译问题，分析《发展汉语》初级系列教材中生词英文翻译的准确性，探讨生词翻译是否能够清晰准确地传达汉语词汇的含义，帮助学习者正确理解生词的用法和意义，并提出改进建议，以优化教材中生词的英文翻译，提高学习效果。

通过深入研究《发展汉语》教材中生词的翻译问题，本研究旨在揭示教材翻译中可能存在的挑战，并为改进汉语教育教材提供有益的建议和思路。

三、理论基础

（一）对比分析理论

对比分析是通过对两种语言进行对照来理解它们的共同和不同之处的语言研究方法。这个方法最先由美国语言学家沃尔夫在1941年总结提出。语言对比分析理论的一个重要应用领域是翻译。对外汉语教材中词语的英语注释问题必然涉及两种语言的对比关系。单单只是在形式或内容上使中文词语与英语注释相呼应是不够的，这种情况下教材中的生词表可能会误导学生，导致学生产生错误。不同语言都有其独特性和规律性，两种语言不可能完全相同，两种语言的词语也不可能完全对应。要想准确解释词语，需要从语言结构、语义、语用和语言文化等角度进行比较分析，在了解两种语言的独特性和规律性后，根据实际情况对生词的英语注释进行必要的调整。

（二）国际中文教育教材评估理论

国际中文教育教材中的生词英译是至关重要的一环，因此对其进行分析研究应被视为对教材评估与评价的重要活动。这需要明确教学目标并遵循特定原则。根据赵金铭（1998）的观点，外文翻译难以理解或显得虚无，是国际中文教育教材评估中的一个关键问题。教材生词的英译研究是教材评估和研究的一部分，因此与教材评估相关的理论和方法同样适用于该研究。赵金铭教授在国际中文教育教材评估领域提出的对外汉语教材评估表被广泛认可，被多位学者引用作为研究教材评估与评价的有效工具，为国际中文教育教材评估提供了指导和示范。

四、研究方法

（一）对比分析法

采用对比分析方法，通过比较汉语和英语词汇的翻译，对教材中的生词和其英文翻译进行细致比较和研究。从概念意义、内涵意义、语法角度、词语搭配、语用及文化等多个方面展开比较分析，旨在揭示汉语词汇中往往被忽视的语言特性，以促进学生更好地理解和掌握汉语词汇。

（二）定量统计和定性分析

在本研究中，对《发展汉语》中所有教材生词的英文翻译进行了对比分析，并对存在争议的翻译词汇进行了定量统计。通过对所获得的数据信息进行分类处理，为后续章节关于教材生词英文翻译问题的研究提供了可靠的语言数据基础。定性分析方面则涉及将相关的汉语本体研究理论、汉英对比翻译理论及相关理论有效应用于教材生词英文翻译问题的研究过程中。结合定量统计和定性分析的方法对问题进行深入研究，能够在一定程度上体现本研究的科学性。

（三）文献研究法

首先，利用图书馆、中国知网等线上线下平台文献搜索工具，广泛收集并查阅大量前人的研究成果。接着，通过分析和汇总搜索得到的文献资料，更好地理解其发展脉络，并对《发展汉语》初级系列教材展开个案研究。

五、文献综述

近年来，随着中国汉语推广事业的迅速发展，对外汉语教育逐渐成为新兴学科，引起了专家学者的广泛关注。研究人员开始着眼于对外汉语教材中的英译问题，深入探讨其中存在的偏误和解决方法，为教材编写和教学提供重要的思路和建议。

施光亨（1990）在他的研究中强调了外语译释和汉外对比研究对对外汉语教材建设的重要意义。他指出，针对中国人和外国人讲解语法的目的不同，要关注汉语语法规则是否符合实际，以及如何帮助外国人跳出母语的框框。这表明在对外汉语教学中，需要考虑不同学习者的语言背景和习惯。

钱玉莲（1996）将学习偏误分为两类，并将有缺陷的教材和讲解归入不必要的偏误范畴。她着重分析词语和语法结构方面的偏误成因，并将其与教材中的英译问题相联系，最终提出了对外汉语教材编写的三点建议。

刘颂浩（2004）指出，即使是完备的翻译也无法保证学习者不犯错误。他认为在教材中的译释部分不必求全责备，有时让学习者感到别扭的译释反而有助于汉语学习，产生所谓的"新奇效应"。这一观点强调了在教学过程中理解学习者的心理和需求的重要性。

张榕（2011）从留学生的角度审视教材中的英译问题，强调翻译应具有易懂性，避免过度学术化或使用过多同义词。这种新的视角为解决教材中的翻译问题提供了一种全新的方式。

周妍（2013）通过调查问卷和访谈研究了对外汉语教材中英语释义的实际使用者需求，提出了教材、教学、教师三个方面的建议和措施。例如，增加文化词的英文注释、根据汉语水平进行分班等，以更好地满足学生的学习需求和提高教学效果。

对外汉语教材中的英语翻译问题涉及多个环节，如生词、课文、语法点、练习等，本文聚焦生词部分。许多专家学者就这一内容提出了独到的见解。鲁健骥（1987）在《语言教学与研究》中指出，本族语言对学习汉语的干扰源于不恰当的语言对比，如课堂教学和教材处理词语不当所引起的问题，提出了消除学生对等词概念的重要性。晏懋思（1994）在《现代外语》中指出对外汉语教材存在的英译问题，并提出解决方法，如同义词互参法、范畴限定法等。刘运同（1994）阐述了生词的外语译释原因，强调采取多种方式进行译释以避免误导学生。卢伟（1995）根据对外汉语教学特点提出了生词英译应遵循的三点原则。余心乐（1997）强调了对外汉语教材英文注释的重要性，必须忠于原文且准确传达原意。王素云（1999）从新角度分析了对外汉语教材生词表编译中的问题。薛秋宁（2005）详细解析了近义词及虚词的译注问题。温竹馨（2016）则浅析了对外汉语教材中的生词英译问题。这些研究为解决对外汉语教材中英语释义问题提供了丰富的理论和实践经验，对教学实践具有重要指导意义。

通过国内各专家学者的研究成果，我们可以看出对外汉语教材中生词英译问题的研究已经比较深入，涉及内容较广泛，包括原则、功能、起因、类型、方法等。而且不同角度的切入也各有千秋，有从语言本身出发的，有从汉语学习者角度出发的，也有从词汇教学的角度来看，提出了许多真知灼见，具有一定的指导意义和借鉴价值。然而，实际上，与对外汉语其他方面的研究相比，教材生词译释研究在数量上还有较大差距，尤其是针对《发展汉语》初级系列教材的相关讨论较少，且尚未完善。目前，关于《发展汉语》这套教材中的生词英译问题的相关研究文献资料仅有数十篇。

例如，王妍（2015）的硕士学位论文《对外汉语教材副词英译存在的问题及教学对策——以〈发展汉语·初级综合〉为例》专门研究了教材的副词英译问题，而王倩（2015）等则通过对比《博雅汉语》、《汉语会话301句》和《目标汉语》展开对比研究。张悦（2018）的硕士学位论文《〈发展汉语〉生词注释研究——基于汉英词义差异对比的视角》单从词义差异的角度分析问题。王蕾（2012）、刘英楠（2015）的硕士学位论文以《发展汉语》初级综合两本书为研究范围探讨生词英文注释问题的成因。罗晚绮（2022）分析了口语教材中的言语行为。由于研究的重点、对象和方法各有不同，暂时无法对生词英译问题的方方面面进行全面细致的研究分析，但有些问题可以改善。

鉴于此，本文选择研究《发展汉语》初级系列教材共六本书里的生词英译问题，并从语义、语法、语用三个大方向对教材中存在的生词英译问题进行详细论述。

六、《发展汉语》初级系列教材生词翻译问题的具体分析

在前人研究的基础上，我们以《发展汉语》初级系列教材的生词英文翻译为例，从以下三个角度进行分析。

（一）语义角度

在实际情况中，汉语词语和英语词语之间并非简单的一一对应关系，而是存在复杂的语义联系。特别是对于常见汉英词汇，它们的语义关系更加纷繁复杂。因此，在对外汉语教材中，汉语生词的英语翻译并非简单易行。如果翻译过于概括，忽略了词语之间的复杂语义关系，或者英文翻译缺乏充分的语义信息甚至错误，都可能直接或间接影响学生对汉语词汇的准确理解。这种情况可能导致语义发生偏移或混淆，进而让学生在词汇运用中产生误解。

（1）认识 know（初级口语1：24）

知道 know（初级口语1：158）

教材中将"认识"和"知道"都译作"know"，导致学生可能会误以为"认识"和"知道"这两个词具有相同含义，并且在语境和搭配对象中也一样，因此在造句时容易出错。实际上，这两个词的含义是有所不同的。"知道"对事物的认知程度通常比"认识"更浅，两者的宾语也有所区别。"知道"后面可以接某个人、某件事、某个地方或某件东西做宾语，而"认

识"的宾语只能是某个人或某件东西。因此，建议增加解释来清晰表达语境含义，将"认识"译作"meet（be introduced to）"，而将"知道"译作"know（a fact, a piece of information, an answer, etc.）"。

（2）地址 address（初级综合2: 206）

"address"作为名词除了表示"地址"的含义，还可以表示"网址""演讲"等含义。因此，建议限定词义，即改译为"address（of a place）"。

（3）频道 channel（初级听力2: 111）

"channel"作为名词时，不仅表示"电视频道"，还可以表示"渠道""手段""海峡""通道"等含义。因此，建议限定词义，即改译为"（TV）channel"。

（4）用品 article for use（初级口语2: 260）

通过课文我们可以知道这里的"用品"特指"生活用品"，翻译为"articles for use"并不规范。因此建议改译为"（household）items"。

（5）口 a measure word（初级综合1: 40）

这里并没有解释"口"的词义，而仅仅是解释了词性。"口"出现在原文的语境是"我家有四口人"，用于"人"之前，因此建议改译为"a measure word for family members"。

（6）酒 wine, liquor（初级口语2: 37）

"酒"在原文中并没有特指哪一种酒，仅是一个类名，在这种情况下应该对应到英文中的"alcohol"。而"wine"特指葡萄酒，"liquor"特指烈酒，所以建议改译为"alcohol"。

（二）语法角度

语法是语言的规则。语法规则是大家说话的时候必须遵循的习惯。语法规则的存在可以从汉语学习者在使用汉语时出现的错误中找到证明，当使用者违背这种规则，就会使听话者感到别扭甚至产生误会。所以在对外汉语的教学中，语法部分出现的英语翻译问题需要格外引起重视。

（1）戴 wear（初级口语2：211）

在英语中，动词"wear"后面搭配的对象非常广泛，如衣服、鞋子、珠宝、微笑等。但在汉语里，"戴"却不能和"鞋子""微笑""衣服"等搭配，也没有其他特殊含义。因此，建议使用注释法来限定词义，即翻译为"wear headdress，jewelry，glasses，hat，etc."。

（2）见面 meet（初级听力1：105）

在汉语中，"见面"后面不能带宾语，可以说"我们见了两次面""我们见过面""我和他见面"等，但不能说类似"我见面了他"这样的句子。而英语中的"meet"是及物动词，可以接宾语。建议加注"（intransitive）"来区分。诸如"见面"这样的离合词，教材中还有"结婚"（初级听力1：85）、"帮忙"（初级听力1：145）等，这些词都可以采用相同的加注方法。

（3）搬 move（初级综合2：57）

动词"move"在英语里可以搭配的对象非常广泛，可以是"人""事件""会议""四肢"等。而汉语中的动词"搬"所能搭配的对象则相对较少。课文中的原句是"现在我住的地方离学校有点儿远，所以我和我的同屋打算搬到学校附近去住"，动词"搬"表示的是位置的移动。因此建议改译为"move（to pass from one place to another）"。

（三）语用角度

语用是指人在特定环境中对语言的运用。接下来主要讨论教材中生词翻译在语用方面存在的问题。

（1）干 do，work（初级综合1：115）

当"干"表示"做"的含义时，是口语词，用于不正式的场合，建议在译词前加注"（spoken）"。此外，语体色彩同样不恰当的还有"爸爸

father, dad（初级综合1: 40）"、"妈妈 mother, mom（初级综合1: 40）"。"爸爸""妈妈"是口语词，它的书面语表达是"父亲""母亲"，而"dad"和"mom"是英文中的informal形式，正好可以和"爸爸""妈妈"相应。因此建议删除译词"father""mother"，或者加注"(spoken)"。

（2）爷爷 grandfather（初级听力2: 94）

译词"grandfather"在西方文化中既可以表示"爷爷"，也可以表示"外公"，但在中国文化里，受古代社会的宗法制度影响，对亲属称谓的划分比西方更细致。为了便于区分，建议改译为"paternal grandfather"。

七、针对《发展汉语》初级系列教材生词英文翻译问题的建议

（一）提供图表和图片

对于一些抽象或具体的词汇，可以通过图表或图片的形式来解释，使学生更加直观地理解词汇的含义。

（二）提供更多例句和注释

在词汇表中，可以为每个生词提供更多的例句，以帮助学生更好地理解词汇在不同语境中的用法。在生词的译释中，可以加入一些语言注释，说明该词在中文和英文之间的一些不同之处，帮助学生更好地理解翻译之间的差异。

（三）注意实用性

译释应强调生词的实际用途和常见用法，帮助学生掌握生词的实际应用场景和常用表达。考虑学生的学习环境和水平，编写生词译释时需符合

学生的学习需求和实际情况，注重针对性和实用性。

结　语

生词翻译的准确性直接影响汉语教学和学习的质量。如果教材中的生词翻译过于笼统或者缺乏准确性，可能会直接或间接影响学生对汉语词汇的理解和运用，导致语义上出现偏误和混淆。因此，提高对外汉语教材生词英文翻译质量的重要性不言而喻。

本研究选取了一部经典的初级对外汉语教材作为样本，对其生词英文翻译进行了调查。通过总结发现，初级对外汉语教材生词翻译中存在一些常见问题，并提出了相应的翻译策略，旨在为提高对外汉语教材生词翻译的整体质量水平提供有益参考，进一步提高学生的词汇掌握水平和语言运用能力，为汉语教学质量的提升做出积极贡献。

参考文献

［1］卜佳晖，2004.关于对外汉语教材生词处理的思考［J］.云南师范大学学报（1）：25-28.

［2］陈剑芬，李艳，2014.初级对外汉语教材生词英译策略探析：以《汉语教程》1—3册课文生词英译为例［J］.陕西广播电视大学学报，16（4）：82-84.

［3］韩丽鹏，李建华，2016.对外汉语教材生词英译研究综述［J］.现代语文（语言研究版）（1）：141-144.

［4］黄伯荣，廖序东，2002.现代汉语［M］.北京：高等教育出版社.

［5］李悦菌，2023.对外汉语教材中的英译同译词现象研究［D］.上海：上海师范大学.

［6］刘颂浩，2004.对外汉语教材中翻译的功能和原则：以"老师"和"脸谱"为例［J］.暨南大学华文学院学报（3）：14-22.

［7］刘珣，2000.对外汉语教育学引论［M］.北京：北京语言大学出版社.

［8］刘运同，1994.论生词的外语译释［J］.华侨大学学报（哲学社会科学版）（1）：113-118.

［9］卢伟，1995.对外汉语教材中课文词语汉译英的原则和方法［J］.厦门大学学报（哲学社会科学版）（2）：121-125.

［10］鲁健骥，1987.外国人学习汉语的词语偏误分析［J］.语言教学与研究（4）：122-132.

［11］罗晚绮，2022.对外汉语教材中的言语行为分析［D］.杭州：浙江科技学院.

［12］么书君，2011.发展汉语·初级听力（Ⅰ）［M］.北京：北京语言大学出版社.

［13］潘元英，2020.对外汉语教材生词英语释义研究［D］.西安：陕西师范大学.

［14］钱玉莲，1996.偏误例析与对外汉语教材编写［J］.汉语学习（3）：43-46.

［15］荣继华，2011.发展汉语·初级综合（Ⅰ）［M］.北京：北京语言大学出版社.

［16］施光亨，1990.对外汉语教材编写的若干问题［C］//世界汉语教学学会.第三届国际汉语教学讨论会论文选.北京：世界汉语教学学会：7.

［17］王汉卫，2009.论对外汉语教材生词释义模式［J］.语言文字应用（1）：124-133.

［18］王蕾，2012.《发展汉语》中生词的英语注释问题［D］.呼和浩特：内蒙古师范大学.

[19]王倩.2015.初级对外汉语教材生词英译问题研究：以《博雅汉语》和《发展汉语》初级系列为例[D].长春：长春师范大学.

[20]王睿,2019.对外汉语教材生词英语译释问题研究[D].南宁：广西民族大学.

[21]王淑红，么书君，严褆，等,2012.发展汉语·初级口语（Ⅰ）[M].北京：北京语言大学出版社.

[22]王淑红，么书君，严褆，等,2012.发展汉语·初级口语（Ⅱ）[M].北京：北京语言大学出版社.

[23]王素云,1999.对外汉语教材生词表编译中的几个问题[J].汉语学习（6）：40-45.

[24]王妍,2015.对外汉语教材副词英译存在的问题及教学对策：以《发展汉语·初级综合》为例[D].锦州：渤海大学.

[25]温竹馨,2016.浅析对外汉语教材生词英译的问题及对策：以《发展汉语中级综合》为例[J].海外华文教育（2）：197-205.

[26]吴甜田,2014.对外汉语教材《汉语教程》（修订本）生词释义研究[J].现代语文（语言研究版）（7）：115-118.

[27]徐桂梅,2012.发展汉语·初级综合（Ⅱ）[M].北京：北京语言大学出版社.

[28]徐品香,2013.对外汉语教材生词英译研究综述[J].现代语文（语言研究版）（8）：17-19.

[29]薛秋宁,2005.对外汉语教材生词英译存在的问题分析[J].海外华文教育（1）：61-66.

[30]晏懋思,1994.对外汉语教材中词语翻译的一些问题及其对策[J].现代外语（1）：57-60.

[31]于峰,2022.基于翻译功能对等理论的国际中文教育教材生词英译问题研究[D].烟台：鲁东大学.

［32］余心乐，1997.谈谈对外汉语教材英文注释与说明的"信"与"达"［J］.世界汉语教学（3）：57-63.

［33］张风格，2011.发展汉语·初级听力（Ⅱ）［M］.北京：北京语言大学出版社.

［34］张榕，2011.对外汉语教材中的英文翻译偏误分析及解决方法［J］.海外华文教育（3）：106-109.

［35］张欣然，2015.初级汉语综合教材生词英文释义研究：以《发展汉语》为例［J］.语文学刊（9）：116-117.

［36］张悦，2018.《发展汉语》生词注释研究：基于汉英词义差异对比的视角［D］.扬州：扬州大学.

［37］赵金铭，1998.论对外汉语教材评估［J］.语言教学与研究（3）：4-19.

［38］周国光，徐品香，2009.对外汉语教材生词英语译释和汉语词语学习偏误［J］.广州大学学报（社会科学版），8（11）：82-85.

［39］周妍，2013.对外汉语教材中英语译释的研究［D］.上海：上海师范大学.

［40］祝婕，2014.析对外汉语课本生词英文释义问题：以《博雅汉语》（起步篇ⅠⅡ）、《跟我学汉语》为例［J］.语文学刊（21）：26-27.

［41］刘英楠，2015.《发展汉语》中生词英文注释问题研究：以初级综合Ⅰ、Ⅱ为例［D］.哈尔滨：黑龙江大学.

A Study on the English Translation of New Words in Teaching Chinese as a Foreign Language
—Taking the Primarily Series of *Developing Chinese* as an Example

ZHANG Muxiao(Communication University of Zhejiang, Hangzhou, 310018)

  This study focuses on the primary series of textbooks for the *Development Chinese*, aiming to explore and analyze the English translation of new words in the textbooks in depth. The English translation of new words is crucial for learners to understand the meaning and usage of Chinese vocabulary. Therefore, the quality of translating new words in Chinese textbooks for foreigners directly affects the language acquisition and application of learners. This study will adopt a comparative analysis method, combining quantitative and qualitative data collection and analysis methods, to explore the translation of new words in English from three levels: semantics, grammar, and pragmatics. By integrating existing relevant research, this study aims to fill the gap in relevant research fields in existing literature, and hopes to provide reference value for the English translation of the later translation of the new words in the reprinting of *Developing Chinese* and other Chinese textbooks.

基于变译理论的《苹果木桌子及其他简记》汉译研究

韩 彬 郑建宁[*]

摘要： 文学作品翻译是跨文化传播和跨文化交际的重要媒介与互动场域，具有十分重要的研究价值。变译理论是由黄忠廉教授于2002年提出的根植于中国本土的翻译理论，是指译者根据特定条件下特定读者的特殊需求采用"增""减""编""述""缩""并""改"等变通手段摄取原作有关内容的翻译活动。本文以陆源汉译的赫尔曼·麦尔维尔《苹果木桌子及其他简记》为例，通过实例分析，从"增""减""编""并""改"五个方面探讨译者在翻译过程中所采用的变译方法。研究发现，译者在翻译过程中充分考虑目标文本的语言特点及行文特色，综合运用五种变译方法，同时更倾向于采用与文学翻译更契合的"编"之变译方法，力求实现跨文化"移植"的目的。本文通过以陆源的汉译实践为例，证明变译理论对文学作

---

[*] 韩彬，文学硕士，杭州师范大学外国语学院硕士研究生，研究方向：笔译实践研究、海外汉学传播。
郑建宁，文学博士，杭州师范大学外国语学院讲师、硕士研究生导师，研究方向：典籍翻译、语料库翻译学、翻译史、海外汉学、中西文化比较研究。

品翻译的指导价值，以期为今后相关文学作品的汉译实践提供借鉴和参考。

关键词：变译理论；汉译；陆源；赫尔曼·麦尔维尔

随着世界各国交流的日益频繁，文学作品及其翻译在跨文化传播和跨文化交际过程中发挥着日益重要的作用。人们通过阅读原著及其译文了解作品背后体现的国家和地区文化、社会习俗、价值取向等，同时文学作品及其不同译本也为人们从多个视角了解全球文化多样性提供了有效途径。身处不同文化地域的人们能够通过文学作品的译本了解其所含的文化意蕴，从而跨越语言障碍，实现跨文化交流。

赫尔曼·麦尔维尔（Herman Melville，1819—1891）被誉为"美国的莎士比亚"，其作品风格鲜明，小说词句古雅，用典颇密，且多有一语双关、谐音等文字游戏。然而，人们对其文学作品及译本的研究多集中于长篇小说，如《白鲸》等，短篇小说较少受到关注。此外，笔者在中国知网、维普、万方等数据库中未检索到有关 The Apple-Tree Table and Other Sketches 及其译本的分析研究文章。因此，本文以陆源的译本《苹果木桌子及其他简记》为研究对象，探析译者的翻译方法。陆源，1980年出生于广西南宁，毕业于中国人民大学，曾出版长篇小说《祖先的爱情》《童年兽》，翻译了舒尔茨小说集《沙漏做招牌的疗养院》《肉桂色铺子及其他故事》等，其译著在豆瓣网上均获得7.5以上的评分。陆源的译本《苹果木桌子及其他简记》于2019年在四川文艺出版社出版，译者以哈珀柯林斯出版集团（Harper Collins Publishers）和古腾堡工程（Project Gutenberg）在网上共享的电子版本为底本进行汉译，书中有10篇短篇小说故事首次译成中文。该译本在国内读者中的接受情况较好，截至2024年6月，在豆瓣网上，66.7%对此书标记已读的读者给予了四星及以上的评价（最高评价为五星），读者评价总分为7.7分，且在读者评价中多次出现对译文的认可和溢美之词。通过对该译本中翻译方法的研究发现，译者在翻译过程中采用了

"增""减""编""并""改"等翻译变通手段，证明中国本土翻译理论——变译理论，对于文学作品翻译具有较强的适用性和指导性，能够为文学翻译者提供借鉴和参考。

一、变译理论与文学作品翻译

变译和变译理论的核心在于"变"，在此指"变通"。变译之变是"大调"，是译者有意识地"根据特定条件下特定读者的特殊需求"改变原作的内容、形式乃至风格（黄忠廉，2002a）。变通是为了满足特定条件下特定读者的特殊需求而对原作灵活变动的行为。变通手段有七种，即"增"（包括释、评、写）、"减""编""述""缩""并""改"。同时，这些手段又可以钩织成摘译、编译、译述、缩译、综译、述评、译评、译写、改译、阐译、参译、仿作等12种变译方法（余承法 等，2023）。但是，由于"述"是把原作的主要内容或部分内容用自己的话传达出来，而文学作品大多以第一人称或第二人称展开，因此"述"不适用于文学翻译研究。"缩"指压缩，是对原作内容的浓缩，使其信息量远小于原作，由于本论文研究主题为变译理论对于文学翻译的适用性和指导性，而在翻译外国文学作品时，力求最大限度地保存原文所蕴含的异域文化特色（孙致礼，2022），因此"缩"不适用于文学翻译研究。"仿"指仿作，需要译者进行创作效仿，不适用于外国文学作品的翻译引入。故本文只探讨"增""减""编""并""改"五种变通手段对文学作品翻译的适用性和指导性。

就文化意义而言，文学翻译是在遣词造句、语气笔调、音韵节奏及情绪意境等方面，都尽可能地再创再现原著的神韵和风格，使译文富有与原著尽可能贴近的种种文学因素和品质（杨武能，2023），这也就意味着我们需要将原文对于源语言读者产生的文学效果"移植"到目标语言中，对目标语言读者产生尽可能相同的文学效果，这与变译理论之变存在契合之处。

二、语料来源及数据分析

《苹果木桌子及其他简记》辑录了赫尔曼·麦尔维尔生前未结集、未刊短篇小说等12篇,多为初次译成中文。全书共264页,其中有探讨人与自然生命关系的《苹果木桌子》,有暗示男性构建家庭矛盾的《我和我的烟囱》,也有揭露人性的《吉米·罗斯》等短篇故事。本论文以其中篇幅最长的短篇小说——《苹果木桌子》为案例研究。该小说主要讲述了家中的丈夫在祖屋阁楼发现的苹果木桌子,探究桌子中传出异响的故事,书写了人与事物之间的奇异关系,在带给读者新奇感的同时歌颂自然与生命。

笔者采用文本细读方法分析整理了陆源译本《苹果木桌子及其他简记》中变译方法的运用之处,并对整理结果进行统计。结果显示,译本中共有30处采用了变译方法,采取了"增""减""并""编""改"等方式进行翻译。结果如表1所示。

表1 《苹果木桌子及其他简记》中变译方法使用情况

变译方法	增	减	并	编	改
采用变译方法的次数	7	3	4	10	6
百分比	23.33%	10%	13.33%	33.34%	20%

从表1中统计数据可以发现,"编"的变译方法在译本中应用广泛。进一步分析可以看出,在适用于文学翻译的五种变译方法中,删减手段的使用频率最少,编辑的变通手段使用频率最高。

三、变译理论在《苹果木桌子及其他简记》汉译中的应用

笔者经过分析整理发现,译者陆源在这部译著中多处运用了变译的变

通翻译方法，以下将通过实例阐释变译理论在陆源汉译实践中的具体应用。

1."增"之变译方法

"增"，指在原作的基础上增加信息，具体又可分为释、评、写三部分（黄忠廉，2002b）。通过"增"这一步骤，译者对译文添加原文中未提及或隐含的信息，起到补充背景知识和丰富原文信息量的作用，方便读者对作品的理解。同时，通过"增"的方法，可以让读者更加深刻地理解文学作品中人物内心的变化和情节的发展，提高读者对文学作品的感悟能力。

（1）...looking as calm and composed as old Democritus in the tombs of Abdera...

……气定神闲的样子就如同老德谟克利特身处阿布底拉的墓地中一般……

此处原文中首次出现人名Democritus和地名Abdera，并且在原文中没有进行相应的解释，对于大部分目标读者来说，他们并不熟悉这两个名称背后所代表的含义及体现的意象，如果按照原文直译，则会引起读者的理解困难，不理解此处出现的名称和上下文之间的关系；而在中文中没有与之相对应的意象进行替换。因此，译者选择了增加脚注，如"德谟克利特——Democritus，约公元前460—370年，古希腊哲学家；阿布底拉——Abdera，古希腊色雷斯的海滨城市，德谟克利特的出生地。传说德谟克利特常去一些荒凉之处，或者待在墓中，以激发想象力"。译者在脚注中对两个名称的信息进行了补充说明，方便读者理解，也让读者明白了其与上下文之间的关系。

（2）At last, with a sudden jerk, I burst open the scuttle.

最终，我一发狠，猛然将挡板推开。

这句话的背景是"我"在推开天窗挡板时一直受到飞虫的侵扰。此处，如果按照原文进行直译，则译为："最终，我猛地一推，推开了挡板。"。与译文相比，直译的译文虽然也能让读者理解，但不能表现出"我"受到飞虫侵扰时的烦闷心情，与上文失去了联系。译文中增加了口语化的"我一发狠"，便能使读者更加感同身受，感觉到"我"此时此刻的心情，也更加生动形象地刻画出了一个正在奋力推窗的人物形象。此处译文，运用了变译理论中"增"的变译手段，对其他文学作品的汉译也具有指导作用。

（3）It was her maternal duty, she thought, to drive such weakness away.

她觉得，作为母亲她有义务将这股柔弱之风扫荡干净。

此句的背景是母亲认为女儿对于鬼魂存在过度害怕，决心要让女儿勇敢面对。此处如果直译，则会译为："……她有义务将这样的柔弱驱逐。"。与原先译文相比较，直译的译文过于书面化，缺少生活气息，也不符合中文读者平时的表达习惯。译文增译了"之风"二字，再选择相应的量词"股"和动词"扫荡干净"，通过增译这些中文读者的习惯用语，能够让读者迅速将自身代入作品角色的内心世界中，对作品中人物心理有更深层次的把握。同时，笔者也注意到，此译本出版于2019年，"之风""扫荡"等词在目标读者日常生活中使用频率降低，多出现于重要政治讲话中，较少出现于日常生活，而该译本的目标读者多为普通民众，起到文化传播作用。因此，笔者提出，可以将此处的"之风""扫荡"替换为"气""清除"，这样更符合当前目标读者的语言表达惯习，易于读者接受。

2. "改"之变译方法

"改"，指在翻译过程中对原作的内容和形式加以改编，使之符合目标语言的表达习惯，起到更好的传达效果，主要有改变语序、改变内容、改变结构等方式。在翻译中进行变译之"改",需要对源语言和目标语言有深度的理解和把握,实现改之合理,改之有据。译者通过"改"这一步骤,将源语言改编为目标读者更为青睐的目标语言,更贴合目标语语言的表达习惯,从而让读者更迅速地明白原作表达的思想感情,起到更好的文化传播效果。

(4) She was not wanting in firmness and energy.
她一向意志坚定,精力充沛。

此句,如果采用直译的方式进行翻译,则译为:"她不需要坚定和精力。"。直译的译文存在严重的翻译腔问题,不符合目标语的表达习惯,容易致使目标语读者无法感知作品。译文进行了句式的改变,将源语言中的否定句改为目标语言中的肯定句,并且进行了适当增译。此处"改"后的译文更加符合目标语读者的表达习惯,即多以肯定句进行表达;同时将源语言中的习惯用语"was not wanting in"改为目标语中更加口语化的"一向",体现出了变译中的"改"这一方法,在便于读者理解作品含义的同时,使读者感到亲切,从而起到良好的跨文化传播效果。

(5) The skinny hand was on me. All at once—Hark! My hair felt like growing grass.
我是鬼上身了。忽然间——听!我的头发根根倒竖。

此处的原文背景是"我"听到桌子中传出的古怪嘀嗒声,受到惊吓,从而陷入恐慌和精神高度紧张。此处存在两处"改"译。一是"The skinny hand was on me.",若直译为"一只瘦骨嶙峋的手在我身上。",则会让读者产生阅读困惑,误以为有其他人的出现。译文考虑到前文背景及鬼手瘦骨嶙峋的意象特点，同时采用"上身"这一富有目标语言特色的词语，对内容进行改变，在不影响作品原意传达的情况下，将原文内容改变，消除了目标语言读者在此处可能存在的理解障碍，也让读者能更加身临其境地感受到"我"此刻的心情。二是"My hair felt like growing grass."，若直译为"我的头发感觉像是在长草。"，同样会让读者不知所云。译文考虑到"我"受到惊吓的因素，采取目标语中与"头发"和"惊吓"相关的习惯用语，将直译的"头发长草"改变为"头发根根倒竖"，体现出变译中的"改"这一方法，既生动刻画了一个人受到惊吓时的场景，方便读者对内容的理解，又优化了译文的用语，提高了译文的文学性。

（6）I have put a quietus upon that ticking.
我给嘀嗒声来了一记巨石压顶。

原句中的"quietus"一词，本义为"解除、偿清、生命的终止"。如果采取直译，则"quietus"的释义易与"嘀嗒声"之间产生目标语言中搭配不当的问题。考虑到原文背景，即"我"正在与妻子炫耀我消灭了嘀嗒声，正处于骄傲的精神状态，译文将"quietus"创造性地改编为目标语言中的"巨石压顶"，富有强烈的玩笑意味，在用词选择上体现出轻松欢快的隐含情感，与"我"此时的内心感受相符；同时，"巨石压顶"在目标语言中暗含着"解除、生命终止"的含义，与"quietus"形成对应，实现了二者的意象对等，让读者深入作品、感受作品的同时，起到了良好的跨文化传播效果。"改"的变译手段在此例句中得到充分体现，在保证达意忠实的同时，赋予了译文更多的文学性，这样的翻译更符合原文的含义，并且更贴近场景，增强了情感的表达。

3."编"之变译方法

"编"，即编辑，指将原作内容条理化、有序化，使之更完美、更精致的行为，优化结构，旨在强化功能（黄忠廉，2002c）。"编"，不仅体现在宏观结构的变化调整上，也体现在微观结构，如小句的调整翻译之中。译者可以采取编的方式，使得源语言的句式结构、情感传达、价值取向等在目标语言中得到更为清晰的展示，起到良好的表达效果，提升读者的理解能力。

（7）The candles burnt low, with long snuffs, and huge winding-sheets.
烛光昏暗，烛泪长流，烛花成堆。

此处通过对蜡烛的描写体现出时间的流逝，营造恐怖的情景氛围。但是此处如果采取直译的方式，不仅会让目标语读者对生活中习以为常的蜡烛产生理解困难，也不利于营造作者想要塑造的氛围。译文首先将源文本的内容进行梳理，进行转换，将"candles burnt low"（燃烧到低处的蜡烛）采取另一种表达方式，借用蜡烛越烧越暗的特点来体现蜡烛趋于燃烧殆尽，既不脱离原文，又方便了读者理解；同时，也将直译的"长长的烛花""巨大的裹尸布"等目标语言中无理无序的编排条理化、有序化。再者，此处译文采取了四字对应的对仗格式，将源语言中长短不一的短语转化为目标语言中长度整齐的分句，进行了结构方面的优化，更加符合目标语言的表达习惯。

（8）Consequently, my wife must still have ascribed my singular conduct to a mind disordered, not by ghosts, but by punch.
自然，妻子把我的怪异举动归结为精神错乱，不是幽灵作祟，而是潘趣酒添堵。

此例句中，译文通过对两处"by"的编辑，起到了优化结构、传达情感的文化传播效果。此处的"by"，如果直译为"由于"，尽管读者仍可以理解句子的整体含义，但表达效果与译文的效果相差甚远。此句的背景是妻子认为"我"的怪异行为都是由潘趣酒导致，对我夜间喝酒的行为颇有微词。译文通过对"by"的编辑，将其译为"作祟"和"添堵"，不仅符合目标语的表达习惯，也赋予了其感情色彩，提升了目标读者对于人物内心的把握。同时，将"by"进行编译，也使得源语言中的介宾短语结构转化为目标语言中的动宾短语结构，更加符合目标语言的表达习惯。

（9）At a lady's fair, I bought me a beautiful worked reading-cushion.
在一场女士们张罗的大集上，我给自己买了一只漂亮的读书靠垫。

此处译文，对于"a lady's fair"采用的"编"的处理方式，对原作内容进行条理化、逻辑化处理。此处如果直译，则译文为："在一场女士们的大集上"，尽管保持了对原文的忠实性，但容易引起读者困惑：文中的"我"是一名男性，男性又如何能在女士们的大集上购买物品呢？因此，此处译文采取"编"的处理方式，对原作内容进行编辑，编译为"女士们张罗"，使之更符合目标读者的阅读逻辑，使读者能更好地理解原作内容。

4."减"之变译方法

"减"，指在翻译过程中对原作内容中不重要或读者不需要的信息进行删除，将其忽略不译，从而达到突出重点信息、强化主旨的作用。在译文中，对原作内容进行适当的删减，在有限的篇幅内实现重点信息的快速有效传递，有利于目标读者更加准确地掌握原作的关键信息，提高目标语言表达的流畅度、可读性，在简洁流畅的目标语言文本中实现跨文化传播。

（10）Now, for the soul of me, I could not, at that time, comprehend the phenomenon.
当时，我无论如何也无法理解这个现象。

此例中，"for the soul of me"，如果直译为"对于我的灵魂"，则显得译文拖沓、烦琐，不够简洁。源语言中的"for the soul of me"与"I"所传达的意思相同，且此句的信息重点不在此处，因此译文中选择将此处重复表义部分忽略不译，在保证句子流畅简洁的同时，并不影响读者对于整体语境和文本信息的理解；同时进行适度的删减，也更符合"我"当时焦急苦恼的心境，有助于读者更好体会文学作品中人物的内心情感。

（11）The idea struck my wife not unfavorably.
这个主意打动了我的妻子。

此处，译文中将原作的"not unfavorably"减去省略不译，使得译文简洁明了。"strike"本身就有"打动"这一引申含义，而此处"not unfavorably"与"favorably"的表达效果相同，译为"顺利地、亲切地"，与"打动"之间存在语义重复，因此译文将此部分省略不译，通过"减"译，将源语言中较为正式的书面表达转换为目标语言中让读者更感亲切的偏向口语化的表达，减少了译文的冗余，使得译文简洁、灵活。

5."并"之变译方法

"并"，即合并，指根据需要将原作中同类或有先后逻辑关系的两个及以上部分合并（黄忠廉，2002b）。"并"的变译方法，可以使原作中重复的部分清晰明了，便于读者理解；同时也有助于帮助目标读者梳理作品中的逻辑结构，从而把握作品整体的逻辑走向和情感态度。

（12）"But is it not wonderful, very wonderful?" demanded Julia.
"可这非常美妙，对吧？"茱莉娅问道。

原文中连续两次出现了"wonderful"，按照原文的语序将其直接译出，会使译文存在重复表述、表意不清等问题。由于原文中前后两部分传达的意思相同，译文采取"并"的变译方式，将二者进行合并，译为"非常美妙"。同时，为了与原文保持句式上的一致性，将后半部分的"wonderful"改写为"对吧"，保留了原作中的问句格式，而"对吧"在目标语言中具有对前文内容进行隐性重复的作用，并且符合目标语受众的表达习惯。因此，此处译文中的"并"，不仅对同义表述之间进行了合并，保证了译文的简洁性，也尽可能地与原文保持结构及表意上的一致。

（13）The wood of the table was apple-tree, a sort of tree much fancied by various insects.

那张桌子的材质是苹果木，很受各种昆虫的欢迎。

此句的背景是博物学家在讲解苹果木桌子怪异现象背后的原因，因此在句式表达上使用了"a sort of tree"作为"apple-tree"的同位语进行表述，文体风格偏向正式。但是，在目标语言中，如将同位语进行直译，则生硬、拗口，不符合目标语的表达习惯。因此，译文将表义相同的两部分进行合并，保证译文行文的简洁流畅，更容易为目标语言读者所接受，也使得译文的句子更加连贯。

（14）But my girls have preserved it. Embalmed in a sliver vinaigrette, it lies on the little apple-tree table in the pier of the cedar-parlor.

但姑娘们将它保存下来，装进一只银质的香盒里，放在苹果木桌子上，置于香柏木客厅的两扇窗户之间。

此例句中体现了逻辑层面的"并"。两句中的"it"指代的内容相同，在源语言中由于需要句式的丰富性，因此将其划分为两句进行表述。但在目标语言中，两个句子在逻辑结构上存在先后顺序，代词指代内容相同，因此二者可以进行合并，保留第一句的主体结构，将第二句的内容并入第一句中，在一个句子内部实现逻辑上的完整，便于读者理解。同时，第二句中存在过去分词，如采取直译，多译为被动结构，不符合目标语中的表达习惯，采取"并"的变译方法，保留第一句中的主语，可以避免在目标语中出现被动表达的问题，符合目标语受众的语言习惯。

结　论

从本文的实例分析中可以看出，陆源的《苹果木桌子及其他简记》汉译实践中存在变译方法的运用，可以证明变译理论能够用于指导文学作品翻译实践，并且能够在指导文学翻译实践中起到较好的跨文化交际效果。这也在一定程度上印证了在变译原则的指导下，各种翻译变体成了可以驾驭的文字样式（方梦之 等，2020）。此外，变译理论作为21世纪初提出的中国本土翻译理论，为译者进行不同类型作品的翻译提供了指导原则与具体方法。但是，目前对于变译理论的研究及变译理论指导下的文学翻译个案研究仍不算多。翻译理论的完善与优化，以及其与翻译实践的互动结合不是一蹴而就的，而是需要翻译理论家与翻译实践者共同对其不断打磨、推陈出新、反复论证，才能够塑造出具有国际影响力的中国本土翻译理论。传统观点认为，文学作品翻译必须全文翻译才能传达原作的诗学价值，本文以陆源的《苹果木桌子及其他简记》汉译实践为例，证明变译理论对文学翻译同样具有指导价值，只有"全""变"结合，因地制宜，具体情况具体分析，才能真正实现优秀文学作品的跨文化传递及经典文学之美的跨文化品鉴。

参考文献

［1］方梦之，王志娟，2020.变译论的理论贡献和实践意义［J］.外语教学，41（1）：82-86.

［2］黄忠廉，2002a.变译理论：一种全新的翻译理论［J］.国外外语教学（1）：19-22.

［3］黄忠廉，2002b.变译的七种变通手段［J］.外语学刊（1）：93-96.

［4］黄忠廉，2002c.变译理论［M］.北京：中国对外翻译出版公司.

［5］刘云，陈氏碧叶，2024.变译理论视角下的新闻标题汉译优化策略：基于越南《Vietnamplus电子报》的考察［J］.汉江师范学院学报，44（1）：53-58.

［6］孙致礼，2002.中国的文学翻译：从归化趋向异化［J］.中国翻译（1）：39-43.

［7］杨武能，2023.文学翻译批评刍议［J］.中国翻译，44（5）：115-118.

［8］余承法，黄忠廉，2023.变译理论：中国原创性译论——黄忠廉教授访谈录［J］.英语研究（1）：1-11.

Research on the E-C Translation of *The Apple-Tree Table and Other Sketches* Based on the Variational Translation Theory

HAN Bin(Hangzhou Normal University,
Hangzhou, 310018)

ZHENG Jianning(Hangzhou Normal University,
Hangzhou, 310018)

As an important medium and interactive field in cross-cultural transmission and communication, literary translation holds significant value for academic research. The variational translation theory, rooted in China and proposed by Professor Huang Zhonglian in 2002, refers to the practice of translators using flexible means such as "adding" "subtracting" "editing" "retelling" "shrinking" "combining" "adapting" and "imitating" to select content from the original work to meet the specific demands of target readers under particular circumstances. The author of this paper takes Lu Yuan's Chinese translation of Herman Melville's *The Apple-Tree Table and Other Sketches* as an example, analyzing the translation variation techniques used by the translator during the translation process through case studies of "adding" "deleting" "editing" "merging" and "adapting". The study reveals that the translator, during the translation process, has fully considered the linguistic characteristics and stylistic features of the target text, and comprehensively employed five types of translation variation methods. Moreover, he tends to favor the "editing" method of translation variation, which aligns more closely with literary translation, aiming to achieve cross-cultural transplantation. This paper, through the case study of Lu Yuan's Chinese translation practice, demonstrates the guiding value of variational translation theory in the translation of literary works, with the hope of providing insights and references for future Chinese translation practices of related literary works.

英汉数量概念"一"的认知语义分析

高嘉诚　张　颖[*]

摘要：按照认知语言学的观点，人类概念系统的基础是一些基于身体经验形成的意象图式，即一些根本的、先于语言而存在的认知结构。沿着这一思路分析发现，关于数量关系的概念也属于基本认知结构，其中关于"一"的概念又是其中最基本的。通过对数量概念"一"在英汉语中衍生的各种概念范畴的考察发现，两种语言在物理、时间、心理、社会等多个认知域中所建构的语义网络是高度相似的。从认知角度进行的语义分析能够阐明数量概念语义扩展的理据和路径，所揭示的结果可以直接应用于语言教学。

关键词：认知语义学；意象图式；数量；认知域；数词

引　言

人类的思维和行为是受概念系统支配的。自20世纪80年代以来，认知

---

[*] 高嘉诚，上海极睿医疗科技有限公司，工程师，硕士研究生，主要研究方向：语言数据科学、语言与认知科学。
张颖，上海师范大学外国语学院英语语言文学专业硕士研究生，主要研究方向：认知语言学。

语言学在概念系统的研究方面取得了很大进展。已有研究发现，意象图式（image schema）在人类概念系统的组织中起到根本作用，并且概念隐喻对于概念系统的形成是至关重要的。基于意象图式和概念隐喻的概念分析已成为认知语言学中概念系统研究的主要手段，但以往研究对于数量认知能力在概念系统中的作用相对忽视。数量认知作为人类的一项根本认知能力，是人类概念系统形成中不可缺少的。本文将考察数量概念"一"在建构英汉两种语言的概念系统中的作用。

一、意象图式与概念系统

人类在感知和认识世界时必须对纷繁复杂、千变万化的事物进行分类，建立各种概念和范畴。这些概念和范畴体现了人类对空间、时间、物体之间的关系及相互作用、运动事件等的感知和认识。概念系统是通过语言建构的，而不同语言在组织和表达人类对自身和世界的认识方面既有相同之处，又有不同之处。以 Lakoff 和 Johnson（1980）、Lakoff（1987）、Johnson（1987）、Lakoff 和 Turner（1989）为代表的研究认为，意象图式在概念系统的形成中起到根本的作用。所谓意象图式，是一些普遍的、先于语言而存在（prelinguistic）并且先于概念而存在（preconceptual）的认知结构。这些认知结构产生于人类关于自己身体结构的经验及身体与外部世界相互作用的经验。意象图式通过隐喻机制被投射到各种认知域中，从而形成各种概念和范畴。迄今所提出的意象图式包括以下7类：空间（上—下、前—后、左—右、远—近、中心—边缘、接触）、量度（路径）、容器（包含、里—外、表面、满—空、内容）、力（平衡、反作用力、强迫、抑制、使能、阻碍、转移、引力）、单一性/多元性（融合、聚集、分开、重复、部分—整体、物质—可数、连接）、同一性（匹配、叠加）、存在性（去除、有界空间、循环、物体、过程）。（Croft et al., 2004: 45）

意象图式被看作人们组织关于世界的知识和推理的基础，通过概念隐喻的作用由物理认知域映射到抽象认知域外，构成概念系统的基石之一。例如，"上—下"通过隐喻的作用而映射到时间、等级、顺序、品质、过程等认知域，从而衍生出"上半场—下半场""上级—下级""上家—下家""上策—下策""上品—下品""上马—下马"等概念。这些概念已成为汉语概念系统的一部分。意象图式理论在认知语言学及其他学科领域中都产生了重大影响（Brugman，1988；Lindner，1983；Mandler，1992；Tyler et al.，2001；Gibbs et al.，1994；Sinha et al.，2000）。

意象图式对概念系统的根本作用是毫无疑问的，对我们揭示概念系统的构成有重要意义。但是，到目前为止，认知语言学家关于意象图式的数量、内部层级和在儿童心智中的发展顺序都还没有一致的意见。我们认为，既然意象图式来源于人类身体的结构、身体的经验和身体与世界之间的相互作用，那么我们在概念系统的研究中不一定把注意力都集中在意象图式上。沿着同一思路，我们可以探索所有基于人类的身体经验形成的基本认知结构，考察这些认知结构在概念系统中的作用。这与认知语言学的体验主义哲学观（experientialism）是一致的。Langacker（1987：148）认为，除了时间和空间，还有一些认知域无法被还原（reduced）为其他更基本的认知结构，如温度、颜色、味道、音调之类的感官体验，可能还包括快乐和热情之类的心理状态。这些认知域都与人类身体的直接感知有关，对它们的理解不依赖其他范畴，因此它们应该同样在概念系统中处于底层。按照这一思路，高航、严辰松（2006）考察了现代汉语中基于人类关于温度的经验衍生的各种概念范畴。这一研究发现，"热""暖""凉""冷"等温度范畴被映射到疾病、色彩、注意力、活动、性格或情感、社会地位、知识等认知域中，由此产生的概念范畴是汉语概念系统不可分割的组成部分。

本文将考察数量范畴"一"在英汉两种语言概念系统中的作用，分析其衍生的各种概念范畴。我们认为，迄今所研究的意象图式中虽然在单一性/多元性图式中提到了物质-可数图式,但以往研究把注意力几乎都集中在有界与无界在语法分析中的作用,而相对忽视数量概念本身在概念系统中的作用。数量概念可以从绝对和相对两个方面来考虑。绝对数量指使用数词来编码数量概念,如 one、two、three,而相对数量指使用量词来编码数量概念,如 few、some、all 等。在绝对数量中,"一"的概念十分重要,是所有数量的基础。它既能衍生实义性范畴,又能建构虚化范畴,因此对于概念结构和语言结构都有重要作用。

二、关于数量概念的认识

数量的概念化在人们的日常生活中无处不在,对人们的正常运作是必不可少的。对于事物而言,人们总是需要知道其数量的多少,而对于事件而言,也需要知道其持续时间的长短或其发生的频次等。数量的认识对于人们的推理、预测和决策有至关重要的作用。最简单的例子是,人们一日三餐时总会考虑要吃多少饭才能满足自己的需要,既不能吃得过多,又不能吃得过少。

数量由数和量这两个概念构成。数的概念是比较抽象的,是后来产生的,而量的概念是具体的,伴随着人类的产生而出现。先民对数量的认识最早从具体的量开始。在采集野果时,一个野果被认为是"少",而一堆野果被认为是"多",而在狩猎时,捕获到三只野兔肯定好于捉到一只野兔。

数量的认知能力不是人类所特有的,即使是动物也需要形成对环境中事物数量的认识,这对于其生存而言是至关重要的。目前生物学家的研究中有一个共识是,动物具有相对数量判断能力,即个体对不同集合(set)所含项目(item)数量做出"较多"、"较少"或"一样"等判断。许多实验研究表明,除了灵长类动物,像鸡、食蚊鱼、蝾螈、蜜蜂等动物都有一定的数量认知能力,能够把较大的量与较小的量区分开。尚不清楚的是,动物的数量认知能力是后天训练获得的还是先天就有的，但有一些初步的实验数据表明许多动物的数量认知能力是先天的。如果是这样的话，确实说明数量认知能力在生物进化过程中对于物种的生存是一个有利条件。这一能力可以帮助动物更有效地获得食物，以维持其生存，因为动物在觅食过程中必须不断地判断哪棵树上的果实最多，或哪一片地的花蜜最多（Gallistel，1989）。当然，由于没有语言或一个精确的符号系统来表征数字，动物的数量认知能力不可能达到人类的水平。大猩猩不可能学会乘法或除法，而正常人通过一段时间训练都可以掌握（Callaway，2009）。

在数量概念中，"一"和"二"是最早形成的，也是最基本的。两者相比，"一"是基本的，因为"二"可以通过两个"一"相加得出。这就是《老子》中所说的："道生一，一生二，二生三，三生万物。"在澳洲和南美洲的一些原始部落中，用于数的单独的名称只有"一"和"二"，偶尔有"三"。超过这几个数量时，这些民族会说"许多、很多、太多"（邹大海，2001）。

三、英语中数量概念"一"相关的形式与语义

在英语中"一"的概念被编码为多种形式，包括a、an、one、only、mono-、once、sol-、single、lone、uni- 等词根和/或词缀。下面是一些由这些词根和/或词缀构成的词：

a/an, one, once, lone, loner, lonesome, alone, lonely, loneliness; single, singular; solitary, solitude, solo, desolate, desolation; uniform, uniformity, uniformly, uniformed, unify, unilateral, union, unique, unisex, unit, unitary, unite, united, unity, universal, universally, universe; mono-, monogamous, monogamy, monolithic, monologue, monopolize, monopoly, monotonous, monotony; 等等。

这一概念在不同的认知域（domain）中衍生出各种范畴，成为英语概念系统的重要组成部分。相关的认知域包括物理、时间、心理和社会等。

（一）物理认知域

英语中"一"的概念在物理认知域中体现的是其基本的数量意义。人们在日常生活中常常看到一个人、一条狗、一条鱼、一座房子、一棵树、一朵花等。任何离散的物体或物体的特征、时间、事件的频率，在英语中都可以使用"一"的概念来描述。例如：an apple（一个苹果）、one-bedroom flat（只有一间卧室的公寓）、mono sound track（单声道）、an only child（独生子女）、single-engine plane（单引擎飞机）、a single woman（单身女人）、unisex jeans（男女都能穿的牛仔裤，即不分性别，把男性和女性视为一个性别）、once a week（一周一次）。

人类在生活和工作的许多活动都以个体的形式进行，因此"一"的概念常常用来描述只有一个人参加的活动。例如：monologue（独白）、men's singles（单打比赛）、a single mother（单身母亲）、lone parents（单亲父母）、monogamy（一夫一妻制度）、solitary drinking（独自一人饮酒）、fly solo across the Atlantic（单人驾驶飞机飞越大西洋）、monopoly（独占、垄断）、monopolize the land（垄断土地）。

以物理认知域为基础，数量概念"一"衍生出以下多种接近物理的意义。

第一，表示事物同一性。例如：meet one common standard（符合一个共同标准）、of uniform size（同一尺寸）。

第二，表示事物不发生变化。例如，monotonous描述的是一些事物总是有固定的模式，从来不发生变化，会让人感到单调枯燥，而monolithic描述一个组织或体系规模很大，很难发生变化。

第三，事物的整体性或统一性。日常生活中，任何一个物体通常都是由许多部分组成，或者人们也可以把多个物体在物理上或心理上组合为一个整体。因此，"一"的概念可以用来描述作为一个整体存在的事物，或者多个不同的事物被合并为一个事物。例如：universe（宇宙，即一个由太空和其中所有的恒星、行星和其他形式的物质、能量组成的整体）、unit（整体、单元）、union（两个或多个国家或组织联合而成的整体）、unify（统一）、unity（为了一个共同的目的而团结为一个整体）、in unison（同一时间共同做一件事情）、all in one（所有东西整合而成一个整体）、speak as one（意见一致）。

（二）时间认知域

"一"的概念可以被投射到时间认知域中，从而衍生出多个时间范畴。时间也可以被概念化为有形的事物，并像物体一样被切分为一个个片段，进行指称。例如：one day（有一天）、one night（一天晚上）、only start dating last year（去年才开始约会）。

时间认知域中最典型的例子是once的意义演变，从表示事件频次的基本义扩展出多种意义。一是可以表示事件的突然发生或两个事件的同时发生。例如：fall asleep all at once（突然睡着了）、have to go at once（必须马上走）、do everything at once（同时做所有的事情）。

二是表示两个事件连续发生，相互间隔很短。例如：

（1）We'll start once he arrives（他一到我们就出发）.

与此密切相关的是条件意义，表示前一个事件是后一个事件的条件。例如：

（2）Once you've taken the exam, you will be able to relax（一旦你参加了考试，你就可以放松了）.

（三）心理认知域

首先，数量概念"一"可以表示人性格比较单纯。例如，a pure and

single heart 表示对人真挚、诚实。这一意义与人们的经验是一致的。日常生活中，诚实可靠的人被认为待人接物保持同一标准，不会见风使舵，不断改变自己的行为，也就是俗语中说的"没有那么多心眼儿"。

其次，表示把注意力集中在一个事物上。例如，single-minded 表示只有一个目标或目的，并下定决心实现。

最后，表示人们在脱离与他人接触的情况下的一种生活状态。这种生活状态有两种心理上的影响，一种是令人愉快的，不希望受到他人打扰，另一种是令人不愉快的，希望有他人的陪伴。前者尽管在语言表达形式上属于少数，但也是比较重要的，其最典型的体现是 solitude。这个词主要指平静愉快的独处或独居状态，如 long for peace and solitude（渴望安宁和清静）、enjoy one's moments of solitude（享受独处时光）。

与 solitude 形成鲜明对比的是，表示令人不愉快的心理状态在英语中的编码形式很多，如 lonely nights（孤独的夜晚）、feel desolate（在没有陪伴的情况下感到伤心、绝望）、lonesome and unhappy（孤独、难过）、lonely heart（寻找异性朋友的人）。

（四）社会认知域

人们在生活或工作中进行各种活动时，常常独自一人。造成这些情况的原因很多。有的人出于自己的选择而独处，不喜欢与他人交往或参加到群体活动中。但在很多情况下，这意味着完全依靠自己的力量完成事情，没有或无法得到他人的帮助。与此有关的表达形式包括 alone（独自）、feel so alone（感到很孤独）、loner（喜欢独处的人、不合群的人）、lone wolf（喜欢单独行动的人，或与他人有不同意见的人）、single-handed（独自一人做某个事情，没有他人的帮助）。

人类不仅需要同类的陪伴，而且会把这样的情感需求投射到自身以外的人或动物上，甚至无生命的物体上。例如：a lone sentinel（一个孤零零的哨兵）、a solitary swift（一只孤零零的雨燕）、a lone nightingale（一只孤零零的夜莺）、a solitary horse（一只孤零零的马）、a lone tree（孤零零的一棵树）、a solitary farm（一个孤零零的农场）、the most remote and desolate place（最偏僻、荒凉的地方）、a scene of desolation and ruin（荒凉废弃的景象）。

"一"的概念在英语中还可以强调一个事物的独特性。人们可以把一个事物从其所在类别或群体中分离出来，强调其唯一性或与众不同之处。在有些情况下，这样的事物往往是罕见的、奇特的，或者有特别优秀的、非同寻常的特征。例如：his one concern（他唯一关心的事情）、the only man for the job（唯一适合这个工作的人）、a woman of unique talent and determination（一位有独特才能和决心的女性）、this rather singular statement（这个独特的言论）。

四、汉语中数量概念"一"相关的形式与语义

汉语中数量概念"一"的主要编码形式包括"一""单""独"及其参与构成的众多复合词。通过深入分析，可以揭示这些形式背后所隐含的一个巨大的语义网络，不同意义之间存在明显的、有理据（motivated）的联系。

（一）物理认知域

"一"的各种编码形式最原始的意义都与数量概念有关，而这一概念也是其他数量概念形成的基础。它们都指单个的离散实体，所涉及的实体纷繁复杂，不一而足。例如，下面是一些描述单个物体的复合词：单人床、单刀、单杠、单轨、单卡、单簧管、单间、单晶体、单身、单眼皮、单音字、单亲。此外，只有一个人或事物参与的事件或活动也可以用"一"相关的复合词编码，如单人舞、独唱、独角戏、独舞、独奏。

物理认知域的实体差异很大，从最典型、最具体的物理实体到最边缘、最抽象的物理实体构成一个连续统一体，很难有一个非黑即白的分界。数量概念"一"与物理认知域相关的四个方面的扩展意义值得注意。

第一，表示数量少，体现在编码形式"单"和"孤"涉及的多个认知域中。例如，"单薄"可以指天亮或天冷时穿的衣服薄且少，也可以指人身体瘦弱。这些都是物理意义。但是，"单薄"也可以描述力量、证据等薄弱、不充实，这些虽然与物理意义有关，但比较抽象。类似的编码形式还有"单衣""单弱""孤单"，以及成语"势单力孤"。

第二，表示简单或缺少变化。例如，"单纯"表示事物简单纯一，不复杂，与此密切相关的是表示重复或没有变化的意义。例如，"单一"表示只有一种，"品种单一、方法单一"都表示品种和方法的构成没有多样性。而表示重复或缺少变化的含义体现在"色彩单调""样式单调""一成不变""一蹶不振"这样的表达形式中。

第三，表示同一性。判断事物的同一性是人类的一项基本认知能力，对人类的生存而言是必不可少的。人们无时无刻不在判断两个或多个事物是否为同一实体，只不过这是一个自动进行的无意识过程。因此，与"一"有关的许多表达形式都表示事物的同一性，如"一家人"（属于同一个家庭）、"一路走"（有同样的路线）、"一码事儿"（同一个事情）、"一块儿"（两个或多个人在同一个处所或共同参与某一活动）。与"一般"有关的表达形式也表示同一性。例如："一般高"（两个或多个实体具有相同的高度）、"一般情况"（相同或类似的情况）、"一般见识"（同样的见识、修养）。而"一致"表示思想或行动上相同，没有分歧，如"看法一致""步调一致"。

第四，表示整体性，这体现在多个编码形式中，如"一""统一""单元""一并""一总""一把""一直"。在唐代杜牧的《阿房宫赋》中，"六王毕，四海一"中的"一"表示秦国消灭了其他六国，实现了统一。"单元"

指整体中自成段落、自为一组的单位。另外，还有一些更复杂的形式，如"一屋子人"（整个屋子里全是人）、"一身汗"（全身都是汗水）、"一冬"（整个冬天）、"一并"（表示把许多事情合在一起）、"一直"（表示所指的范围）。

（二）时间认知域

第一，在时间认知域中，"一"与不同的词组合而成的复合词编码有以下几类意义。按照认知语法观点，对于名词性表达式编码事物，事物主要存在于空间，而对于动词性表达式编码事件，主要存在于时间。因此，数量概念"一"参与构成的复合词可以表示时间极其短暂，如"一刹那""一瞬间"。与此密切相关的是，"一"与动词组合时，表示一次性的事件或事件持续的时间非常短。在这一意义上，"一"可用于多种结构中。这些结构都有很高的能产性，如"V+一+借用动量词"（如"笑一声""踢一脚"）、"V一V"（如"歇一歇""笑一笑"）、"一V就V"（"一见如故""一请就来""一到夏天就感觉疲惫""一修好车就去接你"）。

第二，"一"参与构成的一些复合词与条件有关。在日常生活中，当两个事件紧接着发生时，前一个事件往往被认为是后一个事件发生的条件或原因。因此，"一旦"表示假设的时间或条件；"一经"表示只要经过某个步骤或某种行为，就能产生相应的结果；"一失足成千古恨"表示一旦堕落或犯了严重错误，就成为终身的恨事。

第三，"一"并非都指事件的持续时间短暂，其表示事物整体性的意义被投射到时间认知域时，相关的复合词表示事件的持续时间很长。例如，"一直"表示动作始终不间断或状态始终不变，如"一直很卖力""一直下了一天"。

（三）心理认知域

数量概念"一"被投射到心理认知域中衍生出的一些复合词，主要有两种意义。

第一，表示人们的注意力集中在一个事情或事物上。例如，"单纯"表示思想或其他抽象的事物比较简单，如"思想单纯""情节单纯"。"单打一"表示集中力量做一件事或只顾及某一方面的事物，而不管其他方面。类似的复合词还有"专一""一心一意""一个心眼儿""一个劲儿"。

第二，表示人的一种心理状态。当一个人长期与其他人没有联系时，一般情况下会出现心理或性格上的变化，会感觉无法融入群体中，会渴望与他人交往或交流。汉语中与此有关的表达形式包括"孤独""孤寂""孤立""孤零零""孤僻"。

（四）社会认知域

数量概念"一"被投射到社会认知域中时，其意义来源为一个实体在某个方面与其实体存在明显的差异，或从一个群体中分离出来，由此衍生出多种意义。

首先，表示一个实体的独立性，不属于一个群体或与其他实体混淆在一起。例如，"独揽""独裁""独断""独行""独行其是"等表示一个人把权力集中在自己手里，不允许其他人分享权力或参与决策，或者不与其他人商量，自行做出决定。"独"本身可以表示自私，如果描述某个人很独，意味着这个人很自私。

其次，表示力量单薄。人们在社会中总是与他人存在各种联系，个人的力量与多个人或集体的力量相比，总是比较小的。汉语中有许多表达形式与此有关，如"孤掌难鸣""独木不成林""独木难支""单枪匹马""孤苦伶仃""孑然一身"。

最后，表示与众不同。例如，"单单"表示从一般的人或事物中指出个别的，以显示其与其他人或事物的不同。而强调事物与其他事物差异的表达形式都倾向于凸显事物的新颖性，通常含有赞赏之意。这类表达形式很多，包括"独特""独出心裁""匠心独运""独步""独树一帜""独行""独创""独具匠心"等。

五、基于数量经验的概念范畴产生的动因

从以上讨论可以看出，英汉两种语言中数量概念"一"所衍生的众多概念范畴存在高度的相似性，只是具体的编码形式和语义扩展路径可能有差异。它们的语义网络如图1和图2所示。

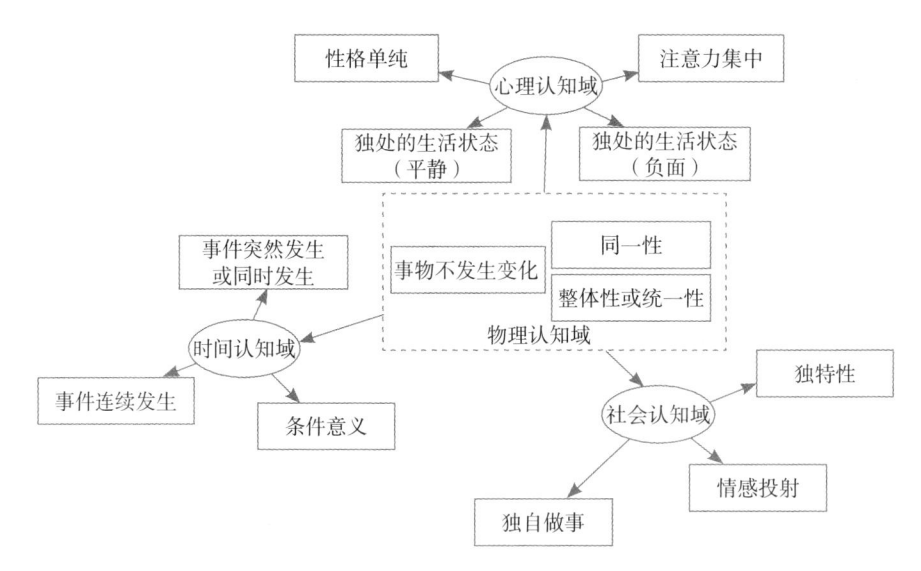

图1 英语数量概念"一"的语义网络

以上分析表明，数量概念"一"在组织和构建英语中的许多概念范畴时起着根本作用，许多情况下我们很难想象这些范畴的概念化可以通过其他方式进行。例如，人们缺少伙伴、忧郁无助的感觉使用与"一"有关的概念编码是最有效的，不同概念之间的联系是透明的。认知语言学的传统观点认为，抽象概念的概念化必须依赖具体概念，因为抽象概念无法直接感知。但是，后来的一些研究认为，抽象概念与具体概念的区分是不太准

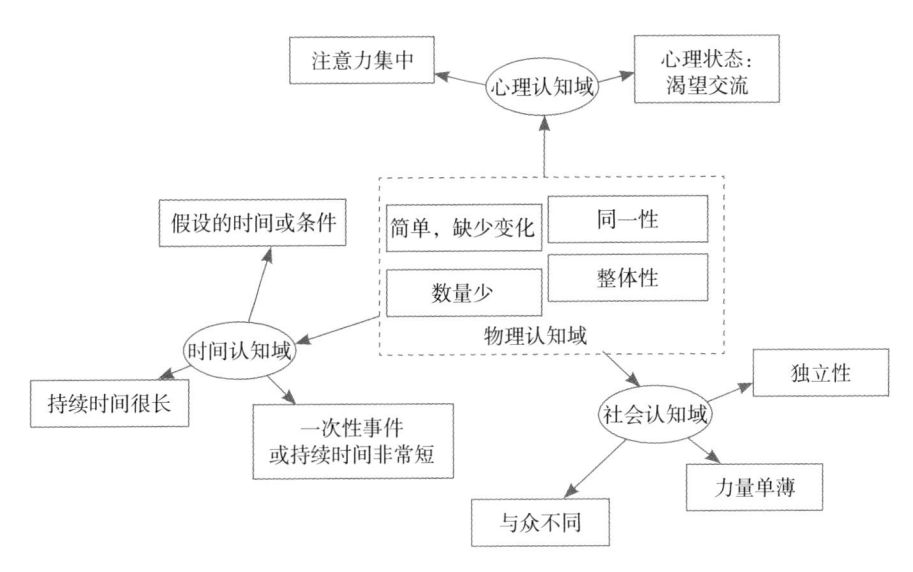

图2 汉语数量概念"一"的语义网络

确的。一些所谓的抽象概念（如时间、情感）实际上也是人们能够直接感知到的。例如，人们关于忧虑、恐惧或愤怒等情绪的经验不可能是抽象的。那么是什么原因促使所谓的抽象概念通过具体概念来组织和建构呢？这可能有两个原因。第一，许多抽象范畴与人体的内部状态有关，像忧伤这样的心理状态虽然是人们直接体验到的，但内部状态在不同的个体上是不同的，并且无法验证。一个个体不可能进入另一个体心灵中，而只能通过语言对关于内部状态的信息进行编码，从而使个体之间相互了解。在使用语言编码内部状态时，只能选择不同个体都能够观察到的（因此能够被验证的）经验来组织关于内部状态的概念。第二，在处理与身体内部状态有关的信息时，人类大脑的信息加工速度和效率不如处理外部状态信息（如空间和运动事件）时的效率。从进化的角度考虑，人类大脑处理外部状态信息的效率高于处理与身体内部状态有关信息的效率，这对人类的生存至关重要（Tyler et al., 2001: 78-79）。因此，如果后一类信息通过前一类信息的概念结构来组织，将大大提高人类大脑的处理速度。

此外，使用"一"的概念组织许多抽象范畴的一个重要原因是经验相关性（experiential correlations）（Grady，1997）。通过人类与外部世界相互作用会发现，许多经验之间常常存在关联，以至于一种经验的概念化常常会激活另一种经验的概念化。例如，物体的数量与高度相关，即当高度增加时，数量也会相应增加，而高度降低时，数量会相应减少。日常生活中有许多这样的例子。例如，在堆放箱子物体时，堆放的高度与箱子的数量是直接相关的，而在容器中加入水时，随着加入的水量的增加，容器中水面的高度会不断上升。因此，在英语中"up-down"可以分别表示事物数量的增加与减少。与此类似，如前文实例分析所表明的，人类日常生活中与数量概念"一"有关的经验中，"一"与事物的相同与不同、事物的完整性或统一性、孤独的心理状态和时间之间都存在密切的关系。正因为如此，使用"一"的概念来组织和建构这些范畴就不是偶然的。

结 论

数量认知能力是人类一般认知能力的一部分，在概念系统的组织中发挥根本作用。本文考察了英汉两种语中绝对数量概念"一"所建构的各类范畴，由此论证了数量概念"一"在建构概念系统中的重要作用。在下一步研究中，如果对不同语言中基于"一"的概念而衍生的范畴进行考察，将有助于论证这一作用是否是普遍的。这也符合认知语言学在多义现象研究中所强调的跨语言研究的要求。另外一个有待深入研究的问题是，"一"的概念在映射到时间认知域时，有一些词已演变为封闭类（closed-class）词项，在语法结构的组织中有重要作用。像这些来源于数量概念的范畴是如何发生虚化成为副词和连词的问题，值得进一步研究。

参考文献

［1］BRUGMAN C, 1988. The story of "over": polysemy, semantics, and the structure of the lexicon［M］. New York: Garland Publishing.

［2］CALLAWAY E, 2009. Animals that count: how numeracy evolved［J］. New scientist, 2713 (202): 37-39.

［3］CROFT W, CRUSE D A, 2004. Cognitive linguistics［M］. Cambridge: Cambridge University Press.

［4］GALLISTEL C, 1989. Animal cognition: the representation of space, time and number［J］. Annual review of psychology (40): 155-189.

［5］GIBBS R W, BEITEL D A, HARRINGTON M, et al., 1994. Taking a stand on the meanings of stand: bodily experience as motivation for polysemy［J］. Journal of semantics (4): 231-251.

［6］JOSEPH G, 1997. Foundations of meaning: primary metaphors and primary scenes［D］. Berkeley: UC Berkeley.

［7］JOHNSON M, 1987. The body in the mind: the bodily basis of meaning, imagination, and reason［M］. Chicago: The University of Chicago Press.

［8］LAKOFF G, JOHNSON M, 1980. Metaphors we live by［M］. Chicago: The University of Chicago Press.

［9］LAKOFF G, 1987. Women, fire, and dangerous things: what categories reveal about the mind［M］. Chicago: The University of Chicago Press.

［10］LANGACKER R W, 1987. Foundations of cognitive grammar: theoretical prerequisites［M］. Stanford: Stanford University Press.

[11] LANGACKER R W, 1999. Foundations of cognitive grammar: descriptive application [M]. Stanford: Stanford University Press.

[12] LINDNER S, 1983. A lexico-semantic analysis of English verb-particle constructions [M]. Boomington: Indiana University Linguistic Club.

[13] MANDLER J M, 1992. How to build a baby Ⅱ: conceptual primitives [J]. Psychological review (4): 587-604.

[14] OAKLEY T, 2007. Image schema [M]//GEERAERTS D, CUYCKENS H. The Oxford handbook of cognitive linguistics. Oxford: Oxford University Press: 1-36.

[15] SINHA C, LÓPEZ D J K, 2000. Language, culture, and the embodiment of spatial cognition [J]. Cognitive Linguistics, 11(1-2): 17-41.

[16] TYLER A, EVANS V, 2001. The relation between experience, conceptual structure and meaning: non-temporal uses of tense and language teaching [C]//PÜTZ M, NIEMEIER S, DIRVEN R. Applied cognitive linguistics: theory and language acquisition. Berlin: Mouton de Gruyter: 63-105.

[17] 邹大海, 2001. 中国数学的兴起与先秦数学 [M]. 石家庄: 河北科技出版社.

[18] 高航, 严辰松, 2006. 英语空间图式"Front-Back"的隐喻性扩展 [J]. 四川外语学院学报 (6): 71-76.

[19] 高航, 2011. 重力体验的概念分析 [J]. 解放军外国语学院学报, 34(3): 1-6, 127.

[20] LAKOFF G, TURNER M, 1989. More than cool reason [M]. Chicago: University of Chicago Press.

[21] GRADY J, 1997. Primary metaphors and primary scenes [D]. Berkeley: University of California.

A Cognitive Semantic Analysis of the Quantitative Concept of ONE in English and Chinese

GAO Jiacheng(Shanghai Jirui Medical Technology Co., Ltd., Shanghai, 201702)

Zhang Ying(Foreign Languages College, Shanghai Normal University, Shanghai, 200234)

According to the assumptions of Cognitive Linguistics, conceptual systems of human beings are based on image schemas derived from bodily experiences, namely, fundamental pre-linguistic cognitive structures. An exploration along this line of thinking indicates that human conceptions of quantity are also basic cognitive structures, of which the concept of ONE is of central importance. A detailed examination of the conceptual categories related to ONE in English and Chinese reveals the fact that the two languages are highly similar in the semantic networks constructed in various domains, including physical, temporal, psychological and social fields. The cognitive semantic analysis provides a comprehensive account of the motivations and paths of the semantic extension of ONE, the results of which can be directly applied to language teaching.

中国古典散文英译中的显化现象

——以《滕王阁序》罗经国译本为例

张灿灿[*]

摘要：汉语语言表达呈现出显著的隐化特征，中国古典散文比现代汉语更加含蓄，其隐化程度也高于现代汉语，而英语语言呈现显化特征，因此显化现象在中国古典散文英译过程中十分常见。本文以《滕王阁序》罗经国译本为例，分析古典散文英译中的显化现象，将这种显化现象划分为语法显化、语义显化和情感显化，并指出英汉语言差异是这一现象产生的重要原因，与此同时，译者因素也会影响汉译英过程中显化现象出现与否及其显著度。译者在英译时通常采用增译、重构和添加副文本的方法达到显化的目的。

关键词：《滕王阁序》；古典散文；显化

---

[*] 张灿灿，曲阜师范大学翻译学院硕士研究生，研究方向：认知语言学、英汉对比与翻译。

引　言

　　语言是思维的外壳，英汉思维的直白与委婉程度的差异反映在语言上，英语呈现出显性的特征，而汉语则呈现出隐性的特征。与现代汉语相比，中国古典散文因其语言精练体现出高度的汉语隐性特征。因此，在其译为英语的过程中，译者常会使用显化的方式以更加完整、清晰地传达原文的信息。作为翻译过程中普遍存在的一种现象，21世纪以来，显化现象受到了广泛关注。迄今为止，关于显化现象的研究集中于基于语料库的研究，研究文本多为诗歌、小说、政治文本等，针对古典散文的研究相对较少。

　　中国古典散文作为中华文化的重要组成部分，以其精练的语言、丰富的意象和深远的意义，形成了独特的艺术魅力和深厚的文化内涵。《滕王阁序》由唐代文学家王勃创作，以华丽的辞藻和深远的意境著称，是中国古代文学的经典之作。笔者以《滕王阁序》罗经国译本为研究对象，译文来源于罗经国译作《古文观止精选》。和现代汉语相比，中国古典散文语言隐化特征更为显著，其英译过程中有许多典型的显化现象值得探讨。本文通过分析中国古典散文英译中的显化现象，并归纳中国古典散文英译中的显化动因及常见的显化方式，希望通过这一研究能够为未来的中国古典散文英译提供些许借鉴，促进中西方文化交流与理解。

一、研究背景

　　显化最初由 Vinay 和 Darbelnet（1995）提出，又称"外显化""明晰化""明示"等。根据翻译研究词典定义，显化是译者通过补充源文本产生的一种现象，这种现象表现为目标文本通常采用比源文本更明确的形式来陈述信息。

显化使译文的语义关系增强，显化所添加的内容使得文本更加清晰，但显化也可以是隐含的（Venuti，2000：252）。柯飞（2005：306）主张，显化不应只是语言衔接形式上的变化，还应包含语言意义上的显化转换。Klaudy（1998）将显化分为强制性显化、选择显化、语用显化和翻译固有显化。黄立波（2008：455）则将显化分为语际显化和语内类比显化。胡显耀等（2009：73）认同这一观点并提出，从比较对象来看，显化分为语际显化和语内显化；从内容上看，显化有语义显化和句法显化之别。

许多学者对显化的应用展开了不同方面的研究。胡开宝、朱一凡（2008）以莎剧《哈姆雷特》为研究对象，结合 Halliday 对语言功能的划分，将显化分为概念功能信息显化、人际功能信息显化和语篇功能信息显化，并对翻译中显化的动因进行分析，指出显化主要有语言文化差异及译者因素两大动因。庞双子、王克非（2018）分析文学文本中呈现的显化现象在不同时期的变化，考察翻译文本显化现象的历时特征。冯全功（2021）从句法显化、语用显化、思维显化和意境显化四个方面分析中国古典诗词中的显化现象。

以上理论探讨、分类方法及个案分析，为本文的中国古典散文英译显化研究奠定了理论基础和应用基础。

二、中国古典散文英译中的显化现象分类

结合原文及译文的对比分析，笔者将《滕王阁序》英译过程中出现的显化现象分为语法显化、语义显化及情感显化。

（一）语法显化

语法包含词的构成和变化规则及组词成句的规则。语法显化是中国古

典散文英译时最常见的一类显化现象。笔者发现，《滕王阁序》译文中出现的语法显化可以概括为两大类：句子成分显化与形式显化。

汉语注重意合，句子结构较为松散，没有明显的语态和时态变化。中国古典散文语言精练，注重言简意赅，用词精准，避免冗余和不必要的重复，因此在行文时往往会省略部分句法成分。而英语注重形合，句子结构严谨，有丰富的语态和时态变化，因此汉语英译过程中形式显化十分常见。

1. 句子成分显化

汉语属于话题突出型语言，古代汉语行文更突出体现这一特征，无主句十分常见，而英语属于主语突出型语言，有明确的主谓结构。因此，在汉译英的过程中，译者需要显化原本暗含的主语，使译文符合英语语言结构。《滕王阁序》中无主句的英译主要分为两类：人称主语、非人称主语。例如：

（1）临别赠言，幸承恩于伟饯。

I have the good fortune to attend this feast and I would like to leave this farewell message at the time of parting.

（2）豫章故郡，洪都新府。星分翼轸，地接衡庐。

Nanchang, which was the capital of Yuzhang Prefecture during the Han Dynasty, now falls under the jurisdiction of Hongzhou. It straddles the border of the influence of the Ye and Zhen constellations, and is adjacent to the Heng and the Lu mountains.

根据对《滕王阁序》全篇叙述视角的分析可知，原文以第一人称进行写作。例（1）中，"赠言"与"承恩"的主语均为"我"，即"（我）承蒙这个宴会的恩赐，我临别时写了这一篇序文"。因此，在译为英语时，译者需要添加人称主语"I"。而例（2）中，两句话的主语实际上是统一的。结合原文的创作背景可知,豫章郡是西汉时划分的郡级行政区,郡治南昌,唐初,豫章郡改为洪州,而后两句也是描述此地的地理方位。因而,例(2)两句中隐含的主语均为豫章,在翻译时,需要显化暗含的非人称主语,以避免误解。

通过对比《滕王阁序》原文及译文,笔者发现,除了主语显化,谓语显化也有所体现。与现代汉语相比,谓语的省略在中国古代汉语中相对常见。例如:

(3)胜地不常,盛筵难再;

A beautiful scenic spot is rarely seen, and a sumptuous banquet like this one is even less likely to be held again.

(4)烟光凝而暮山紫。

At dusk the rays of the setting sun, condensed in the evening haze, turn the mountains purple.

从例(3)的原文中,目标语读者很难直接推断出隐化的谓语,译者需要通过对原文的理解将暗含的谓语明示化,在前句中直接添加谓语"is seen"和"is to be held"。例(4)中,原作者出于行文风格前后呼应的需要,"烟光"和"山"之间的主谓关系被隐化。英译时,这种关系应得到显化,否则由于英语具有形合的特点,原文含义难以得到清晰表达。

此外,古典散文英译时状语显化的现象也偶有发生,但大多是译者为便于目标语读者理解或出于对偶等格式的需要,这往往与译者的风格相关,不同的译者处理方式大不相同,此处不做详细阐释。

2.形式显化

汉语造句少用形式连接手段,注重隐性连贯,英语造句主要采用形合法,使用各种形式手段连接句内成分,英语句子中的连接手段和形式多种多样，综合运用关系词、连接词、名词和形容词的形态变化（性、数、时体、语态、人称等）构筑长短句子，表达语法关系（连淑能，1993）。《滕王阁序》英译中的形式显化主要体现在连接词的显化及时态语态的显化上。例如：

（5）东隅已逝，桑榆非晚。

Though the morning is gone, it is not too late to make up the loss in the evening.

（6）临帝子之长洲，得仙人之旧馆。

Soon we arrive at the river bank, where the King Teng's Tower beckons, then we ascend the tower where the fairy once dwelled.

由于古代汉语语言精练，注重隐性连贯的特点，连接词在行文时常常被省略。上述两个例子就体现了这一特点。例（5）和例（6）中表示让步关系的连接词"though"、表示修饰关系的"where"和表示时间先后关系的连接词"soon""then"均通过增译的方式被显化出来。例如：

（7）孟尝高洁，空余报国之情。

Meng Chang was noble and honest, but his devotion to the country was futile.

（8）怀帝阍而不见，奉宣室以何年？

I pine for the Emperor but am not summoned. How long should I wait before I am called to the court again like Jia Yi?

汉语动词没有词缀变化，现代汉语中时态和语态一般通过词汇手段（如时间词、"被"等）显示出来，而古代汉语中这些词汇手段通常被隐化。

例（7）中所描述的事件发生在过去，不需要具体的时间，通过助动词的形态变化显化句中时态即可。例（8）中，根据句意推断主语"我"和谓语"见"之间是被动关系，这种关系也是通过动词"summon"的形态变化显化出来的。

（二）语义显化

语义，即语言所表达的内容。子曰："书不尽言，言不尽意，然则圣人之意，其不可见乎？"古汉语语言委婉，常采用典故、修辞等方式表达情志。本文中的语义显化主要包含典故显化、暗喻显化和指代意义显化。

1.典故显化

刘勰在《文心雕龙》中"用典"，说可"据事以类义，援古以证今"，即借典故暗示不便言说的事实，婉转表达作者心声，借用前人之事或言语验证今人的理论。因此，典故词带有隐化的特征。

典故一般分为事典和语典，前者指前代典籍中的传说故事，后者指从前代典籍摘取的语句。这一类典故词常常附带深厚的文化内涵，译者通过阐释并添加副文本的方式将其中内涵显化。例如：

（9）人杰地灵，徐孺下陈蕃之榻。

Its talented people are outstanding, and the spirit of intelligence pervades the place. This was the place where Xu Ru spent the night on his visit to Chen Fan.

（10）邺水朱华，光照临川之笔。

It is also like the feast at River Ye where Cao Zhi composed the poem in praise of the lotus flower. Present are many talented scholars who are as gifted as Xie Lingyun of Linchuan.

例（9）原句化用事典，译者在译文中添加简略的解释后，在文后添加注解详细解释了这一典故，通过这样的方式实现了显化。例（10）化用语典，王勃借用曹植诗中对荷花的称呼隐化了自己借用曹植典故的本意，译者对作者的本意做出显化阐释后，在文末添加副文本阐述了这一典故的背景。针对《滕王阁序》中出现的典故，作者几乎全部以这种方式将典故的含义显化了出来。

2.暗喻显化

古代汉语中修辞手法多种多样，比喻是其中十分常见的一种。在表达手法上，比喻可分为明喻和暗喻。暗喻即隐晦的比喻，使用暗喻的修辞手法时，一方面隐化了其中的修辞手法，另一方面也隐化了原文真正的含义，因此将原文的暗喻转化为译文的明喻也是一种显化手段。例如：

（11）雄州雾列，俊采星驰。

The mighty Hongzhou spreads out immensely amid the fog, and the intellectual luminaries are as numerous as meteors chasing one another.

（12）爽籁发而清风生，纤歌凝而白云遏。

The music of the panpipe is like a gentle cool breeze. The soft singing lingers on; it is so soothing that even the passing white clouds seem to come to a halt.

《滕王阁序》中修辞以暗喻为主，译者采用的显化方式主要有两种：一是舍弃修辞手法，如例（11）即显化原意，描述当地的壮观景象。二是将暗喻显化为明喻，如例（12）既显化了修辞手段，又显化了句意。

3.指代意义显化

指代在古文中十分常见，出于含蓄表达的需要，古人常以物代人。用以指代的物常常与所指之人密切相关。例如：

（13）怀帝阍而不见，奉宣室以何年？

　　I pine for the Emperor but am not summoned. How long should I wait before I am called to the court again like Jia Yi?

　　以"帝阍"代指"帝王宫门"，以"奉宣室"代指入朝为官，含蓄地表达了作者的怀才不遇之情。译者将真正所指之人显化出来，并在文后注释中显化二者之间的关系。除了例（13）中的指代词，"棨戟"代指仪仗，"襜帷"代指车马，"闾阎"代指房屋，"簪笏"代指功名……原文中所出现的一系列具有指代意义的词基本都是以这种方法进行显化翻译。

（三）情感显化

　　古人在表达情感时很少直接表露内心感受，大多通过借景抒情、比喻和象征等手法，将情感融入其中，这样既能体现审美情趣，也能增加作品的艺术感染力。在英译时，隐化在景和物中的情感以更直观的方式显化出来。例13中提到的"帝阍""宣室"都是作者寄予情感的事物，译者英译时将作者怀才不遇、壮志难酬的情感显化出来。同时，作者在原文中表达情感时会采用含蓄的描述。例如：

　　（14）勃，三尺微命，一介书生，无路请缨，等终军之弱冠。

　　I am an insignificant scholar of a low official position and am of the same age as Zhong Jun, but unlike him, I have no opportunity to serve in the army.

　　原文表达情感较为含蓄，很少直抒胸臆。在翻译时，寄托于文字的情感又通过文字直观地表达出来。对目标语读者而言，例（14）中的"一介""无路请缨"这样的词汇并不能直观地表达出作者的情感，因此译者通过增译和阐释的方式既显化了原文的含义，又显化了作者的情感。这在例（15）中得到了更为深刻的体现：

（15）萍水相逢，尽是他乡之客。

The people I meet here are all politically frustrated, drifting together like duckweeds.

（16）时运不齐，命途多舛。

I am ill fated, and my life is full of frustrations.

"他乡之客"一词内涵简单，在此处，若无对原文创作背景的了解，即使汉语读者也未必能了解其中深意。译者对"他乡之客"进行了详细的描述，将他们比作浮萍，通过增译解释的方式显化王勃的情感，使之更为清晰。例（16）中，原文并未直接表达作者情感。原文意为各人的时机不同，人生的命运多有不顺，译者将作者怀才不遇的情感显化出来。上述三个例子都是作者对自身状况的描述，他将情感隐化于文字之中，读者通过文字可以与之共情，译者将这种情感显化出来，便于目标语读者理解。

三、中国古典散文英译中的显化动因及方式

（一）显化动因

通过对《滕王阁序》译文的分析，笔者认为中国古典散文的显化主要有两个动因：英汉语言差异和译者因素。汉译英时是否显化及显化的程度都会影响译文的可读性，而译者对原文的理解也会影响翻译的质量。

1. 英汉语言差异

英汉语言差异是汉译英时显化现象出现的重要原因，这主要体现在以

下三个方面。

第一，英语重形合，注重结构和形式，以形显义，需要丰富的连接手段；汉语重意合，注重功能和意义，以神统形，较少使用连接手段，因而比较简洁（连淑能，1993）。因此，在语法结构上，汉语呈现出隐化的特征，而英语呈显化特征。

第二，文化因素可能给英语读者带来理解难度。典故、修辞和指代等都带有丰富的文化内涵。"翻译不仅要考虑语言的差异，还要密切留意文化的差异。文化差异处理的好坏往往是翻译成败的关键。"（孙致礼，1999：41）语言是文化的载体，文化赋予语言隐化的内涵。在英译中时，富含文化内涵的语言需要将隐含意义显化出来。

第三，"夫隐之为体，义生文外，秘响傍通，伏采潜发。"含蓄的情志需要通过语言手段显化出来。古人常借景、物或前人事件和言语表达情志，这在古代文学中十分常见。

2.译者因素

译者是显化现象是否出现的决定性因素，而译者对原文的理解程度、对目标语语言和文化的把握程度、采取的翻译策略等因素都会影响显化的程度和翻译的质量。"如果译者向源语文本作者靠拢，对原文亦步亦趋，显化即不够显著。相反，若译者向目的语读者靠拢，强调译文符合目的语语言文化规范，则显化程度相对较高。"（胡开宝 等，2008：80）

（二）显化方式

通过对《滕王阁序》罗经国译本中显化现象的分析，笔者认为译者主要通过三种方式实现译文的显化，即增译、重构和添加副文本，这三种显化方式亦适用于其他古典散文的英译。

1.增译

增译是常见的翻译方式，在本研究中发现的增译主要包括两种：一是简单的增译，多见于语法显化，如增加必要的连接词、关系词、人称代词等。原文中几乎每句话的翻译都多多少少体现了这种增译方式。二是说明性的增译，如下例：

（17）他日趋庭，叨陪鲤对。

In a few days I will be with my father and I will take care of him and receive instructions from him as did Kong Li.

为了更明确地表达原文的含义，译者使用说明性的增译，采用这种方式需要通过添加修饰词或其他成分对原句加以阐释，这种方法多用于语义显化，上文所述语义显化的例子也大多体现了这一显化方式。

2. 重构

古汉语行文中有许多对偶句和其他特殊句式，在处理这些句式时，译者常常需要对他们进行拆分解构和重新组合，以适应目标语语言体系。如下例：

（18）舍簪笏于百龄，奉晨昏于万里。

I am determined not to accept the offer of a lifelong government position by wearing a hair dress and holding a tablet before the chest as court officials do. Rather, I will travel thousands of li to go home to wait on my parents, paying respect to them morning and evening.

例（18）中译者通过对原句定语、状语各个成分的重新组合清晰地表达了原句的含义。译者在处理文中对偶句等特殊句式时常使用这种方法。

3. 添加副文本

副文本在《滕王阁序》译文中体现为文后注释。译者在文后添加作者简介（包含作者生平）和《滕王阁序》简介，以便读者清晰了解文章的创作背景，而且也添加了35条注释，其中大多是对文中出现的典故和指代含义的说明，其余是对特殊句式和个别词汇特殊用法的备注。通过这些副文本，目标语读者能及时解决疑惑，更好地理解文章含义。

结 论

本文以《滕王阁序》罗经国译本为研究对象，分析发现中国古典散文英译过程中出现的显化现象可被划分为语法显化、语义显化和情感显化三类。语法显化是最基本、最常见的显化现象，它使译文符合目标语的语法要求，主要体现在包括主语谓语在内的句子成分显化，以及连接词、关系词、时态语态等形式显化。语义显化表现为典故显化、暗喻显化和指代意义显化，这一类显化现象有利于目标语读者理解文章的文化内涵。情感显化则是显化作者寄予景、物及其他文字描述的情感，使目标语读者更容易产生共情。

通过对《滕王阁序》英译中显化现象的分析，笔者发现中国古典散文英译的显化动因包含英汉语言差异和译者因素两大因素。英汉语言差异是英译过程中显化现象出现的重要原因。而译者则决定是否采用显化现象，同时译者对两种语言的了解及采用的翻译策略都会影响显化程度。最后，笔者归纳出三种常用的显化方法，即增译、重构和添加副文本。综上所述，在古典散文英译中过程中，显化现象十分常见，适当的显化有助于译者呈现符合目标语用法的译文，同时也有助于更好地传达原作者的真实情感。

参考文献

[1] KLAUDY K，1998. Explicitation [M]. BAKER M，trans.

London：Routledge.

［2］VENUTI L，2000. The translation studies reader［M］. London：Routledge.

［3］VINAY P J，DARBELNET J，SAGER C J，et al.，1995. Comparative stylistics of French and English：a methodology for translation［M］. Amsterdam：John Benjamins Publishing Company.

［4］冯全功，2021. 中国古典诗词英译中的显化现象［J］. 山东外语教学，42（1）：97-107.

［5］胡开宝，朱一凡，2008. 基于语料库的莎剧《哈姆雷特》汉译文本中显化现象及其动因研究［J］. 外语研究（2）：72-80，112.

［6］胡显耀，曾佳，2009. 对翻译小说语法标记显化的语料库研究［J］. 外语研究（5）：72-79.

［7］黄立波，2008. 英汉翻译中人称代词主语的显化：基于语料库的考察［J］. 外语教学与研究（6）：454-459，481.

［8］柯飞，2005. 翻译中的隐和显［J］. 外语教学与研究（4）：303-307.

［9］连淑能，1993. 英汉对比研究［M］. 北京：高等教育出版社.

［10］庞双子，王克非，2018. 翻译文本语体"显化"特征的历时考察［J］. 中国翻译，39（5）：13-20，48，127.

［11］孙致礼，1999. 文化与翻译［J］. 外语与外语教学（11）：41-42，46.

A Study on Explicitation in the English Translation of Classical Chinese Prose

—A Case Study of Luo Jingguo's Translation of *A Tribute to King Teng's Tower*

ZHANG Cancan(School of Translation Studies, Qufu Normal University, Rizhao, 276800)

Classical Chinese prose, which exhibits more implicit features than modern Chinese, often requires explicitation in its English translation due to the inherently explicit nature of English. Therefore, explicitation is common in the English translation of classical Chinese prose. This paper attempts to investigate into the explicitation in the English translation of classical Chinese prose by analyzing Luo Jingguo's translation of *A Tribute to King Teng's Tower*. Explicitation in the English translation of classical Chinese prose typically involves grammatical, semantic, and emotional explicitation. The linguistic differences between English and Chinese are a key factor underlying the occurrence of this phenomenon, and the translator-related factors also determine the presence of this phenomenon and and its degree of explicitation. The main methods used to achieve explicitation include amplification, reconstruction, and addition of sub-texts.

图书在版编目（CIP）数据

语教译境：教学、翻译与语言学的交汇 / 戴运财，陈维娟主编. --北京：中国国际广播出版社，2024.12. --ISBN 978-7-5078-5712-2

I. H0-53

中国国家版本馆CIP数据核字第2024XY3763号

语教译境：教学、翻译与语言学的交汇

主　　编	戴运财　陈维娟
责任编辑	张晓梅
校　　对	张　娜
版式设计	邢秀娟
封面设计	赵冰波

出版发行	中国国际广播出版社有限公司〔010-89508207（传真）〕
社　　址	北京市丰台区榴乡路88号石榴中心2号楼1701 邮编：100079
印　　刷	北京汇瑞嘉合文化发展有限公司
开　　本	710×1000　1/16
字　　数	410千字
印　　张	28.75
版　　次	2024年12月　北京第一版
印　　次	2024年12月　第一次印刷
定　　价	98.00元

版权所有　盗版必究